中华人民共和国民法典合同编

注释本

法律出版社法规中心　编

法律出版社
LAW PRESS CHINA
·北　京·

图书在版编目(CIP)数据

中华人民共和国民法典合同编注释本 / 法律出版社法规中心编. -- 2 版. -- 北京 : 法律出版社, 2023
(法律单行本注释本系列)
ISBN 978 - 7 - 5197 - 7632 - 9

Ⅰ. ①中… Ⅱ. ①法… Ⅲ. ①合同法－法律解释－中国 Ⅳ. ①D923.65

中国国家版本馆 CIP 数据核字(2023)第 045353 号

中华人民共和国民法典合同编注释本
ZHONGHUA RENMIN GONGHEGUO MINFADIAN HETONGBIAN ZHUSHIBEN

法律出版社法规中心 编

责任编辑 董 昱
装帧设计 李 瞻

出版发行 法律出版社
编辑统筹 法规出版分社
责任校对 张红蕊
责任印制 耿润瑜
经　　销 新华书店

开本 850 毫米×1168 毫米 1/32
印张 13.75　字数 396 千
版本 2023 年 12 月第 2 版
印次 2023 年 12 月第 1 次印刷
印刷 北京金康利印刷有限公司

地址:北京市丰台区莲花池西里 7 号(100073)
网址:www.lawpress.com.cn
投稿邮箱:info@lawpress.com.cn
举报盗版邮箱:jbwq@lawpress.com.cn
销售电话:010 - 83938349
客服电话:010 - 83938350
咨询电话:010 - 63939796

书号:ISBN 978 - 7 - 5197 - 7632 - 9　定价:36.00 元
凡购买本社图书,如有印装错误,我社负责退换。电话:010 - 83938349

编辑出版说明

现代社会是法治社会，社会发展离不开法治护航，百姓福祉少不了法律保障。遇到问题依法解决，已经成为人们处理矛盾、解决纠纷的不二之选。然而，面对纷繁复杂的法律问题，如何精准、高效地找到法律依据，如何完整、准确地理解和运用法律，日益成为人们"学法、用法"的关键所在。

为了帮助读者快速准确地掌握"学法、用法"的本领，我社开创性地推出了"法律单行本注释本系列"丛书。本丛书自首次出版至今已十余年，历经多次修订完善，现已出版近百个品种，涵盖了社会生活的重要领域，已经成为广大读者学习法律、应用法律之必选图书。

本丛书具有以下特点：

1. 出版机构权威。成立于1954年的法律出版社，是全国首家法律专业出版机构，始终秉承"为人民传播法律"的宗旨，完整记录了中国法治建设发展的全过程，享有"社会科学类全国一级出版社""全国百佳图书出版单位"等荣誉称号。

2. 编写人员专业。本丛书皆由相关法律领域内的专业人士编写，并引入匿名审稿评估制度，确保图书内容始终紧跟法治进程，反映最新立法动态，体现条文本义内涵。

3. 法律文本标准。作为专业的法律出版机构，多年来，我社始终使用全国人民代表大会常务委员会公报刊登的法律文本，积淀了丰富的标准法律文本资源，并根据立法进度及时更新相关内容。

4. 条文注解精准。本丛书以立法机关的解读为蓝本，对每个条文提炼出条文主旨，并对重点条文进行注释，使读者能精准掌握立法意图，轻松理解条文内容。

5. 配套附录实用。书末“附录”部分收录的均为重要的相关法律、法规和司法解释，使读者在使用中更为便捷，使全书更为实用。

需要说明的是，本丛书中“适用提要”“条文主旨”“条文注释”等内容皆是编者为方便读者阅读、理解而编写，不同于国家正式通过、颁布的法律文本，不具有法律效力。本丛书不足之处，恳请读者批评指正。

我们用心打磨本丛书，以期为法律相关专业的学生释法解疑，致力于帮助每个公民撑起法律的保护伞。

法律出版社法规中心

目　　录

关于当前形势下审理民商事合同纠纷案件若干问题的指导意见（2009.7.7）

全国法院民商事审判工作会议纪要（2019.11.8）

二、买卖合同

最高人民法院关于审理买卖合同纠纷案件适用法律问题的解释（2020.12.23 修正）

最高人民法院关于审理商品房买卖合同纠纷案件适用法律若干问题的解释（2020.12.23 修正）

三、借款合同

最高人民法院关于审理存单纠纷案件的若干规定（2020.12.23 修正）

最高人民法院关于审理民间借贷案件适用法律若干问题的规定（2020.12.23 修正）

最高人民法院关于执行程序中计算迟延履行期间的债务利息适用法律若干问题的解释（2014.7.7）

最高人民法院关于超过诉讼时效期间借款人在催款通知单上签字或者盖章的法律效力问题的批复（1999.2.11）

最高人民法院关于正确确认企业借款合同纠纷案件中有关保证合同效力问题的通知（1998.9.14）

四、租赁合同、融资租赁合同

最高人民法院关于审理城镇房屋租赁合同纠纷案件具体应用法律若干问题的解释（2020.12.23 修正）

最高人民法院关于审理融资租赁合同纠纷案件适用法律问题的解释（2020.12.23 修正）

五、建设工程合同

最高人民法院关于审理建设工程施工合同纠纷案件适用法律问题的解释（一）（2020.12.29）

《中华人民共和国民法典》合同编适用提要[①]

合同制度是市场经济的基本法律制度。1999 年第九届全国人民代表大会第二次会议通过了《合同法》[②]。2020 年 5 月 28 日第十三届全国人民代表大会第三次会议通过了《民法典》。《民法典》第 3 编"合同"在《合同法》的基础上，贯彻全面深化改革的精神，坚持维护契约、平等交换、公平竞争，促进商品和要素自由流动，完善合同制度。第 3 编共 3 个分编、29 章、526 条，主要内容有：

1. 关于通则

第 1 分编为通则，规定了合同的订立、效力、履行、保全、变更和转让、终止、违约责任等一般性规则，并在《合同法》的基础上，完善了合同总则制度：一是通过规定非合同之债的法律适用规则、多数人之债的履行规则等完善债法的一般性规则（第 468 条、第 517 ~ 521 条）。二是完善了电子合同订立规则，增加了预约合同的具体规定，完善了格式条款制度等合同订立制度（第 491 条、第 495 ~ 498 条）。三是结合新冠肺炎疫情防控工作，完善国家订货

---

① 摘自全国人民代表大会常务委员会副委员长王晨：《关于〈中华人民共和国民法典（草案）〉的说明——2020 年 5 月 22 日在第十三届全国人民代表大会第三次会议上》。略有删改。

② 为便于读者阅读，本书中的法律、行政法规名称均使用简称。

合同制度，规定国家根据抢险救灾、疫情防控或者其他需要下达国家订货任务、指令性计划的，有关民事主体之间应当依照有关法律、行政法规规定的权利和义务订立合同（第 494 条第 1 款）。四是针对实践中一方当事人违反义务不办理报批手续影响合同生效的问题，《民法典》明确了当事人违反报批义务的法律后果，健全合同效力制度（第 502 条第 2 款）。五是完善合同履行制度，落实绿色原则，规定当事人在履行合同过程中应当避免浪费资源、污染环境和破坏生态（第 509 条第 3 款）。同时，在总结司法实践经验的基础上增加规定了情势变更制度（第 533 条）。六是完善代位权、撤销权等合同保全制度，进一步强化对债权人的保护，细化了债权转让、债务移转制度，增加了债务清偿抵充规则、完善了合同解除等合同终止制度（第 3 编第 5 章、第 545 ~ 556 条、第 560 条、第 563 ~ 566 条）。七是通过吸收《担保法》有关定金规则的规定，完善违约责任制度（第 586 ~ 588 条）。

2. 关于典型合同

典型合同在市场经济活动和社会生活中应用普遍。为适应现实需要，在《合同法》规定的买卖合同、赠与合同、借款合同、租赁合同等 15 种典型合同的基础上，第 2 分编增加了 4 种新的典型合同：一是吸收了《担保法》中关于保证的内容，增加了保证合同（第 3 编第 13 章）。二是适应我国保理行业发展和优化营商环境的需要，增加了保理合同（第 3 编第 16 章）。三是针对物业服务领域的突出问题，增加规定了物业服务合同（第 3 编第 24 章）。四是增加规定合伙合同，将《民法通则》中有关个人合伙的规定纳入其中（第 3 编第 27 章）。

第 3 编还在总结《合同法》实践经验的基础上，完善了其他典型合同：一是通过完善检验期限的规定和所有权保留规则等完善买卖合同（第 622 条、第 623 条、第 641 ~ 643 条）。二是为维护正常的金融秩序，明确规定禁止高利放贷，借款的利率不得违反国家有关规定(第680条第1款)。三是落实党中央提出的建立租购同权住房制度的要求,保护承租人利益,增加规定房屋承租人的优先承租权(第734条第2款)。四是针对近年来客运合同领域出现的旅客霸座、不配合承运人采取安全运输措施等严重干扰运输秩序和危害运输安全的问题,为维护正常的运输秩序,《民法典》细化了客运合同当事人的权利义务(第815条第1款、第819条、第820条)。五是根据经济社会发展需要,修改完善了赠与合同、融资租赁合同、建设工程合同、技术合同等典型合同(第3编第11章、第15章、第18章、第20章)。

3. 关于准合同

无因管理和不当得利既与合同规则同属债法性质的内容,又与合同规则有所区别,第3分编"准合同"分别对无因管理和不当得利的一般性规则作了规定(第3编第28章、第29章)。

第三编　合　　同

第一分编　通　　则

第一章　一 般 规 定

第四百六十三条　【合同编的调整范围】[1]本编调整因合同产生的民事关系。

条文注释[2]

根据本条规定，可以从以下几个方面理解合同编的调整范围：(1)合同编的调整范围涵盖了所有平等民事主体之间设立、变更、终止民事权利义务关系的协议。(2)合同编属于《民法典》的一个分编，调整的是民事关系，不属于民事关系的其他活动不适用合同编。一是政府对经济的管理活动，属于行政管理关系，不适用合同编。二是企业、单位内部的管理关系，是管理与被管理的关系，不是平等主体之间的关系，也不适用合同编。(3)对于政府机关参与的合同，应当区别不同情况分别处理。一是政府机关作为平等的主体与对方签订的合同，属于一般的合同关系，适用合同编。二是属于行政管理关系的协议，如有关综合治理、计划生育、环境保护等的协议，不是民事关系，不适用合同编。三是政府的采购活动。对于政府采购行为本身，由《政府采购法》来规范，而政府与对方之间订立的政府采购合同要适用合同编。四是关于指令性任务或国家订货任务的问题。

---

①② 条文主旨、条文注释为编者所加，仅供参考，下同。

在合同编"合同的订立"一章中规定，国家根据抢险救灾、疫情防控或者其他需要下达国家订货任务、指令性任务的，有关民事主体之间应当依照有关法律、行政法规规定的权利和义务订立合同。

第四百六十四条 【合同的定义和身份关系协议的法律适用】合同是民事主体之间设立、变更、终止民事法律关系的协议。

婚姻、收养、监护等有关身份关系的协议，适用有关该身份关系的法律规定；没有规定的，可以根据其性质参照适用本编规定。

条文注释

本条第1款是关于合同定义的规定。合同编所规定的"合同"是民事主体之间的协议，即平等主体的自然人、法人和非法人组织之间的协议。"平等主体"是民事关系的核心特征，民事主体包括自然人、法人和非法人组织三类。

本条第2款是关于身份关系协议在特定情况下可以对合同编进行参照适用的原则性规定，对某一具体的身份关系协议是否可以以及如何参照适用合同编的相关规定，法律无法作统一性规定，只能根据该身份关系协议的性质，具体情况具体判断。

第四百六十五条 【依法成立的合同效力和合同相对性】依法成立的合同，受法律保护。

依法成立的合同，仅对当事人具有法律约束力，但是法律另有规定的除外。

条文注释

本条第1款是关于依法成立的合同受法律保护的规定。这包含两个层面的意思：一是对当事人而言，合同依法成立后，不管是否实际生效，均对当事人产生法律约束力。已成立并生效的合同对当事人具有法律约束力体现在：当事人必须尊重该合同，并通过自己的行为全面履行合同所设定的义务。当事人一方不履行合同义务或者履行合同义务不符合约定的，对方当事人有权请求其承担违约责任。除非当事人另有约定或者法律另有规定，不允许任何一方当事人擅自解除或者变更合同。二是对当事人之外的第三人而言,合同依法成立后,当事人之外的任何组织或者个人均不得非法干预合同。

本条第2款明确确立了合同相对性原则。合同相对性原则①是指合同项下的权利与义务只由合同当事人享有和承担,合同仅对当事人具有法律约束力,对合同当事人之外的第三人不具有法律约束力。同时,合同相对性原则只有一个例外,即"法律另有规定"。目前,法律对合同相对性原则的例外规定主要有以下几种:一是合同保全制度。二是真正的利益第三人合同制度。三是当事人之外的第三人对履行债务具有合法利益情形时的代为履行制度。四是"买卖不破租赁"制度。

第四百六十六条　【合同解释】当事人对合同条款的理解有争议的,应当依据本法第一百四十二条第一款的规定,确定争议条款的含义。

合同文本采用两种以上文字订立并约定具有同等效力的,对各文本使用的词句推定具有相同含义。各文本使用的词句不一致的,应当根据合同的相关条款、性质、目的以及诚信原则等予以解释。

条文注释

本条第1款是关于合同争议条款解释的规定。对合同争议条款的解释规则,可作以下理解:

(1)按照条款所使用的词句进行解释。根据《最高人民法院关于适用〈中华人民共和国民法典〉合同编通则若干问题的解释》第1条第1款、第2款的规定,人民法院依据《民法典》第142条第1款、第466条第1款的规定解释合同条款时,应当以词句的通常含义为基础,结合相关条款、合同的性质和目的、习惯以及诚信原则,参考缔约背景、磋商过程、履行行为等因素确定争议条款的含义。有证据证明当事人之间对合同条款有不同于词句的通常含义的其他共同理解,一方主张按照词句的通常含义理解合同条款的,人民法院不予支持。

(2)对条款中词句的理解不能孤立进行,而要结合其他相关条

① 为便于读者阅读,编者在"重要的名词解释"及"重点文字"下加下划线提醒,仅供参考。

款、行为的性质和目的、习惯以及诚信原则，综合判断、确定争议条款的含义。①依据合同的性质进行解释，是指解释时充分考虑该合同所体现的显著区别于其他合同的本质特征。合同的性质不同，那么在合同的成立、履行、解除、违约责任等方面也就有所不同。②根据行为目的即合同目的进行解释，是指应当根据当事人订立合同所追求的目的对争议条款进行解释。在解释争议条款时，应当从符合合同目的的原则剖析，当条款表达意见含混不清或相互矛盾时，作出与合同目的协调一致的解释。③按照习惯进行解释，是指在某条款发生争议以后，应当根据当事人所知悉的生活和交易习惯来对争议条款进行解释。根据《最高人民法院关于适用〈中华人民共和国民法典〉合同编通则若干问题的解释》第 2 条的规定，“下列情形，不违反法律、行政法规的强制性规定且不违背公序良俗的，人民法院可以认定为《民法典》所称的‘交易习惯’：（一）当事人之间在交易活动中的惯常做法；（二）在交易行为当地或者某一领域、某一行业通常采用并为交易对方订立合同时所知道或者应当知道的做法。对于交易习惯，由提出主张的当事人一方承担举证责任”。④依照诚信原则进行解释，是指根据诚信原则对有争议的条款进行解释。

根据《最高人民法院关于适用〈中华人民共和国民法典〉合同编通则若干问题的解释》第 1 条第 3 款的规定，对合同条款有两种以上解释，可能影响该条款效力的，人民法院应当选择有利于该条款有效的解释；属于无偿合同的，应当选择对债务人负担较轻的解释。

第四百六十七条　【非典型合同及特定涉外合同的法律适用】本法或者其他法律没有明文规定的合同，适用本编通则的规定，并可以参照适用本编或者其他法律最相类似合同的规定。

在中华人民共和国境内履行的中外合资经营企业合同、中外合作经营企业合同、中外合作勘探开发自然资源合同，适用中华人民共和国法律。

条文注释

本条第 1 款是关于非典型合同法律适用规则的规定。合同编第

2分编规定的典型合同,虽然是对某类合同的专门性规定,但其他一些合同可能会与合同编规定的典型合同存在共同之处或者相近之处。因此,其他非典型合同也可以参照适用本编或者其他法律最相类似合同的规定,本条对此予以明确。

本条第2款还对特定的涉外合同的法律适用作了规定。

第四百六十八条　【非因合同产生的债权债务关系的法律适用】非因合同产生的债权债务关系,适用有关该债权债务关系的法律规定;没有规定的,适用本编通则的有关规定,但是根据其性质不能适用的除外。

条文注释

对本条的规定,可以从以下三个方面来理解:第一,非因合同产生的债权债务关系,应适用有关该债权债务关系的法律规定。第二,对于非因合同产生的债权债务关系,有关该债权债务关系的法律规定没有对相关内容作出特别规定的,直接适用合同编第1分编"通则"的有关规定。值得注意的是,本条规定的是"适用"本编"通则"的有关规定,而不是"参照适用"。第三,将合同编"通则"适用于非因合同产生的债权债务时,还应当考虑该债权债务关系的性质,因此本条还规定"根据其性质不能适用的除外"。

第二章　合同的订立

第四百六十九条　【合同订立形式】当事人订立合同,可以采用书面形式、口头形式或者其他形式。

书面形式是合同书、信件、电报、电传、传真等可以有形地表现所载内容的形式。

以电子数据交换、电子邮件等方式能够有形地表现所载内容,并可以随时调取查用的数据电文,视为书面形式。

条文注释

根据本条第1款的规定,合同可以采用书面形式、口头形式或者其他形式。(1)书面形式,是指可以有形地表现所载内容的形式,包括合同书、信件、电报、电传、传真等。(2)口头形式,是指面对面的谈话或者以电话交流等方式。(3)除了书面形式和口头形式,合同还可以其他形式订立。例如,可以根据当事人的行为或者特定情形推定合同的成立,这类合同也被称为默示合同。

本条第2款对书面形式的定义作了界定。依据本条第1款规定,书面形式的核心特征是可以有形地表现所载内容。合同书、信件、电报、电传、传真是“可以有形地表现所载内容的形式”,但书面形式也不限于这几类,凡是“可以有形地表现所载内容的形式”都可以作为合同的书面形式。一般来说,合同书应当符合如下条件:(1)必须以某种文字、符号书写。(2)必须由双方当事人签名、盖章或者按指印。(3)必须规定当事人的权利义务。

本条第3款对符合书面形式的数据电文作了规定。依据本条第3款的规定,数据电文要符合书面形式,必须满足两个条件:(1)能够有形地表现所载内容。(2)可以随时调取查用。

关联法规

《电子签名法》第4条

第四百七十条　【合同主要条款与示范文本】合同的内容由当事人约定,一般包括下列条款:

(一)当事人的姓名或者名称和住所;

(二)标的;

(三)数量;

(四)质量;

(五)价款或者报酬;

(六)履行期限、地点和方式;

(七)违约责任;

(八)解决争议的方法。

当事人可以参照各类合同的示范文本订立合同。

条文注释

本条第1款主要包括如下内容：

(1)当事人的姓名或者名称和住所。不仅要把合同当事人都写入合同中，而且要把各方当事人的名称或者姓名和住所都作准确、清楚的表达。

(2)标的。标的是合同当事人的权利义务指向的对象。标的是合同成立的必要条件，是一切合同的必备条款。合同的标的多种多样，具体可包括有形财产、无形财产、劳务、工作成果等。

(3)数量。一般而言，合同的数量要准确，应选择使用共同接受的计量单位、计量方法和计量工具。根据不同情况，要求不同的精确度，允许不同的尾差、磅差、超欠幅度、自然耗损率等。

(4)质量。合同中应当对质量问题尽可能地规定细致、准确和清楚。国家有强制性标准的，必须按照规定的标准执行。如有其他质量标准的，应尽可能地约定其适用的标准。当事人可以约定质量检验的方法、质量责任的期限和条件、对质量提出异议的条件与期限等。

(5)价款或者报酬。价款，是指对提供财产的当事人支付的货币，如买卖合同的货款等。报酬，是指对提供劳务或者工作成果的当事人支付的货币。依法应当执行政府定价或者政府指导价的，要按照规定执行。

(6)履行期限、地点和方式。①履行期限，是指合同中规定的当事人履行自己的义务如交付标的物、价款或者报酬，履行劳务，完成工作的时间界限。②履行地点，是指当事人履行合同义务和对方当事人接受履行的地点。履行地点有时是确定运费由谁负担，风险由谁承担以及所有权是否转移、何时转移的依据。履行地点也是在发生纠纷后确定由哪一地法院管辖的依据。因此，履行地点在合同中应当规定得明确、具体。③履行方式，是指当事人履行合同义务的具体做法。不同的合同类型，决定了合同履行方式的差异。履行方式还包括价款或者报酬的支付方式、结算方式等。

(7)违约责任。违约责任，是指当事人一方或者双方在不履行合同义务或者履行合同义务不符合约定时应当承担的法律责任。当事人可以在合同中约定违约责任，如约定定金、违约金、损失赔偿金的计算方法等。

(8)解决争议的方法。这是指合同争议的解决途径以及法律适用问题等。解决争议的途径主要有：①双方通过协商和解；②由第三人进行调解；③仲裁；④诉讼。

第四百七十一条 【合同订立方式】当事人订立合同，可以采取要约、承诺方式或者其他方式。

条文注释

要约、承诺方式是最为典型的合同订立方式。当事人形成合意的过程，是对合同内容协商一致的过程，很多都是经过要约、承诺完成的。向对方提出合同条件、作出签订合同的意思表示称为"要约"，而另一方如果表示接受就称为"承诺"。除了要约、承诺方式之外，传统上还存在交叉要约、同时表示、意思实现等合同订立方式。

第四百七十二条 【要约的定义及条件】要约是希望与他人订立合同的意思表示，该意思表示应当符合下列条件：

（一）内容具体确定；

（二）表明经受要约人承诺，要约人即受该意思表示约束。

条文注释

根据本条规定，要约应当符合以下两个条件：

(1)要约的内容应具体确定。要约的内容必须具备足以使合同成立的主要条件，这要求要约的内容必须是具体的和确定的，必须明确清楚，不能模棱两可、产生歧义。要约的效力在于，一经受要约人承诺，合同即可成立。因此，如果一个订约的意思表示含混不清、内容不具备一个合同的最根本的要素，是不能构成一个要约的。即使受要约人作出承诺，也会因缺乏合同的主要条件而使合同无法成立。一项要约的内容可以很详细，也可以较为简明，只要其内容具备使合同成立的基本条件，就可以作为一项要约。

(2)要约必须表明经受要约人承诺,要约人即受该意思表示拘束。能否构成一个要约要看这种意思表示是否表达了与受要约人订立合同的意愿,这要根据特定情况和当事人所使用的语言表达来判断。所谓"表明"并不是要有明确的词语进行说明,而是整个要约的内容表明了这一点。

第四百七十三条　【要约邀请】要约邀请是希望他人向自己发出要约的表示。拍卖公告、招标公告、招股说明书、债券募集办法、基金招募说明书、商业广告和宣传、寄送的价目表等为要约邀请。

商业广告和宣传的内容符合要约条件的,构成要约。

条文注释

本条第1款对要约邀请的定义作了规定。要约邀请又称要约引诱,是邀请或者引诱他人向自己发出要约的表示,其可以是向特定人发出的,也可以是向不特定的人发出的。原《合同法》将要约邀请界定为一种"意思表示"。本条修改了原《合同法》的规定,不再将要约邀请界定为"意思表示"。

需要说明的是,一般的商业广告和宣传并不能构成要约,但也不排除有些内容确定的商业广告和宣传构成要约。认定一项商业广告或者商业宣传是否符合要约的条件,需要根据实际情况进行判断。

第四百七十四条　【要约生效时间】要约生效的时间适用本法第一百三十七条的规定。

条文注释

依照总则编第137条的规定,要约生效的时间可以从以下几个方面理解:

(1)以对话方式发出的要约,要约人作出意思表示、相对人知道其内容时,要约生效。

(2)以非对话方式发出的要约,于到达相对人时生效。需要强调的是,这里的"到达"并不意味着相对人必须亲自收到,只要进入相对人通常的地址、住所或者能够控制的地方(如信箱)即可视为到达,意思表示被相对人的代理人收到也可以视为“到达”。送达相对人时生效还意味着,在意思表示送达相对人前,即使相对人已经知道该意思表示内容,该意思表示也不生效。

(3)以非对话方式作出的采用数据电文形式的要约,可以分三个层次对其生效时间予以理解:一是相对人指定特定系统接收数据电文的,该数据电文进入该特定系统时生效。这里的“特定系统”是指由某一方特别指定的接收系统。如果只是在文件中显示了电子邮件或者传真印件的地址,但没有特别指定,则不应视为明确指定了一个信息系统。这里用了“进入”的概念来界定数据电文的收到时间。所谓一项数据电文进入一个信息系统的时间,是其在该信息系统内可投入处理的时间。至于进入该信息系统的数据电文是否能够为收件人所识读或者使用则不影响该要约的生效时间。二是未指定特定系统的,相对人知道或者应当知道该数据电文进入其系统时要约生效。三是当事人对采用数据电文形式发出的要约的生效时间另有约定的,按照其约定。

第四百七十五条 【要约撤回】要约可以撤回。要约的撤回适用本法第一百四十一条的规定。

条文注释

要约的撤回,是指在要约发出之后、生效以前,要约人欲使该要约不发生法律效力而作出的意思表示。根据合同编第474条和总则编第137条的规定,对于以对话方式作出的要约,受要约人知道其内容时就生效,则要约人很难作出撤回的通知,这种情况下适用撤回的规定的空间比较小。对于以非对话方式作出的要约,在到达受要约人时生效,则要约人发出撤回要约的通知,且该通知在要约到达受要约人之前或者同时到达受要约人的,可以适用本条关于撤回的规定。

第四百七十六条　【要约不得撤销情形】要约可以撤销，但是有下列情形之一的除外：

（一）要约人以确定承诺期限或者其他形式明示要约不可撤销；

（二）受要约人有理由认为要约是不可撤销的，并已经为履行合同做了合理准备工作。

条文注释

要约的撤销，是指要约人在要约发生法律效力之后、受要约人作出承诺之前，欲使该要约失去法律效力的意思表示。本条将原《合同法》第19条规定的第1项例外情形“要约人确定了承诺期限或者以其他形式明示要约不可撤销”修改为“要约人以确定承诺期限或者其他形式明示要约不可撤销”。并将原《合同法》中的“作了准备工作”修改为“做了合理准备工作”。

第四百七十七条　【要约撤销】撤销要约的意思表示以对话方式作出的，该意思表示的内容应当在受要约人作出承诺之前为受要约人所知道；撤销要约的意思表示以非对话方式作出的，应当在受要约人作出承诺之前到达受要约人。

条文注释

对本条规定，可以从以下两个方面理解：一是本条根据撤销要约的意思表示是以对话方式作出的还是以非对话方式作出的，对撤销要约的条件分别规定。二是要约人应当在“受要约人作出承诺之前”撤销要约。本条将原《合同法》第18条规定的“受要约人发出承诺通知之前”修改为“受要约人作出承诺之前”，主要是考虑到与合同编第480条规定相协调。合同编第480条是认可特定情形下受要约人通过行为作出承诺的。基于此，“受要约人作出承诺之前”既包括受要约人发出承诺通知之前，也包括受要约人根据交易习惯或者要约的要求作出承诺的行为之前。

第四百七十八条 【要约失效】有下列情形之一的，要约失效：

（一）要约被拒绝；

（二）要约被依法撤销；

（三）承诺期限届满，受要约人未作出承诺；

（四）受要约人对要约的内容作出实质性变更。

条文注释

要约的失效，亦称要约的消灭或要约的终止，是指要约丧失法律效力，要约人与受要约人均不再受其约束。要约人不再承担接受承诺的义务，受要约人亦不再享有通过承诺使合同得以成立的权利。本条规定了要约失效的如下几种情形：

（1）要约被拒绝。要约被拒绝的，该要约即失去法律效力。如果受要约人的回复没有作出承诺，但提出了一些条件，若受要约人在规定期限内仍不作答复的，可以视为拒绝要约。

（2）要约被依法撤销。要约被依法撤销，当然使要约失效。要约被依法撤销，指的是要符合撤销要约的条件。本法第477条对撤销要约的条件作了具体规定。如果不符合要约撤销的条件，不发生要约被撤销的效力。此外，如果属于合同编第476条规定的要约不可撤销的情形，即使要约人作出了撤销要约的意思表示，也不发生要约被撤销的效力。

（3）承诺期限届满，受要约人未作出承诺。要约中确定了承诺期限的，表明要约人规定了要约发生法律效力的期限，受要约人超过这个期限仍不承诺，要约的效力当然归于消灭。如果要约中没有规定承诺期限，受要约人也不对要约作答复的，则应当按照合同编第481条的规定进行处理。

（4）受要约人对要约的内容作出实质性变更。受要约人对一项要约的内容作出实质性变更的，为新要约。新要约使原要约失去效力，要约人即不受原要约的拘束。

第四百七十九条 【承诺的定义】承诺是受要约人同意要约的意思表示。

条文注释

承诺,是指受要约人同意接受要约的全部条件以缔结合同的意思表示。对承诺的定义,可以从以下几个方面理解:

(1)承诺须由受要约人作出。要约是要约人向受要约人发出的,受要约人是要约人选定的交易相对方,只有受要约人才具有作出承诺的资格,受要约人以外的第三人不具有承诺的资格。因此,第三人进行承诺不是承诺,而只能视作对要约人发出了要约。如果订约的意思表示是向不特定人发出的,并且该意思表示符合要约条件构成要约,则不特定人中的任何人均可以作出承诺,其一旦作出承诺,受要约人即为特定。

(2)承诺须向要约人作出。承诺是对要约的同意,受要约人意在与要约人订立合同,当然要向要约人作出。如果承诺不是向要约人作出,则作出的承诺意思表示不视为承诺,不能达到与要约人订立合同的目的。

(3)承诺的内容须与要约的内容保持一致。这是承诺最核心的要件,承诺必须是对要约完全的、单纯的同意。受要约人如果想与要约人订立合同,必须使承诺在内容上与要约的内容保持一致,否则要约人就可能拒绝受要约人而使合同不能成立。如果受要约人在承诺中对要约的内容加以扩张、限制或者变更,便不能构成承诺,并可能构成一项新的要约。如果仅仅是表述的形式不同,而不是实质的不一致,则不应当否定承诺的效力。

第四百八十条 【承诺的方式】承诺应当以通知的方式作出;但是,根据交易习惯或者要约表明可以通过行为作出承诺的除外。

条文注释

本条中“通知的方式”是典型的明示方式。“通过行为作出承诺”属于默示的方式,这里的“行为”通常是指履行行为,如预付价款、装运货物或在工地上开始施工等。但是商业实践中往往还存在一些交易习惯，根据这些交易习惯，承诺也可以通过行为作出。除交易习惯外，如果要约人在要约中表明了可以通过行为作出承诺，那么受要约人通过行为作出承诺的，符合要约人的意愿，也应当予以认可。

值得注意的是，本条规定是对承诺方式的一般性规定，原则上承诺需要以通知的方式或者通过行为作出，但并没有排除沉默方式的承诺。受要约人的沉默原则上不得推定为受要约人同意要约。根据总则编第140条第2款的规定，沉默视为承诺的条件非常严格，如果没有要约人与受要约人的事先约定，也没有要约人与受要约人之间的交易习惯做法，在法律没有特别规定的情况下，仅仅由要约人在要约中表明如果不答复就视为承诺是不行的。

第四百八十一条　【承诺到达时间】承诺应当在要约确定的期限内到达要约人。

要约没有确定承诺期限的，承诺应当依照下列规定到达：

（一）要约以对话方式作出的，应当即时作出承诺；

（二）要约以非对话方式作出的，承诺应当在合理期限内到达。

条文注释

本条根据要约是否确定了承诺期限，对承诺的到达时间分别作了规定。要约确定了承诺期限的，受要约人自然应当尊重要约人的意愿，承诺应当在该承诺期限内到达要约人。要约没有确定承诺期限的，根据要约是以对话方式作出还是以非对话方式作出，承诺到达时间又有所不同：一是对于以对话方式作出的要约，如果要约本身没有确定承诺期限，则受要约人应当即时作出承诺，对话结束后再作出的承诺对要约人不具有拘束力。二是对于以非对话方式作出的要约，本条将要约以非对话方式作出情形下的承诺期限规定为“合理期限”，即承诺应当在合理期限内到达要约人。

第四百八十二条　【承诺期限起算点】要约以信件或者电报作出的，承诺期限自信件载明的日期或者电报交发之日开始计算。信件未载明日期的，自投寄该信件的邮戳日期开始计算。要约以电话、传真、电子邮件等快速通讯方式作出的，承诺期限自要约到达受要约人时开始计算。

条文注释

本条根据不同的要约作出方式，分别规定了不同的承诺期限起算点标准。

第四百八十三条　【合同成立时间】承诺生效时合同成立，但是法律另有规定或者当事人另有约定的除外。

条文注释

原则上，承诺生效之时，就是合同成立之时。因此本条规定，承诺生效时合同成立。此外，本条还作了但书规定，即“法律另有规定或者当事人另有约定的除外”。这样，既为法律另行规定留下空间，也有利于当事人根据实际情况对合同成立时间另行约定。

根据《最高人民法院关于适用〈中华人民共和国民法典〉合同编通则若干问题的解释》第4条第1款、第2款的规定，采取招标方式订立合同，当事人请求确认合同自中标通知书到达中标人时成立的，人民法院应予支持。合同成立后，当事人拒绝签订书面合同的，人民法院应当依据招标文件、投标文件和中标通知书等确定合同内容。采取现场拍卖、网络拍卖等公开竞价方式订立合同，当事人请求确认合同自拍卖师落槌、电子交易系统确认成交时成立的，人民法院应予支持。合同成立后，当事人拒绝签订成交确认书的，人民法院应当依据拍卖公告、竞买人的报价等确定合同内容。

第四百八十四条　【承诺生效时间】以通知方式作出的承诺，生效的时间适用本法第一百三十七条的规定。

承诺不需要通知的，根据交易习惯或者要约的要求作出承诺的行为时生效。

条文注释

本条对以通知方式作出的承诺和以行为方式作出的承诺的生效时间分别作了规定：

(1)根据总则编第137条的规定以通知方式作出的承诺的生效时间，也应当区分承诺是以对话方式作出的还是以非对话方式作出的，分别对待：①承诺是以对话方式作出的，受要约人作出承诺并使要约人知道时即发生效力。②承诺是以非对话方式作出的，于到达要约人时生效。③以非对话方式作出的采用数据电文形式的承诺，要约人指定特定系统接收数据电文的，该数据电文进入该特定系统时生效；未指定特定系统的，要约人知道或者应当知道该数据电文进入其系统时生效。要约人与受要约人对采用数据电文形式的承诺的生效时间另有约定的，按照其约定。

(2)通过行为作出承诺的生效时间。根据本条规定，承诺不需要通知的，根据交易习惯或者要约的要求作出承诺的行为时，承诺生效。

第四百八十五条　【承诺的撤回】承诺可以撤回。承诺的撤回适用本法第一百四十一条的规定。

条文注释

承诺的撤回，是指受要约人阻止承诺发生法律效力的意思表示。承诺是一种能够产生法律效果的意思表示，承诺作出后如果要撤回必须满足一定的条件。

本条关于承诺的撤回条件的规定，只是基于体例的考虑，作了转引性规定。根据总则编第141条的规定，承诺的撤回条件可以概括为，撤回承诺的通知应当在承诺通知到达要约人之前或者与承诺通知同时到达要约人。如果撤回承诺的通知晚于承诺通知到达要约人，则承诺已经生效，合同已经成立，受要约人撤回承诺的通知不发生效力。

第四百八十六条　【逾期承诺】受要约人超过承诺期限发出承诺，或者在承诺期限内发出承诺，按照通常情形不能及时到达要约人的，为新要约；但是，要约人及时通知受要约人该承诺有效的除外。

条文注释

本条可以从以下两个层面理解：

（1）逾期承诺视为新要约。本条的"承诺期限"不仅指要约人在要约中确定的承诺期限，也指要约人未确定承诺期限，而根据实际情况推断的合理期限。逾期承诺包括两类情形：第一类情形是，受要约人超过承诺期限发出承诺。第二类情形是，承诺虽然是在承诺期限内发出的，按照通常情形不能及时到达要约人，并且也确实没有在承诺期限内到达要约人。根据本条规定，在这两类情形下，承诺到达要约人时，要约的承诺期限已过，受要约人发出的承诺对要约人不产生拘束力，此承诺已不能作为一项有效承诺，而只能作为一项新的要约。对该项新要约，原受要约人成为新要约的要约人，原要约人成为新要约的受要约人，双方位置互换，可以按照要约、承诺规则作新的处理。

（2）虽然承诺已经迟延到达要约人，但是如果要约人及时通知受要约人该承诺有效，该承诺仍为有效。这体现了对要约人意愿的尊重，也符合受要约人的利益，有利于促进交易。何谓"及时"，要根据交易的实际情况予以判断。

第四百八十七条　【因传递迟延造成逾期承诺的法律效果】受要约人在承诺期限内发出承诺，按照通常情形能够及时到达要约人，但是因其他原因致使承诺到达要约人时超过承诺期限的，除要约人及时通知受要约人因承诺超过期限不接受该承诺外，该承诺有效。

条文注释

依照本条规定，受要约人在承诺期限内发出承诺，按照通常情形能够及时到达要约人，但是因其他原因致使承诺到达要约人时超过承诺期限的，该承诺有效。同时，为了保护要约人的利益，本条对此作了除外规定，允许要约人及时否定该承诺的效力，即如果要约人及时通知受要约人因承诺超过期限不接受该承诺，则该承诺对要约人不产生拘束力。如果要约人没有及时通知受要约人不接受该承诺，则该承诺有效、合同成立。

第四百八十八条　【承诺对要约内容的实质性变更】承诺的内容应当与要约的内容一致。受要约人对要约的内容作出实质性变更的，为新要约。有关合同标的、数量、质量、价款或者报酬、履行期限、履行地点和方式、违约责任和解决争议方法等的变更，是对要约内容的实质性变更。

条文注释

承诺的内容必须与要约的内容一致，不得作更改，否则视为新的要约。若承诺虽然在形式上对要约内容有变更，但实质上并没有变更的，仍然可以认为与要约一致，承诺仍为有效。

本条对实质性条款作了列举，有关合同标的、数量、质量、价款或者报酬、履行期限、履行地点和方式、违约责任和解决争议方法的条款，为实质性条款。但是，实质性条款不限于所列的这些项目，比如，对合同所适用的法律的选择一般也可以归为实质性条款。本条对于实质性条款项目的列举具有提示性质，在实际交易的具体合同中，哪些条款内容的变更构成实质性变更，还需就个案进行具体分析。

第四百八十九条　【承诺对要约内容的非实质性变更】承诺对要约的内容作出非实质性变更的，除要约人及时表示反对或者要约表明承诺不得对要约的内容作出任何变更外，该承诺有效，合同的内容以承诺的内容为准。

条文注释

根据本条规定，承诺对要约的内容作出非实质性变更的，该承诺有效，合同的内容以承诺的内容为准。但是，如果要约人及时表示反对或者要约表明承诺不得对要约的内容作出任何变更，则承诺对要约人不产生拘束力；如果要约人没有及时表示反对，要约也没有表明承诺不得对要约的内容作出任何变更，则该承诺仍为有效承诺，合同的内容以承诺的内容为准。

第四百九十条　【采用书面形式订立的合同的成立时间】当事人采用合同书形式订立合同的，自当事人均签名、盖章或者按指印时合同成立。在签名、盖章或者按指印之前，当事人一方已经履行主要义务，对方接受时，该合同成立。

法律、行政法规规定或者当事人约定合同应当采用书面形式订立，当事人未采用书面形式但是一方已经履行主要义务，对方接受时，该合同成立。

条文注释

本条第1款规定，当事人采用合同书形式订立合同的，自当事人均签名、盖章或者按指印时合同成立。除法律、行政法规要求必须签订合同书外，当事人要求签订合同书的，应当在承诺生效之前提出。因为承诺生效时，合同即成立，之后再提出签订合同书的，合同书只是作为合同成立的证明，合同并非从签名、盖章或者按指印时成立。同时，合同成立的核心要素是双方当事人意思表示一致。如果一个以合同书形式订立的合同已经履行，若仅仅是因为其没有签名、盖章或者按指印，就认定其不成立，则违背了当事人的真实意愿。既然当事人已经履行主要义务，对方也接受了，那么合同当然成立。

本条第2款规定属于当事人未按照规定或者约定采用书面形式但合同仍成立的一种情形。即使合同没有按照法律、行政法规规定或者当事人约定采用书面形式订立，但是一方已经履行主要义务，对方接受时，应视为合同成立符合双方当事人的共同意愿，该合同成立。

第四百九十一条　【签订确认书的合同及电子合同成立时间】当事人采用信件、数据电文等形式订立合同要求签订确认书的，签订确认书时合同成立。

当事人一方通过互联网等信息网络发布的商品或者服务信息符

合要约条件的，对方选择该商品或者服务并提交订单成功时合同成立，但是当事人另有约定的除外。

条文注释

本条第1款虽然没有明确规定何时可以提出签订确认书的要求，但不能理解为允许当事人在承诺生效后再提出签订确认书的要求。因为按照本法规定的要约、承诺规则，承诺生效后合同即已成立。在合同成立后，一方当事人提出签订确认书的要求的，对合同的成立不产生任何影响。

本条第2款吸收了《电子商务法》的规定，对电子合同的成立时间作了规定。根据本条规定，电子合同的成立需要具备两个基本条件：(1)当事人一方通过互联网等信息网络发布的商品或者服务信息应符合要约条件。符合要约条件，是指符合合同编第472条规定的要约条件。(2)相对方选择该商品或者服务并提交订单成功。当事人通过信息网络发布的商品或者服务信息符合要约条件的，相对方可以直接作出承诺达成交易。相对方选择该商品或者服务并成功提交订单，即属于作出承诺。订单一旦提交成功，合同即成立，订单提交成功的时间即为合同成立的时间。合同成立后，即对双方当事人均产生法律约束力。此外，合同编奉行合同自愿原则，允许当事人对此作出另外的约定。

关联法规

《电子商务法》第49条第1款；《最高人民法院关于审理买卖合同纠纷案件适用法律问题的解释》第1条

第四百九十二条　【合同成立地点】承诺生效的地点为合同成立的地点。

采用数据电文形式订立合同的，收件人的主营业地为合同成立的地点；没有主营业地的，其住所地为合同成立的地点。当事人另有约定的，按照其约定。

条文注释

一般来说,承诺生效时合同成立,承诺生效的地点为合同成立的地点。而当事人采用特定形式订立合同的,特定形式的完成地点为合同成立的地点。此外,本条虽然没有明确规定,但基于民法的自愿原则,合同成立的地点也可以由双方当事人自行约定。

对于以数据电文形式订立的合同的成立地点,难以按照承诺生效的地点为合同成立地点的一般规则予以认定。本条第2款规定基本延续了原《合同法》的规定,但作了一处修改,将收件人没有营业地情形下合同成立的地点由“其经常居住地”修改为“其住所地”。这主要是为了与自然人、法人住所制度相协调。《民法典》中对民事主体已经不再使用“经常居住地”的概念,而是明确规定了自然人、法人的住所制度。

本条第2款规定的收件人是指要约人,即收到承诺的人。如果收件人没有主营业地,则其住所地为合同成立的地点,即收件人是自然人的,合同成立的地点以自然人的住所地为准;收件人是法人的,合同成立的地点以法人的主要办事机构所在地为准。此外,本条规定的“数据电文形式”与总则编第137条第2款规定的“数据电文”应作同一理解。

第四百九十三条　【书面合同成立地点】当事人采用合同书形式订立合同的,最后签名、盖章或者按指印的地点为合同成立的地点,但是当事人另有约定的除外。

条文注释

非要式的合同,一般以承诺生效的地点为合同成立的地点。要式合同,以要式达成的地点为合同成立的地点。当事人采用合同书形式订立合同的,以签名、盖章或者按指印的地点为合同成立的地点;如果各方当事人签名、盖章或者按指印的时间不同步,则以最后签名、盖章或者按指印的地点为合同成立的地点。当然,如果当事人对合同成立的地点另有约定,则应当尊重当事人的意愿,以当事人之间的约定确定合同成立的地点。如果当事人以要约与承诺达成合意后又协商签订合同书，则除非当事人另有约定，合同已于承诺生效时成立，承诺生效的地点为合同订立的地点，而不适用本条的规定。

第四百九十四条　【强制缔约义务】国家根据抢险救灾、疫情防控或者其他需要下达国家订货任务、指令性任务的，有关民事主体之间应当依照有关法律、行政法规规定的权利和义务订立合同。

依照法律、行政法规的规定负有发出要约义务的当事人，应当及时发出合理的要约。

依照法律、行政法规的规定负有作出承诺义务的当事人，不得拒绝对方合理的订立合同要求。

条文注释

本条第1款是关于按照国家订货任务、指令性任务订立合同的规定。

本条第2款是关于强制发出要约义务的规定。民事主体在特定情形下负有发出要约的义务，这是强制缔约义务的一种类型。本款还规定了施加此种限制的法律效力位阶，即“法律、行政法规”。此处的“法律”是指狭义的法律，即全国人民代表大会和全国人民代表大会常务委员会制定的法律；“行政法规”是由国务院制定。根据本款规定，对于负有发出要约义务的当事人来说，其一，发出要约是其义务，不得拒绝；其二，发出要约要“及时”；其三，发出的要约内容要“合理”。至于何谓“及时”“合理”，要根据法律、行政法规的规定视具体情况进行判断。

本条第3款是关于强制作出承诺义务的规定。强制作出承诺义务，是强制缔约义务中的典型类型。本款也规定了施加此种限制的法律效力位阶，即“法律、行政法规”。根据本款规定，负有作出承诺义务的当事人，对于对方提出的合理的订立合同要求不得拒绝。本款一方面明确了负有作出承诺义务的当事人不得拒绝作出承诺，另一方面也规定了对方提出的订立合同的要求应当是“合理的”。何谓“合理的”，要根据法律、行政法规的规定视具体情况进行判断。

关联法规

《证券法》第65～70条;《机动车交通事故责任强制保险条例》第10条

第四百九十五条 【预约合同】当事人约定在将来一定期限内订立合同的认购书、订购书、预订书等,构成预约合同。

当事人一方不履行预约合同约定的订立合同义务的,对方可以请求其承担预约合同的违约责任。

条文注释

本条第1款对预约合同的定义作了界定。预约合同最本质的内涵是约定在将来一定期限内订立合同。当事人就在将来一定期限内订立合同达成合意,即可构成预约合同。对本条第1款可以从以下几个方面予以理解:

(1)预约合同是独立的合同。本条将预约合同作为一项独立的合同予以规定。预约合同的标的为在将来一定期限内订立本约,当事人就此项标的达成合意,预约合同即成立。对此,应当着重把握三点:①预约合同的成立,必须是双方当事人达成了合意,对双方当事人均具有约束力。根据《最高人民法院关于适用〈中华人民共和国民法典〉合同编通则若干问题的解释》第6条的规定,当事人以认购书、订购书、预订书等形式约定在将来一定期限内订立合同,或者为担保在将来一定期限内订立合同交付了定金,能够确定将来所要订立合同的主体、标的等内容的,人民法院应当认定预约合同成立。当事人通过签订意向书或者备忘录等方式,仅表达交易的意向,未约定在将来一定期限内订立合同,或者虽然有约定但是难以确定将来所要订立合同的主体、标的等内容,一方主张预约合同成立的,人民法院不予支持。当事人订立的认购书、订购书、预订书等已就合同标的、数量、价款或者报酬等主要内容达成合意,符合《最高人民法院关于适用〈中华人民共和国民法典〉合同编通则若干问题的解释》第3条第1款规定的合同成立条件,未明确约定在将来一定期限内另行订立合同,或者虽然有约定但是当事人一方已实施履行行为且对方接受的,人民法院应当认定本约合同成立。②预约合同当事人合意的内容是将来订立本约,就将来订立本约的意思表示达成一致。如果当事人只是就将来达成某一交易进行磋商甚至已经就部分条款达成初步合意,但没有将来订立本约的意思表示,则仍然不成立预约合同。③将来订立本约应当是确定的。本条规定的“在将来一定期限内订立合同”,是指当事人在约定的期限内确定要订立合同。

(2)预约合同与本约合同有所区别。是否要另行订立合同,是预约合同与本约合同最显著的区别。预约合同的目的在于订立本约合同,预约合同当事人的义务就是在一定期限内订立本约合同,订立本约合同是预约合同得到履行的结果。本约合同当事人可直接履行各自义务,实现合同目的,无须再另行订立合同。

(3)预约合同的本质内涵与表现形式的关系。本条第1款规定了预约合同的常见表现形式,如认购书、订购书、预订书等。当事人签订的认购书、订购书、预订书并不是确定无疑一定构成预约合同,其是否构成预约合同,关键还是要看当事人是否对在将来一定期限内订立本约合同达成合意。另外,即使属于本条没有列举的其他形式,只要其符合预约合同的本质内涵,也属于预约合同。

本条第2款规定了预约合同的违约责任。需要说明的是,一方违约,符合合同编规定的解除合同条件的,非违约方也可以请求解除预约合同。依据合同编第8章关于“违约责任”的规定,违约责任的形式主要有违约金责任、定金责任、继续履行和赔偿损失等。预约合同的违约责任原则上也可以包括以上几种责任形式。《最高人民法院关于适用〈中华人民共和国民法典〉合同编通则若干问题的解释》第7条规定,预约合同生效后,当事人一方拒绝订立本约合同或者在磋商订立本约合同时违背诚信原则导致未能订立本约合同的,人民法院应当认定该当事人不履行预约合同约定的义务。人民法院认定当事人一方在磋商订立本约合同时是否违背诚信原则,应当综合考虑该当事人在磋商时提出的条件是否明显背离预约合同约定的内容以及是否已尽合理努力进行协商等因素。第8条规定,预约合同生效后,当事人一方不履行订立本约合同的义务,对方请求其赔偿因此造成的损失的,人民法院依法予以支持。上述规定的损失赔偿,当事人有约定的,按照约定;没有约定的,人民法院应当综合考虑预约合同在内容上的完备程度以及订立本约合同的条件的成就程度等因素酌定。

第四百九十六条　【格式条款】格式条款是当事人为了重复使用而预先拟定,并在订立合同时未与对方协商的条款。

采用格式条款订立合同的,提供格式条款的一方应当遵循公平原则确定当事人之间的权利和义务,并采取合理的方式提示对方注意免除或者减轻其责任等与对方有重大利害关系的条款,按照对方的要求,对该条款予以说明。提供格式条款的一方未履行提示或者说明义务,致使对方没有注意或者理解与其有重大利害关系的条款的,对方可以主张该条款不成为合同的内容。

条文注释

本条第1款规定了格式条款的定义。格式条款最实质的特征在于"未与对方协商"。"未与对方协商",是指格式条款提供方没有就条款内容与相对方进行实质上的磋商,相对方对条款内容并没有进行实际修改的余地。本条对格式条款的定义还用了"为了重复使用"这一表述,对格式条款的通常表现形式予以描述。格式条款的提供方通常是基于重复使用进而提高交易效率的目的来拟定格式条款。根据《最高人民法院关于适用〈中华人民共和国民法典〉合同编通则若干问题的解释》第9条的规定,合同条款符合《民法典》第496条第1款规定的情形,当事人仅以合同系依据合同示范文本制作或者双方已经明确约定合同条款不属于格式条款为由主张该条款不是格式条款的,人民法院不予支持。从事经营活动的当事人一方仅以未实际重复使用为由主张其预先拟定且未与对方协商的合同条款不是格式条款的,人民法院不予支持。但是,有证据证明该条款不是为了重复使用而预先拟定的除外。

本条第2款规定了格式条款提供方的提示、说明义务,并明确了违反该义务的法律效果。依照本条规定,格式条款提供方应当采取

“合理的方式”提示对方注意免除或者减轻自己责任等与对方“有重大利害关系的条款”，还要按照对方的要求，对该条款予以说明、解释，使相对方真正理解该条款的含义。采用“合理的方式”，目的在于使相对方充分注意，如实践中一些格式条款采用特别的字体予以提示。对于“合理的方式”具体指什么方式，要视具体情况而定，应能引起相对方的注意。“有重大利害关系的条款”，一般来说主要包括但不限于格式条款提供方免除或者减轻自己责任、加重对方责任、限制或者排除对方主要权利等的条款。“有重大利害关系的条款”的认定，要视格式条款的具体情况而定。对格式条款提供方未履行提示或者说明义务的法律效果，本条第2款规定为“对方可以主张该条款不成为合同的内容”，这也是本条第2款与合同编第497条的不同之处。合同编第497条规定的格式条款无效情形，属于合同成立后的效力评价层面，属于合同效力制度。还需要强调一点，本条第2款规定的“该条款不成为合同的内容”，只能由相对方主张，格式条款提供方无权主张。

此外，还需注意两点：一是本条以及本法第497、498条这三个条文对格式条款的基本规则作了规定，这些规定不仅适用于普遍的民事活动，也适用于商事交易。但商事交易与普通的民事活动毕竟存在一定的差异，因此对这三个条文关于格式条款的规定应当根据交易具体情况作合理的理解。二是要处理好本法合同编与《消费者权益保护法》之间的关系。就格式条款来说，本法合同编的规定与《消费者权益保护法》的规定是一般法与特别法的关系。合同编对格式条款所作的规定，也适用于经营者与消费者之间的合同，但是《消费者权益保护法》有特别规定的，要适用《消费者权益保护法》的规定。

第四百九十七条　【格式条款无效的情形】有下列情形之一的，该格式条款无效：

（一）有本法第一编第六章第三节和本法第五百零六条规定的无效情形；

（二）提供格式条款一方不合理地免除或者减轻其责任、加重对方责任、限制对方主要权利；

（三）提供格式条款一方排除对方主要权利。

条文注释

本条总括性地规定了格式条款无效的情形：

(1)与其他民事法律行为通用的无效情形，即具有总则编第6章第3节和合同编第506条规定的无效情形。总则编第6章第3节对民事法律行为的无效情形作了总括性规定。如果格式条款具有总则编第6章第3节规定的民事法律行为的无效情形，则该格式条款无效。合同编第506条是对合同中免责条款无效情形的规定，如果合同中有免除"造成对方人身损害的"或者"因故意或者重大过失造成对方财产损失的"责任的条款，则该条款无效。格式条款如果具有合同编第506条规定的情形，则当然也是无效的。

(2)格式条款特有的无效情形即具有本条第2项规定的"提供格式条款一方不合理地免除或者减轻其责任、加重对方责任、限制对方主要权利"，以及第3项规定的"提供格式条款一方排除对方主要权利"的情形，此均属于违背公平原则的情形。格式条款具有这些情形的，该格式条款无效。

第四百九十八条　【格式条款的解释】对格式条款的理解发生争议的，应当按照通常理解予以解释。对格式条款有两种以上解释的，应当作出不利于提供格式条款一方的解释。格式条款和非格式条款不一致的，应当采用非格式条款。

条文注释

本条针对格式条款的特点，对格式条款规定了专门的解释规则：(1)按照通常理解予以解释规则。格式条款是为了重复使用而拟定的，因此对格式条款也应当按照通常理解予以解释，既不按照提供格式条款一方的理解予以解释，也不按照个别的相对方的理解予以解释，而是按照可能订立该格式条款的一般人的理解予以解释，这对保护相对方的利益是公平的。(2)不利解释规则。格式条款提供方往往处于优势地位，相对方不能实际参与格式条款内容的拟定与磋商，无法对格式条款内容施加影响，因此在对格式条款内容有两种以上解释时，有必要给予相对方倾斜性的保护，即作出不利于提供格式条款一方的解释。(3)优先采用非格式条款原则。优先采用非格式条款更符合民法上的自愿原则，对当事人也更为公平。

第四百九十九条　【悬赏广告】悬赏人以公开方式声明对完成特定行为的人支付报酬的，完成该行为的人可以请求其支付。

条文注释

依据本条规定，悬赏广告的构成要满足以下几个条件：(1)以公开的方式作出声明。公开的具体方式，可以是通过广播电视、报纸期刊或者互联网等媒介发布，也可以是在公众场所发传单、在公开的宣传栏张贴广告等。(2)悬赏人在声明中提出明确的要求，即要完成特定行为。声明对于该要求，要有具体、明确的表达，不能含混不清。(3)悬赏人具有支付报酬的意思表示，即对完成特定行为的人给付一定报酬。悬赏人应当对报酬的形式、给付方式等作出明确的表达；如果报酬是给付金钱，应当明确金钱的币种、数额等。对于满足以上条件的悬赏广告，完成该特定行为的人可以请求悬赏人支付报酬，悬赏人不得拒绝。

第五百条　【缔约过失责任】当事人在订立合同过程中有下列情形之一，造成对方损失的，应当承担赔偿责任：

（一）假借订立合同，恶意进行磋商；

（二）故意隐瞒与订立合同有关的重要事实或者提供虚假情况；

（三）有其他违背诚信原则的行为。

条文注释

缔约过失责任，是指当事人在订立合同过程中，因违背诚信原则而给对方造成损失的赔偿责任。根据本条规定，有下列情况之一，给对方当事人造成损失的，应当承担缔约过失责任：(1)假借订立合同，恶意进行磋商。这是指当事人根本没有与对方订立合同的目的，与对方进行谈判协商只是个借口，目的是损害对方或者第三人的利益。(2)故意隐瞒与订立合同有关的重要事实或者提供虚假情况。根据诚信原则的要求，当事人在订立合同过程中，对有关的重要事实和情况负有告知义务。当事人故意隐瞒重要事实和情况，造成对方损失的，应当承担缔约过失责任。(3)有其他违背诚信原则的行为。如果当事人违反了诚信原则要求的互相协助、照顾、保护、通知等义务，实施了违背诚信原则的行为，并造成对方损失，就要承担缔约过失责任。

在合同订立过程中，若当事人基于对对方的信赖，为合同的成立做了一些前期准备工作，对方当事人违背诚信原则的行为损害了当事人的信赖利益的，应当予以赔偿。缔约过失责任的赔偿范围以受损害的当事人的信赖利益的损失为限，包括直接利益的减少，如谈判中发生的费用，还包括受损害的当事人因此失去的与第三人订立合同的机会损失。具体的损失额须根据案件实际情况进行计算，但不得超过合同履行利益即合同成立并得到履行后所获得的利益。

关联法规

《民法典》第 179 条第 1 款第 8 项

第五百零一条　【当事人保密义务】当事人在订立合同过程中知悉的商业秘密或者其他应当保密的信息，无论合同是否成立，不得泄露或者不正当地使用；泄露、不正当地使用该商业秘密或者信息，造成对方损失的，应当承担赔偿责任。

条文注释

根据诚信原则，本条将当事人在订立合同过程中的保密义务予以法定化，将其作为当事人的一项法定义务，无论合同是否成立，当事人均不得泄露或者不正当地使用应当保密的信息。

需要说明的是，违法泄露或者不正当地使用商业秘密的，不仅仅限于承担民事赔偿责任，还有可能承担行政责任甚至刑事责任。例如，《反不正当竞争法》第 21 条规定，经营者以及其他自然人、法人和非法人组织违反该法第9条规定侵犯商业秘密的，由监督检查部门责令停止违法行为，没收违法所得，处10万元以上100万元以下的罚款；情节严重的，处50万元以上500万元以下的罚款。《刑法》专门规定了侵犯商业秘密罪，对严重侵犯商业秘密的行为追究刑事责任。

关联法规

《反不正当竞争法》第9条第4款

第三章　合同的效力

第五百零二条　【合同生效时间】依法成立的合同，自成立时生效，但是法律另有规定或者当事人另有约定的除外。

依照法律、行政法规的规定，合同应当办理批准等手续的，依照其规定。未办理批准等手续影响合同生效的，不影响合同中履行报批等义务条款以及相关条款的效力。应当办理申请批准等手续的当事人未履行义务的，对方可以请求其承担违反该义务的责任。

依照法律、行政法规的规定，合同的变更、转让、解除等情形应当办理批准等手续的，适用前款规定。

条文注释

本条第1款对合同的生效时间作了规定。该规定是《民法典》总则编第136条关于民事法律行为生效时间在合同领域的体现。本条第1款包括两个层面的含义：（1）依法成立的合同，自成立时生效。也就是说，原则上，合同的生效时间与合同的成立时间是一致的。（2）对合同生效时间，法律另有规定或者当事人另有约定的，依照法律规定或者当事人约定。例如，附生效条件和附生效期限的合同，在合同成立时并不立即生效，只有在条件成就时或者期限届至时才生效。

本条第2款专门对未办理批准等手续影响合同生效的情形作了

规定。“未办理批准等手续影响合同生效”，是指只有办理了批准等手续，合同才能生效；反之，未办理批准等手续，合同不生效。本条第2款明确将履行报批等义务条款以及相关条款作为一种特殊的条款予以独立对待，即使合同整体因未办理批准等手续不生效，也不影响合同中履行报批等义务条款以及相关条款的效力。也即合同中履行报批等义务条款以及相关条款的效力不受合同整体不生效的影响。根据《最高人民法院关于适用〈中华人民共和国民法典〉合同编通则若干问题的解释》第12条的规定，合同依法成立后，负有报批义务的当事人不履行报批义务或者履行报批义务不符合合同的约定或者法律、行政法规的规定，对方请求其继续履行报批义务的，人民法院应予支持；对方主张解除合同并请求其承担违反报批义务的赔偿责任的，人民法院应予支持。人民法院判决当事人一方履行报批义务后，其仍不履行，对方主张解除合同并参照违反合同的违约责任请求其承担赔偿责任的，人民法院应予支持。合同获得批准前，当事人一方起诉请求对方履行合同约定的主要义务，经释明后拒绝变更诉讼请求的，人民法院应当判决驳回其诉讼请求，但是不影响其另行提起诉讼。负有报批义务的当事人已经办理申请批准等手续或者已经履行生效判决确定的报批义务，批准机关决定不予批准，对方请求其承担赔偿责任的，人民法院不予支持。但是，因迟延履行报批义务等可归责于当事人的原因导致合同未获批准，对方请求赔偿因此受到的损失的，人民法院应当依据《民法典》第157条的规定处理。

关联法规

《最高人民法院关于审理买卖合同纠纷案件适用法律问题的解释》第1条；《最高人民法院关于审理技术合同纠纷案件适用法律若干问题的解释》第8条

第五百零三条　【被代理人以默示方式对无权代理合同的追认】 无权代理人以被代理人的名义订立合同，被代理人已经开始履行合同义务或者接受相对人履行的，视为对合同的追认。

条文注释

本条对被代理人以默示方式追认无权代理行为作出了具体规定。

本条所规定的“无权代理人以被代理人的名义订立合同”，是指行为人没有代理权、超越代理权或者代理权终止后，仍然以被代理人的名义与他人订立合同的情形。所谓没有代理权，是指行为人根本没有得到被代理人的授权，就以被代理人的名义与他人订立合同。所谓超越代理权，是指行为人与被代理人之间有代理关系存在，行为人有一定的代理权，但其实施的代理行为超出了其代理范围的代理。所谓代理权终止后仍然实施代理，是指行为人与被代理人之间原本有代理关系，由于代理期限届满、代理事务完成或者被代理人取消委托等法定情形的出现使代理权终止，但是行为人仍然实施代理行为。

无权代理人以被代理人的名义订立合同后，被代理人对该无权代理行为享有追认的权利。一般情况下，被代理人实际进行追认的，往往会以口头或者书面等明示的方式作出追认的意思表示。但在一些情况下，被代理人没有以明示的方式作出追认或者拒绝的意思表示，但已经开始履行合同义务或者接受相对人履行。被代理人开始履行合同义务或者接受相对人履行的行为，是对无权代理行为的正面反馈，属于一种积极的作为，从意思表示的类型来说，不属于沉默。本条将被代理人开始履行合同义务或者接受相对人履行的行为，视为以默示的方式对无权代理行为作出追认的意思表示，并对此作出明确的规定。

根据《最高人民法院关于适用〈中华人民共和国民法典〉合同编通则若干问题的解释》第19条的规定，以转让或者设定财产权利为目的订立的合同，当事人或者真正权利人仅以让与人在订立合同时对标的物没有所有权或者处分权为由主张合同无效的，人民法院不予支持；因未取得真正权利人事后同意或者让与人事后未取得处分权导致合同不能履行，受让人主张解除合同并请求让与人承担违反合同的赔偿责任的，人民法院依法予以支持。上述规定的合同被认定有效，且让与人已经将财产交付或者移转登记至受让人，真正权利人请求认定财产权利未发生变动或者请求返还财产的，人民法院应予支持。但是,受让人依据《民法典》第 311 条等规定善意取得财产权利的除外。

第五百零四条　【越权订立的合同效力】法人的法定代表人或者非法人组织的负责人超越权限订立的合同,除相对人知道或者应当知道其超越权限外,该代表行为有效,订立的合同对法人或者非法人组织发生效力。

条文注释

《最高人民法院关于适用〈中华人民共和国民法典〉合同编通则若干问题的解释》第 20 条规定,法律、行政法规为限制法人的法定代表人或者非法人组织的负责人的代表权,规定合同所涉事项应当由法人、非法人组织的权力机构或者决策机构决议,或者应当由法人、非法人组织的执行机构决定,法定代表人、负责人未取得授权而以法人、非法人组织的名义订立合同,未尽到合理审查义务的相对人主张该合同对法人、非法人组织发生效力并由其承担违约责任的,人民法院不予支持,但是法人、非法人组织有过错的,可以参照《民法典》第 157 条的规定判决其承担相应的赔偿责任。相对人已尽到合理审查义务,构成表见代表的,人民法院应当依据《民法典》第 504 条的规定处理。合同所涉事项未超越法律、行政法规规定的法定代表人或者负责人的代表权限,但是超越法人、非法人组织的章程或者权力机构等对代表权的限制,相对人主张该合同对法人、非法人组织发生效力并由其承担违约责任的,人民法院依法予以支持。但是,法人、非法人组织举证证明相对人知道或者应当知道该限制的除外。

《最高人民法院关于适用〈中华人民共和国民法典〉合同编通则若干问题的解释》第 21 条规定,法人、非法人组织的工作人员就超越其职权范围的事项以法人、非法人组织的名义订立合同,相对人主张该合同对法人、非法人组织发生效力并由其承担违约责任的,人民法院不予支持。但是,法人、非法人组织有过错的,人民法院可以参照《民法典》第 157 条的规定判决其承担相应的赔偿责任。前述情形,构成表见代理的,人民法院应当依据《民法典》第 172 条的规定处理。合同所涉事项有下列情形之一的,人民法院应当认定法人、非法人组织的工作人员在订立合同时超越其职权范围:(1)依法应当由法人、非法人组织的权力机构或者决策机构决议的事项;(2)依法应当由法人、非法人组织的执行机构决定的事项;(3)依法应当由法定代表人、负责人代表法人、非法人组织实施的事项;(4)不属于通常情形下依其职权可以处理的事项。合同所涉事项未超越依据上述规定确定的职权范围,但是超越法人、非法人组织对工作人员职权范围的限制,相对人主张该合同对法人、非法人组织发生效力并由其承担违约责任的,人民法院应予支持。但是,法人、非法人组织举证证明相对人知道或者应当知道该限制的除外。法人、非法人组织承担民事责任后,向故意或者有重大过失的工作人员追偿的,人民法院依法予以支持。

关联法规

《最高人民法院关于适用〈中华人民共和国民法典〉有关担保制度的解释》第7条

第五百零五条　【超越经营范围订立的合同效力】当事人超越经营范围订立的合同的效力,应当依照本法第一编第六章第三节和本编的有关规定确定,不得仅以超越经营范围确认合同无效。

条文注释

经营范围是市场主体从事经营活动的业务范围。本条在总结司法实践经验的基础上,对当事人超越经营范围订立的合同的效力问题予以明确。《民法典》总则编第6章第3节和本编对合同的效力问题作了全面、系统的规定。对当事人超越经营范围订立的合同效力的判断,应当依照这些规定确定,如要看是否有违反法律、行政法规强制性规定的情形等,而不得仅以超越经营范围认定合同无效。

第五百零六条　【免责条款效力】合同中的下列免责条款无效:

(一)造成对方人身损害的;

(二)因故意或者重大过失造成对方财产损失的。

条文注释

合同中的免责条款，是指合同中的双方当事人在合同中约定的免除或者限制一方或者双方当事人责任的条款。在现代合同的发展中免责条款大量出现，免责条款一般具有以下特征：(1)免责条款具有约定性。免责条款是当事人双方协商同意的合同的组成部分。这与法律规定的因不可抗力致使合同不能履行情形下的免除责任是不同的。当事人可以依据意思自治的原则在合同中约定免责的内容或者范围，如当事人可以约定"限制赔偿数额""免除某种事故发生的责任"等。(2)免责条款应当以明示的方式作出，以默示的方式作出的免责条款通常是无效的。(3)合同中的免责条款具有免责性。这种免责可以是部分免责(限制)，也可以是全部免责(排除)。

本条规定了以下两种免责条款无效：(1)造成对方人身损害的免责条款。在实践中，这种免责条款一般是与另一方当事人的真实意思相违背的，所以本条对于这类免责条款加以禁止。(2)因故意或者重大过失给对方造成财产损失的免责条款。这种条款严重违反了诚信原则。对于第二种免责条款需要注意的有两点：一是对于免除因一般过失而给对方当事人造成财产损失责任的条款，可以认定为有效。二是因故意或者重大过失造成的损失限于财产损失。如果是免除造成对方人身损害责任的条款，则不管当事人是否有故意或者重大过失，只要是免除对人身损害责任的条款，都应当依据本条第1项的规定确认无效。

第五百零七条　【争议解决条款效力】合同不生效、无效、被撤销或者终止的，不影响合同中有关解决争议方法的条款的效力。

条文注释

本条所说的有关解决争议方法的条款包括以下几种形式：(1)仲裁条款。仲裁条款是仲裁协议的一种表现形式，是当事人在合同中约定的用仲裁方式解决双方争议的条款。如果当事人在合同中订有仲裁条款，则当事人在发生争议时，不能向人民法院提出诉讼。(2)选择受诉法院的条款。《民事诉讼法》第35条规定，合同或者其他财产权益纠纷的当事人可以书面协议选择被告住所地、合同履行地、合同签订地、原告住所地、标的物所在地等与争议有实际联系的地点的人民法院管辖，但不得违反该法对级别管辖和专属管辖的规定。当事人选择受诉人民法院的条款，不受合同效力的影响。(3)选择检验、鉴定机构的条款。当事人可以在合同中约定，若对标的物的质量或技术的品种发生争议，在提交仲裁或者诉讼前，应当将标的物送交双方认可的机构或科研单位检验或鉴定。这种解决争议方法的约定出于双方自愿，不涉及合同的实体权利和义务，应当承认其效力。(4)法律适用条款。依照《涉外民事关系法律适用法》第41条中的规定，对于具有涉外因素的合同争议，当事人可以协议选择合同适用的法律。当然，外国法律的适用将损害我国社会公共利益的，应当适用我国法律。当事人就法律适用条款所达成的协议的效力具有独立性，不受合同效力的影响。

第五百零八条　【合同效力援引规定】本编对合同的效力没有规定的，适用本法第一编第六章的有关规定。

条文注释

本法总则编第6章对民事法律行为的效力作了全面、系统的规定。合同属于双方或者多方民事法律行为，合同编没有规定的，自然应当适用总则编第6章的有关规定。

第四章　合同的履行

第五百零九条　【合同履行的原则】当事人应当按照约定全面履行自己的义务。

当事人应当遵循诚信原则，根据合同的性质、目的和交易习惯履行通知、协助、保密等义务。

当事人在履行合同过程中，应当避免浪费资源、污染环境和破坏生态。

条文注释

本条第1款是关于全面履行原则的规定。按照全面履行原则的要求，当事人应当履行的义务不限于合同的主要义务，对于当事人约定的其他义务，当事人也应当按照约定履行。不管当事人是不履行合同主要义务还是不履行合同其他义务，当事人都要承担违约责任。依照合同编关于合同解除的有关规定，当事人违反合同义务，符合法定或者约定的合同解除条件的，还可以解除合同。

本条第2款是关于诚信履行原则的规定。总则编第7条规定，民事主体从事民事活动，应当遵循诚信原则，秉持诚实，恪守承诺。合同履行也应当遵循诚信原则，当事人应当按照诚信原则行使合同权利、履行合同义务。根据诚信履行原则，则可产生履行的附随义务。当事人除应当按照合同约定履行自己的义务外，也要履行合同未作约定但依照诚信原则应当履行的通知、协助、保密等义务。本款就附随义务列举了通知、协助、保密这三项比较典型的义务，但附带义务的范围不局限于此。在某一合同的履行中，当事人应当履行哪些附随义务，应当依照诚信原则，根据该合同的性质、目的和交易习惯作具体判断。

本条第3款规定是绿色原则在合同履行中的体现。依照本款规定，当事人在履行合同过程中，应当避免浪费资源，避免污染环境和破坏生态。

关联法规

《民法典》第9条

第五百一十条　【合同没有约定或者约定不明的补救措施】合同生效后，当事人就质量、价款或者报酬、履行地点等内容没有约定或者约定不明确的，可以协议补充；不能达成补充协议的，按照合同相关条款或者交易习惯确定。

条文注释

本条关于合同内容补充规定所适用的前提是，合同已经依法成立并生效。如果合同尚未成立、生效，则此时合同没有进入履行阶段，自然没有进行内容补充的必要。对本条规定，可以从以下两个方面予以理解：

一是当事人协议补充。按照民法自愿原则，当事人有权自主决定合同内容。在当事人就合同有关内容没有约定或者约定不明确时，可由当事人通过协商的方式达成补充协议。

二是按照合同有关条款或者交易习惯确定。如果当事人就有关内容不能达成补充协议，则按照合同有关条款或者交易习惯确定。合同各条款都是当事人协商一致的结果，体现了当事人的真实意愿。合同各条款之间在表达上往往存在一定的关联，在合同欠缺有关内容或者对有关内容约定不明确时，可以结合相关条款探寻当事人真实的意图，进而补充所欠缺的内容或者将不明确的内容予以明确。交易习惯在一定范围内被普遍接受和采用，或者在特定当事人之间经常使用。在合同欠缺有关内容或者对有关内容约定不明确时，也可以用交易习惯来对合同内容进行补充。

第五百一十一条　【合同约定不明确时的履行】当事人就有关合同内容约定不明确，依据前条规定仍不能确定的，适用下列规定：

（一）质量要求不明确的，按照强制性国家标准履行；没有强制性国家标准的，按照推荐性国家标准履行；没有推荐性国家标准的，按照行业标准履行；没有国家标准、行业标准的，按照通常标准或者符合合同目的的特定标准履行。

（二）价款或者报酬不明确的，按照订立合同时履行地的市场价格履行；依法应当执行政府定价或者政府指导价的，依照规定履行。

（三）履行地点不明确，给付货币的，在接受货币一方所在地履行；交付不动产的，在不动产所在地履行；其他标的，在履行义务一方所在地履行。

（四）履行期限不明确的，债务人可以随时履行，债权人也可以随时请求履行，但是应当给对方必要的准备时间。

（五）履行方式不明确的，按照有利于实现合同目的的方式履行。

（六）履行费用的负担不明确的，由履行义务一方负担；因债权人原因增加的履行费用，由债权人负担。

条文注释

当事人就有关合同内容约定不明确，既不能通过协商达成补充协议，又不能按照合同的有关条款或者交易习惯确定的，适用本条规定确定合同相关内容。

(1)质量要求不明确的。在当事人对作为合同重要内容的质量要求不明确，通过合同相关条款或者交易习惯均不能确定的情况下，优先按照国家标准、行业标准履行。对于国家标准、行业标准，优先按照强制性国家标准履行；没有强制性国家标准的，按照推荐性国家标准履行；没有推荐性国家标准的，按照行业标准履行。没有国家标准、行业标准的，再按照同类产品或者服务的市场通常质量标准或者符合合同目的的特定标准履行。这里讲的通常标准，一般指的是同一价格的中等质量标准。

(2)价款或者报酬不明确的。对这类情况，除依法应当执行政府定价、政府指导价的以外，按照同类产品或者同类服务订立合同时履行地的市场价格履行。

(3)履行地点不明确的。对这类情况，给付货币的，在接受给付一方的所在地履行；交付不动产的，在不动产所在地履行；其他标的，在履行义务一方所在地履行。

(4)履行期限不明确的。对这类情况，债务人可以随时向债权人履行义务，债权人也可以随时请求债务人履行义务，但都要给对方必要的准备时间。

(5)履行方式不明确的。不同的合同，其履行方式多种多样、差别较大，很难确定一般性的标准。合同目的是当事人双方订立合同所共同追求的，因此履行方式不明确的，就按照有利于实现合同目的的方式履行。

(6)履行费用的负担不明确的。履行费用的负担不明确的，由履行义务一方负担履行费用。为了平衡债权人与债务人之间的利益，本条同时规定，因债权人原因增加的履行费用，由债权人负担。

关联法规

《标准化法》第2条

第五百一十二条 【电子合同标的交付时间】通过互联网等信息网络订立的电子合同的标的为交付商品并采用快递物流方式交付的，收货人的签收时间为交付时间。电子合同的标的为提供服务的，生成的电子凭证或者实物凭证中载明的时间为提供服务时间；前述凭证没有载明时间或者载明时间与实际提供服务时间不一致的，以实际提供服务的时间为准。

电子合同的标的物为采用在线传输方式交付的，合同标的物进入对方当事人指定的特定系统且能够检索识别的时间为交付时间。

电子合同当事人对交付商品或者提供服务的方式、时间另有约定的，按照其约定。

条文注释

本条根据电子合同的标的为交付商品或者提供服务的不同情况分别作出规定，并有针对性地对采用在线传输方式交付标的物的情形作出专门规定：

1. 电子合同标的为交付商品的情形

通过互联网等信息网络订立的电子合同生效后，当事人负有交付商品的义务。实践中，交付方式主要有两种：一是门店自取；二是采用快递物流方式交付。其中，采用快递物流方式更为常见。以门店自取的方式交付商品，属于面对面交付，对交付时间不会产生纠纷。采用快递物流方式交付商品的，如果电子合同商品销售方自备物流服务，则对以收货人签收时间作为交付时间也没有争议。但是，如果电子合同商品销售方将物品交给第三方快递物流公司，再由第三方快递物流公司将商品交给购买方的，电子合同标的为交付商品并采用快递物流方式交付的，收货人的签收时间为交付时间。

2. 电子合同标的为提供服务的情形

电子合同的标的为提供服务的，原则上以生成的电子凭证或者实物凭证中载明的时间为提供服务时间。但是，实践中有的电子凭证或者实物凭证没有载明时间，也有的电子凭证或者实物凭证载明的时间与实际提供服务时间不一致，这些情况下，以实际提供服务的时间为准。

3. 采用在线传输方式交付标的物的情形

采用在线传输方式交付标的物的，合同标的物进入对方当事人指定的特定系统且能够检索识别的时间为交付时间。这样规定的目的在于使交付时间的判断标准更明确具体，更有利于保护相对方利益，避免纠纷。如果进入相对方指定的特定系统的电子合同标的物本身不能够检索识别，例如已经感染病毒的标的物，则不能直接将标的物进入相对方指定的特定系统的时间作为交付时间，应当由负有交付义务的当事人承担不利的法律后果。

本条第 1 款和第 2 款规定是对电子合同当事人交付商品、提供服务的方式与时间的一般规则，当事人可以对交付商品或者提供服务的方式、时间另行约定。当事人作出另外约定的，按照其约定。

关联法规

《电子商务法》第 51 条

第五百一十三条　【政府定价、政府指导价】执行政府定价或者政府指导价的，在合同约定的交付期限内政府价格调整时，按照交付时的价格计价。逾期交付标的物的，遇价格上涨时，按照原价格执行；价格下降时，按照新价格执行。逾期提取标的物或者逾期付款的，遇价格上涨时，按照新价格执行；价格下降时，按照原价格执行。

条文注释

市场调节价，是指由经营者自主制定，通过市场竞争形成的价格。政府指导价，是指由政府价格主管部门或者其他有关部门按照定价权限和范围规定基准价及其浮动幅度，指导经营者定价的价格。政府定价,是指由政府价格主管部门或者其他有关部门按照定价权限和范围制定的价格。合同交易中,价格通常按照市场调节价由当事人共同商定。国家对合同交易规定有政府指导价的,当事人应当在指导价的幅度内商定价格。国家对合同交易规定了政府定价的,当事人均应当遵守,一方违反价格管理规定的,另一方可以请求其退还多收的价金。

合同执行政府定价、政府指导价的,如果在合同约定的履行期间政府定价、政府指导价调整,则按标的物交付时的价格计价。逾期交付的,遇价格上涨时,按原价格执行;价格下降时,按新价格执行。逾期提取标的物或者逾期付款的,遇价格上涨时,按新价格执行;价格下降时,按原价格执行。

第五百一十四条　【金钱之债中对于履行币种约定不明时的处理】以支付金钱为内容的债,除法律另有规定或者当事人另有约定外,债权人可以请求债务人以实际履行地的法定货币履行。

条文注释

法定货币依靠国家规定成为一定地域内合法流通的货币。《中国人民银行法》第16条中规定,中华人民共和国的法定货币是人民币。我国香港特别行政区和澳门特别行政区的法定货币分别为港币、澳门币。美国的法定货币为美元,英国的法定货币为英镑等。正是基于法定货币的特殊地位,本条规定,在合同交易中,对于以支付金钱为内容的债,除法律另有规定或者当事人另有约定外,债权人可以请求债务人以实际履行地的法定货币履行。

第五百一十五条　【选择之债中选择权归属与移转】标的有多项而债务人只需履行其中一项的,债务人享有选择权;但是,法律另有规定、当事人另有约定或者另有交易习惯的除外。

享有选择权的当事人在约定期限内或者履行期限届满未作选择,经催告后在合理期限内仍未选择的,选择权转移至对方。

条文注释

本条第1款确立了选择权归属的一般原则。本条采用了一般原则加除外规定的方式,对选择权的归属主体作出规定。依照本条规定,标的有多项而债务人只需履行其中一项的,原则上选择权归属于债务人。同时,本条规定了法律另有规定、当事人另有约定或者另有交易习惯三种例外:(1)法律对选择权的归属主体另有规定的,应当按照该规定确定享有选择权的主体;(2)民事活动应当遵循自愿原则,在当事人对选择权的归属主体作出特别约定的情况下,应当尊重当事人的选择,按照当事人的约定确定选择权的归属主体;(3)交易习惯在某一地域、某一领域、某一行业等范围内被普遍接受和采用,或者在特定当事人之间经常使用的,适用交易习惯确定选择权的归属主体符合当事人的预期,有利于公平、合理地平衡当事人之间的利益。对于选择之债中选择权的归属主体,在法律没有特别规定、当事人没有约定的情况下,如果有相关交易习惯存在,则适用该交易习惯确定选择权的归属主体。

本条第2款是关于选择权转移的规定。享有选择权的当事人应当在约定期限内作出选择;当事人未对选择权行使约定期限的,应当在履行期限届满前作出选择。同时,考虑到选择权的行使直接关系到债的标的的确定,选择权转移对当事人影响重大,因此本条在行使选择权的约定期限和履行期限届满后,又设定了一个催告期间以作缓冲,使不及时行使选择权的一方予以充分注意。享有选择权的当事人在约定期限内或者履行期限届满未作选择的,相对方可以催告其在合理期限内作出选择。这就意味着,即使当事人对选择权的行使期限作了约定,在约定期限届满未作选择的,相对方都要先进行催告。只有当有选择权的当事人在催告后的合理期限内仍未选择的,选择权才转移至对方。

第五百一十六条　【选择权的行使】当事人行使选择权应当及时通知对方,通知到达对方时,标的确定。标的确定后不得变更,但是经对方同意的除外。

可选择的标的发生不能履行情形的，享有选择权的当事人不得选择不能履行的标的，但是该不能履行的情形是由对方造成的除外。

条文注释

本条第1款对选择权的行使方式和法律效果作了规定。有选择权的当事人行使选择权应当采用通知的方式，通知到达对方时，标的即确定，不需要经过相对方同意。标的一旦确定，对双方当事人均产生拘束力。除非经过相对方同意，享有选择权的当事人不得再自行变更标的。

本条第2款对选择之债发生标的不能履行情形时如何行使选择权作出了规定。从尽可能促成债务履行的角度出发，规定可选择的标的之中发生不能履行情形的，享有选择权的当事人不得选择不能履行的标的，即只能从剩余的标的中选择。同时，为了公平、合理地平衡当事人双方之间的利益作了除外规定，即“但是该不能履行的情形是由对方造成的除外”。也就是说，如果该不能履行的情形是由相对方即无选择权的当事人造成的，则享有选择权的当事人既可以在剩余标的中选择，也可以选择该不能履行的标的进而主张相应的法律效果。

第五百一十七条　【按份之债】债权人为二人以上，标的可分，按照份额各自享有债权的，为按份债权；债务人为二人以上，标的可分，按照份额各自负担债务的，为按份债务。

按份债权人或者按份债务人的份额难以确定的，视为份额相同。

条文注释

按份债权和按份债务的标的都是可分的，标的不可分不能成立按份债权或者按份债务。当然，标的可分的债权并不都是按份债权，标的可分的债务并不都是按份债务，标的可分的债权或者债务可依照法律规定或者当事人约定成立连带债权或者连带债务。依照第1款的规定，按份债权的债权人为二人以上，按照份额各自享有债权，每个债权人只能就自己的份额向债务人主张债权，不得超过自己份额行使债权。按份债务的债务人为二人以上,按照份额各自负担债务,每个债务人只就自己应当承担的份额向债权人履行债务,对超过自己份额的债务有权拒绝。由此可以看出,第 1 款对按份债权和按份债务的定义所作的界定,同时包含了按份债权和按份债务的内外部效力,即各债权人之间对内按照份额分享权利,对外按照各自份额行使权利;各债务人之间对内按照份额分担债务,对外按照各自份额履行债务。

按份债权人的份额或者按份债务人的份额,法律有规定或者当事人有约定的,依照法律规定或者当事人约定。法律没有规定,当事人也没有约定或者约定不明确,难以确定按份债权人或者按份债务人的份额的,视为份额相同,每个债权人平均分享债权,每个债务人平均分担债务。

第五百一十八条 【连带之债】债权人为二人以上,部分或者全部债权人均可以请求债务人履行债务的,为连带债权;债务人为二人以上,债权人可以请求部分或者全部债务人履行全部债务的,为连带债务。

连带债权或者连带债务,由法律规定或者当事人约定。

条文注释

连带债权的债权人为二人以上,部分或者全部债权人均可以请求债务人履行债务。连带债务的债务人为二人以上,不管债务人之间的内部份额如何划分,债权人既可以请求全部债务人履行全部债务或者部分债务,也可以请求部分债务人履行全部债务或者部分债务。全部或者部分债务人履行一部分债务的,未履行的债务部分仍然是各债务人的连带债务,债权人有权请求全部债务人或者部分债务人履行。

连带债务的成立对债权人有利,但对各债务人影响重大,对其成立有必要作严格的限制。因此本条第 2 款规定,连带债务由法律规定或者当事人约定。既没有法律规定,也没有当事人约定的,不可成立连带债务。连带债权的各债权人共享同一债权,但可以由某一债权人单独行使该债权,这种情况也要有法律的明确规定或者当事人之间的特别约定。

第五百一十九条 【连带债务人的份额确定及追偿权】连带债务人之间的份额难以确定的,视为份额相同。

实际承担债务超过自己份额的连带债务人,有权就超出部分在其他连带债务人未履行的份额范围内向其追偿,并相应地享有债权人的权利,但是不得损害债权人的利益。其他连带债务人对债权人的抗辩,可以向该债务人主张。

被追偿的连带债务人不能履行其应分担份额的,其他连带债务人应当在相应范围内按比例分担。

条文注释

债权人有权要求任一连带债务人履行全部债务,这是就各连带债务人与债权人之间的关系而言的。至于在连带债务人内部关系中如何确定各自应当承担的债务份额,有法律规定或者当事人约定的,按照法律规定或者当事人约定;既没有法律规定也没有当事人约定,难以确定各连带债务人的债务份额的,视为份额相同,即由各连带债务人平均分担债务。

连带债务人的追偿权,是指一个连带债务人因履行债务、抵销债务等使连带债务人对债权人的债务在一定范围内消灭的,该连带债务人享有向其他连带债务人追偿的权利。本条对连带债务人追偿权的成立条件进行了规定,即连带债务人实际承担的债务须超过自己的债务份额,才能向其他连带债务人行使追偿权,并且行使追偿权的范围限于实际承担债务超过自己份额的部分。

本条赋予行使追偿权的连带债务人以债权人的权利。连带债务人有权就超过部分在其他连带债务人未履行的份额范围内向其追偿,并相应地享有债权人的权利。连带债务人所享有的债权人的权利,比较典型的是债权所附的担保等从权利。本条还规定,实际承担债务的连带债务人享有债权人的权利,但是不得损害债权人的利益。此外,为了合理平衡享有追偿权的连带债务人与其他连带债务人之间的利益，本条还规定，其他连带债务人对债权人的抗辩，可以向该债务人主张。

基于公平考虑，本条第3款规定被追偿的连带债务人不能履行其应分担份额的，其他连带债务人应当在相应范围内按比例分担。“其他连带债务人”，是指除不能履行其应分担份额的连带债务人之外的所有连带债务人，包括实际承担债务后行使追偿权的连带债务人。举例如下：连带债务人A、B、C、D对债权人E负200万元债务，连带债务人内部平均分担债务，即每个连带债务人的内部分担份额为50万元。A向E清偿了200万元债务，使连带债务人对债权人的债务全部消灭，A就自己实际承担的债务超出自己份额的部分即150万元享有向B、C、D的追偿权，B、C、D各自向A分担50万元。现B破产，A向B只追偿到20万元，B应分担的另外30万元份额已经不能履行。此时，依照本条规定，B不能履行的30万元份额，由A、C、D三个连带债务人按照比例(50∶50∶50)分担，每人分担10万元份额，即A就B不能履行的30万元债务，自己承担10万元，可以向C、D每人主张10万元。

第五百二十条　【连带债务涉他效力】部分连带债务人履行、抵销债务或者提存标的物的，其他债务人对债权人的债务在相应范围内消灭；该债务人可以依据前条规定向其他债务人追偿。

部分连带债务人的债务被债权人免除的，在该连带债务人应当承担的份额范围内，其他债务人对债权人的债务消灭。

部分连带债务人的债务与债权人的债权同归于一人的，在扣除该债务人应当承担的份额后，债权人对其他债务人的债权继续存在。

债权人对部分连带债务人的给付受领迟延的，对其他连带债务人发生效力。

条文注释

根据本条第1款的规定，部分连带债务人向债权人履行债务、以债权人对自己所负债务与连带债务人对债权人所负债务相抵销，或者提存标的物，均可使债权人的债权全部或者部分得到满足，其他债务人对债权人的债务也就在相应范围内消灭。

根据本条第2款的规定，债权人免除其中一个或者部分连带债务人的债务的，债权人仍可向其他债务人请求履行，但是其他债务人承担的连带债务数额要扣除被免除的连带债务人应当承担的内部份额。例如，债权人对连带债务人甲、乙、丙享有100万元债权，就连带债务人内部而言，甲承担20万元、乙承担30万元、丙承担50万元。现债权人表示免除甲的债务。此时，债权人仍可向乙、丙主张债权，但是要扣除甲承担的份额20万元，即乙、丙对债权人只承担80万元连带债务。

根据本条第3款的规定，部分连带债务人的债务与债权人的债权同归于一人的，混同后的债权人(或者发生混同的连带债务人)仍然可以以债权人的地位，向其他连带债务人请求承担连带债务，但是连带债务的数额要扣除发生混同的连带债务人应当承担的内部份额。

本条第4款规定，债权人对部分连带债务人的给付受领迟延的，对其他连带债务人发生效力。债权人受领迟延是指，债权人无正当理由对于债务人的给付未及时受领。债权人受领迟延的，会产生一定的法律效果。例如，对于债权人受领迟延期间的利息，作出给付行为的连带债务人有权拒绝，其他连带债务人根据本款规定也有权拒绝。

第五百二十一条　【连带债权的内外部关系】连带债权人之间的份额难以确定的，视为份额相同。

实际受领债权的连带债权人，应当按比例向其他连带债权人返还。

连带债权参照适用本章连带债务的有关规定。

条文注释

在连带债权内部关系中，如何确定各连带债权人的份额，有法律规定或者当事人约定的，按照法律规定或者当事人约定；如果既没有法律规定，也没有当事人约定，难以确定各连带债权人的份额的，依照本条第1款的规定，视为份额相同，即由各连带债权人平均分享债权。

依照本条第2款的规定，实际受领债权的连带债权人应当向其他连带债权人返还，返还的数额按照连带债权人的份额比例计算。例如，连带债权人甲、乙、丙对债务人享有300万元连带债权，按照连带债权人甲、乙、丙内部份额比例5:2:3，甲的债权份额为150万元。如果债务人发生破产，作为连带债权人之一的甲对债务人主张债权，只取得了100万元债权，即使受领数额没有超过自己的份额150万元，也应当按照比例5:2:3向连带债权人乙、丙返还，即向乙返还20万元，向丙返还30万元。

本条第3款的"参照适用"主要是就外部关系而言，就部分连带债权人与债务人之间发生的事项对其他连带债权人产生的效力，参照适用合同编第520条的规定。

第五百二十二条　【利益第三人合同】当事人约定由债务人向第三人履行债务，债务人未向第三人履行债务或者履行债务不符合约定的，应当向债权人承担违约责任。

法律规定或者当事人约定第三人可以直接请求债务人向其履行债务，第三人未在合理期限内明确拒绝，债务人未向第三人履行债务或者履行债务不符合约定的，第三人可以请求债务人承担违约责任；债务人对债权人的抗辩，可以向第三人主张。

条文注释

涉他合同，又称涉及第三人的合同，包括利益第三人合同和由第三人履行的合同。本条规定的是利益第三人合同，合同编第523条规定的是由第三人履行的合同。

本条第1款是关于不真正的利益第三人合同的规定。本款规定坚守了合同相对性原则。所谓合同相对性原则，是指合同项下的权利与义务只由合同当事人享有或者承担，合同仅对当事人具有法律约束力，对合同当事人之外的第三人不具有法律约束力。对于本款规定的不真正的利益第三人合同，由债务人向第三人履行债务，是债权人与债务人之间所作的约定,该约定不对第三人产生法律约束力。第三人不享有请求债务人履行的权利,履行请求权仍然属于作为合同当事人的债权人。债务人未向第三人履行债务或者履行债务不符合约定的,债务人应当向债权人承担违约责任,而不是向第三人承担违约责任。第三人没有享受到预期利益的,第三人可以依据其与债权人之间的约定等另作处理。

本条第2款对真正利益第三人合同中第三人取得履行请求权的条件及相关法律效果作了规定。

(1)第三人取得履行请求权的条件包括:一是第三人取得履行请求权要有法律规定或者当事人约定。依照本条规定,只有在法律规定或者当事人约定第三人可以直接请求债务人向其履行债务的,才构成真正的利益第三人合同,第三人才能取得履行请求权。二是利益第三人合同是为第三人的利益而设置,按照民法的自愿原则,即使是为他人赋予利益,他人也有权拒绝。因此,本条对利益第三人合同还规定了第三人的拒绝权,第三人在合理期限内可以拒绝,未在合理期限内明确拒绝的,第三人就取得了直接请求债务人履行的权利,可以直接请求债务人向其履行。《最高人民法院关于适用〈中华人民共和国民法典〉合同编通则若干问题的解释》第29条第3款规定,债务人按照约定向第三人履行债务,第三人拒绝受领,债权人请求债务人向自己履行债务的,人民法院应予支持,但是债务人已经采取提存等方式消灭债务的除外。

(2)真正的利益第三人合同的法律效果是:债务人未向第三人履行债务或者履行债务不符合约定的,第三人可以请求债务人承担继续履行、赔偿损失等违约责任。但是,第三人对债务人虽取得履行请求权,但由于其不是合同当事人,合同本身的权利,如解除权、撤销权等,第三人不得行使。同时,还应注意债务人的抗辩问题。债务人基于债务人地位对债权人所享有的抗辩,不应因向第三人履行而受到影响。因此,本条规定,债务人对债权人的抗辩,可以向第三人主张。

第五百二十三条　【由第三人履行的合同】当事人约定由第三人向债权人履行债务，第三人不履行债务或者履行债务不符合约定的，债务人应当向债权人承担违约责任。

条文注释

由第三人履行的合同，又称第三人负担的合同，指双方当事人约定债务由第三人履行的合同。由第三人履行的合同，具有以下几个特点：(1)合同是在债权人与债务人之间订立，以债权人、债务人为合同双方当事人，第三人不是合同当事人。(2)合同标的是第三人向债权人的履行行为。由第三人履行的合同，不是由债务人直接向债权人履行债务，而是由第三人向债权人履行债务。根据合同相对性原则，合同仅对合同当事人产生法律约束力。对于由第三人履行的合同，虽然合同债权人与债务人约定由第三人向债权人履行债务，但是由于第三人不是合同当事人，合同对该第三人并没有法律约束力。第三人不向债权人履行债务的，可能会向债务人承担责任，但这是基于债务人与第三人的约定，而不是基于由第三人履行的合同。(3)不履行债务或者履行债务不符合约定而产生的违约责任，由债务人向债权人承担违约责任。

此外，还需要注意的是，由第三人履行的合同没有突破合同相对性，不解决债权人是否具有直接请求第三人履行的权利的问题。债权人是否享有直接请求第三人履行的权利，属于真正的利益第三人合同的范畴，要看债务人与第三人之间是否订有以债权人为受益人的真正的利益第三人合同。

第五百二十四条　【第三人代为履行】债务人不履行债务，第三人对履行该债务具有合法利益的，第三人有权向债权人代为履行；但是，根据债务性质、按照当事人约定或者依照法律规定只能由债务人履行的除外。

债权人接受第三人履行后，其对债务人的债权转让给第三人，但是债务人和第三人另有约定的除外。

条文注释

为了保护就债务履行有合法利益的第三人，本条规定打破了债的相对性，赋予该第三人代为履行的权利。该第三人代为履行债务，不需要考虑是否违反债务人的意思，债权人也不得拒绝。何谓"对履行该债务具有合法利益"的第三人，根据《最高人民法院关于适用〈中华人民共和国民法典〉合同编通则若干问题的解释》第30条第1款的规定，下列民事主体，人民法院可以认定为《民法典》第524条第1款规定的对履行债务具有合法利益的第三人：(1)保证人或者提供物的担保的第三人；(2)担保财产的受让人、用益物权人、合法占有人；(3)担保财产上的后顺位担保权人；(4)对债务人的财产享有合法权益且该权益将因财产被强制执行而丧失的第三人；(5)债务人为法人或者非法人组织的，其出资人或者设立人；(6)债务人为自然人的，其近亲属；(7)其他对履行债务具有合法利益的第三人。

当然，具有合法利益的第三人并不是在所有情况下都享有代为履行的权利，本条对此作了除外规定，即根据债务性质、按照当事人约定或者依照法律规定只能由债务人履行的，则第三人即使具有合法利益，也不能代为履行。此外，自愿原则是民法的基本原则，如果债权人与债务人特别约定只能由债务人履行的，应当尊重该特别规定，排除第三人的履行。法律对此作出特别规定的，依照法律规定。

有合法利益的第三人代为履行后，债权人的债权得以实现，债权人与债务人之间的债权债务关系终止。对于第三人与债务人之间的关系，根据本条规定，债权人接受第三人履行后，其对债务人的债权转让给第三人。

第五百二十五条　【同时履行抗辩权】当事人互负债务，没有先后履行顺序的，应当同时履行。一方在对方履行之前有权拒绝其履行请求。一方在对方履行债务不符合约定时，有权拒绝其相应的履行请求。

条文注释

同时履行抗辩权，是指在没有先后履行顺序的双务合同中，一方当事人在对方当事人未为履行或者履行不符合约定的情况下,享有拒绝对待给付的权利。

同时履行抗辩权的成立要具备以下四个要件:(1)须基于同一双务合同互负债务,在履行上存在关联性。单务合同仅一方负有债务,另一方享有权利,自然不适用同时履行抗辩权。(2)当事人的债务没有先后履行顺序。如果当事人互负债务,但是依照当事人约定等能够确定先后履行顺序的,自无同时履行抗辩权的适用余地。(3)须双方所负的债务均已届履行期。如果一方当事人的债务尚未到期,在对方当事人请求履行时,该当事人可以主张债务履行期尚未届至的抗辩,无须适用同时履行抗辩权制度。(4)对方当事人未履行自己所负的债务或者履行债务不符合约定仍然提出履行请求。履行债务不符合约定的情况,包括部分履行、瑕疵履行等。

对于同时履行抗辩权的效力,本条规定,对于对方不履行债务的,当事人在对方履行之前有权拒绝其履行请求。对于对方履行债务不符合约定的,当事人有权拒绝其相应的履行请求。同时履行抗辩权属延期的抗辩权,只是暂时阻止对方当事人请求权的行使,非永久的抗辩权。对方当事人完全履行了合同义务,同时履行抗辩权消灭,当事人应当履行自己的义务。当事人行使同时履行抗辩权致使合同迟延履行的,该当事人不承担违约责任。

《最高人民法院关于适用〈中华人民共和国民法典〉合同编通则若干问题的解释》第31条第1款规定,当事人互负债务,一方以对方没有履行非主要债务为由拒绝履行自己的主要债务的,人民法院不予支持。但是,对方不履行非主要债务致使不能实现合同目的或者当事人另有约定的除外。

第五百二十六条　【先履行抗辩权】当事人互负债务,有先后履行顺序,应当先履行债务一方未履行的,后履行一方有权拒绝其履行请求。先履行一方履行债务不符合约定的,后履行一方有权拒绝其相应的履行请求。

条文注释

先履行抗辩权，是指在双务合同中应当先履行的一方当事人未履行或者履行债务不符合约定的，后履行的一方当事人享有拒绝对方履行请求或者拒绝对方相应履行请求的权利。

先履行抗辩权的成立要具备以下要件：(1)须基于同一双务合同。双方当事人因同一合同互负债务，在履行上存在关联性。先履行抗辩权不适用于单务合同。(2)当事人的债务有先后履行顺序。当事人互负债务，并且能够确定先后履行顺序。这种履行顺序的确立，或依法律规定，或按当事人约定，或按交易习惯。(3)应当先履行的当事人不履行债务或者履行债务不符合约定。例如，对于应先交付租赁物再付租金的租赁合同，出租方不按时交付租赁物或者交付的租赁物不符合约定。(4)后履行一方当事人的债务已届履行期。如果后履行一方当事人的债务尚未到期，在对方当事人请求履行时，后履行一方当事人可以主张债务履行期尚未届至的抗辩，无须适用先履行抗辩权制度。

符合上述条件，后履行的一方当事人可以行使先履行抗辩权，对抗应先履行债务的对方当事人的履行请求。应先履行合同债务的当事人不能行使先履行抗辩权。先履行抗辩权属延期的抗辩权，只是暂时阻止对方当事人请求权的行使，非永久的抗辩权。对方当事人履行了合同义务，先履行抗辩权消灭，当事人应当履行自己的义务。后履行一方当事人行使先履行抗辩权致使合同迟延履行的，该当事人不承担违约责任，迟延履行的责任由对方承担。后履行一方当事人行使先履行抗辩权，不影响追究应当先履行一方当事人的违约责任。

第五百二十七条　【不安抗辩权】应当先履行债务的当事人，有确切证据证明对方有下列情形之一的，可以中止履行：

（一）经营状况严重恶化；

（二）转移财产、抽逃资金，以逃避债务；

（三）丧失商业信誉；

（四）有丧失或者可能丧失履行债务能力的其他情形。
当事人没有确切证据中止履行的，应当承担违约责任。

条文注释

不安抗辩权，是指双务合同成立后，应当先履行的当事人有确切证据证明对方不能履行义务，或者不履行合同义务的可能性较高时，在对方恢复履行能力或者提供担保之前，有权中止履行合同义务。

不安抗辩权的成立要具备以下要件：(1)当事人须基于同一双务合同互负债务。不安抗辩权不适用于单务合同。(2)当事人互负的债务有先后履行顺序。这也是不安抗辩权和先履行抗辩权共同的成立要件，只是不安抗辩权由应当先履行债务的一方当事人享有，先履行抗辩权由后履行债务的一方当事人享有。当事人互负的债务没有先后履行顺序的，属于同时履行抗辩权的成立要件。(3)后履行的当事人发生了丧失或者可能丧失债务履行能力的情形。这些情形包括经营状况严重恶化，转移财产、抽逃资金以逃避债务，丧失商业信誉和其他丧失或者可能丧失履行债务能力的情形。

尤其需要注意的是，对于后履行的当事人发生了丧失或者可能丧失债务履行能力的情形，应当先履行债务的当事人必须要有确切的证据证明。如果有确切的证据证明，则属于正当行使不安抗辩权，可以中止履行顺序在先的债务；如果没有确切的证据证明而中止履行的，则属于违约行为，应当先履行债务的当事人要承担违约责任。由此可以看出，有无确切的证据证明是非常关键的因素，直接决定中止履行行为是正当行使不安抗辩权，还是属于违约行为。“有无确切的证据证明”，不是由先履行债务的当事人单方决定的。如果事后双方当事人对“有无确切的证据证明”产生争议，应当由应先履行债务的一方当事人承担举证责任，由仲裁机构或者法院作出最终裁断。

第五百二十八条 【不安抗辩权的效力】当事人依据前条规定中止履行的,应当及时通知对方。对方提供适当担保的,应当恢复履行。中止履行后,对方在合理期限内未恢复履行能力且未提供适当担保的,视为以自己的行为表明不履行主要债务,中止履行的一方可以解除合同并可以请求对方承担违约责任。

条文注释

应先履行的一方当事人行使不安抗辩权,中止履行后,应当及时通知对方当事人。不安抗辩权具有两个层次的效力。在第一层次上,符合不安抗辩权成立要件的,应当先履行债务的当事人可以中止履行。但不安抗辩权属延期抗辩权,中止履行只是一个暂时的状态。在第二层次上,当事人行使不安抗辩权中止履行后,往往会给对方当事人一个"补救"机会,即要求对方当事人在一定期限内提供担保。对方未提供担保的,应当先履行债务一方可以解除合同;对方提供担保的,应当先履行债务一方恢复履行。

本条根据对方是否提供担保规定了不同的法律效果:

(1)应先履行一方行使不安抗辩权,中止履行并及时通知对方后,如果对方提供了适当担保的,消除了影响先履行债务一方当事人债权实现的情形,先履行债务一方自然应当恢复履行。何为"适当担保",只能在具体案件中作具体判断,法律无法划定统一的标准。

(2)如果对方在合理期限内未恢复履行能力并且未提供适当担保的,发生什么法律效果?依照本条规定,当事人行使不安抗辩权、中止履行后,对方在合理期限内未恢复履行能力且未提供适当担保的,视为以自己的行为表明不履行主要债务。中止履行的一方,即行使不安抗辩权的一方不但可以解除合同,还可以请求对方承担赔偿损失等违约责任。

第五百二十九条 【因债权人原因致债务履行困难时的处理】债权人分立、合并或者变更住所没有通知债务人,致使履行债务发生困难的,债务人可以中止履行或者将标的物提存。

条文注释

债权人分立、合并或者变更住所应当及时通知债务人，以便债务人履行债务。如果没有通知债务人，致使债务人履行债务发生困难的，此时债务人可以中止履行或者将标的物提存。这种情形下债务人中止履行或者将标的物提存，不能认定为债务人违约。当然，如果债权人分立、合并或者变更住所没有通知债务人，但并不会使债务履行发生困难的，此时债务人不得以此为由中止履行或者将标的物提存，否则属于债务人违约。

第五百三十条　【债务人提前履行债务】债权人可以拒绝债务人提前履行债务，但是提前履行不损害债权人利益的除外。

债务人提前履行债务给债权人增加的费用，由债务人负担。

条文注释

本条第1款在确立债权人可以拒绝债务人提前履行债务作为一般原则的同时，还作出了但书规定“但是提前履行不损害债权人利益的除外”。提前履行不损害债权人利益的举证责任应当由请求提前履行的债务人一方承担。

债务人提前履行可能会给债权人增加额外的费用，例如仓储费用等。依照本条第2款规定，债务人提前履行债务给债权人增加的费用，由债务人负担。

第五百三十一条　【债务人部分履行债务】债权人可以拒绝债务人部分履行债务，但是部分履行不损害债权人利益的除外。

债务人部分履行债务给债权人增加的费用，由债务人负担。

条文注释

本条所规定的部分履行，是指债务的履行期限届满时，债务人只履行其中一部分债务，既可以是就整个债务部分履行，也可以是就分期履行中的某一期部分履行。

合同编将全面履行作为合同履行的原则。当事人全面履行自己的义务包括按照约定履行全部债务。债务人履行部分债务，属于违反合同约定的行为，原则上属于违约行为，债权人当然可以拒绝并请求债务人承担违约责任。债权人也可以接受债务人部分履行的请求，并保留请求债务人承担违约责任的权利。当然，债权人也可以无保留地接受债务人部分履行的请求，此时债务人的部分履行不再被当作违约对待。

如果债务人部分履行不损害债权人的利益，基于诚信原则，债权人应当接受债务人部分履行债务，不得拒绝。债权人接受债务人部分履行，可能会额外增加一些费用，这些费用由债务人负担。

第五百三十二条 【当事人姓名等变化对合同履行的影响】合同生效后，当事人不得因姓名、名称的变更或者法定代表人、负责人、承办人的变动而不履行合同义务。

条文注释

合同生效后，当事人的姓名变更、法人或者非法人组织的名称变更，并没有实质上改变合同主体。法人或者非法人组织的法定代表人、负责人、承办人，是代表法人或者非法人组织从事民事活动，合同的权利义务由法人或者非法人组织承受，合同一方当事人是法人或者非法人组织，而不是其法定代表人、负责人、承办人。基于此，本条明确规定，合同生效后，当事人不得因姓名、名称的变更或者法定代表人、负责人、承办人的变动而不履行合同义务。

第五百三十三条 【情势变更】合同成立后，合同的基础条件发生了当事人在订立合同时无法预见的、不属于商业风险的重大变化，继续履行合同对于当事人一方明显不公平的，受不利影响的当事人可以与对方重新协商；在合理期限内协商不成的，当事人可以请求人民法院或者仲裁机构变更或者解除合同。

人民法院或者仲裁机构应当结合案件的实际情况，根据公平原则变更或者解除合同。

条文注释

情势变更制度，是指合同依法成立后，客观情况发生了无法预见的重大变化，致使原来订立合同的基础丧失或者动摇，如继续履行合同则对一方当事人明显不公平，因此允许变更或者解除合同以维持当事人之间的公平。

1. 情势变更制度的适用条件

(1)合同成立后，合同的基础条件发生了重大变化。一是这种重大变化是一种客观情况，要达到足以动摇合同基础的程度。哪些客观情况能称为该"重大变化"，要根据客观情况本身及其对合同基础的影响等进行具体判断。二是这种重大变化应发生在合同成立后至履行完毕前的期间内。如果这种重大变化发生在履行完毕后，合同权利义务因履行完毕而终止，自然没有调整合同权利义务的必要和可能。三是这种重大变化应当是当事人在订立合同时无法预见的。如果当事人在订立合同时能够预见或者应当预见但没有预见到，或者虽然预见到但没有反映到合同权利义务关系的设定上，由此产生的不利后果均由该当事人自己承受，不能适用情势变更制度对合同关系进行调整。四是这种重大变化不能属于商业风险。对于合同履行过程中的商业风险，按照独立决定、独立负责的原则，遭受不利的当事人应当自行承担不利后果。

(2)继续履行合同对于当事人一方明显不公平。合同严守是原则，情势变更制度只能是例外。只有在继续履行合同对于一方当事人明显不公平时，才可能适用情势变更制度，对当事人之间的权利义务关系进行干预和调整。

2. 适用情势变更制度的法律效果

(1)受不利影响的当事人有权请求与对方重新协商。对于因情势变更造成的双方权利义务严重失衡的状态，受不利影响的当事人请求与对方协商的，对方应当积极回应，参与协商。双方当事人应依诚信、公平原则，重新调整权利义务关系，变更或者解除合同。

(2)双方当事人在协商过程中，就合同的变更或者解除达不成一致意见，协商不成的，当事人可以请求法院或者仲裁机构作最终裁断。人民法院或者仲裁机构应当结合案件的实际情况，判断是否符合情势变更制度的适用条件，对此人民法院或者仲裁机构应当严格掌握，避免当事人以情势变更制度作为逃避履行合同的借口，损害合同的效力和权威，破坏正常的交易秩序。符合情势变更制度适用条件的，人民法院应当根据公平原则作出裁断。《最高人民法院关于适用〈中华人民共和国民法典〉合同编通则若干问题的解释》第32条第3款规定，人民法院依据《民法典》第533条的规定判决变更或者解除合同的，应当综合考虑合同基础条件发生重大变化的时间、当事人重新协商的情况以及因合同变更或者解除给当事人造成的损失等因素，在判项中明确合同变更或者解除的时间。

第五百三十四条　【合同监管】对当事人利用合同实施危害国家利益、社会公共利益行为的，市场监督管理和其他有关行政主管部门依照法律、行政法规的规定负责监督处理。

条文注释

对自愿原则即意思自治原则的限制，有时需要司法介入，而本条是从行政监督管理的角度对当事人利用合同实施危害国家利益、社会公共利益行为进行监督处理。市场监督管理部门和其他有关行政主管部门的监督处理，应当符合下列条件：(1)监督处理的对象是当事人利用合同实施危害国家利益、社会公共利益的违法行为，不得干涉当事人依法享有的合同权利；(2)应当依照法律、行政法规规定负责监督处理。

第五章　合同的保全

第五百三十五条　【债权人代位权行使要件】因债务人怠于行使其债权或者与该债权有关的从权利，影响债权人的到期债权实现的，债权人可以向人民法院请求以自己的名义代位行使债务人对相对人的权利，但是该权利专属于债务人自身的除外。

代位权的行使范围以债权人的到期债权为限。债权人行使代位权的必要费用,由债务人负担。

相对人对债务人的抗辩,可以向债权人主张。

条文注释

代位权是指债务人怠于行使权利,债权人为保全债权,以自己的名义代位行使债务人对相对人的权利。

债权人行使代位权应当符合以下条件:(1)须债务人享有对外的债权。这是代位权存在的基础。倘若债务人没有对外的债权,就无所谓代位权。(2)须债务人怠于行使其债权或者与该债权有关的从权利。“怠于行使”是指债务人应当行使其权利,且能够行使而不行使。代位权的客体,即债务人怠于行使的权利,不能是专属于债务人自身的权利。根据《最高人民法院关于适用〈中华人民共和国民法典〉合同编通则若干问题的解释》第 34 条的规定,“下列权利,人民法院可以认定为《民法典》第 535 条第 1 款规定的专属于债务人自身的权利:(一)抚养费、赡养费或者扶养费请求权;(二)人身损害赔偿请求权;(三)劳动报酬请求权,但是超过债务人及其所扶养家属的生活必需费用的部分除外;(四)请求支付基本养老保险金、失业保险金、最低生活保障金等保障当事人基本生活的权利;(五)其他专属于债务人自身的权利”。(3)须债务人怠于行使自己的权利,已影响债权人的到期债权实现。根据《最高人民法院关于适用〈中华人民共和国民法典〉合同编通则若干问题的解释》第 33 条的规定,“债务人怠于行使其债权或者与该债权有关的从权利,影响债权人的到期债权实现”是指债务人不履行其对债权人的到期债务,又不以诉讼或者仲裁方式向相对人主张其享有的债权或者与该债权有关的从权利,致使债权人的到期债权未能实现。(4)须债务已陷于迟延履行。债务人的债务履行期限未届满的,债权人不能行使代位权。债务履行期限已届满,债务陷于迟延履行,债权人方可行使代位权。

债权人行使代位权的范围,以债务人的债权额和债权人的债权额为限，超越此范围，债权人不能行使。债权人行使代位权会支出一定的费用，该费用由债务人负担。

根据《最高人民法院关于适用〈中华人民共和国民法典〉合同编通则若干问题的解释》第 35 条第 1 款的规定，债权人依据《民法典》第 535 条的规定对债务人的相对人提起代位权诉讼的，由被告住所地人民法院管辖，但是依法应当适用专属管辖规定的除外。

债权人行使代位权，提起代位诉讼，法院的判决对债务人是否发生效力？如果债务人作为第三人参加诉讼，法院的判决自然对其发生效力。如果债务人未参加诉讼，法院判决的效力亦及于债务人，债务人不得就债权人行使代位权请求的数额另行起诉，否则违反一事不再理原则。但是，债务人对相对人的债权数额超出债权人行使代位权请求数额的，就超出部分，债务人仍然可以向有管辖权的法院另行起诉相对人。

债权人行使代位权，债务人的相对人的地位不应受到影响，债务人的相对人对债务人的抗辩（不限于抗辩权），如同时履行抗辩权、后履行抗辩、时效届满的抗辩、虚假表示可撤销的抗辩等，同样可以对抗债权人。

关联法规

《最高人民法院关于审理民事案件适用诉讼时效制度若干问题的规定》第 16 条

第五百三十六条　【保存行为】债权人的债权到期前，债务人的债权或者与该债权有关的从权利存在诉讼时效期间即将届满或者未及时申报破产债权等情形，影响债权人的债权实现的，债权人可以代位向债务人的相对人请求其向债务人履行、向破产管理人申报或者作出其他必要的行为。

条文注释

本条列举了保存行为的两种典型类型：(1)债权人可以代位债务人作出中断诉讼时效的行为。针对的是债权人的债权到期前，债务人的债权或者与债权有关的从权利存在诉讼时效期间即将届满的情况。例如,债权人甲对债务人乙享有债权,债务人乙对丙享有债权,保证人丁为乙对丙的债权提供了保证担保,丙自身无财产,现债务人乙对保证人丁所享有的保证债权的诉讼时效期间即将届满仍不积极主张权利,影响甲对乙的债权将来实现的,甲可以依照本条规定,代位向丁主张保证债权,请求丁向乙履行保证债务。(2)债权人可以代位向破产管理人申报破产债权。针对的是债务人的相对人破产,债务人不积极申报破产债权,影响债权人的债权将来实现的,债权人可以代位向债务人的相对人的破产管理人申报破产债权。

保存行为不限于以上两种类型,本条在“未及时申报破产债权”后还有一个“等”字,并规定了“作出其他必要的行为”,以适应实践发展需求。

第五百三十七条　【债权人代位权行使效果】人民法院认定代位权成立的,由债务人的相对人向债权人履行义务,债权人接受履行后,债权人与债务人、债务人与相对人之间相应的权利义务终止。债务人对相对人的债权或者与该债权有关的从权利被采取保全、执行措施,或者债务人破产的,依照相关法律的规定处理。

条文注释

债权人提起代位权诉讼,人民法院认定代位权成立的,由债务人的相对人向债权人履行义务,债权人接受履行后,债权人与债务人、债务人与相对人之间相应的权利义务终止。需要注意的是,本条规定的是“相应的”权利义务终止,即债权人与债务人、债务人与相对人之间权利义务只是就相对人向债权人履行债务的这一数额部分终止。

第五百三十八条　【无偿处分时的债权人撤销权行使】债务人以放弃其债权、放弃债权担保、无偿转让财产等方式无偿处分财产权益,或者恶意延长其到期债权的履行期限,影响债权人的债权实现的,债权人可以请求人民法院撤销债务人的行为。

条文注释

撤销权亦称废罢诉权,是指债务人有减少责任财产而影响债权实现的行为时，债权人为保全债权而请求法院撤销该行为的权利。撤销权的成立要具备以下要件：

(1)债务人要有无偿处分财产的行为。无偿转让财产的行为，既包括无偿转让动产或者不动产等有形财产的行为，也包括无偿转让股权、债权、知识产权、网络虚拟财产等财产权益的行为；既可以是双方民事法律行为，也可以是单方民事法律行为。除了几种比较典型的无偿处分财产行为外，本条还用了一个"等"字用以涵盖其他各种无偿处分财产的行为。此外，本条还规定债权人也可以撤销债务人恶意延长其到期债权的履行期限的行为。"恶意"，是指债务人知道其延长到期债权履行期限的行为会影响债权人的债权实现仍然实施。如果债务人的债权履行期限届满后，债务人的相对人暂无力履行债务而与债务人就履行期限问题重新协商，债务人付出适当代价以换取履行期限延长的，则不属于本条撤销权行使的对象。

(2)债务人的行为要影响债权人的债权实现。债务人无偿处分财产等行为，要影响债权人债权的实现，方有撤销的必要。本条并不要求债务人必须要有损害债权的主观过错，只要是债务人的行为在客观上影响债权人债权的实现，就可以行使撤销权。

撤销权的行使主体是指因债务人的行为影响其债权实现的债权人。债权人有多个的，每个债权人都享有撤销权，但多个债权人都提起撤销权诉讼的，法院一般合并审理。

第五百三十九条　【有偿行为情形下的债权人撤销权行使】债务人以明显不合理的低价转让财产、以明显不合理的高价受让他人财产或者为他人的债务提供担保，影响债权人的债权实现，债务人的相对人知道或者应当知道该情形的，债权人可以请求人民法院撤销债务人的行为。

条文注释

债务人的行为是有偿行为情形下撤销权的成立要件，包括：

(1)要有以明显不合理的低价转让财产、以明显不合理的高价受让他人财产或者为他人的债务提供担保的行为。至于何谓"明显不合理的低价”“明显不合理的高价”，根据《最高人民法院关于适用〈中华人民共和国民法典〉合同编通则若干问题的解释》第42条的规定，人民法院应当按照交易当地一般经营者的判断，并参考交易时交易地的市场交易价或者物价部门指导价予以认定。转让价格未达到交易时交易地的市场交易价或者指导价70%的，一般可以认定为“明显不合理的低价”；受让价格高于交易时交易地的市场交易价或者指导价30%的，一般可以认定为“明显不合理的高价”。债务人与相对人存在亲属关系、关联关系的，不受上述70%、30%的限制。

“为他人的债务提供担保”的行为，既包括为他人的债务担任保证人，也包括为他人的债务以自己的财产设定抵押、质押等，这些行为也会对债权人的债权实现造成重大影响，因此本条将其纳入撤销权的行使对象。

(2)债务人的行为影响债权人的债权实现。债务人的有偿行为，要在客观上影响债权人债权的实现，方能撤销。不管债务人的行为是影响债权人的到期债权实现还是影响债权人的未到期债权将来实现的，债权人均可以行使撤销权。

(3)债务人的相对人主观上存在恶意。这一要件是与债务人的行为是无偿行为时行使撤销权所不同之处。债务人的相对人在主观上存在恶意，指债务人的相对人知道或者应当知道债务人的行为影响债权人的债权实现，该要件的举证责任由行使撤销权的债权人承担。

第五百四十条　【债权人撤销权行使范围及必要费用承担】撤销权的行使范围以债权人的债权为限。债权人行使撤销权的必要费用，由债务人负担。

条文注释

根据《最高人民法院关于适用〈中华人民共和国民法典〉合同编通则若干问题的解释》第45条的规定，在债权人撤销权诉讼中，被撤销行为的标的可分，当事人主张在受影响的债权范围内撤销债务人的行为的，人民法院应予支持；被撤销行为的标的不可分，债权人主张将债务人的行为全部撤销的，人民法院应予支持。债权人行使撤销权所支付的合理的律师代理费、差旅费等费用，可以认定为《民法典》第540条规定的“必要费用”。

第五百四十一条　【债权人撤销权行使期间】撤销权自债权人知道或者应当知道撤销事由之日起一年内行使。自债务人的行为发生之日起五年内没有行使撤销权的，该撤销权消灭。

条文注释

撤销权的行使期间为除斥期间。撤销权原则上应在债权人知道或者应当知道撤销事由之日起1年内行使，但自债务人的行为发生之日起5年内没有行使的，撤销权消灭。将撤销权行使期间起算点规定为“债权人知道或者应当知道撤销事由之日起”有利于保护债权人的利益，防止其因不知撤销事由存在而错失撤销权的行使。同时规定“自债务人的行为发生之日起五年”的客观期间，有助于稳定民事法律关系，维护交易秩序。

第五百四十二条　【债权人撤销权行使效果】债务人影响债权人的债权实现的行为被撤销的，自始没有法律约束力。

条文注释

根据《最高人民法院关于适用〈中华人民共和国民法典〉合同编通则若干问题的解释》第46条的规定，债权人在撤销权诉讼中同时请求债务人的相对人向债务人承担返还财产、折价补偿、履行到期债务等法律后果的，人民法院依法予以支持。债权人请求受理撤销权诉讼的人民法院一并审理其与债务人之间的债权债务关系，属于该人民法院管辖的，可以合并审理。不属于该人民法院管辖的，应当告知其向有管辖权的人民法院另行起诉。债权人依据其与债务人的诉讼、撤销权诉讼产生的生效法律文书申请强制执行的，人民法院可以就债务人对相对人享有的权利采取强制执行措施以实现债权人的债权。债权人在撤销权诉讼中，申请对相对人的财产采取保全措施的，人民法院依法予以准许。

第六章　合同的变更和转让

第五百四十三条　【协议变更合同】当事人协商一致，可以变更合同。

条文注释

合同的变更，是指合同成立后，当事人对合同的内容进行修改或者补充。本条规定的合同变更，不包括合同当事人或者合同主体的改变，债权人和债务人的改变，是通过本章债权转让、债务转移等制度调整的。

合同变更需要满足以下条件：(1)要求存在已成立的有效合同关系，这是合同变更的前提，无效、被撤销、确定不发生效力的合同不能被变更；(2)要求对合同的内容进行变更；(3)要求当事人就变更事项协商一致；(4)法律、行政法规规定合同的变更等情形需要办理批准等手续的，应当依照其规定。

同时应注意的是，当事人之间的合同变更，未经第三人同意，不得对该第三人产生不利影响，否则对第三人不发生效力。例如，本法第765条规定："应收账款债务人接到应收账款转让通知后，应收账款债权人与债务人无正当理由协商变更或者终止基础交易合同，对保理人产生不利影响的，对保理人不发生效力。"

还应注意的是，合同的变更不仅可以通过当事人协商一致的民事法律行为实现，还可以通过人民法院的判决或者仲裁机构的仲裁裁决实现，例如本法第533条第1款规定，构成情势变更的情况下，当事人可以请求人民法院或者仲裁机构变更合同。另外，当事人也可以在符合法律规定的前提下单方变更合同，例如第777条规定的定作人单方变更。判决、仲裁裁决变更和当事人单方变更必须以符合法律的规定为前提。

第五百四十四条　【变更不明确推定为未变更】当事人对合同变更的内容约定不明确的，推定为未变更。

条文注释

合同变更的过程，就是当事人协商一致的过程。当事人在变更合同的过程中，可能出现对需要变更的内容达不成完全一致意见的情况。本条规定，当事人对合同变更的内容约定不明确的，推定为未变更。即使当事人对变更形成合意，但是，在对变更的内容约定不明确的情况下，推定为未变更，除非当事人可以举证推翻该推定。如果当事人在约定合同变更时，对部分条款的变更的约定是明确的，但另一部分条款的变更约定是不明确的，若这两类条款在内容上可以分开，则约定明确的部分有效，而约定不明确的部分推定为未变更；但如果这两类条款在内容上是不可分割的，则应当认为，整个合同条款的变更约定不明确，应当推定为未变更。

第五百四十五条　【债权转让】债权人可以将债权的全部或者部分转让给第三人，但是有下列情形之一的除外：

（一）根据债权性质不得转让；

（二）按照当事人约定不得转让；

（三）依照法律规定不得转让。

当事人约定非金钱债权不得转让的，不得对抗善意第三人。当事人约定金钱债权不得转让的，不得对抗第三人。

条文注释

债权转让，是指不改变债权的内容，由债权人通过合同将债权转让给第三人。本条明确有以下情形之一的，债权人不得转让其权利：

（1）根据债权性质不得转让的权利。这主要包括以下类型：一是当事人基于信任关系订立的委托合同、赠与合同等产生的债权。二是债权人的变动必然导致债权内容的实质性变更，例如要求医院进行手术或者要求律师提供咨询的债权；不作为债权一般也不可被单独转让。三是债权人的变动会危害债务人基于基础关系所享有的利益,实质性地增加了债务人的负担或风险,或实质性地损害了债务人的利益。此外,在债权的部分转让中,不可分的债权根据债权性质不得被部分转让。同时,债权部分转让如果实质性地增加了债务人的负担或者风险的,也不得被部分转让。金钱债权的部分转让不会实质性增加债务人的履行负担,故金钱债权可以部分转让。对于非金钱债权而言,只有对该债权的履行是可分的,并且部分转让不会实质性增加债务人的履行负担或者风险的,才可以被部分转让。

(2)按照当事人约定不得转让的权利。当事人可以对债权的转让作出特别约定,禁止债权人将权利转让给第三人,以保证债务人不面对可能更为苛刻的新债权人、交易清算明晰、回避会计财务等事务手续的繁杂、避免因忽略转让通知而向让与人错误履行的风险、确保抵销利益、避免受让人住所地不利的法律和税收制度等利益。这种约定只要是有效的,债权人就应当遵守该约定,不得再将权利转让给他人;否则其行为构成违约,造成债务人利益损害的,债权人应当承担违约责任。

(3)依照法律规定不得转让的权利。我国一些法律中对某些权利的转让作出了禁止性规定。对于这些规定,当事人应当严格遵守,不得违反法律的规定,擅自转让法律禁止转让的权利。

应当注意的是,债权不得转让的目的有可能是维护社会公共利益,也有可能是为了保护让与人、债务人或者特定第三人的私人利益,如果是后一种保护目的,则被保护主体的同意原则上可以使债权具有可转让性。

按照当事人约定不得转让的权利中,债权人违反约定未经债务人同意而转让债权的,应当依法对债务人承担违约责任。

需要注意的是,有关证券、债券、票据等权利的转让,存在《证券法》《票据法》等特别法规定,依据本法第 11 条,应当适用这些特别规定。同时,在我国法律中,除了通过民事法律行为转让债权外,还存在一些法定的债权移转情形,债权转让的一些规则可以参照适用于这些情形;在应收账款质押中,对应收账款债务人的效力也可以参照适用债权转让的规则。

第五百四十六条　【债权转让通知】债权人转让债权,未通知债务人的,该转让对债务人不发生效力。

债权转让的通知不得撤销,但是经受让人同意的除外。

条文注释

受让人取得转让债权不以通知债务人作为条件,债权转让合同效力不因未通知债务人而受影响。如果转让债权已经存在,则除非让与人和受让人另有约定,受让人在债权转让合同生效时即取得债权;如果被转让的权利是将来债权或者尚不具备可转让性的债权,则在债权转让合同生效之后,转让债权成为现存权利或者具备可转让性时,受让人才取得债权。但是,为保护债务人,债权转让未通知债务人,该转让对债务人不发生效力。根据《最高人民法院关于适用〈中华人民共和国民法典〉合同编通则若干问题的解释》第48条的规定,债务人在接到债权转让通知前已经向让与人履行,受让人请求债务人履行的,人民法院不予支持;债务人接到债权转让通知后仍然向让与人履行,受让人请求债务人履行的,人民法院应予支持。让与人未通知债务人,受让人直接起诉债务人请求履行债务,人民法院经审理确认债权转让事实的,应当认定债权转让自起诉状副本送达时对债务人发生效力。债务人主张因未通知而给其增加的费用或者造成的损失从认定的债权数额中扣除的,人民法院依法予以支持。

债权转让通知的生效、解释、撤回等,参照适用本法关于意思表示的规定,除法律另有规定、让与人和债务人另有约定外,转让通知原则上为不要式。

债权转让通知债务人后,按照有效的债权转让合同,为保护受让人的利益,让与人对受让人负有不得撤销转让通知的义务。原债权人无权撤销转让权利的通知,只有在受让人同意的情况下,债权人才能撤销其转让权利的通知。

第五百四十七条　【债权转让时从权利一并变动】债权人转让债权的，受让人取得与债权有关的从权利，但是该从权利专属于债权人自身的除外。

受让人取得从权利不因该从权利未办理转移登记手续或者未转移占有而受到影响。

条文注释

从权利是指附随于主权利的权利。抵押权、质权、保证等担保权利以及附属于主债权的利息等孳息请求权，都属于主权利的从权利。

本条第1款规定，债权人转让主权利时应当将从权利一并转让，受让人在取得主权利的同时，也取得与债权有关的从权利。同时，规定专属于债权人自身的从权利不随主权利的转让而转让。在法律另有规定或者当事人另有约定时，受让人可能也会在取得主债权的同时未取得从权利。例如，本法第421条规定，最高额抵押担保的债权确定前，部分债权转让的，最高额抵押权不得转让，但是当事人另有约定的除外。

本条第2款规定，债权受让人取得这些从权利是基于法律的规定，并非基于法律行为的物权变动，有利于保障主债权顺利实现。在债权转让前，这些从属性的担保权利已经进行了公示，公示公信的效果已经达成，因此没有进一步地保护第三人进而维护交易安全的必要。此时，在物和权利担保的顺位上，仍是以设定担保的公示时间为依据而确定顺位。

第五百四十八条　【债权转让时债务人抗辩权】债务人接到债权转让通知后，债务人对让与人的抗辩，可以向受让人主张。

条文注释

理解本条时应注意以下问题：

（1）债务人在接到债权转让通知后，可以向受让人主张债务人对让与人的抗辩。根据本法第546条第1款可推知，只有在债务人接到债权转让通知后,债权转让对债务人才发生效力;在债务人接到债权转让通知前,债权转让对债务人不发生效力,此时债务人只需向让与人提出抗辩即可。

(2)债务人可以向受让人主张其对让与人的抗辩。债务人接到债权转让通知后,可以行使抗辩来保护自己的利益,债务人的抗辩并不随债权的转让而消灭。因此,在债权转让的情况下,债务人可以向作为新债权人的受让人行使该抗辩。这些抗辩包括阻止或者排斥债权的成立、存续或者行使的所有事由所产生的一切实体抗辩以及程序抗辩,包括:诉讼时效完成的抗辩,债权不发生的抗辩,债权因清偿、提存、免除、抵销等而消灭的抗辩,基于双务合同产生的同时履行抗辩权、不安抗辩权和先履行抗辩权,先诉抗辩权以及程序上的抗辩等。债务人可以行使这些抗辩对抗新债权人的请求。债权让与后,债务人还可能因某项事实产生新的抗辩。比如,附解除条件的合同权利转让后,合同规定的解除条件成就时,债务人可以向受让人提出终止合同的抗辩。

第五百四十九条 【债权转让时债务人抵销权】有下列情形之一的,债务人可以向受让人主张抵销:

(一)债务人接到债权转让通知时,债务人对让与人享有债权,且债务人的债权先于转让的债权到期或者同时到期;

(二)债务人的债权与转让的债权是基于同一合同产生。

条文注释

根据本条第1项的规定,债务人对受让人主张抵销权的条件如下:(1)债务人必须对让与人享有债权,且标的物种类、品质相同。(2)债务人对让与人享有债权的法律原因必须在债务人接到债权转让通知时已经存在。(3)债务人对让与人的债权先于转让的债权到期或者同时到期。

根据本条第2项的规定,债务人对受让人主张抵销权的条件如下:(1)债务人必须对让与人享有债权,且标的物种类、品质相同;(2)债务人对让与人的债权与转让债权是基于同一合同产生的。由于这两个债权是基于同一合同产生的,因此具有密切的联系,受让人就应当认识到债务人对让与人可能基于该合同享有债权,因此受让人能够在订立债权转让合同时对这种抵销可能性进行预先的安排。

应当注意的是,如果债务人在接到债权转让通知时,债务人的抵销权依照法律规定已经产生,其可以行使抵销权但尚未行使,即使在债权转让后,债务人原本可以主张抵销的利益此时也应加以保护,因此在债务人接到转让通知后,仍可以向受让人主张该抵销。例如,转让的债权于8月1日到期,债务人对让与人的债权于同年9月1日到期,而债务人于9月15日接到转让通知。债务人接到债权转让通知时,债务人已经依据本法第568条第1款的规定取得抵销权,在其接到债权转让通知后,仍然可以向受让人主张之前已经产生的抵销权。并且,债务人向受让人主张此种抵销的,应当依据本法第568条第2款的规定通知受让人,并且抵销不得附条件或者附期限。

第五百五十条　【债权转让增加的履行费用的负担】因债权转让增加的履行费用,由让与人负担。

条文注释

因债权转让而额外增加的债务人的履行费用,有约定的按约定处理;无约定的,基于保护债务人利益的考虑,当然不应由债务人自行负担,债务人有权在受让人要求履行时相应地依法主张抵销或者行使履行抗辩权。债务人或者受让人先负担了增加的履行费用的,除另有约定外,可以要求让与人最终负担该增加的履行费用。这也与本法第511条第6项的规定保持一致,当事人就有关履行费用的负担约定不明确并且无法确定的,因债权人原因增加的履行费用,由债权人负担。

第五百五十一条　【债务转移】债务人将债务的全部或者部分转移给第三人的,应当经债权人同意。

债务人或者第三人可以催告债权人在合理期限内予以同意，债权人未作表示的，视为不同意。

条文注释

债务转移，是指不改变债务的内容，债务人将债务全部或者部分地转移给第三人。转移债务要经过债权人的同意，这是债务转移制度与债权转让制度最主要的区别。

债务转移需要满足以下条件：(1)要求存在债务。债务原则上具有可转移性，但根据债务的性质、当事人的约定或者法律规定也存在不得被转移的情形。但是，债务转移需要债权人的同意，这些原则上不得被转移的债务，如果目的是保护债权人的利益，则债权人同意债务转移本身就使这些债务具有了可转移性。(2)要求存在有效的债务转移合同。最为常见的是债务人和第三人之间签订债务转移合同，该债务转移合同适用民事法律行为和合同的一般规定。如果法律、行政法规规定应当办理批准等手续生效的，应依法办理这些手续。(3)需要经过债权人的同意。如果债务人与第三人订立的债务转移合同未征得债权人同意，则此时可以认为是由第三人代为履行债务而非债务转移，债务人仍负有向债权人履行的义务，债权人仍有权向债务人请求履行债务，但不能请求第三人履行债务。在债务转移经过债权人同意后，第三人向债权人履行债务时，债权人不能拒绝受领。债务人、第三人可以和债权人三方共同签订债务转移合同。债权人的同意也可以事先作出，此时债务转移仅需要通知债权人即可对债权人发生效力。债权人的同意可以采取明示或默示的方式。

除另有约定外，全部债务被转移后，第三人作为新债务人完全取代原债务人的地位，成为新的债务人，债权人有权请求该第三人履行债务，并在第三人不履行债务或者不完全履行债务时请求第三人承担责任；债务被部分转移的，除另有约定外，第三人和债务人对债权人负有按份债务。除另有约定外，债务人对第三人的履行能力不负有担保义务。

第五百五十二条　【债务加入】第三人与债务人约定加入债务并通知债权人,或者第三人向债权人表示愿意加入债务,债权人未在合理期限内明确拒绝的,债权人可以请求第三人在其愿意承担的债务范围内和债务人承担连带债务。

条文注释

债务加入,即第三人加入到债务中,作为新债务人和原债务人一起向债权人负有连带债务。

在债务加入中,首先要求存在债务,其次要求存在债务加入合同。该债务加入合同可以是第三人和债务人约定,也可以是第三人直接向债权人表示愿意加入。构成债务加入后,除另有约定外,第三人和债务人负有同一内容的债务,但债务人并不因此而免负债务,而是与第三人一起对债权人负有连带债务,当然,连带债务的范围应当限制在第三人愿意承担的债务范围内。根据《最高人民法院关于适用〈中华人民共和国民法典〉合同编通则若干问题的解释》第51条的规定,第三人加入债务并与债务人约定了追偿权,其履行债务后主张向债务人追偿的,人民法院应予支持;没有约定追偿权,第三人依照《民法典》关于不当得利等的规定,在其已经向债权人履行债务的范围内请求债务人向其履行的,人民法院应予支持,但是第三人知道或者应当知道加入债务会损害债务人利益的除外。债务人就其对债权人享有的抗辩向加入债务的第三人主张的,人民法院应予支持。

需要注意的是,由于在债务加入中,债务人并未被取代而摆脱债务,仍然要对债权人负有债务,因此,为债务人提供的担保并不因第三人加入债务而受到影响,但该担保仍然仅对债务人发生担保效力,而对加入的第三人不发生担保效力。例如,本法第697条第2款规定,第三人加入债务的,保证人的保证责任不受影响。

第五百五十三条　【债务转移时新债务人抗辩和抵销】债务人转移债务的，新债务人可以主张原债务人对债权人的抗辩；原债务人对债权人享有债权的，新债务人不得向债权人主张抵销。

条文注释

债务人转移债务的，新的债务人取代了原债务人的地位，承担其履行义务的责任。这意味着新债务人和原债务人具有相同的法律地位，因此原债务人享有的对债权人的抗辩，不因债务的转移而消灭，新债务人可以继续向债权人主张。这些抗辩只要是基于债权人和原债务人之间的法律关系所产生的，阻止或者排斥债权的成立、存续或者行使的所有事由所产生的一切实体抗辩和程序抗辩，均可由新债务人向债权人主张，包括诉讼时效完成的抗辩，债权不发生的抗辩，债权因履行、提存、免除、抵销等消灭的抗辩，债权因合同被撤销、被解除等而不存在的抗辩，同时履行抗辩权、不安抗辩权和先履行抗辩权等履行抗辩权，以及程序上的抗辩。

第五百五十四条　【债务转移时从债务一并转移】债务人转移债务的，新债务人应当承担与主债务有关的从债务，但是该从债务专属于原债务人自身的除外。

条文注释

债务人转移主债务的，与主债务有关的从债务随着主债务的转移而转移，新债务人应当承担与主债务有关的从债务。所谓从债务，是指附随于主债务的债务。从债务与主债务密切联系在一起，不能与主债务相互分离而单独存在。所以当主债务发生移转以后，从债务也要发生转移，新债务人应当承担与主债务有关的从债务。如附随于主债务的未发生的利息债务等，因主债务转移将转移给新的债务人，新债务人应当向债权人承担这些从债务。但是，有的从债务是专属于债务人本身的，这些从债务不随主债务的转移而转移。

应当注意的是，本条仅规定了新债务人应当承担与主债务有关的从债务，并未规定新债务人当然享有与主债务有关的从权利。例如,原债务人和其他第三人签订了协助债务人履行债务的合同,在债务转移后,新债务人并不当然能够请求该第三人协助履行,除非该第三人另有其他意思表示。同样,第三人为原债务人提供的担保,由于涉及原债务人和新债务人之间资力和履行能力的差异,因此除另有约定外,未经担保人同意,担保人不对债务承担担保责任。

第五百五十五条　【合同权利义务一并转让】当事人一方经对方同意,可以将自己在合同中的权利和义务一并转让给第三人。

条文注释

合同权利义务的一并转让,又称概括转让或者合同地位转让,是指合同关系的一方当事人将其合同权利义务一并转移给第三人,由第三人全部承受这些权利义务。根据本法规定,债权人转让债权应当通知债务人;债务人转移债务必须经债权人的同意。因此,当事人一方将合同权利义务一并转让时,应当经过对方当事人的同意。如果当事人一方未经对方当事人同意,将自己的权利和义务一并转让的,对对方当事人不发生效力。

应当注意的是,本条仅规定了通过约定进行的合同权利义务的一并转让。除此之外,还有法定的债权和债务的一并转让,此时适用特别规定。最为典型的是,法人合并和分立情形中的一并转让。法人的合并、分立不应当影响法人外部债权人的利益,合并、分立前法人的权利义务应当概括转移给合并、分立后的法人。

第五百五十六条　【合同权利义务一并转让的法律适用】合同的权利和义务一并转让的,适用债权转让、债务转移的有关规定。

条文注释

合同权利和义务一并转让时,应当遵守本法有关债权转让和债务转移的其他规定。具体而言,在涉及债权转让的范围内,适用以下规定:(1)不得转让的债权的规定(第545条);(2)债权受让人取得与债权有关的从权利的规定(第547条);(3)债务人对让与人的抗辩可以继续向受让人主张的规定(第548条);(4)债务人对受让人主张抵销的规定(第549条);(5)债权转让增加的履行费用的负担的规定(第550条);(6)债权转让批准的规定(第502条第3款)。

在涉及债务转移的范围内,适用以下规定:(1)新债务人的抗辩和抵销的规定(第553条);(2)新债务人承担与主债务有关的从债务的规定(第554条);(3)债务转移批准的规定(第502条第3款)。

第七章　合同的权利义务终止

第五百五十七条　【债权债务终止情形】有下列情形之一的,债权债务终止:

(一)债务已经履行;

(二)债务相互抵销;

(三)债务人依法将标的物提存;

(四)债权人免除债务;

(五)债权债务同归于一人;

(六)法律规定或者当事人约定终止的其他情形。

合同解除的,该合同的权利义务关系终止。

条文注释

按照本条第1款规定,有下列情形之一的,债权债务终止:

(1)债务已经履行。这是指债务人按照债的标的、质量、数量、价款或者报酬、履行期限、履行地点和方式正确地、适当地全面履行了债务。以下情况也属于债务的全面履行:一是第三人按照债权人和债务人之间的约定或者依照法律规定履行;二是债务人按照约定或者依照法律规定向第三人履行;三是债权人和债务人协商一致以他种给付代替原定给付。

(2)债务相互抵销。这是指当事人互负债务、互享债权,以自己的到期债权充抵对方的债权,使自己的债务与对方的债务在等额内消灭。

(3)债务人依法将标的物提存。提存,是指由于法律规定的原因,债务人无法向债权人交付合同标的物时,债务人将该标的物交给提存部门而消灭债务的制度。

(4)债权人免除债务。这是指债权人放弃自己的债权。债权人可以免除债务的部分,也可以免除债务的全部。免除部分债务的,债权债务部分终止;免除全部债务的,债权债务全部终止。本法第575条对免除进行了具体规定。

(5)债权债务同归于一人。这是指由于某种事实的发生,使原本由一方当事人享有的债权,而由另一方当事人负担的债务,统归于一方当事人,使该当事人既是债权人,又是债务人。本法第576条具体规定了此种终止事由。

(6)法律规定或者当事人约定终止的其他情形。除了前述债权债务终止的情形,出现了法律规定的终止的其他情形的,合同的权利义务也可以终止。比如,根据本法第934条的规定,委托人死亡、终止或者受托人死亡、丧失民事能力、终止,构成了委托合同的特殊终止事由。

本条第2款规定了合同解除导致该合同的权利义务关系终止。合同的解除,指合同成立对当事人具有法律约束力后,当具备法律规定的或者当事人约定的合同解除事由时,或者当事人协商一致时,因当事人一方或双方的意思表示而使整体的合同关系终止。解除导致合同整体权利义务关系的终止,而非合同关系中单个债权债务的终止,并且在合同权利义务终止后,还涉及解除后的各种权利义务关系。同时,解除仅能适用于合同的权利义务关系,而不能适用于其他法定的债权债务关系。

关联法规

《民法典》第562～566、570～576条;《企业破产法》第40条

第五百五十八条　【后合同义务】债权债务终止后,当事人应当遵循诚信等原则,根据交易习惯履行通知、协助、保密、旧物回收等义务。

条文注释

后合同义务,是指合同的权利义务终止后,当事人依照法律的规定,遵循诚信等原则,根据交易习惯履行的各项义务。后合同义务的特点主要是:(1)后合同义务是合同的权利义务终止后产生的义务。(2)后合同义务主要是法律规定的义务。如果当事人在合同中约定履行某项义务,该义务为合同义务。(3)后合同义务是诚信等原则派生的义务。(4)后合同义务的内容根据交易习惯确定。所谓交易习惯,一方面指一般的民商事活动应遵循的习惯;另一方面指当事人双方长期交易关系中形成的习惯。

遵循诚信等原则,根据交易习惯,债权债务终止后的义务通常有以下四种:(1)通知的义务。合同权利义务终止后,一方当事人应当将有关情况及时通知另一方当事人。(2)协助的义务。合同的权利义务终止后,当事人应当协助对方处理与原合同有关的事务。(3)保密的义务。保密是指保守国家秘密、商业秘密和合同约定不得泄露的事项。(4)旧物回收的义务。旧物回收可能会包括包装物的回收。

应当注意的是,后合同义务的具体范围需要根据具体个案予以细致和具体的判断,不宜以结果倒推后合同义务的范围,要考虑诚信原则所要求的不同价值之间的平衡,要考虑交易习惯的举证,结合当事人主观方面的要求、履行的对价、成本和收益的对比、当事人约定的可能性等,在个案中具体判断后合同义务的具体范围、强度、地域、内容、期限等。

关联法规

《民法典》第9条

第五百五十九条 【债权的从权利消灭】债权债务终止时,债权的从权利同时消灭,但是法律另有规定或者当事人另有约定的除外。

条文注释

从权利,是指附随于主权利的权利。抵押权、质权、保证等权利都属于主权利的从权利。由于从权利是从主权利派生出来的,从权利从属于主权利,这也包括消灭上的从属性。当主债权债务终止时,从权利一般也就没有了存在的价值,同时随之消灭。

但是,法律可能会作出不同的规定。例如,主债权部分消灭的,作为从权利之一的担保物权并不在相应范围内部分消灭,而是根据担保物权的不可分性,主债权部分消灭,担保物权仍然存在,担保财产仍然担保剩余的债权,直到债务人履行全部债务时为止。

关联法规

《企业破产法》第124条

第五百六十条 【债的清偿抵充顺序】债务人对同一债权人负担的数项债务种类相同,债务人的给付不足以清偿全部债务的,除当事人另有约定外,由债务人在清偿时指定其履行的债务。

债务人未作指定的,应当优先履行已经到期的债务;数项债务均到期的,优先履行对债权人缺乏担保或者担保最少的债务;均无担保或者担保相等的,优先履行债务人负担较重的债务;负担相同的,按照债务到期的先后顺序履行;到期时间相同的,按照债务比例履行。

条文注释

清偿抵充,指的是债务人对同一债权人负担的数项债务种类相同,债务人的给付不足以清偿全部债务时,确定该给付抵充这些债务中某项或者某几项债务;或者债务人在履行主债务外还应当支付利息和实现债权的有关费用,其给付不足以清偿全部债务的,确定该给付抵充该项债务中的某个或者某几个部分。

本条的适用,首先要求债务人对同一债权人负担数项债务。如果多个债务人分别负担债务,则应当分别清偿,不发生抵充问题;如果是对不同的债权人负担债务,也应当分别作出履行,也不会发生抵充问题。在同一债务的分期履行中,也可参照适用本条规定。其次要求债务人负担的数项债务的种类相同。如果数项债务给付的种类不同,应当以给付的种类确定该给付清偿的是何项债务,没必要发生抵充问题。最后要求债务人的给付不足以清偿全部债务。如果债务人的给付可能清偿全部债务,也没有必要确立清偿的顺序。

如果债务人的给付不足以清偿数项债务中的某一项,则可以将本条规定和下一条规定结合适用,通过下一条确定该项债务中费用、利息和主债务履行的顺序。

此时,确定清偿抵充顺序的基本原则是:有约定从约定,无约定从指定,无指定从法定。当事人对抵充顺序没有约定时,则由债务人指定其履行的债务,但债务人的指定应在清偿时作出,其生效适用本法第137条的一般规则。在当事人对抵充顺序没有约定且债务人在清偿时未指定的,直接依据法定的顺序。在本条第1款已经承认了债务人指定权的情况下,法定的抵充顺序应更多地考量债权人的利益,根据债权人利益优先、兼顾债务人利益的原则确定顺序。依据本条第2款规定,依次依据下列方式确定抵充顺序:(1)已到期债务。如果到期的债务和未到期的债务并存,则应当先抵充已到期的债务,毕竟对于未到期的债务,债务人不负有履行义务。(2)缺乏担保或者担保最少的债务。应当注意的是,此处的"担保最少"并非担保的绝对数额最少,而是对债权人而言担保利益最少或者担保状况最低的。同时,除了上述担保的比例之外,在判断担保的多少时,还可以根据担保的类型、担保人的信用等因素予以综合判断。当然,在数项债务均未到期、提前履行不损害债权人利益时,债务人可以根据本法第530条第1款提前履行债务,这是债务人对自己期限利益的放弃,此时,也应当优先履行对债权人缺乏担保或者担保最少的债务。(3)债务人负担较重的债务。该规定旨在保护债务人的利益,优先清偿负担较重的债务,使债务人因清偿而获益最多。(4)先到期的债务。(5)债务比例。

第五百六十一条 【费用、利息和主债务的抵充顺序】债务人在履行主债务外还应当支付利息和实现债权的有关费用,其给付不足以清偿全部债务的,除当事人另有约定外,应当按照下列顺序履行:

(一)实现债权的有关费用;

(二)利息;

(三)主债务。

条文注释

本条的适用，首先要求债务人在履行主债务外还应当支付利息和实现债权的有关费用。其次要求债务人的给付不足以清偿主债务、利息和实现费用。此时确定清偿抵充顺序的基本原则是：有约定按约定，无约定按法定。

在当事人对抵充顺序没有约定时，依次按照下列顺序抵充：

(1)实现债权的有关费用。其包括保管费用、诉讼费用、执行费用等。

(2)利息。利息应当先于主债务或者本金而抵充。

(3)主债务。应当注意的是，本条规定更着重于对债权人利益的保护，与前条规定不同，本条排除了债务人指定的权利，以免与本条保护债权人利益的立场相违背。因此，债务人不能指定先抵充主债务，再抵充利息，以免给债权人带来损害。

第五百六十二条　【合同约定解除】当事人协商一致，可以解除合同。

当事人可以约定一方解除合同的事由。解除合同的事由发生时，解除权人可以解除合同。

条文注释

根据自愿原则，当事人在法律规定范围内享有自愿解除合同的权利。当事人约定解除合同包括两种情况：

(1)协商解除。协商解除是双方的民事法律行为，是通过订立一个新的合同来解除原来的合同，因此应当遵循关于民事法律行为和合同的一般规定，即双方当事人应当对解除合同意思表示一致，协议未达成之前，原合同仍然有效。如果协商解除违反了法律规定的法律行为有效的条件，如违背了公序良俗，那么解除合同的协议不能发生法律效力，原有的合同仍要履行。在协商解除中，最为重要的是当事人具有解除原合同的明确意思表示，如果双方都明确同意解除，则即使双方未就协商解除后的法律后果作出约定，只要双方解除合同的意思是明确形成一致的，一般也可以认为构成协商解除,除非协商解除的意思表示以对解除后果形成一致意见为前提。

(2)约定解除权。这是指当事人约定,在合同履行过程中出现某种情况时,当事人一方或者双方有解除合同的权利。解除权可以在订立合同时约定,也可以在履行合同的过程中约定;可以约定一方享有解除合同的权利,也可以约定双方享有解除合同的权利。当约定解除合同的条件出现时,享有解除权的当事人可以行使解除权解除合同,而不必再与对方当事人协商。当事人行使约定解除权的,应当通知对方,合同解除的时间根据本法第565条的规定处理,除非当事人另有约定。合同解除的效果首先根据当事人的约定予以确定,当事人没有约定或约定不明的,适用本法关于合同解除效果的规定。

根据《最高人民法院关于适用〈中华人民共和国民法典〉合同编通则若干问题的解释》第52条第2款的规定,有下列情形之一的,除当事人一方另有意思表示外,人民法院可以认定合同解除:(1)当事人一方主张行使法律规定或者合同约定的解除权,经审理认为不符合解除权行使条件但是对方同意解除;(2)双方当事人均不符合解除权行使的条件但是均主张解除合同。

第五百六十三条　【合同法定解除】有下列情形之一的,当事人可以解除合同:

(一)因不可抗力致使不能实现合同目的;

(二)在履行期限届满前,当事人一方明确表示或者以自己的行为表明不履行主要债务;

(三)当事人一方迟延履行主要债务,经催告后在合理期限内仍未履行;

(四)当事人一方迟延履行债务或者有其他违约行为致使不能实现合同目的;

(五)法律规定的其他情形。

以持续履行的债务为内容的不定期合同,当事人可以随时解除合同,但是应当在合理期限之前通知对方。

条文注释

法定解除，是指合同具有法律约束力后，当事人在法律规定的解除事由出现时，行使解除权而使合同权利义务关系终止。本条第1款规定的解除合同的事由主要包括：

1. 因不可抗力致使不能实现合同目的

不可抗力事件的发生，对履行合同的影响可能有大有小，有时只是暂时影响到合同的履行，可以通过延期履行实现合同的目的，此时当事人不能行使法定解除权。只有不可抗力致使合同目的不能实现时，当事人才可以解除合同。一般来说，以下情况被认为属于不可抗力：(1)自然灾害。自然灾害包括因自然界的力量引发的灾害，如地震、海啸、火山喷发、台风、冰雹等。(2)战争。战争的爆发可能影响一国乃至多个国家的经济秩序，使合同履行成为不必要。(3)社会异常事件。这主要指一些偶发的阻碍合同履行的事件。比如，一些国家认为罢工、骚乱属于不可抗力。(4)政府行为。这主要指合同订立后，政府颁布了新的政策、法律或者采取了新的行政措施导致合同不能履行，如有些国家认为禁运、交通封锁、人员隔离、进出境限制、停工停产等属于不可抗力。

在发生不可抗力事件时，根据其对合同履行的影响，可以分别适用情势变更和法定解除。不可抗力事件致使继续履行合同对于一方当事人明显不公平的，可以适用本法第533条规定；不可抗力事件致使合同目的不能实现的，可以适用本条规定。

2. 在履行期限届满之前，当事人一方明确表示或者以自己的行为表明不履行主要债务

当事人一方明确表示或者以自己的行为表明不履行主要债务，这一解除合同事由当然要求不存在履行抗辩权等不履行主要债务的正当理由，并且不履行的是主要债务，因此是根本性的违约。

3. 当事人一方迟延履行主要债务，经催告后在合理期限内仍未履行

迟延履行，是指债务人无正当理由，在合同约定的履行期限届满时，仍未履行合同债务；或者在未约定履行期限的合同中，根据本

法第510条仍然无法确定履行期限,根据本法第511条第4项,在债权人提出履行请求并且给对方的必要准备时间届满后债务人仍未履行。债务人迟延履行债务是违反合同约定的行为,但债权人不可因此解除合同。只有符合以下条件,债权人才可以解除合同:(1)债务人迟延履行主要债务。所谓主要债务,应当依照合同进行个案判断,一般来说,影响合同目的实现的债务为主要债务。(2)经催告后债务人仍然不履行债务。债权人一般应当进行催告,并且指定一个确定的合理期间。在该合理期间内,债权人可以请求违约责任的承担,但不得解除合同。

4. 当事人一方迟延履行债务或者有其他违约行为致使不能实现合同目的

(1)通常以下情况可以视为构成根本违约的迟延履行:第一,当事人在合同中明确约定超过期限履行合同,债权人将不接受履行,而债务人履行迟延。第二,履行期限构成合同的必要因素,超过期限履行将严重影响债权人订立合同所期望得到的经济利益,如标的物的季节性、时效性较强的合同。第三,继续履行不能得到合同利益。比如由于债务人迟延时间过长,市场行情发生重大变化,继续履行将使债权人蒙受重大损失的,应允许解除合同。(2)致使不能实现合同目的的其他违约行为,主要指违反的义务对合同目的的实现十分重要,如一方不履行这种义务,将剥夺另一方当事人根据合同有权期待的利益。该种违约行为主要包括:第一,不能履行主要债务。在不能履行主要债务的场合下,如果不能履行是由不可抗力导致的,则通过本条第1款第1项解决;如果不能履行是由其他原因造成的,则债权人可依据本项规定解除合同且无须催告。第二,拒绝履行,即债务人拒绝履行合同义务,包括债务人在履行期限届满前明示或者默示地拒绝履行主要债务致使不能实现合同目的,或在履行期限届满后拒绝履行主要债务或拒绝履行其他合同义务致使不能实现合同目的。第三,履行质量与约定严重不符,无法通过修理、替换、降价的方法予以补救,致使不能实现合同目的。第四,履行主要债务之外的其他合同义务不适当,致使不能实现合同目的。

5. 法律规定的其他解除情形

除了上述四种情形外，本法还规定了其他产生法定解除权的情形，如本法第533条第1款。除了本法外，其他法律也规定了一些合同的法定解除权事由，如《旅游法》第66条、《保险法》第52条、《劳动法》第25条、《企业破产法》第18条等。

本条在原《合同法》的基础上增加第2款。首先，双方当事人都有解除权，而非仅当事人一方享有解除权。其次，应当在合理期限之前通知对方。合理期限的确定可以考虑当事人之间合作时间和合同关系已经持续时间的长短、另一方当事人为履行合同所付出的努力和投资、对方寻找新的合同可能需要的时间、双方履行之间的时间间隔等。当事人没有在合理期限之前通知对方的，不影响合同解除的效力，但要赔偿因未在合理期限前通知对方从而给对方造成的损失；或者解除通知延至合理期限之后才发生效力。除本款的一般性规定之外，根据该一般规定，本法还特别在一些合同中明确规定了此种法定解除权。

关联法规

《民法典》第180条

第五百六十四条 【解除权行使期限】法律规定或者当事人约定解除权行使期限，期限届满当事人不行使的，该权利消灭。

法律没有规定或者当事人没有约定解除权行使期限，自解除权人知道或者应当知道解除事由之日起一年内不行使，或者经对方催告后在合理期限内不行使的，该权利消灭。

条文注释

按照本条规定，行使解除权的期限分为三种情况：

一是法律规定或者当事人约定的解除权的行使期限。法律规定或者当事人约定解除权行使期限，期限届满当事人不行使的，该权利消灭。

二是对方当事人催告后的合理期限。法律没有规定或者当事人没有约定解除权行使期限的，对方当事人为明确自己义务是否还需要履行，可以催告享有解除权的当事人行使解除权，享有解除权的当事人超过合理期限不行使解除权的，解除权消灭，合同关系仍然存在，当事人仍要按照合同约定履行义务。所谓催告后的合理期限，根据个案的不同情况确定，享有解除权的当事人应本着诚信原则，在收到催告后尽早通知对方是否解除合同。

三是自解除权人知道或者应当知道解除事由之日起1年内。在法律没有规定或者当事人没有约定解除权行使期限，且另一方当事人未催告，或者另一方当事人在很长时间之后才进行催告的情况下，如果解除权长期存在，解除权人就可能在很长时间之后才行使解除权，这不利于合同关系的尽快确定和稳定。本条中1年的期限并非自解除权发生之日起计算，而是自解除权人知道或者应当知道解除事由之日起计算，这也与本法第199条规定的"自权利人知道或者应当知道权利产生之日起计算"保持了一致。但是，如果解除权人有权解除合同，而选择请求对方当事人在合理期限内采取修理、重作、更换等补救措施，对方当事人置之不理，则该期间应当从补救的合理期限届满时起算。

需要注意的是，根据本法第199条的规定，该期间不适用有关诉讼时效中止、中断和延长的规定；并且该期间届满后，解除权消灭。因此其后果与诉讼时效期间届满后的后果并不相同，诉讼时效期间届满的，根据本法第192条的规定，义务人可以提出不履行义务的抗辩，但权利本身并不消灭。

另外，解除权消灭的事由除了行使期限届满，还包括当事人知道解除事由后明确表示或者以自己的行为表明放弃解除权。解除权人无论是明确表示还是通过行为表示对解除权的放弃，均属于对自己权利的处分，依据自愿原则，法律予以准许。如果有充分的证据证明，解除权人知道自己享有解除权，但仍然请求对方当事人继续履行合同，则可以视为解除权人以自己行为表明放弃解除权。

第五百六十五条　【合同解除程序】当事人一方依法主张解除合同的，应当通知对方。合同自通知到达对方时解除；通知载明债务人在一定期限内不履行债务则合同自动解除，债务人在该期限内未履行债务的，合同自通知载明的期限届满时解除。对方对解除合同有异议的，任何一方当事人均可以请求人民法院或者仲裁机构确认解除行为的效力。

当事人一方未通知对方，直接以提起诉讼或者申请仲裁的方式依法主张解除合同，人民法院或者仲裁机构确认该主张的，合同自起诉状副本或者仲裁申请书副本送达对方时解除。

条文注释

当事人一方依照本法第562条第2款、第563条规定行使解除权而解除合同的，应当符合下列条件：

1. 享有解除权

本法第562条第2款、第563条对约定解除权和法定解除权作了规定，按照这两条规定，一方当事人具备以下条件的，享有解除权，而不必经对方当事人同意，只需向对方作出解除合同的意思表示，就可以解除合同：(1)当事人约定的解除合同的事由发生；(2)因不可抗力不能实现合同目的的；(3)在履行期限届满之前，另一方当事人明确表示或者以其行为表明不履行主要债务的；(4)另一方当事人迟延履行主要债务，经催告后在合理期限内仍未履行的；(5)另一方当事人迟延履行债务或者有其他违约行为致使不能实现合同目的的；(6)法律规定的其他解除情形。不具备上述条件，当事人即不享有解除权，自然不能行使解除权而单方解除合同，即使解除通知到达对方，对方未提出异议，也不发生合同解除的效果。

2. 通知对方当事人

根据本条规定，当事人根据约定解除权和法定解除权主张解除合同的，应当通知对方。解除权是一种形成权，仅需要通知对方即可，而无须取得对方的同意。根据《最高人民法院关于适用〈中华人民共和国民法典〉合同编通则若干问题的解释》第53、54条的规定，当事人一方以通知方式解除合同，并以对方未在约定的异议期限或者其他合理期限内提出异议为由主张合同已经解除的，人民法院应当对其是否享有法律规定或者合同约定的解除权进行审查。经审查，享有解除权的，合同自通知到达对方时解除；不享有解除权的，不发生合同解除的效力。当事人一方未通知对方，直接以提起诉讼的方式主张解除合同，撤诉后再次起诉主张解除合同，人民法院经审理支持该主张的，合同自再次起诉的起诉状副本送达对方时解除。但是，当事人一方撤诉后又通知对方解除合同且该通知已经到达对方的除外。

第五百六十六条　【合同解除的效力】合同解除后，尚未履行的，终止履行；已经履行的，根据履行情况和合同性质，当事人可以请求恢复原状或者采取其他补救措施，并有权请求赔偿损失。

合同因违约解除的，解除权人可以请求违约方承担违约责任，但是当事人另有约定的除外。

主合同解除后，担保人对债务人应当承担的民事责任仍应当承担担保责任，但是担保合同另有约定的除外。

条文注释

在本条第1款规定中，如果当事人互负恢复原状或者采取其他补救措施的义务，则可以行使同时履行抗辩权。

所谓根据履行情况，是指根据履行部分对债权的影响。如果债权人的利益不是必须通过恢复原状才能得到保护，则不一定采用恢复原状。当然，如果债务人已经履行的部分，对债权人根本无意义，则可以请求恢复原状。

所谓根据合同性质，是指根据合同标的的属性。根据合同标的的属性不可能或者不容易恢复原状的，不必恢复原状。这类情况主要包括：(1)以持续履行的债务为内容的合同。(2)涉及第三人利益或者交易秩序的合同。比如，合同标的物的所有权已经转让给他人，如果返还则将损害第三人利益；解除委托合同，如果允许将已办理的委托事务恢复原状，就意味着委托人与第三人发生的法律关系失效,将使第三人的利益失去保障。

所谓恢复原状,是指恢复到订约前的状态。恢复原状时,因合同而取得的财产,应当返还,财产不存在的,如果原物是种类物,则可以返还同一种类物。恢复原状还包括返还以下三类财产:(1)被返还的财产所产生的利息和其他孳息;(2)返还财产方在占有财产期间为保存或者维护该财产所花费的必要费用;(3)因返还财产所支出的必要费用。

所谓采取其他补救措施,主要指的是财产因不可归责于债务人的原因而发生毁损、灭失、添附或者其他事由,导致不能恢复原状的,或者受领的标的为劳务或者物的使用而无法恢复原状的,或者虽然能够恢复原状但因为成本过高等原因而没有必要恢复原状的,应当折价补偿。

本条第1款同时规定,合同解除后,当事人有权要求赔偿损失。关于解除合同后是否承担损害赔偿责任,应根据不同情况判断:(1)协议解除合同且当事人在协议中明确免除了对方损害赔偿责任的,协议生效后,不得再请求赔偿。(2)因不可抗力解除合同的,依据本法第590条的规定,一般不承担损害赔偿责任。但在不可抗力发生后,应当采取补救措施减少损失扩大而没有采取的,应对扩大的损失承担赔偿责任。(3)因一方根本违约或者经催告仍不履行义务而解除合同的,违约方应当赔偿另一方因己方违反合同而受到的损失。

本条第2款适用的前提是合同因违约而被解除,如果合同是因为不可抗力而被解除,则依据本法第590条的规定,不存在违约责任。此外,这里的违约责任并不包括继续履行、修理、重作、更换,因为合同解除与这些违约责任形式是互斥的。但是,合同因违约而解除后,解除权人可以请求违约方承担退货、减少价款或者报酬、赔偿损失等违约责任。其中,赔偿损失包括法定的违约损失赔偿,也包括约定的违约损失赔偿。在当事人约定了违约金的数额、因违约产生的损失赔偿额的计算方法、定金等这些违约责任条款时,当事人可以在合同解除后主张这些条款。

关于本条第3款,在主合同解除后,债务人对于已经履行的债务应当恢复原状或者采取其他补救措施，对债权人利益的损失应当予以赔偿，此时债权人对债务人仍然享有请求权。担保本来就是为保障主债务的履行而设立，在合同因主债务未履行而被解除时，合同解除后所产生的债务人的责任也同样是因主债务未履行而导致的，因此担保人对债务人的责任仍应当承担担保责任，这也并不违反担保人的通常意思。担保合同中约定保证责任随主合同的解除而免除或者变更的，基于自愿原则，应承认此种约定的效力。

关联法规

《民法典》第584条；《关于当前形势下审理民商事合同纠纷案件若干问题的指导意见》第8条；《最高人民法院关于审理买卖合同纠纷案件适用法律问题的解释》第20条

第五百六十七条 【合同终止后有关结算和清理条款效力】合同的权利义务关系终止，不影响合同中结算和清理条款的效力。

条文注释

结算是经济活动中的货币给付行为，结算的方式主要有：(1)银行汇票结算。银行汇票是汇款人将款项交存银行，由银行签发给汇款人持往异地办理转账结算或支取现金的票据。(2)商业汇票结算。商业汇票是由收款人、付款人或承兑申请人签发，由承兑人承兑，并于到期日向收款人或被背书人支付款项的票据。(3)银行本票结算。银行本票是申请人将款项交存银行，由银行签发给其凭以办理转账结算或支取现金的票据。(4)支票结算。支票是银行的存款人签发给收款人办理结算或委托开户银行将款项支付给收款人的票据。(5)汇兑。汇兑是汇款人委托银行将款项汇给外地收款人的结算方式。(6)委托收款。委托收款是收款人委托银行向付款人收取款项的结算方式。如果当事人在合同中约定了结算方式，则合同终止后，应当按照约定的方式结算。

清理指对债权债务进行清点、估价和处理。如果合同中约定了进行清理的主体——如某会计师事务所、某财产评估机构，清理的范围——如固定资产、流动资金、库存产成品，以及清理的方法——

如按照政府定价或者市场价,则应当按照合同约定进行清理。关于违约金和定金的约定也可以被认为是结算和清理条款。

应当注意的是,根据本法第507条的规定,合同不生效、无效、被撤销或者终止的,不影响合同中有关解决争议方法的条款的效力。

第五百六十八条　【债务法定抵销】当事人互负债务,该债务的标的物种类、品质相同的,任何一方可以将自己的债务与对方的到期债务抵销;但是,根据债务性质、按照当事人约定或者依照法律规定不得抵销的除外。

当事人主张抵销的,应当通知对方。通知自到达对方时生效。抵销不得附条件或者附期限。

条文注释

抵销,是指当事人双方互负债务,各以其债权充抵债务的履行,双方各自的债权和对应债务在对等额内消灭。抵销因其产生的根据不同,可分为法定抵销和约定抵销。法定抵销,是指法律规定抵销的条件,条件具备时依当事人一方的意思表示即发生抵销的效力。法定抵销应满足如下条件:(1)当事人双方互负有效的债务、互享有效的债权。其中,提出抵销的一方所享有的债权,称为主动债权;被抵销的债权,称为被动债权。当事人应当对用以抵销的债权具有处分权。比如,若提出抵销的一方用于抵销的债权上已经设立质权,则未经质权人同意,不能发生抵销效力。同时,附有抗辩权的债权,也不得作为主动债权进行抵销,否则即剥夺了相对人的抗辩权。(2)被抵销一方的债务已经到期。但在特殊情况下,未届履行期债权可以视为到期债权,依法抵销。(3)债务的标的物种类、品质相同。种类相同,是指合同标的物本身的性质和特点一致。品质相同,是指标的物的质量、规格、等级无差别。债务标的物种类、品质不相同的,原则上不允许抵销,除非法律另有规定。债务的标的物种类、品质相同还表明,用以抵销的债务的标的应当是物而非行为。

当事人互负债务,且债务的标的物种类、品质相同的,任何一方可以将自己的债务与对方的到期债务抵销，但下列情况除外：

（1）根据债务性质不得抵销的。这些情形主要有：第一，必须履行的债务不得抵销。如应当支付给下岗工人的生活保障金，不得用以抵销工人欠企业的债务。第二，具有特定人身性质或者依赖特定技能完成的债务，以及相互提供劳务的债务，不得相互抵销。第三，不作为债务不得相互抵销，此种债务不经过相互实际履行，就无法实现债权的目的。第四，故意侵权所产生的债务，作为债务人的侵权人不得主张抵销，以免债权人任意侵犯债务人的人身和财产权利，如果允许抵销，则有违公序良俗，且会诱发故意的侵权行为。第五，约定应当向第三人履行的债务，债务人不得以自己对于对方当事人享有的债权为由主张抵销。第六，相互出资的义务不得抵销，即使仅存在两个出资人。

（2）按照当事人约定不得抵销的。本条第1款明确增加规定了按照当事人约定不得抵销的例外。但是，当事人之一将其债权转让给第三人的，此种不得抵销的特别约定不得对抗善意的受让人，以保护债权善意受让人的利益。

（3）依照法律规定不得抵销的。法律规定不得抵销的债务，当事人不得主张抵销，如《信托法》第18条、《证券投资基金法》第6条、《企业破产法》第40条等的规定。应当注意的是，本法还规定了抵销的一些特别情形，如本法第549、553、719条。

在当事人双方债权债务相等的情况下，抵销产生债权债务消灭的法律后果；但如果债务的数额大于抵销额，则抵销不能全部消灭债务，而只是在抵销范围内使债务部分消灭。应当注意的是，主动债权数额较少，不足以抵销全部被动债权数额时，应当参照适用本法第560、561条的清偿抵充规则。

根据《最高人民法院关于适用〈中华人民共和国民法典〉合同编通则若干问题的解释》第55条的规定，当事人一方依据《民法典》第568条的规定主张抵销，人民法院经审理认为抵销权成立的，应当认定通知到达对方时双方互负的主债务、利息、违约金或者损害赔偿金等债务在同等数额内消灭。

第五百六十九条　【债务约定抵销】当事人互负债务，标的物种类、品质不相同的，经协商一致，也可以抵销。

条文注释

约定抵销，是指当事人双方协商一致，使自己的债务与对方的债务在对等额内消灭。法定抵销与约定抵销都是将双方的债务在对等额内消灭，二者的区别则主要表现在：一是抵销的根据不同。法定抵销是基于法律规定，只要具备法定条件，任何一方均可将自己的债务与对方的债务抵销，无须对方当事人同意；约定抵销中，双方必须协商一致，不能由单方决定抵销。二是对抵销的债务的要求不同。法定抵销要求标的物的种类、品质相同；约定抵销标的物的种类、品质可以不同。三是对抵销的债务的期限要求不同。法定抵销要求提出抵销的当事人一方所享有的债权也即对方的债务已经到期；约定抵销中，即使双方互负的债务没有到期，只要双方当事人协商一致，愿意在履行期到来前将互负的债务抵销，就可以抵销。四是程序要求不同。法定抵销中，当事人主张抵销时应当通知对方，通知未到达对方的，抵销不生效；约定抵销中，双方达成抵销协议时，即发生抵销的法律效力，不必履行通知义务，但双方另有约定的除外。

第五百七十条　【标的物提存的条件】有下列情形之一，难以履行债务的，债务人可以将标的物提存：

（一）债权人无正当理由拒绝受领；

（二）债权人下落不明；

（三）债权人死亡未确定继承人、遗产管理人，或者丧失民事行为能力未确定监护人；

（四）法律规定的其他情形。

标的物不适于提存或者提存费用过高的，债务人依法可以拍卖或者变卖标的物，提存所得的价款。

条文注释

提存，是指由于法律规定的原因导致债务人难以向债权人履行债务时，债务人将标的物交给提存部门而消灭债务的制度。除了此种以消灭债权债务为目的的清偿提存之外，还有以保管或者担保为目的的提存，后者在本法第390、406、432、433、442～445条中有规定。本条至本法第574条的规定仅适用于清偿提存。

根据本条规定，有下列情形之一，难以履行债务的，债务人可以将标的物提存：

1. 债权人无正当理由拒绝受领

这是指在债务履行期届至后，债务的履行需要债权人受领时，债务人提出了履行债务的请求，债权人能够接受履行，却无正当理由不予受领。构成拒绝受领的正当理由可以是：(1)债权人受到了不可抗力的影响。(2)债权人遇到了难以克服的意外情况，无法受领。(3)债务人交付的标的物存在严重质量问题，甚至与合同约定根本不符。(4)债务人迟延交付致使不能实现合同目的。(5)合同被解除、被确认无效等。如果债权人拒绝受领并提出了正当理由，则债务人不能将标的物提存。如果债务人没有提出履行请求，则不能构成债权人拒绝受领。债权人无正当理由拒绝受领，包括债权人无正当理由明确或者以自己的行为表明拒绝受领，也包括债权人无正当理由长期迟延受领。据此，本法也明确规定了一些具体情形，如第837、916、957条等。

2. 债权人下落不明

这是指债权人离开自己的住所、不知去向，或因为债权人地址不详等原因无法查找。债权人下落不明也包括债权人的代理人下落不明，如果债权人下落不明但其代理人确定，此时债务人可以向其代理人履行以清偿债务，不得将标的物提存。

3. 债权人死亡未确定继承人、遗产管理人或者丧失民事行为能力未确定监护人

债权人死亡或者丧失民事行为能力，并不必然导致债务人债务的消灭。当债权人死亡时，由于该债权人的继承人可以继承其债权，

债务人应当向债权人的继承人、遗产管理人履行债务。债权人死亡以后其继承人、遗产管理人未确定,造成债务人无法履行其债务的,债务人可以将标的物提存。如果债权人因为丧失民事行为能力导致其在法律上不能受领,则应由其监护人代理。债权人的监护人未确定,造成债务人无法履行其债务的,债务人也可以将标的物提存。

4. 法律规定的其他情形

这主要指债务人非因过失而无法确切地知道谁是债权人。比如,债权人和债权人的受让人之间就债权转让发生争议,此时债务人无法确知谁是真正的债权人,债务人就可以提存。债权人不在债务履行地又不能到履行地受领,也可以作为提存原因之一。

上述情形,除法律另有规定外,必须是导致债务人难以履行债务的才可以提存。所谓难以履行,是指债权人不能受领给付的情形不是暂时的、无法解决的,而是不易克服的。以下情况不能认为是难以履行:(1)债权人虽然迟延受领但迟延时间很短;(2)下落不明的债权人有财产代管人可以代为接受履行;(3)债权人的继承人、遗产管理人或者监护人可以很快确定。

提存的标的物主要是货币、有价证券、票据、提单、权利证书、贵重物品等适宜提存的标的物。标的物不适于提存或者提存费用过高的,债务人依法可以拍卖或者变卖标的物,提存所得的价款。所谓标的物不适于提存,是指标的物不适于长期保管或者长期保管将损害其价值的,如易腐、易烂、易燃、易爆等物品。所谓标的物提存费用过高,一般指提存费与所提存的标的的价额不成比例,如需要特殊设备或者人工照顾的动物。标的物不适于提存或者提存费用过高有悖于设立提存制度的目的,但不提存,债务人又达不到使债务消灭的目的,为此,可以依照我国《拍卖法》等有关法律规定,拍卖或者变卖标的物,提存所得的价款。

当然,除了符合本条规定的情形可以提存之外,当事人在合同中约定以提存方式给付的,也可以提存。同时,还有一些法律规定了担保情形中的提存。这类提存不要求具备债务人难以履行债务这一条件,一般是为了维护担保权人的利益,如本法第390条、第406

条第 2 款、第 433 条等。

应当注意的是，第三人履行而债权人没有权利拒绝的，第三人也可以依据本条予以提存。

第五百七十一条　【提存成立及提存对债务人效力】债务人将标的物或者将标的物依法拍卖、变卖所得价款交付提存部门时，提存成立。

提存成立的，视为债务人在其提存范围内已经交付标的物。

条文注释

本条第 1 款的规定有助于确定提存的成立时间，同时也与本法第 890 条中"保管合同自保管物交付时成立"的规定保持了一致。具体而言：(1)提存货币的，以现金、支票交付提存部门的日期或提存款划入提存部门提存账户的日期为提存成立的日期。(2)提存的物品需要验收的，以提存部门验收合格的日期为提存成立的日期。(3)提存有价证券、提单、权利证书或无须验收的物品，以实际交付提存部门的日期为提存成立的日期。

提存成立，则视为债务人在其提存范围内已经交付标的物，但这并非必然、绝对地导致债务消灭。提存的标的物存在瑕疵，或者提存标的物与债的标的不符，债权人因此原因拒绝受领提存标的物的，不能构成本法第 557 条第 1 款第 3 项规定的"债务人依法将标的物提存"，债务并不消灭。

第五百七十二条　【提存通知】标的物提存后，债务人应当及时通知债权人或者债权人的继承人、遗产管理人、监护人、财产代管人。

条文注释

通知应当告知提存的标的、提存的地点、领取提存物的时间和方法等有关提存的事项，并且应当及时通知。提存通知的义务，是法律规定的义务，债务人必须履行，如怠于通知造成债权人损害，则债务人应承担赔偿责任。但是，应当注意的是，通知本身不是提存成立的要件，通知与否不影响提存的成立。

第五百七十三条　【提存期间风险、孳息和提存费用】标的物提存后，毁损、灭失的风险由债权人承担。提存期间，标的物的孳息归债权人所有。提存费用由债权人负担。

条文注释

标的物提存后，无论债权人是否领取，都视为债务人在其提存范围内已经交付标的物，因此，标的物毁损、灭失的风险就由债权人承担。本条适用于本法第605、608条规定情形之外的其他情形。标的物提存后，因不可抗力、标的物的自然变化、第三人的原因或者提存人保管不当，都可能引起标的物的毁坏、损失，甚至导致标的物不复存在。标的物毁损、灭失的风险由债权人承担，一方面由债权人承担因不可抗力、标的物自身性质而产生的毁损、灭失的后果，另一方面债权人有权向造成标的物毁损、灭失的第三人或者提存部门索赔。比如，提存期间，提存标的物因为提存部门未履行保管职责而毁损、灭失的，提存部门负有赔偿责任，由债权人向提存部门索赔。

标的物的孳息，是指由标的物产生的收益，包括自然孳息和法定孳息。自然孳息，是指依物的用法所产生的作为独立物的收益。法定孳息，是指依法律关系产生的收益，比如金钱所产生的利息，有价证券产生的股息、红利。债权人对提存物享有收益的权利，提存期间，标的物的孳息归债权人所有。在提存期间，提存部门负责提存物孳息的收取。具体而言，提存的存款单、有价证券、奖券需要领息、承兑、领奖的，提存部门应当代为承兑或领取，所获得的本金和孳息在不改变用途的前提下，按不损害提存受领人利益的原则处理；无法按原用途使用的，应以货币形式存入提存账户；定期存款到期的，原则上按原来期限将本金和利息一并转存；股息红利除用于支付有关的费用外，剩余部分应当存入提存专用账户；提存的不动产或其他物品的收益，除用于支付维护费用外剩余部分应当存入提存账户。

提存费用由债权人负担。提存费用并非债务人履行债务所必要的费用，故应由债权人负担，除非债权人和债务人另有约定。提存费用包括提存公证费、公告费、邮电费、保管费、评估鉴定费、代管费、拍卖变卖费、保险费,以及为保管、处理、运输提存标的物所支出的其他费用。债权人应当支付提存费用,在支付提存费用前,提存部门有权留置价值相当的提存标的物。但是,在债务人依据本法第574条第2款依法取回标的物时,提存费用由债务人负担。

关联法规

《民法典》第604条

第五百七十四条 【提存物的受领及受领权消灭】债权人可以随时领取提存物。但是,债权人对债务人负有到期债务的,在债权人未履行债务或者提供担保之前,提存部门根据债务人的要求应当拒绝其领取提存物。

债权人领取提存物的权利,自提存之日起五年内不行使而消灭,提存物扣除提存费用后归国家所有。但是,债权人未履行对债务人的到期债务,或者债权人向提存部门书面表示放弃领取提存物权利的,债务人负担提存费用后有权取回提存物。

条文注释

标的物提存后,视为债务人在其提存范围内已经交付标的物。债权人基于债权有权取得该标的物,此时提存可以被认为是为债权人利益的保管,债权人有权随时领取提存物。如果债权人对债务人也负有对待给付的义务,则当事人双方均需要履行各自的义务,债务人虽然依法将标的物提存,但与其互负到期债务的债权人并未履行对待给付的义务。为避免先行履行可能发生的风险、保证债务人债权的实现,债务人针对债权人所享有的债权可以行使的抗辩,也可以针对债权人领取提存物的权利行使。因此,债务人申办提存时,可以对提存部门给付提存物的行为附条件,即只有在债权人履行了对债务人的对待债务,或者为履行提供了相应的担保后,才能领取提存物。提存部门应根据债务人的要求,按提存人所附条件给付提存标的物。债权人未履行债务或者提供担保而不符合所附条件的,提存部门应当拒绝债权人领取提存物。提存部门未按列明的给付条件而直接向债权人给付提存标的物,给当事人造成损失的,提存部门负有赔偿责任。

但是,抗辩是债务人的权利,应由债务人决定是否行使,如果债务人不行使,则提存部门不得自行决定拒绝债权人领取提存物的权利请求。本条第1款中的"根据债务人的要求"即体现这一点。提存人提存时,应当向提存部门明确告知提存受领人所承担的对待给付义务的内容,以及对所提供的担保的要求,比如是人的保证还是抵押或者质押担保。符合法定或当事人约定的给付条件,提存部门拒绝给付的,债权人有权请求提存部门限期给付并承担赔偿责任。

本条第2款中规定了领取提存物的权利的存续期间,依据本法第199条的规定,该期间不适用有关诉讼时效中止、中断和延长的规定,期间届满后领取提存物的权利消灭,而不发生义务人不履行义务的抗辩。债权人领取提存物的权利因5年内不行使而消灭的,提存物扣除提存费用后归国家所有,债权人不能再对提存物主张权利。但是,债权人领取提存物的权利因期间届满已经消灭,但债务人依据本款规定行使取回权的,不适用该款第一句规定。

根据本条第2款中的规定,债务人行使取回提存物权利的前提是符合以下两种情形之一:(1)债权人未履行对债务人的到期债务,债务人取回提存物。此时,债务人的履行利益并未得到满足,其行使取回权实质上是不通过提存部门而自己行使履行抗辩权,此时并无保护债权人利益的必要。如果债权人已经履行了对债务人的到期债务,则债务人不享有取回权,以免造成对债权人利益的损害。(2)债权人领取提存物的权利也可能因为债权人向提存部门书面表示放弃领取提存物而消灭,此时,债务人享有取回提存物的权利。符合上述条件,债务人取回提存物的,视为未提存,此时提存费用由债务人承担。"负担提存费用后有权取回提存物"这个表述表明,在债务人支付提存费用前,提存部门有权留置价值相当的提存标的。同时,提存物的孳息也归债务人所有。应当注意的是,虽然债权人尚未领取提存物,但债务和债权已经因另为履行、抵销、免除等其他原因而消灭的,债权人已经不再享有债权,自然也丧失了领取提存物的权利,此时,也应当允许债务人取回提存物。

关联法规

《提存公证规则》第26条第2款

第五百七十五条　【债务免除】债权人免除债务人部分或者全部债务的，债权债务部分或者全部终止，但是债务人在合理期限内拒绝的除外。

条文注释

免除，是指债权人抛弃债权，从而全部或者部分消灭债权债务。免除也是意思表示，而且是有相对人的意思表示，因此应当适用关于意思表示的一般规定。债权人免除债务，无论是为了赠与、和解还是别的原因，都不影响免除的效力。免除债务表明债权人放弃债权，不再要求债务人履行义务，属于无偿的民事法律行为，故债务人不必为此付出相应的对价。免除发生债权消灭的后果，需要债权人具有处分权，且不得损害第三人的利益，否则对第三人不发生免除效力。比如，如果债权人已经将该债权出质，则债务免除不能对质权人发生相应的法律后果。免除债务不必有特定形式，口头、书面，明示、默示都可。债权人免除部分债务的，债权债务部分消灭；免除全部债务的，债权债务全部消灭，债权债务因此终止。在债务被全部免除的情况下，有债权证书的，债务人可以请求返还。债权因免除而消灭的，从属于债权的担保权利、利息权利、违约金请求权等也随之消灭。

第五百七十六条　【债权债务混同】债权和债务同归于一人的，债权债务终止，但是损害第三人利益的除外。

条文注释

债权债务的混同，是指债权人和债务人同归于一人，致使债权债务终止。广义的混同，是指不能并立的两种法律关系同归于一人而使其权利义务归于消灭的现象。其包括：(1)所有权与他物权同归于一人；(2)债权与债务同归于一人；(3)主债务与保证债务同归于一人。狭义的混同，也即债权债务的混同，仅指债权与债务同归于一人的情况。本条仅规定了债权债务的混同。混同是一种法律规定的事件,即因某些客观事实发生而产生的债权债务同归一人,不必由当事人为意思表示。

混同发生的原因主要有:(1)概括承受。这是发生混同的主要原因。其主要有以下几个方面:第一,合并,合并前的两个组织之间的债权债务因同归于合并后的组织而消灭。第二,债权人继承债务人,如父亲向儿子借钱后死亡,儿子继承父亲的债权和债务。第三,债务人继承债权人,如儿子向父亲借钱后,父亲死亡,儿子继承了父亲的财产。第四,第三人继承债权人和债务人,如儿子甲向父亲乙借钱后,因意外事件二人同时死亡,由甲的儿子丙继承他们二人的财产。(2)特定承受。这主要包括:第一,债务人受让债权人的债权,比如债权人甲与债务人乙签订合同后,甲将合同权利转让给乙。第二,债权人承受债务人的债务,比如甲乙二人签订合同后,债务人乙将其合同债务转移给债权人甲。

债权人和债务人双方混同,债权债务失去存在基础,自然应当终止。债权因混同消灭的,从属于债权的担保权利、利息权利、违约金请求权等也随之消灭。如果债权消灭将损害第三人利益,例如,债权是他人权利的标的,则为保护第三人的利益,债权不能因混同而消灭。又如,甲将其对乙的债权出质给丙,此后甲乙之间的债权债务即使混同,为了保护质权人丙的利益,作为权利质权标的的债权也不消灭。再如,债权人甲请求法院扣押乙对丙的债权,此后乙丙之间的债权债务即使混同,为了保护甲的利益,被扣押的债权也不消灭,甲仍可请求法院强制执行该债权。

第八章　违约责任

第五百七十七条　【违约责任基本规则】当事人一方不履行合同义务或者履行合同义务不符合约定的,应当承担继续履行、采取补救措施或者赔偿损失等违约责任。

条文注释

首先，违约责任要求合同义务的有效存在。不以合同义务的存在为前提所产生的民事责任，不是违约责任，这将违约责任与侵权责任、缔约过失责任区分开，后两者都不以合同义务的存在为必要前提。其次，违约责任要求债务人不履行合同义务或者履行合同义务不符合约定。这包括履行不能、履行迟延和不完全履行等，还包括瑕疵担保、违反附随义务和债权人受领迟延等可能与合同不履行发生关联的情形。不履行合同义务，即债务人不为当为之事，包括履行不能和履行拒绝。履行不能是债务人在事实上、法律上和经济上不能履行，有永久不能和一时不能、自始不能和嗣后不能、主观不能和客观不能、全部不能和部分不能的区别。履行拒绝，即债务人能够履行合同义务却无正当理由拒绝履行，拒绝既可以是明示的，也可以是默示的。履行合同义务不符合约定，即债务人为不当为之事，也就是债务人虽然履行了债务，但其履行不符合约定，包括一般瑕疵履行和加害履行。一般瑕疵履行有数量不足、质量不符、履行方法不当、履行地点不当、履行时间不当等多种表现形式。当事人履行合同除有一般瑕疵外，还造成对方当事人的其他财产、人身损害的，为加害履行。

本条在违约责任的一般构成中不考虑过错，非违约方只需要证明违约方的违约行为即可，不因为违约方的无过错而免除违约方的违约责任。但是，为了妥当地平衡行为人的行为自由和受害人的法益保护这两个价值，避免有违约方绝对承担违约责任所导致的风险不合理分配，本法规定了一些相关的规则：(1)违约责任的免除和减轻，如本法第590条第1款、第591条第1款、第592条等。同时，本法在具体的典型合同中也规定了免责或者减责事由，如第823条第1款、第832条、第893条等。(2)具体合同类型中的特殊归责和免责事由。本法在一些具体的典型合同中规定了特殊的归责事由，如第660条第2款、第662条第2款、第824条第1款、第841条、第897条、第917条、第929条第1款、第930条等。本法在一些具体的典型合同中也规定了特殊的免责事由，如第823条第1款、第832条等。(3)允许当事人约定免责或限制责任。本法承认当事人之间自愿协商一致的免责或者限责条款的效力,仅在特殊情况下限制这些条款的效力,如本法第506、618条等。

本条规定了违约责任的形式包括继续履行、采取补救措施或者赔偿损失等,具体而言包括:(1)继续履行;(2)修理、重作、更换;(3)采取其他补救措施,包括退货、减少价款或者报酬等;(4)赔偿损失,包括法定的赔偿损失和违约金、定金等约定的赔偿损失。

关联法规

《民法典》第179条

第五百七十八条　【预期违约责任】当事人一方明确表示或者以自己的行为表明不履行合同义务的,对方可以在履行期限届满前请求其承担违约责任。

条文注释

按照发生的时间,违约行为可分为预期违约和届期违约。违约行为发生于合同履行期限届满之前的,为预期违约,又称先期违约。在履行期限届满之前,当事人一方明确表示或者以自己的行为表明不履行合同债务,当然要求其不享有履行抗辩权等正当理由的,才构成预期违约。应当注意的是,本条规定的预期违约的违约责任,不同于本法第563条第1款第2项所规定的预期违约的解除。在预期违约的解除中,当事人一方明确表示或者以自己行为表明其不履行的是主要债务,一般只有主要债务的不履行才会致使不能实现合同目的,此时当事人才有法定解除权。但是,本条规定的预期违约,则无论当事人一方明确表示或者以自己行为表明其不履行的合同义务是否是主要义务,即使是从给付义务或者附随义务等,对方都有权请求其承担违约责任。

第五百七十九条　【金钱债务继续履行】当事人一方未支付价款、报酬、租金、利息,或者不履行其他金钱债务的,对方可以请求其支付。

条文注释

所谓金钱债务，是指以债务人给付一定货币作为内容的债务，包括以支付价款、报酬、租金、利息，或者以履行其他金钱债务为内容的债务。当然，这里所说的报酬指的是金钱报酬，而不包括其他形式的报酬。当事人一方未按照合同约定履行金钱债务的，对方可以请求其履行。当事人一方迟延履行金钱债务的，除应当继续履行金钱债务外，还应当承担其他违约责任，如支付违约金、赔偿逾期利息等。

第五百八十条　【非金钱债务继续履行责任及违约责任】当事人一方不履行非金钱债务或者履行非金钱债务不符合约定的，对方可以请求履行，但是有下列情形之一的除外：

（一）法律上或者事实上不能履行；

（二）债务的标的不适于强制履行或者履行费用过高；

（三）债权人在合理期限内未请求履行。

有前款规定的除外情形之一，致使不能实现合同目的的，人民法院或者仲裁机构可以根据当事人的请求终止合同权利义务关系，但是不影响违约责任的承担。

条文注释

所谓继续履行，也称实际履行，就是按照合同的约定继续履行义务。如果当事人一方不履行非金钱债务或者履行非金钱债务不符合约定，且非金钱债务能够继续履行，则守约方可以请求违约方继续履行，还可以请求违约方承担赔偿损失等其他民事责任。本法未对继续履行进行严格限制，一般只要当事人一方违约，对方就可请求继续履行。因此，在当事人一方违约时，一般情况下，守约方可以选择请求继续履行，同时请求赔偿损失；也可以选择不请求继续履行，而仅请求赔偿损失。人民法院或者仲裁机构根据守约方的选择予以裁判或者裁决，除非存在本条规定的例外情形。

债权人请求继续履行，必须以非金钱债务能够继续履行为前提。如果非金钱债务不能继续履行，对方就不能请求继续履行，或者对于其提出的继续履行请求，债务人能够依据本条第1款提出抗辩。当然，即使债权人不能请求债务人继续履行，其仍然有权依法请求债务人承担其他违约责任，尤其是赔偿损失。不能请求继续履行具体包括以下情形：

一是法律上或者事实上不能履行。所谓法律上不能履行，是指基于法律规定而不能履行，或者履行将违反法律的强制性规定。所谓事实上不能履行，是指依据自然法则已经不能履行。比如，合同标的物是特定物，该特定物已经毁损、灭失。但是，如果仅仅是暂时不能履行，或者债务人做出一定的努力仍可以履行合同义务，那么合同仍然可以继续履行。人民法院或者仲裁机构应当对是否存在法律上或者事实上不能履行的情形进行审查。

二是债务的标的不适于强制履行或者履行费用过高。债务的标的不适于强制履行，指依据债务的性质不适合强制履行，或者执行费用过高。比如，基于高度的人身依赖关系而产生的合同，如委托合同、合伙合同等，如果是因高度信任对方的特殊技能、业务水平、忠诚等而产生的，并且强制债务人履行义务会破坏此种高度的人身依赖关系，则不得请求继续履行。又如，对于许多提供服务、劳务或者不作为的合同来说，如果强制履行会危害到债务人的人身自由和人格尊严，或者其履行完全属于人身性质，比如需要艺术性或者科学性的个人技能，或者其履行涉及保密性和私人性的关系，则不得请求继续履行。履行费用过高，指履行虽然可能，但会导致履行方负担过重、产生不合理的过大的负担或者过高的费用。债务的标的不适于强制履行或者履行费用过高的，如果债权人请求继续履行，则债务人享有拒绝履行的抗辩权。

三是债权人在合理期限内未请求履行。合理期限首先可以由当事人事先约定；没有约定或者约定不明确的，当事人可以协议补充；无法协议补充的，按照合同有关条款或者交易习惯确定，这需要在个案中结合合同种类、性质、目的和交易习惯等因素予以具体判断。债权人在合理期限内未请求继续履行，之后再请求债务人继续履行的，债务人享有拒绝履行的抗辩权。

本条第2款适用的前提包括以下三点：首先，对方当事人不能请求违约方继续履行。其次，致使不能实现合同目的。这意味着如果不能请求继续履行的仅仅是非主要的债务，且不履行不会导致不能实现合同目的，那么无论是哪一方当事人都不能申请终止合同权利义务关系。守约方既不享有法定解除权，也不能依据本款请求人民法院或者仲裁机构申请终止；违约方本来就不享有解除权，同样也不能依据本款请求人民法院或者仲裁机构申请终止。最后，当事人提出请求。双方当事人均有权请求人民法院或者仲裁机构终止合同。如果当事人未提出请求，人民法院或者仲裁机构不宜依职权主动终止合同。

根据《最高人民法院关于适用〈中华人民共和国民法典〉合同编通则若干问题的解释》第59条的规定，当事人一方依据《民法典》第580条第2款的规定请求终止合同权利义务关系的，人民法院一般应当以起诉状副本送达对方的时间作为合同权利义务关系终止的时间。根据案件的具体情况，以其他时间作为合同权利义务关系终止的时间更加符合公平原则和诚信原则的，人民法院可以以该时间作为合同权利义务关系终止的时间，但是应当在裁判文书中充分说明理由。

关联法规

《全国法院民商事审判工作会议纪要》第48条

第五百八十一条　【替代履行】当事人一方不履行债务或者履行债务不符合约定，根据债务的性质不得强制履行的，对方可以请求其负担由第三人替代履行的费用。

条文注释

本条适用的前提是，当事人一方不履行债务或者履行债务不符合约定，并且该债务根据债务的性质不得强制履行。此时，债权人可以请求债务人负担由第三人替代履行的费用。该请求权是实体法上的请求权，同时不以进入执行程序为前提，故不同于《民事诉讼法》规定的执行措施。同时，也并非第三人替代履行之后才可以请求债务人负担费用，债权人可以直接请求债务人负担由第三人之后替代履行的费用。就债权人的角度而言，替代履行最终实现了自己的债权，类似于继续履行；就债务人的角度而言，替代履行类似于赔偿损失。同时，本条的规定不妨碍债权人就其他损失请求债务人赔偿。

关联法规

《民事诉讼法》第263条

第五百八十二条　【瑕疵履行的补救措施】履行不符合约定的，应当按照当事人的约定承担违约责任。对违约责任没有约定或者约定不明确，依据本法第五百一十条的规定仍不能确定的，受损害方根据标的的性质以及损失的大小，可以合理选择请求对方承担修理、重作、更换、退货、减少价款或者报酬等违约责任。

条文注释

债务人履行合同义务不符合约定的，主要是标的的品质、数量等不符合约定，可以采取一些补救措施，主要包括修理、重作、更换以及退货、减少价款或者报酬。债务人和债权人事先对此有约定的，应当按照约定承担违约责任，该约定是民事法律行为，因此适用关于民事法律行为的一般规定。比如，若双方约定的“三包”规定中，对不同瑕疵的后果进行了详细的约定，则此时违约方就应当按照当事人之间的约定承担违约责任。如果当事人对违约责任没有约定，或者虽有约定但约定不明确，就应当依据本法第510条的规定确定违约责任，即合同生效后，当事人就质量、价款或者报酬、履行地点等内容没有约定或者约定不明确的，可以协议补充；不能达成补充协议的，按照合同相关条款或者交易习惯确定。如果当事人对此既无约定，也无法依据本法第510条的规定予以确定，则受损害方根据标的的性质以及损失的大小，可以合理选择请求对方承担修理、重作、更换、退货、减少价款或者报酬等违约责任。

修理、重作、更换同样也适用本法第580条第1款的规定，当这些方式事实上不能履行、履行费用过高或债权人未在当事人约定期限或者合理期限内要求时，债权人不能再请求这些方式或者这些方式中的某一种，而只能请求履行方承担其他违约责任。

修理、重作、更换是不可能、不合理或者没有效果的，或者债务人拒绝或在合理期间内仍不履行的，债权人可以请求退货、减少价款或者报酬。价款或者报酬未支付的，债权人可以主张减少其应支付的价款或者报酬；价款或者报酬已经支付的，债权人可以主张返还减价后多出部分的价款或者报酬。债权人主张减价，债务人对减价与否或者减价数额均认可的，按照当事人协商一致的意思表示处理；债务人对减价与否或者减价数额有异议的，可以由人民法院或者仲裁机构予以确定。

关联法规

《最高人民法院关于审理买卖合同纠纷案件适用法律问题的解释》第15～17条

第五百八十三条　【违约损害赔偿责任】当事人一方不履行合同义务或者履行合同义务不符合约定的，在履行义务或者采取补救措施后，对方还有其他损失的，应当赔偿损失。

条文注释

当事人一方不履行合同义务或者履行合同义务不符合约定，因此而承担继续履行或者采取补救措施的违约责任的，在其履行完毕前，债权人有权拒绝其相应的履行请求。债务人未能在约定期间或者合理期间内继续履行的，或者不能采取有效的补救措施的，债权人可以采取任何救济措施。尽管债务人在约定期间或者合理期间内已经继续履行或者采取了有效的补救措施，但债权人还有其他损失的，债权人仍然可以请求债务人依法赔偿。这些损失主要包括：(1)债务人最初的不履行合同义务或者履行合同义务不符合约定给债权人造成的损失；(2)嗣后的不继续履行或者继续履行不符合约定给债权人造成的损失；(3)债务人继续履行或者采取补救措施完毕前的迟延履行给债权人造成的损失；(4)补救措施本身给债权人造成的损失；(5)补救措施仍然无法弥补的债权人的损失。

第五百八十四条　【损害赔偿范围】当事人一方不履行合同义务或者履行合同义务不符合约定,造成对方损失的,损失赔偿额应当相当于因违约所造成的损失,包括合同履行后可以获得的利益;但是,不得超过违约一方订立合同时预见到或者应当预见到的因违约可能造成的损失。

条文注释

违约的赔偿损失包括法定的赔偿损失和约定的赔偿损失,本条规定的是法定的违约赔偿损失。违约赔偿损失责任的构成要件包括:一是有违约行为,即当事人一方不履行合同义务或者履行合同义务不符合约定。二是违约行为造成了对方的损失。如果违约行为未给对方造成损失,则不能用赔偿损失的方式追究违约人的民事责任。三是违约行为与对方损失之间有因果关系,即对方的损失是违约行为所导致的。四是无免责事由。

根据本条规定,违约损失赔偿额应当相当于因违约所造成的损失,包括实际损失和可得利益:

(1)实际损失,即所受损害,是指因违约而导致现有利益的减少,是现实利益的损失,又称积极损失。实际损失具体包括:第一,信赖利益的损失,包括费用的支出、丧失其他交易机会的损失以及因对方违约导致自己对第三人承担违约赔偿的损失等。第二,固有利益的损失,这体现在债务人违反保护义务的情形中。其中,对信赖利益的赔偿一般不得大于履行利益。因为,如果信赖利益大于可得利益,则表明债权人订立的合同是亏本的,债务人按照约定履行合同反而会给债权人造成更大的损失。所以,此时允许债权人请求赔偿大于可得利益的信赖利益,无异于允许债权人将自己的亏损转嫁给债务人。但是,对于固有利益的赔偿可以大于可得利益。

(2)可得利益,即所失利益,是指受害人在合同履行后本可以获得的,但因违约而无法获得的利益,是未来的、期待的利益的损失,又称消极损失。根据《最高人民法院关于适用〈中华人民共和国民法典〉合同编通则若干问题的解释》第60条的规定,人民法院依据《民法典》第 584 条的规定确定合同履行后可以获得的利益时，可以在扣除非违约方为订立、履行合同支出的费用等合理成本后，按照非违约方能够获得的生产利润、经营利润或者转售利润等计算。非违约方依法行使合同解除权并实施了替代交易，主张按照替代交易价格与合同价格的差额确定合同履行后可以获得的利益的，人民法院依法予以支持；替代交易价格明显偏离替代交易发生时当地的市场价格，违约方主张按照市场价格与合同价格的差额确定合同履行后可以获得的利益的，人民法院应予支持。非违约方依法行使合同解除权但是未实施替代交易，主张按照违约行为发生后合理期间内合同履行地的市场价格与合同价格的差额确定合同履行后可以获得的利益的，人民法院应予支持。

按照本条规定，违约赔偿的数额不得超过违反合同一方订立合同时预见到或者应当预见到的因违反合同可能造成的损失，这不仅适用于对可得利益的限制，也适用于对实际损失的限制。根据《最高人民法院关于适用〈中华人民共和国民法典〉合同编通则若干问题的解释》第 63 条第 1 款的规定，在认定《民法典》第 584 条规定的“违约一方订立合同时预见到或者应当预见到的因违约可能造成的损失”时，人民法院应当根据当事人订立合同的目的，综合考虑合同主体、合同内容、交易类型、交易习惯、磋商过程等因素，按照与违约方处于相同或者类似情况的民事主体在订立合同时预见到或者应当预见到的损失予以确定。根据本条规定，可预见性规则的适用应当注意以下问题：第一，预见的主体是违约方，而不是非违约方。第二，预见的标准是客观的理性人标准，即应为一个正常勤勉的人处在违约方的位置所能合理预见到的。此时，可以考虑当事人的身份或者业务能力、预期利益的告知或知晓、合同主要内容、是不是超过社会一般期待的投资行为等因素。第三，预见的时点是订立合同之时，而不是违约之时。第四，预见的内容是损失的类型或者种类，而无须预见到损失的具体范围。

应当注意的是，对违约赔偿数额的限制，除了可预见性规则之外，还包括其他规则。在实践中，可以考虑损益相抵规则，即当守约方因造成损失的违约行为而获有利益时，应当从损失赔偿额中扣除该部分利益。可以扣除的利益包括中间利息、因违约实际减少的受害人的某些税负、商业保险金、社会保险金、以新替旧中的差额、毁损物件的残余价值、原应支付却因损害事故而免于支付的费用、原本无法获得却因损害事故的发生而获得的利益等。因此，"可得利益的法定损失赔偿额＝可得利益损失总额－不可预见的损失－扩大的损失－受害方自己过错造成的损失－受害方因违约获得的利益－必要的成本"。

关联法规

《最高人民法院关于审理买卖合同纠纷案件适用法律问题的解释》第22～23条

第五百八十五条　【约定违约金】当事人可以约定一方违约时应当根据违约情况向对方支付一定数额的违约金，也可以约定因违约产生的损失赔偿额的计算方法。

约定的违约金低于造成的损失的，人民法院或者仲裁机构可以根据当事人的请求予以增加；约定的违约金过分高于造成的损失的，人民法院或者仲裁机构可以根据当事人的请求予以适当减少。

当事人就迟延履行约定违约金的，违约方支付违约金后，还应当履行债务。

条文注释

本条仅规定了约定的违约金。约定违约金主要适用于合同之债，但法定之债也可以约定违约金。约定违约金可能表现为不同的形式，可以约定一定数额的违约金，也可以约定因违约产生的损失赔偿额的计算方法。

根据约定的目的，违约金可以分为赔偿性的违约金、惩罚性的违约金和责任限制性违约金。赔偿性的违约金与惩罚性的违约金的认定，首先取决于当事人的目的。一般而言，如果约定了明显高额的违约金，或者违约金不排斥继续履行或者法定的赔偿损失，则可以认定为惩罚性的违约金，或者至少部分具有惩罚性的功能。本条规定的违约金以赔偿性的违约金为原则，当事人无约定或者约定不明时，推定为赔偿性的违约金。

根据违约金约定产生违约金请求权，必须以存在该约定所针对的违约行为，且应当依法承担违约赔偿责任作为前提。根据是否针对特定的违约行为，约定违约金有概括性和具体性之分。概括性违约金约定，指当事人对违约行为不作具体区分，概括约定凡违约即支付违约金。具体性违约金约定，指当事人针对不同的违约行为所作的违约金约定，如约定债务不履行违约金、债务部分履行违约金、债务迟延履行违约金等。针对迟延履行约定的违约金，不适用于其他根本违约的情形。当事人对违约行为无特别约定时，是否构成违约依据法定的违约责任构成规则予以判断。在债务人违约后根据违约金约定而产生的违约金请求权，是一个独立的债权，可以被单独转让。

本条第2款第一个分句确立了司法酌增规则。司法酌增适用的前提是：(1)约定的违约金低于造成的损失。此处的损失应当按照前条规定的法定赔偿损失的范围和数额予以认定，包括实际损失和可得利益。同时此处并未如同下一分句中的司法酌减规则一样使用“过分”一词，以体现对债权人或者守约方的更强保护，因此，至少酌增的标准不应比酌减的标准更为严苛。(2)债权人提出申请，并应当对违约金低于造成的损失予以举证。此时，人民法院或者仲裁机构可以增加违约金数额，但并非应当增加，一般而言，增加后的违约金数额不应超过对债权人造成的损失。人民法院或者仲裁机构在判断是否予以增加以及增加的幅度时，可以综合斟酌考虑一些因素，例如当事人是否具有明确的限制责任的意图、债权人是普通民事主体还是商事主体、当事人的过错程度、合同的履行情况、预期的利益等。

本条第2款第二个分句确立了司法酌减规则。司法酌减适用的前提是：(1)约定的违约金过分高于造成的损失。根据《最高人民法院关于适用〈中华人民共和国民法典〉合同编通则若干问题的解释》第65条第2款的规定，约定的违约金超过造成损失的30%的，人民法院一般可以认定为过分高于造成的损失。(2)债务人提出申请，并就约定的违约金高于造成的损失予以举证。债务人提出请求的方式既可以是另行提起反诉，也可以是针对债权人的请求予以抗辩。担保人承担的担保责任，无特别约定时涵盖了主债务人所应承担的违约金，因此担保人也可以提出申请，于此参照适用本法第701条的规定。人民法院或者仲裁机构可以适当减少违约金数额，但并非应当适当减少。在判断约定违约金是否过高以及调低的幅度时，一般应当以对债权人造成的损失为基准。司法实践中对此掌握的标准一般是，当事人约定的违约金超过造成损失的30%的，一般认定为“过分”高于造成的损失。此时，可以综合考虑辩论终结前出现的以下因素：(1)合同履行情况；(2)当事人过错程度；(3)预期利益；(4)当事人的主体身份；(5)其他因素。在实际损失无法确定时，可以斟酌考虑合同标的总价款、一定倍数的租金或者承包金、通常利率的一定倍数、投资性质合同中的投资总额的一定比例等。

本条第3款规定，违约方支付迟延履行违约金后，还应当履行债务，对此不应进行反面解释，即认为如果债权人先主张继续履行或先行受领了继续履行，即不得请求迟延履行违约金或者视为放弃迟延履行违约金。债权人受领了债务人迟延后的继续履行，仍可并行主张迟延履行违约金，此并行主张不以受领给付时作特别保留为必要条件。

应当注意的是，本款仅规定了迟延履行违约金和继续履行之间的关系，并未具体规定违约金和其他违约责任形式之间的关系，也未具体规定在其他违约类型中违约金和继续履行之间的关系。关于这些关系的处理，需要结合具体情形予以考量。首先，要注意是不是同一违约行为导致违约金和其他违约责任形式；其次，要注意当事人是否存在特别约定；再次，要注意约定的违约金是否是替代给付的违约金，以及其与其他违约责任形式之间的目的衔接；最后，要注意约定的违约金可以与其他违约责任形式并用时，需要考量债权人损失的大小，在不同情形中对违约金予以适当调整。

关联法规

《最高人民法院关于审理买卖合同纠纷案件适用法律问题的解释》第18、20、21条；《最高人民法院关于审理民间借贷案件适用法律若干问题的规定》第29条

第五百八十六条　【定金担保】当事人可以约定一方向对方给付定金作为债权的担保。定金合同自实际交付定金时成立。

定金的数额由当事人约定；但是，不得超过主合同标的额的百分之二十，超过部分不产生定金的效力。实际交付的定金数额多于或者少于约定数额的，视为变更约定的定金数额。

条文注释

所谓定金，是指当事人约定的，为保证债权的实现，由一方在履行前预先向对方给付的一定数量的货币或者其他代替物。定金是担保的一种形式，由于定金是预先交付的，定金惩罚的数额在事先是明确的。(1)定金与预付款不同。定金具有担保作用，不履行债务或者履行债务不符合约定，致使不能实现合同目的的，适用定金罚则。但预付款仅仅是在标的物正常交付或者服务正常提供的情况下预付的款项，如有不足，则交付预付款的一方再补交剩余的价款即可。在交付标的物或者提供服务的一方违约时，如果交付预付款的一方解除合同，则其有权请求返还预付款。(2)定金与押金也不同。一般而言，押金的数额没有定金数额的限制，而且没有定金罚则的适用限制。押金类型非常多，无法统一确定，有的押金甚至需要清算、多退少补。当事人交付押金但没有约定定金性质的，不能按照定金处理；但是，押金根据当事人的约定符合定金构成的，可以按照定金处理。

按照本条第1款的规定，定金合同是实践性合同，自实际交付定金时成立，当然定金交付的时间由双方当事人约定。当事人订立定金合同后，不履行交付定金的约定，不承担违约责任。同时，定金合同是一种从合同，主债权债务合同无效，定金合同也随之无效。但是，在主合同因违约而被解除后，解除权人仍有权依据定金罚则请

求违约方承担责任。

按照本条第2款规定，定金的数额由当事人约定。但是，在能够确定主合同标的额的前提下，约定的数额不得超过主合同标的额的20%。如果超过，则超过的部分不产生定金的效力，应当予以返还或者按照约定抵作价款，未超过的部分仍然产生定金效力。同时，实际交付的定金数额多于或者少于约定的数额的，除了超过法定限额的部分之外，视为变更约定的定金数额，按照变更后的定金数额适用定金罚则。实际交付的定金数额少于约定数额的，收受定金一方提出异议并拒绝接受定金的，定金合同不成立；收受定金一方接受了定金但提出了异议，仍然在接受定金范围内发生定金效力。

第五百八十七条　【定金罚则】债务人履行债务的，定金应当抵作价款或者收回。给付定金的一方不履行债务或者履行债务不符合约定，致使不能实现合同目的的，无权请求返还定金；收受定金的一方不履行债务或者履行债务不符合约定，致使不能实现合同目的的，应当双倍返还定金。

条文注释

适用定金罚则的前提条件首先是按照当事人的约定和法律的规定：当法律对定金有特别规定时，应当适用特别规定；当事人另有约定时，根据自愿原则，应尊重当事人的特别约定。其次，在不存在法律另有规定或者当事人另有约定的情形中，适用定金罚则的前提条件是，当事人一方不履行债务或者履行债务不符合约定，并且该违约行为要达到致使合同目的不能实现即根本违约的程度。虽然有违约行为但比较轻微，未达到不能实现合同目的的程度时，不能适用或者不能全部适用定金罚则。当事人一方不完全履行合同的，在能够区分比例的情况下，应当按照未履行部分所占合同约定内容的比例，适用定金罚则。同时，违约方必须要因违约行为承担违约责任的，才能适用定金罚则。如果违约方因不可抗力而免责，则也不能适用定金罚则。

第五百八十八条　【违约金与定金竞合】当事人既约定违约金，又约定定金的，一方违约时，对方可以选择适用违约金或者定金条款。

定金不足以弥补一方违约造成的损失的，对方可以请求赔偿超过定金数额的损失。

条文注释

本条第1款规定了违约金和定金之间的适用关系，即对方当事人享有选择权，可以选择适用违约金条款，也可以选择适用定金条款，但二者不能并用。当然，不能并用的前提是针对同一违约行为，如果违约金和定金是针对不同的违约行为，则在这些违约行为都存在的前提下，仍然存在并用的可能性，但无论如何不应超过违约行为所造成的损失总额。

本条第2款规定了定金和法定赔偿损失之间的适用关系。与违约金不同，定金的数额不得超过主合同标的额的20%，但是，违约行为造成的损失可能会超过适用定金罚则之后的数额；并且，对于违约金，本法第585条第2款规定了司法酌增的规则，而对于定金并未明确规定类似规则。因此，根据本款规定，约定的定金不足以弥补一方违约造成的损失的，守约方既可以请求定金，也可以就超过定金数额的部分请求法定的赔偿损失，此时，定金和损失赔偿的数额总和不会高于因违约造成的损失。

第五百八十九条　【拒绝受领和受领迟延】债务人按照约定履行债务，债权人无正当理由拒绝受领的，债务人可以请求债权人赔偿增加的费用。

在债权人受领迟延期间，债务人无须支付利息。

条文注释

债权人无正当理由拒绝受领，是指债务人按照约定履行了债务或者提出了履行债务的请求，债权人无理由地不予受领或者协助。其构成的要件包括：(1)债务人按照约定现实履行了债务，或者提出了履行债务的请求。但是，如果债权人预先表示了拒绝受领的意思，或者给付也同时需要债权人的行为，则债务人可以以准备给付的情事通知债权人，代替提出。这里同样也包括第三人依法有权代债务人履行债务，且债权人无权拒绝的情形。(2)债务内容的实现以债权人的受领给付或者其他协助为必要。如果是不需要受领给付或者其他协助的债务，例如不作为债务，就不会产生拒绝受领的问题。(3)债权人拒绝受领，这里的拒绝受领是广义的，包括迟延受领或以自己的行为表明拒绝受领等情形。(4)债权人无正当理由。即不存在债权人拒绝的正当理由，例如，债务人交付的标的物存在严重质量问题、迟延交付或者有其他违约行为，致使不能实现合同目的。如果债务人履行的瑕疵非常轻微，则不构成债权人拒绝受领的正当理由。据此，本法也明确规定了一些具体情形，如第 610 条、第 629 条、第 740 条第 1 款。

应当注意的是，对于提前履行和部分履行不损害债权人利益的，债权人无权拒绝受领，但是，债务人必须在合理期间前通知债权人，突然的、未提前通知债权人的提前履行或者部分履行，应视为损害了债权人利益，债权人可以拒绝，一时不能受领的情事不构成拒绝受领。同时，对未约定履行期限也无法确定履行期限的债务，债务人应当提前在合理的时间通知，在必要的准备时间届满后，债权人不受领的，才构成拒绝受领。债权人有正当理由拒绝受领的，也应当根据诚信原则，及时通知债务人。

本条第 1 款中规定的"增加的费用"包括：(1)债务人提出给付的费用，如货物往返运送的费用、履行债务所支付的交通费用、通知费用等；(2)保管给付物的必要费用；(3)其他费用，例如对不宜保存的标的物的处理费用。

应当指出的是，债权人无正当理由拒绝受领，除了本条规定的法律后果之外，还可能具有其他法律后果，包括：(1)债务人应当返还由标的物产生的孳息或者偿还其价金的，在债权人受领迟延中，债务人仅以已收取的孳息为限负返还责任。(2)债务人责任减轻。债务人在债权人受领迟延期间，不能简单地抛弃给付物，而负有保管给付物的义务，这类似于无偿保管合同，参照适用本法第 897 条规定。据此，在债权人受领迟延期间，债务人仅就故意或者重大过失而承担责任。(3)债务人提存。债权人受领迟延，导致债务人难以履行债务的，债务人有权依据本法第570条的规定，将标的物提存。(4)对债权人的其他不利后果。

第五百九十条　【不可抗力】当事人一方因不可抗力不能履行合同的，根据不可抗力的影响，部分或者全部免除责任，但是法律另有规定的除外。因不可抗力不能履行合同的，应当及时通知对方，以减轻可能给对方造成的损失，并应当在合理期限内提供证明。

当事人迟延履行后发生不可抗力的，不免除其违约责任。

条文注释

根据本条第1款的规定，存在以下要求：(1)发生了不可抗力的事件。(2)债务人因不可抗力事件的发生不能履行合同。不可抗力事件的发生必须要导致债务人不能履行合同，不能履行合同义务并非狭义的履行不能情形，而是包括所有不能履行合同义务或者履行合同义务不符合约定的情形。

在符合上述两个条件时，在所产生的法律后果上，要根据不可抗力的影响，部分或者全部免除债务人的责任：首先，要注意的是，应当根据不可抗力对合同履行的具体影响，判断免责的范围和程度。在有些情况下，不可抗力会导致债务根本无法履行；但有时，不可抗力仅仅会导致迟延履行。如果不可抗力是暂时的、仅会导致迟延履行，则只能在不可抗力存续期间以及可能的合理期间内发生免责效力；但是，如果迟延履行构成了根本违约，则债权人可以依法解除合同。其次，免除的是债务人的违约责任，但不妨碍当事人享有的解除权、履行抗辩权或者对应付款项支付利息的权利。同时，在买卖合同中，因不可抗力影响而免除债务人责任的，就债权人对债务人负有的对待给付义务，可以适用本法中关于风险负担的条文解决。最后，要注意法律的特别规定。通常情况下，因不可抗力不能履行民事合同的，根据不可抗力的影响，部分或者全部免除责任。但法律规定因不可抗力不能履行合同，也要承担责任的，需要依法承担责任。故本条第1款规定了“但是法律另有规定的除外”。具体什么情况下应承担民事责任、承担责任的程度等，要依照法律的规定确定，如《邮政法》第48条第1项、《民用航空法》第124条等的规定。

依据本条第1款第2句的规定，根据诚信原则，债务人有义务在合理的期限内就不可抗力的发生以及对债务履行的影响，通知债权人，以使债权人能够采取措施减轻其可能遭受的损失。至于多长时间才是及时或者在合理期限内的，则由人民法院或者仲裁机构依据具体的情况予以判断。如果债务人违反了上述义务，则就债权人未获知而遭受的额外损失，债务人不应当因不可抗力而免责，仍然应当对债权人负有赔偿损失的责任。

根据本条第2款的规定，如果债务人没有迟延履行，则不可抗力的发生就不会导致债务的不能履行进而发生损害，因此债务人的迟延履行与债权人的损害之间具有因果关系，债务人应当就不可抗力负责。但是，如果债务人能够证明，即使其不迟延履行，仍不免发生债务的不能履行进而发生损害，则债务人应当能够免责，此时债务人的迟延履行和债务的不能履行进而发生损害之间不存在因果关系。

第五百九十一条 【减损规则】当事人一方违约后，对方应当采取适当措施防止损失的扩大；没有采取适当措施致使损失扩大的，不得就扩大的损失请求赔偿。

当事人因防止损失扩大而支出的合理费用，由违约方负担。

条文注释

本条第1款适用的前提包括：(1)债务人违反义务导致损失的发生；(2)债权人没有采取适当措施，以限制损失的程度或者避免损失的增加；(3)发生的损失扩大；(4)债权人未采取适当措施与损失的扩大具有因果关系。本条第1款适用的关键是债权人是否采取了防止损失扩大的适当措施。措施是否适当，主要考虑债权人是否按照诚信原则的要求尽自己的努力采取措施避免损失扩大。如果采取的措施将严重损害债权人自身的利益，或者有悖于商业道德，或者所支付的代价过高，则不应认为债权人采取了适当的措施。措施是否适当还要考虑采取措施的期限是否合理。债权人所采取的适当措施根据具体的情形可能有以下不同的措施:(1)债权人停止进一步履行。(2)合理的替代交易。债权人能够在合理期限内以合理的方式进行替代交易的,应当采取此种替代交易以避免损失扩大。债权人本可无须付出重大努力或花费高额费用即可进行合理的替代交易,而仍然坚持不合理的实际履行的,不得要求债务人赔偿因此而增加的损失。(3)接受债务人变更合同的合理要约,此时要注意斟酌考虑合同的性质、变更的程度以及要约的合理性等因素。

第五百九十二条 【双方违约和与有过错】当事人都违反合同的,应当各自承担相应的责任。

当事人一方违约造成对方损失,对方对损失的发生有过错的,可以减少相应的损失赔偿额。

条文注释

本条第1款规定了双方违约。违约可以区分为单方违约和双方违约。仅当事人一方违约的,称为单方违约;双方当事人都违约的,称为双方违约。在双务合同中,有些合同义务是彼此独立的,不具有牵连性和对价性,因此,双方违反这些相互独立的合同义务是可能的,并且不成立双务合同的履行抗辩权。在双方各自违反了相互独立的合同义务时,实际上是两个独立的违约行为,因此各自都要向对方承担相应的违约责任。

本条第2款规定了与有过错。与有过错,又称过错相抵、混合过错,是指受损害一方对于损害结果的发生存在过错的,在计算损失赔偿额时应当予以相应减少。与有过错与本法第591条规定的减损规则有所不同。本法分别规定了与有过错和减损规则,二者的区别在于时间阶段不同,与有过错解决的是损失发生的阶段,而减损规则解决的是损失扩大的阶段,因此两者发挥作用的场合是不同的。与有过错适用的前提是:(1)债权人因债务人违约遭受损失。(2)债务人的违约行为导致了损失的发生,但是,债权人的过错也是导致损失发生的原因。如果是完全因为债权人的原因导致债务人无法履行债务,则债权人不得主张债务人违约。(3)债权人具有过错。此处的“过错”，可能是债权人自身的行为部分导致了损害的发生，例如，债权人给了运输者一个错误的地址，或者债权人未能够给瑕疵机器的制造者给予所有必要的指导，这部分导致了债务人的违约进而导致损失的发生；也可能是由债权人承担风险的其他事件部分导致了损害的发生，这些事件包括债权人应对之负责的工作人员等第三人的作为和不作为。与有过错适用的法律后果是，扣减债务人相应的损失赔偿额。具体扣减的数额要综合考虑当事人的过错程度、原因力的强弱等因素确定。

另外，在一些情形中，法律还特别规定，受害人一定程度的过错构成免责事由，如本法第 823 条第 1 款、第 832 条等的规定。

关联法规

《最高人民法院关于审理买卖合同纠纷案件适用法律问题的解释》第 22 条

第五百九十三条　【第三人原因造成违约时违约责任承担】当事人一方因第三人的原因造成违约的，应当依法向对方承担违约责任。当事人一方和第三人之间的纠纷，依照法律规定或者按照约定处理。

条文注释

本法对因第三人原因造成违约所应承担的违约责任作了适当限缩，给司法实践留下空间，将原《合同法》第 121 条中“应当向对方承担违约责任”修改为“应当依法向对方承担违约责任”。

一般而言，因第三人的原因造成债务人违约而应当由债务人向债权人承担违约责任的，主要包括但并不限于以下两类第三人：(1)履行辅助人。履行辅助人，即法定代理人和根据债务人的意思事实上从事债务履行的使用人。使用人包括委托代理人或者意定代理人，以及债务人为履行债务而与之订立合同的第三人。例如，运输人，协助支付货款的银行，完成承揽辅助工作的分包人，与旅游经营者存在合同关系、协助旅游经营者履行义务而实际提供交通、游览、住宿、餐饮、娱乐等旅游服务的人。同时应注意的是，债务人的法定代表人并非履行辅助人，其行为就是债务人自身的行为。防止因履行辅助人原因造成违约，属于债务人应当承担的合同义务范围。此时，只要因履行辅助人原因造成违约，债务人就应当向债权人承担违约责任，并且，由于一般适用无过错责任，此时无须考虑履行辅助人是否有过错，也无须考虑债务人是否具有选任或者监督的过错。(2)与债务人有其他合同关系的第三人。该类第三人主要包括原材料供应人、配件供应人、产品制造人、产品上游供应商、次承租人等。对这类第三人，债务人比债权人具有更强的风险预知可能性、控制可能性和更低的救济成本。因此，因该类第三人原因造成违约的，债务人通常应当向债权人承担违约责任。

应当注意的是，如果第三人原因构成了本法第180条第2款规定的不可抗力，则可以适用本法第590条第1款的规定，根据不可抗力的影响，部分或者全部免除债务人的违约责任。同时，如果违约责任依据法律的特别规定采取过错责任，则可以将第三人原因纳入债务人是否具有过错中予以考量。

依据本条，债务人因第三人的原因造成违约时，债务人应当依法向债权人承担违约责任。这同时意味着，债务人应当对债权人承担违约责任的，原则上仅由债务人对债权人承担责任；但法律有特别规定第三人也应对债权人承担责任的，或者特别规定债务人不承担责任的，依照该特别规定，如本法第791条第2款、《消费者权益保护法》第40条第2款等的规定。

第五百九十四条　【国际贸易合同诉讼时效和仲裁时效】因国际货物买卖合同和技术进出口合同争议提起诉讼或者申请仲裁的时效期间为四年。

条文注释

本条规定的提起诉讼或者仲裁的4年时效期间，只适用于因国际货物买卖合同和技术进出口合同发生的争议。对其他合同争议提起诉讼或者申请仲裁的期限，不适用本条规定，依照其他有关的规定；法律无其他特别规定的，适用本法第188条第1款的规定，时效期间为3年。同时，本条仅规定了特别的时效期间，关于时效期间的起算、届满后的效力、时效的中止、时效的中断等,在法律无其他特别规定的情况下,适用本法第188条以下关于诉讼时效的一般规定。

第二分编　典型合同

第九章　买卖合同

第五百九十五条　【买卖合同概念】买卖合同是出卖人转移标的物的所有权于买受人,买受人支付价款的合同。

条文注释

买卖合同的法律特征主要包括:(1)买卖合同是典型合同。(2)买卖合同是卖方转移财产所有权,买方支付价款的合同。(3)买卖合同是双务合同。出卖人与买受人互为给付,双方都享有一定的权利,又都负有相应的义务。卖方负有交付标的物并转移其所有权于买方的义务,买方也同时负有向卖方支付价款的义务。(4)买卖合同是有偿合同。出卖人与买受人有对价关系,卖方取得价款是以转移标的物的所有权为代价的,买方取得标的物的所有权是以给付价款为代价的。(5)买卖合同多是诺成合同。一般当事人就买卖达成合意,买卖合同即成立,而不以标的物或者价款的现实交付为成立的要件。但是,买卖合同当事人也可以在合同中作出这样的约定,标的物或者价款交付时,买卖合同始为成立。此时的买卖合同即为实践合同或者称要物合同。(6)买卖合同为要式或者不要式合同,法律对合同的形式一般不作要求。

第五百九十六条　【买卖合同条款】买卖合同的内容一般包括标的物的名称、数量、质量、价款、履行期限、履行地点和方式、包装方式、检验标准和方法、结算方式、合同使用的文字及其效力等条款。

条文注释

买卖合同当事人在订立买卖合同时，通常应包括以下条款内容：(1)标的物的名称。标的物是买卖合同当事人权利义务指向的对象。(2)标的物的数量。标的物的数量，是指当事人约定的买卖标的物的数目。(3)标的物的质量。当事人应当就标的物的品种、规格、品质等级、型号、级别等作出明确约定。没有明确约定的，应当适用本法第510条以及第511条第1项的规定。(4)标的物的价款。关于价款，国家法律有强制性规定的，应当执行强制性的规定；没有强制性规定的，由当事人自己约定。(5)履行期限。履行期限，是指买卖合同的当事人所约定的履行合同义务的时间界限，包括交货时间和付款时间。(6)履行地点和方式。履行地点，是指买卖合同的当事人所约定的履行合同义务的具体地点，如合同的提货地点、付款地点等。履行方式，是指买卖合同当事人履行合同义务的具体方式，如是送货式、自提式还是代办托运式等。(7)包装方式。包装方式既可以指包装物的材料，又可以指包装的操作方式。(8)检验标准和方法。关于检验标准，如果当事人没有特殊要求的，可以依据国家标准或者行业标准进行检验；如果当事人有特殊要求的，则应在合同中作出明确约定。关于检验方法，有国家标准或者行业标准的，应当执行该标准；没有国家标准或者行业标准的，应当由当事人在合同中作出约定。(9)结算方式。结算方式主要有两种：一是现金结算；二是转账结算。(10)合同使用的文字及其效力。此条款主要涉及涉外合同。涉外合同常用中外文两种文字书写，且两种文本具有同等效力。

第五百九十七条　【无权处分效力】因出卖人未取得处分权致使标的物所有权不能转移的，买受人可以解除合同并请求出卖人承担违约责任。

法律、行政法规禁止或者限制转让的标的物，依照其规定。

条文注释

无权处分，是指没有处分权而处分他人财产。依据买卖合同的定义，出卖人负有交付买卖标的物并移转所有权的义务，因此，出卖人为保证买卖合同的履行，应当对买卖标的物具有处分权。当出卖人对买卖合同的标的物不具有处分权时，意味着买受人无法获得标的物的所有权，也就不能实现合同的目的，根据本法第563条和第566条的规定，买受人可以解除其与出卖人之间订立的买卖合同并要求出卖人承担违约责任。

第五百九十八条　【出卖人基本义务】出卖人应当履行向买受人交付标的物或者交付提取标的物的单证，并转移标的物所有权的义务。

条文注释

交付标的物并转移标的物所有权是出卖人最基本的义务。交付，是指标的物占有的转移。标的物的交付一般分为两种：(1)现实的交付，是指出卖人将标的物的占有直接转移给买受人，使标的物处于买受人的实际控制之下。(2)拟制的交付，是指出卖人将对标的物占有的权利转移给买受人，以替代现实的交付。

买卖合同中买受人的目的是取得标的物的所有权，因此，将标的物的所有权转移给买受人，同样是出卖人的基本义务。标的物所有权的转移方法，依法律的规定而定。动产以占有为权利的公示方法，因此，除法律特别规定或者当事人另有约定以外，动产所有权依交付而转移。不动产以登记为权利公示的方法，因此，其所有权的转移须由所有权人办理转让登记。无论合同是否作出约定，出卖人都应当协助买受人办理所有权的转让登记手续，并将有关的产权证明文书交付买受人。

关联法规

《最高人民法院关于审理买卖合同纠纷案件适用法律问题的解释》第2、5条

第五百九十九条　【出卖人交付有关单证和资料义务】出卖人应当按照约定或者交易习惯向买受人交付提取标的物单证以外的有关单证和资料。

条文注释

《最高人民法院关于审理买卖合同纠纷案件适用法律问题的解释》第4条对“标的物单证以外的有关单证和资料”作了明确，主要包括保险单、保修单、普通发票、增值税专用发票、产品合格证、质量保证书、质量鉴定书、品质检验证书、产品进出口检疫书、原产地证明书、使用说明书、装箱单等。出卖人向买受人交付提取标的物单证以外的有关单证和资料如果仅是基于约定才需要交付的，则不具有普遍约束力。如果基于交易习惯，抑或国际贸易中的国际惯例，出卖人向买受人交付提取标的物单证以外的有关单证和资料是合同履行过程中诚信原则的要求，依据本法总则编第10条以及第509条第2款的规定，则具有普遍约束力，出卖人不能抗辩为交易习惯而拒绝履行。

第六百条　【知识产权归属】出卖具有知识产权的标的物的，除法律另有规定或者当事人另有约定外，该标的物的知识产权不属于买受人。

条文注释

依据本法第123条第2款的规定，知识产权是权利人依法就下列客体享有的专有的权利：(1)作品；(2)发明、实用新型、外观设计；(3)商标；(4)地理标志；(5)商业秘密；(6)集成电路布图设计；(7)植物新品种；(8)法律规定的其他客体。在买卖合同中，有些标的物本身就是知识产权的载体，如计算机软件等。本条规定意在说明作为知识产权的载体的买卖与知识产权转让有所不同。知识产权转让是权利买卖的一种。涉及权利主体转变的合同法律关系，在有关法律中一般称为权利的转让。如果一个买卖合同的标的物本身体现着一定的知识产权，除非当事人明确表示或者法律有相关规定(如《著作权法》规定美术作品原件的展览权随作品原件转移)，买卖可以影响知识产权，否则，该标的物所体现的知识产权就不转移至买受人。

第六百零一条 【标的物交付期限】出卖人应当按照约定的时间交付标的物。约定交付期限的,出卖人可以在该交付期限内的任何时间交付。

条文注释

出卖人具体交付标的物的时间,可以区分两种情况:(1)合同约定在某确定时间交付。除非对交付标的物的时间有精确要求的合同外,一般落实到日即是合理的,出卖人应当按照约定的时间履行标的物交付义务。迟于此时间,即为迟延交付,属于违约;早于此时间,即为提前履行,严格意义上也是一种违约。按照合同编通则部分的规定,买受人可以拒绝出卖人提前履行债务,但提前履行不损害买受人利益的除外。出卖人提前履行债务给债权人增加的费用,由出卖人承担。(2)合同约定了一个交付的期限。交付期限,通常指的是一个时间段。这种情况下,依照本条规定,出卖人就可以在该交付期限内的任何时间交付标的物。

第六百零二条 【标的物交付期限不明时的处理】当事人没有约定标的物的交付期限或者约定不明确的,适用本法第五百一十条、第五百一十一条第四项的规定。

条文注释

依据本法第510条的规定,合同生效后,当事人就标的物的交付期限没有约定或者约定不明确时,可以重新协商达成补充协议;不能达成补充协议的,按照合同相关条款或者交易习惯确定。如果仍然不能确定,按照本法第511条第4项的规定,出卖人可以随时履行,买受人也可以随时要求出卖人履行,但应当给出卖人必要的准备时间。为了使买受人有一个合理的准备接收标的物的时间,如准备仓库等,出卖人应当在交付之前通知买受人。

如果买卖合同当事人没有约定交付时间,根据我国的司法实践,通常可以依据下列情形进行判断:(1)合同约定由买受人自提货物的,以出卖人通知买受人提货时间为交付时间。(2)合同约定由出卖人送货的,出卖人在交货地点将标的物交付买受人实际占有并点收完毕,即视为交付。但是,如果买受人对货物的质量或者数量等提出异议而拒绝接受的,则不能视为交付。(3)出卖人因买受人无正当理由拒绝接受而将标的物提存的,提存时间即为交付时间。(4)出卖人提前交付而买受人接受的,以买受人实际接受的时间为交付时间。(5)当事人约定由出卖人代办托运或者邮寄货物的,出卖人将货物交给第一承运人或者邮局的时间为交付时间。

第六百零三条 【标的物交付地点】出卖人应当按照约定的地点交付标的物。

当事人没有约定交付地点或者约定不明确,依据本法第五百一十条的规定仍不能确定的,适用下列规定:

(一)标的物需要运输的,出卖人应当将标的物交付给第一承运人以运交给买受人;

(二)标的物不需要运输,出卖人和买受人订立合同时知道标的物在某一地点的,出卖人应当在该地点交付标的物;不知道标的物在某一地点的,应当在出卖人订立合同时的营业地交付标的物。

条文注释

根据本法第510条的规定,即合同生效后,当事人就标的物的交付地点没有约定或者约定不明确的,可以重新协商达成补充协议,不能达成补充协议的,按照合同相关条款或者交易习惯确定交付地点。如果仍不能确定的,首先应当适用本条第2款的规定;在本条第2款无法适用或者没有规定时,适用本法第511条第3项的规定。

本条所确定的规则可以从以下三个层次把握:(1)如果买卖合同标的物需要运输,无论运输以及运输工具是出卖人安排联系的,还是买受人安排联系的,出卖人的交付义务就是将标的物交付给第一承运人。(2)如果标的物不需要运输,即合同中没有涉及运输的事宜,这时如果出卖人和买受人订立合同时知道标的物在某一地点的,出卖人应当在该地点交付标的物。(3)在不属于以上两种情况的其他情况下,出卖人的义务是在其订立合同时的营业地将标的物交付给买受人。如果一方当事人有一个以上的营业地,与该合同、合同的履行具有最密切联系的营业地视为其营业地;在确定最密切联系营业地时,应考虑到双方当事人在订立合同前任何时候或订立合同时所知道或所考虑的情况;如果一方当事人没有营业地,则以其惯常居住地为准。

关联法规

《最高人民法院关于审理买卖合同纠纷案件适用法律问题的解释》第8条

第六百零四条　【标的物毁损、灭失风险承担的基本规则】标的物毁损、灭失的风险,在标的物交付之前由出卖人承担,交付之后由买受人承担,但是法律另有规定或者当事人另有约定的除外。

条文注释

风险承担,是指买卖的标的物在合同生效后因不可归责于当事人双方的事由,如地震、火灾、飓风等致使发生毁损、灭失时,该损失应当由哪方当事人承担。需要说明的是,本条确立的规则属于买卖合同风险承担的一般性规则,如果特别法或者本法另有特别的规定,则应当适用该特别规定。

第六百零五条　【迟延交付标的物的风险承担】因买受人的原因致使标的物未按照约定的期限交付的,买受人应当自违反约定时起承担标的物毁损、灭失的风险。

条文注释

依据本法第604条的规定,标的物的风险自交付时起,由出卖人转移至买受人。在合同履行中发生交付迟延的情况下,本条规定由于买受人的原因致使标的物不能按约定时间交付,买卖标的物自买受人违反约定时起发生风险转移。其条件可以概括为四个方面:一是买受人须有原因。这里的原因,一般来讲是指买受人的过错,该过错包括故意和过失两种情况。二是须有出卖人不能按照约定的期限交付标的物的事实存在。如果没有这一事实的存在,也不会出现本条的情况。三是出卖人不能按照约定的期限交付标的物的事实是由于买受人引起的。也就是说,必须有因果关系。四是买受人承担风险的期限为自约定交付之日至实际交付之时。

关联法规

《最高人民法院关于审理商品房买卖合同纠纷案件适用法律若干问题的解释》第8条

第六百零六条 【路货买卖中的标的物风险承担】出卖人出卖交由承运人运输的在途标的物,除当事人另有约定外,毁损、灭失的风险自合同成立时起由买受人承担。

条文注释

路货买卖,是指标的物已在运输途中,出卖人寻找买主,出卖在途中的标的物。它可以是出卖人先把标的物装上开往某个目的地的运输工具(一般是船舶)上,然后再寻找适当的买主订立买卖合同;也可以是一个买卖合同的买受人未实际收取标的物前,再把处于运输途中的标的物转卖给另一个买受人。本条的适用范围:一是出卖人出卖的标的物为"运输的在途标的物",不是"运输的在途标的物"不适用本条的规定;二是当事人没有对运输途中的标的物毁损、灭失的风险作出特别约定,如果有特别约定,则应适用特别约定,不能适用本条的规定。

关联法规

《最高人民法院关于审理买卖合同纠纷案件适用法律问题的解释》第10条

第六百零七条 【需要运输的标的物风险承担】出卖人按照约定将标的物运送至买受人指定地点并交付给承运人后,标的物毁损、灭失的风险由买受人承担。

当事人没有约定交付地点或者约定不明确,依据本法第六百零三条第二款第一项的规定标的物需要运输的,出卖人将标的物交付给第一承运人后,标的物毁损、灭失的风险由买受人承担。

条文注释

本条规定解决的是标的物在运输中的风险由谁承担的问题。根据本法第604条的规定，标的物毁损、灭失的风险，在标的物交付之前由出卖人承担，交付之后由买受人承担，但是法律另有规定或者当事人另有约定的除外。该规定只是一个原则性的规定，核心是交付确定风险承担。本条针对经常出现的运输途中货物的风险承担划分问题作出了规定，确定了法定的交付界限。

关联法规

《最高人民法院关于审理买卖合同纠纷案件适用法律问题的解释》第9、11条

第六百零八条　【买受人不收取标的物的风险承担】出卖人按照约定或者依据本法第六百零三条第二款第二项的规定将标的物置于交付地点，买受人违反约定没有收取的，标的物毁损、灭失的风险自违反约定时起由买受人承担。

条文注释

本条规定解决的是标的物在非运输途中的风险由谁承担的问题。同时，本条也是细化第604条规定，针对货物的风险承担划分问题作出具体规定，确定法定的交付界限。

这里需要说明的是，本法第605条和本条规定的法律后果均是买受人应当自违反约定时起承担标的物毁损、灭失的风险，但是两者却存在四点不同之处：一是两者承担风险的适用原则不同。前者是交付转移风险原则的例外，而本条适用交付转移风险原则。二是买受人的主观原因不同。前者要求买受人存在故意或者过失的原因，而本条无此要求。三是出卖人履行交付义务的状态不同。在前者的规定中，出卖人没有也无法履行交付义务，而本条的出卖人已经履行了部分交付行为。四是买受人开始承担风险责任的时间点不同。前者的时间点是出卖人交付标的物行为之前，本条的时间点是出卖人履行部分交付标的物的行为之后。

第六百零九条 【未交付单证、资料不影响风险转移】出卖人按照约定未交付有关标的物的单证和资料的，不影响标的物毁损、灭失风险的转移。

条文注释

本条内容主要包括两个方面：一方面，出卖人已经将标的物交付给买受人并由买受人占有，只是没有按照约定履行交付有关标的物的单证和资料的义务；另一方面，没有交付有关单证和资料，不影响标的物毁损、灭失风险的转移，即此时的风险由买受人承担。需要说明的是，本条中所称的"有关标的物的单证和资料"，既可能是提取标的物的单证，也可能是提取标的物单证以外的有关单证和资料。

第六百一十条 【出卖人根本违约的风险负担】因标的物不符合质量要求，致使不能实现合同目的的，买受人可以拒绝接受标的物或者解除合同。买受人拒绝接受标的物或者解除合同的，标的物毁损、灭失的风险由出卖人承担。

条文注释

根据本条规定，对于买卖合同交付的标的物质量不合格而导致标的物毁损、灭失的风险由出卖人承担，应当具备以下三个条件：(1)出卖人交付的标的物不符合质量要求。如果当事人虽然就标的物质量发生了争议，但是并不能确定交付的产品不符合质量要求，则不适用本条规定。(2)因标的物质量不合格致使不能实现合同目的。(3)买受人拒绝接受标的物或者解除合同。另外，本条关于风险负担的规则属于任意性规范，当事人可以通过协议加以改变；如果当事人之间没有特别约定，则应当适用本条的规定。

第六百一十一条 【买受人承担风险与出卖人违约责任关系】标的物毁损、灭失的风险由买受人承担的，不影响因出卖人履行义务不符合约定，买受人请求其承担违约责任的权利。

条文注释

本条规定表明，在出卖人违约的情况下，买受人虽然按照本法的规定承担了标的物毁损、灭失的风险，但并不影响因出卖人的违约行为，买受人有请求其承担违约责任的权利，如请求损害赔偿。需要特别说明的是，本条规定确实可能与前条的规定存在交叉。比如，在出卖人向买受人交付的标的物不符合质量要求，致使不能实现合同目的的情况下，买受人可以依据前条的规定主张权利。即买受人既可以通过拒收标的物或者解除合同而不承担标的物毁损、灭失的风险，同时也可以进一步要求出卖人承担相应的违约责任。

第六百一十二条 【出卖人权利担保义务】出卖人就交付的标的物，负有保证第三人对该标的物不享有任何权利的义务，但是法律另有规定的除外。

条文注释

买卖合同中出卖人对标的物的权利担保义务，是指出卖人应当保证对标的物享有合法的权利，没有侵犯任何第三人的权利，并且任何第三人就该标的物不享有任何权利。根据本条规定，出卖人的权利担保义务包括：(1)出卖人对出卖的标的物享有合法的权利，对标的物具有所有权或者处分权。(2)出卖人应当保证标的物上不存在他人实际享有的权利，如抵押权、租赁权等。(3)出卖人应当保证标的物没有侵犯他人的知识产权。

出卖人未能履行权利担保义务，使合同订立后标的物上的权利缺陷没有去除，出卖人应当承担相应的法律责任。首先，买受人可以依照合同编第8章“违约责任”的有关规定，请求出卖人承担违约责任。其次，在标的物的部分权利属于他人的情况下，也可以认为出卖人的行为构成根本违约，买受人可以单方解除合同。如果买受人不想解除合同，则可以请求出卖人减少标的物的价款。

至于本条所规定的“但是法律另有规定的除外”，这里的法律另有规定，主要包括以下三个方面：(1)如果有关专门立法对有权利缺陷标的物的买卖作出特别规定，则首先要依照其规定。(2)如果有关涉及知识产权的立法就出卖人的权利有特殊规定，应当按该特殊规定处理。(3)如果买受人明知第三人对标的物享有权利，应当受其约束。

第六百一十三条 【出卖人权利担保义务免除】买受人订立合同时知道或者应当知道第三人对买卖的标的物享有权利的，出卖人不承担前条规定的义务。

条文注释

根据本条规定，出卖人不承担权利担保义务须具备两个条件：(1)买受人须了解情况。对于买受人知道或者应当知道第三人对买卖的标的物享有权利的规定，买受人需要了解三点：一是买受人知道或者应当知道。也就是说，买受人订立合同时知道或者应当知道存在权利瑕疵。二是第三人应当是买卖合同当事人以外的人。三是这里的权利包括所有权及其与所有权有关的其他权利，比如抵押权、质权和租赁权等。(2)买受人了解情况应为订立合同时。买受人知道或者应当知道第三人对买卖的标的物享有权利，应当在订立合同时，包括订立合同过程中和合同签字之时。如果在合同订立后，则不属于本条所规定的情况。

需要注意的是：(1)如果就买受人是否知情发生争议，出卖人如果主张买受人在订立合同时明知标的物的权利缺陷，则对此举证的责任在出卖人，而非买受人。(2)出卖人不承担权利担保义务，意味着买受人无权请求出卖人就其不能取得完整的标的物所有权承担违约责任。(3)本条规定只是一个原则性的规定，并没有否定当事人以协议的方式排除这一规定。也就是说，买卖合同当事人如果在合同中约定应当由出卖人承担权利瑕疵担保责任的，出卖人就应当承担权利瑕疵担保责任。

第六百一十四条 【买受人的中止支付价款权】买受人有确切证据证明第三人对标的物享有权利的，可以中止支付相应的价款，但是出卖人提供适当担保的除外。

条文注释

本条规定的买受人可以中止支付相应价款的权利，是指暂时不支付还没有支付的价款，等到权利瑕疵不存在时再予以支付。依据本条的规定，买受人中止支付相应价款必须符合如下条件：(1)买受人必须有确切证据，不能凭猜疑认为第三人对标的物享有权利，就中止支付价款。这里所说的证据包括买卖标的物的所有权凭证、他项权证、租赁合同书等。(2)买受人有丧失标的物部分权利的可能。也就是说，第三人所提供的证据或者买受人自己查到的证据，均表明第三人对标的物享有权利。(3)中止支付与受影响的标的物之间具有牵连性。也就是说，买受人中止支付的，应当是标的物的"相应"价款，并非一定是全部价款，具体要看证据所能反映的第三人就标的物享有的权利大小而定。(4)出卖人未提供适当担保。也就是说，如果出卖人提供了相应的担保，足以消除买受人的疑虑，那么买受人自然不能再中止价款的支付。实践操作中，在买受人要求提供担保之后，出卖人拒绝提供的，买受人方可中止支付价款。至于"适当担保"的程度判断，则要依据交易的具体情形而定，具体情况具体分析。

第六百一十五条　【标的物的质量要求】出卖人应当按照约定的质量要求交付标的物。出卖人提供有关标的物质量说明的，交付的标的物应当符合该说明的质量要求。

条文注释

按照约定的质量要求交付标的物，是出卖人的一项基本义务。需要说明的是，本条规定是一个原则性的规定，究竟何为按照要求履行了义务，还需要看当事人的具体约定。出卖人提供有关标的物质量说明的，交付的标的物应当符合该说明的质量要求。这里需要强调说明的有两点：第一，要求交付质量说明的，当事人应当交付质量说明并符合要求。具体分为两种情形：一种情形是法律规定的商品必须有质量说明的，其标的物必须有标的物质量说明，交付标的物时也须有标的物质量说明；另一种情形是法律没有要求有质量说明，当事人约定需要有质量说明的，交付标的物时也需要有质量说明。第二，没有要求交付质量说明的，当事人可以不交付质量说明。这是指没有法律规定和没有约定的情形，在这种情形下，当事人可以不交付标的物质量说明。但是交付的标的物的质量，必须符合合同的具体要求。

关联法规

《最高人民法院关于审理买卖合同纠纷案件适用法律问题的解释》第24条

第六百一十六条　【标的物质量要求不明时的处理】当事人对标的物的质量要求没有约定或者约定不明确，依据本法第五百一十条的规定仍不能确定的，适用本法第五百一十一条第一项的规定。

条文注释

本条规定的出卖人法定质量担保义务是，质量要求不明确的，按照强制性国家标准履行；没有强制性国家标准的，按照推荐性国家标准履行；没有推荐性国家标准的，按照行业标准履行；没有国家标准、行业标准的，按照通常标准或者符合合同目的的特定标准履行。在实践中的适用则要结合所遇到的个案进行具体的分析，以确定“通常标准”或者“特定标准”的内容，即在具体问题的处理过程中体现出法律规定的原则和精神。比如，标的物属于《产品质量法》规范的产品的，产品的质量应当符合该法第26、27条等的规定。

第六百一十七条　【质量瑕疵担保责任】出卖人交付的标的物不符合质量要求的，买受人可以依据本法第五百八十二条至第五百八十四条的规定请求承担违约责任。

条文注释

本条系出卖人交付标的物质量不符合要求应当承担违约责任的条款，其构成应当具备以下四个构成要件：(1)交付的标的物有瑕疵。(2)标的物瑕疵在标的物风险转移时存在。(3)买受人为善意且无重大过失。(4)买受人须在异议期间内履行瑕疵的通知义务。

根据本条规定,买受人有权请求出卖人对交付的不符合质量要求的标的物承担违约责任。买受人行使这一权利须注意以下四点:(1)买卖合同为有效合同。(2)出卖人交付的标的物不符合质量要求。(3)买受人应当及时向出卖人提出。(4)买受人没有处置或者使用该标的物。

第六百一十八条　【减轻或者免除瑕疵担保责任的例外】当事人约定减轻或者免除出卖人对标的物瑕疵承担的责任,因出卖人故意或者重大过失不告知买受人标的物瑕疵的,出卖人无权主张减轻或者免除责任。

条文注释

本条中的出卖人的过错包括故意或者重大过失两类。另外需要指出的是,在适用本条的过程中,主张出卖人存在故意或者重大过失的情形,应当由买受人承担举证责任。而对于特约免除瑕疵担保责任的形式,由于该约定对双方的权利义务都存在重大影响,因此无论采取什么形式约定,都应当以明示的方式作出,而不能以默示的方式作出。

第六百一十九条　【标的物包装方式】出卖人应当按照约定的包装方式交付标的物。对包装方式没有约定或者约定不明确,依据本法第五百一十条的规定仍不能确定的,应当按照通用的方式包装;没有通用方式的,应当采取足以保护标的物且有利于节约资源、保护生态环境的包装方式。

条文注释

出卖人应当按照约定的包装方式交付标的物,这是本条规定的出卖人的义务,如果出卖人不履行或者不正确履行这一义务,则属于违约行为,应当依法承担违约责任。

对于包装方式,合同中没有约定或者约定不明确时如何履行义务,本条规定了两种解决方案:一是按照本法第510条的规定确定。即由当事人协商解决重新订立包装条款或者按照交易习惯确定包装方式,一经重新协商确定,则应照此执行。二是依据本条规定直接确定。依据本法第510条的规定不能确定的,本条直接规定了解决方案——采用通用的方式或者采取足以保护标的物且有利于节约资源、保护生态环境的包装方式。至于何为"通用的包装方式",一般理解为,有强制性国家标准、推荐性国家标准、行业标准的,这些标准应当理解为"通用的包装方式"。至于何为"足以保护标的物的包装方式",则需根据具体的买卖合同的标的物作出判断。

第六百二十条　【买受人的检验义务】买受人收到标的物时应当在约定的检验期限内检验。没有约定检验期限的,应当及时检验。

条文注释

买卖合同的履行过程中,在出卖人交付标的物后,接下来的一个重要问题就是买受人对标的物的检验。同时,对标的物的及时检验,可以尽快确定标的物的质量状况,明确双方责任,及时解决纠纷,有利于加快商品的流转。否则,就会使合同当事人之间的法律关系长期处于不稳定的状态,不利于维护健康正常的交易秩序。所以,本条要求买受人收到标的物后应当及时进行检验。此处的"及时",通常应当理解为:有法定时间的,依据法定时间进行检验;没有法定时间的,应在收货时或者收货后的合理时间内进行检验。

第六百二十一条　【买受人的异议通知义务】当事人约定检验期限的,买受人应当在检验期限内将标的物的数量或者质量不符合约定的情形通知出卖人。买受人怠于通知的,视为标的物的数量或者质量符合约定。

当事人没有约定检验期限的,买受人应当在发现或者应当发现标的物的数量或者质量不符合约定的合理期限内通知出卖人。买受人在合理期限内未通知或者自收到标的物之日起二年内未通知出卖人的,视为标的物的数量或者质量符合约定;但是,对标的物有质量保证期的,适用质量保证期,不适用该二年的规定。

出卖人知道或者应当知道提供的标的物不符合约定的,买受人不受前两款规定的通知时间的限制。

条文注释

当事人如果约定检验期限,买受人就应当在检验期限内将标的物的数量或者质量不符合约定的情形通知出卖人。买受人怠于通知的,视为标的物的数量或者质量符合约定。在"视为标的物的数量或者质量符合约定"的情况下,即使标的物实际上不符合合同约定,出卖人也不用承担违约责任,其不利后果由买受人承担。

对于没有约定检验期限的情况,法律没有对数量或者质量违约的情形进行分类并相应地规定买受人提出异议的期限,而是规定了买受人在收取标的物开始检验之后发现或者应当发现标的物的数量或者质量不符合约定之日起的合理期限。这个时间段,需要根据商业习惯和具体的标的物来确定。买受人如果在发现或者应当发现标的物的数量或者质量不符合约定时起的合理期限内没有向出卖人发出异议通知,依照法律规定,就视为标的物的数量或者质量符合约定,即从法律上认为买受人认可了标的物。此外,本条规定了买受人的 2 年最长异议通知时间。买受人自标的物收到之日起 2 年内未通知出卖人的,视为标的物的数量或者质量符合约定。也就是说,在 2 年内,无论买受人是否发现或者应当发现标的物不符合约定,只要未向出卖人提出异议,就都视为他认可接受了标的物。如果合同对标的物的质量保证期作了约定,就应当认为构成了当事人对最长的异议通知时间的约定,这时就不适用本条"二年"法定期限的规定。

另外,出卖人故意提供不符合约定的标的物属于一种欺诈行为,对于存在欺诈行为的人,不应当让他享有这种法律规定的利益,这实际上是对出卖人欺诈行为的一种惩罚,是民法的公平原则和诚信原则在买卖合同履行中的具体体现。

第六百二十二条 【检验期限或质量保证期过短时的处理】当事人约定的检验期限过短，根据标的物的性质和交易习惯，买受人在检验期限内难以完成全面检验的，该期限仅视为买受人对标的物的外观瑕疵提出异议的期限。

约定的检验期限或者质量保证期短于法律、行政法规规定期限的，应当以法律、行政法规规定的期限为准。

条文注释

判断当事人约定的检验期限是否过短，应主要从三个方面加以考虑：一是应当根据标的物的性质和交易习惯，在综合考虑的情况下，判断约定的检验期限对于隐蔽瑕疵的检验是否过短。二是买受人是否存在怠于通知的行为。如果买受人在约定检验期限发现隐蔽瑕疵却没有及时通知出卖人，应当视为标的物质量符合约定。三是买受人对不能及时检验隐蔽瑕疵是否存在过失。买受人依法应当在收货后及时检验标的物，但是其没有采取适当的措施发现隐蔽瑕疵的存在的，则不能认定检验期限过短。

在实践中，对于检验期限和质量保证期，除了当事人的约定之外，法律、行政法规或者部门规章等也可能对此作出了规定。在当事人约定的检验期限或者质量保证期短于法律、行政法规等规定的期限时，应当以法定期限为准。从另一角度来看，如果约定的检验期限或者质量保证期长于法律、行政法规等规定的期限，这是出卖人自愿加重义务，且不违反法律或者行政法规等的规定，故应当尊重约定的期限。

第六百二十三条 【检验期限未约定时的处理】当事人对检验期限未作约定，买受人签收的送货单、确认单等载明标的物数量、型号、规格的，推定买受人已经对数量和外观瑕疵进行检验，但是有相关证据足以推翻的除外。

条文注释

本条规定签收即推定为检验合格的一般原则，可以避免实践中发生一些没有实际意义的抗辩或者反诉。当事人未约定检验期限的，签收载明标的物数量、型号、规格的收货单据即推定对数量和外观瑕疵进行了检验，有相反证据足以证明当事人没有对数量和外观瑕疵进行检验的除外。

另外，需要明确以下几点：一是为实现敦促买卖双方尽快结算的宗旨，买受人负有的异议和通知义务原则上不受交付数量和约定偏离程度的影响；二是出卖人明知或者应知实际交付的标的物数量或外观与约定不符的，买受人则不负有异议和通知义务；三是买受人对出卖人的部分履行行为可以接受或者拒绝，但是并不影响买受人可以追究出卖人违约责任的权利。

第六百二十四条　【向第三人履行情形下的检验标准】出卖人依照买受人的指示向第三人交付标的物，出卖人和买受人约定的检验标准与买受人和第三人约定的检验标准不一致的，以出卖人和买受人约定的检验标准为准。

条文注释

本条规定的内容，属于经由被指令人而为交付的情形，属于合同履行的一种常见的特殊形式，即出卖人应买受人的要求，将合同标的物向第三人交付。对于交付的标的物质量的判断标准，结合《民法典》第510、511、615、616条的具体规定，确立了六个层次的质量判断标准：一是当事人约定的标的物质量标准；二是样品或者有关质量说明；三是协商一致的标的物质量标准；四是有关条款或交易习惯所确定的标准；五是国家或者行业标准；六是通常标准或符合合同目的的特定质量标准。

第六百二十五条　【出卖人回收义务】依照法律、行政法规的规定或者按照当事人的约定，标的物在有效使用年限届满后应予回收的，出卖人负有自行或者委托第三人对标的物予以回收的义务。

条文注释

本法总则编第9条规定了绿色原则。本条规定是该原则在买卖合同中的具体体现。出卖人对于买卖标的物在有效使用年限后的回收义务,需要基于法律、行政法规的规定或者当事人的约定。目前,有关回收义务的法律、行政法规条款主要有《环境保护法》第37条、《固体废物污染环境防治法》第68条、《循环经济促进法》第15条、《水污染防治法》第59条、《大气污染防治法》第47条、《土壤污染防治法》第30条、《废弃电器电子产品回收处理管理条例》第10条等。

第六百二十六条 【买受人支付价款的数额和方式】买受人应当按照约定的数额和支付方式支付价款。对价款的数额和支付方式没有约定或者约定不明确的,适用本法第五百一十条、第五百一十一条第二项和第五项的规定。

条文注释

买卖合同当事人未就价款作出约定或者约定不明确,并不导致合同不成立。但需要法律规定解决的原则。同样,买卖合同当事人未就价款的支付方式作出约定或者约定不明确的,在实践中经常发生,但是通常不会发生纠纷。一旦发生纠纷,当事人之间的补充协议或者交易惯例可以解决。如果交易惯例解决不了,则需要法律规定出解决的原则,以便维护交易秩序和提高交易效率。根据本条规定,买受人应当按照约定的数额和支付方式支付价款,对价款的数额和支付方式没有约定或者约定不明确的,适用本法第510条、第511条第2项和第5项的规定。

第六百二十七条 【买受人支付价款的地点】买受人应当按照约定的地点支付价款。对支付地点没有约定或者约定不明确,依据本法第五百一十条的规定仍不能确定的,买受人应当在出卖人的营业地支付;但是,约定支付价款以交付标的物或者交付提取标的物单证为条件的,在交付标的物或者交付提取标的物单证的所在地支付。

条文注释

买受人应按约定的地点支付价款。本条规定了两种为当事人可以操作的具体原则:第一种原则,依据本法第510条的规定确定。依据该规定,当事人重新订立补充条款或者买受人按照合同的有关条款、交易习惯自行确定。第二种原则,直接依据本条规定确定。在依据第510条规定不能确定支付地点的前提下,本条规定了两种情况:一是买受人应当在出卖人的营业地支付,这与本法第511条第3项规定的"给付货币的,在接受货币一方所在地履行"是一致的;二是如果约定支付价款以交付标的物或者交付提取标的物单证为条件,那么买受人应当在交付标的物或者交付提取标的物单证的所在地支付。

第六百二十八条　【买受人支付价款的时间】买受人应当按照约定的时间支付价款。对支付时间没有约定或者约定不明确,依据本法第五百一十条的规定仍不能确定的,买受人应当在收到标的物或者提取标的物单证的同时支付。

条文注释

买受人应当按照约定的时间支付价款。本条规定了两种为当事人可以操作的具体原则:第一种原则,依据本法第510条的规定确定。依据该规定,当事人重新订立补充条款或者买受人按照合同的有关条款、交易习惯自行确定。根据目前的规定,买受人可以随时支付价款;出卖人也可以随时请求买受人支付,但是应当给买受人一定的准备时间。第二种原则,直接依据本条规定确定。在依据第510条规定不能确定支付时间的前提下,买受人应当在收到标的物或者提取标的物单证的同时支付,也就是人们平常所说的"一手交钱,一手交货"。

第六百二十九条　【出卖人多交标的物的处理】出卖人多交标的物的,买受人可以接收或者拒绝接收多交的部分。买受人接收多交部分的,按照约定的价格支付价款;买受人拒绝接收多交部分的,应当及时通知出卖人。

条文注释

对于出卖人多交标的物的情况，除在当事人有约定具体处理方法外，本条规定了两种法定处理方法：一是买受人接收多交的部分。出卖人多交，买受人接收，在一定程度上而言系在原买卖合同的基础上，就产品的数量达成了事实的补充条款。也就是说，在执行原合同其他条款的基础上，可以收取多交的部分。由于买受人接收了多交的部分，又对多收部分价款没有提出异议，等于同意以原价格购买该部分标的物。二是买受人拒绝接收多交的部分。对于拒绝接收的，买受人应当履行通知和保管的义务，至于通知的具体方式，可以是书面的，也可以是非书面的，比如电话通知等。

关联法规

《最高人民法院关于审理买卖合同纠纷案件适用法律问题的解释》第 3 条

第六百三十条　【标的物孳息的归属】标的物在交付之前产生的孳息，归出卖人所有；交付之后产生的孳息，归买受人所有。但是，当事人另有约定的除外。

条文注释

本条规定是和本法第 604 条“标的物毁损、灭失的风险，在标的物交付之前由出卖人承担，交付之后由买受人承担”的规定相联系的。第 604 条的规定是交付划分风险的原则，根据这一原则，本条也将孳息和风险联系在一起，对买卖合同标的物的孳息归属作了规定。同时，本条还规定了“但是，当事人另有约定的除外”的情形。

第六百三十一条　【从物与合同解除】因标的物的主物不符合约定而解除合同的，解除合同的效力及于从物。因标的物的从物不符合约定被解除的，解除的效力不及于主物。

条文注释

本条规定分为两个方面：一方面，因主物不符合约定而解除的合同，涉及从物的合同，自然也就解除，当事人不必要在从物问题上再作明确的意思表示，除非法律另有规定或者当事人另有约定。这就是主物决定从物理论的具体体现。另一方面，当合同标的物中涉及从物的合同被解除时，并不影响到涉及主物的合同，涉及主物的合同仍然具有法律效力。当事人不能因为涉及从物不符合合同要求的合同解除，而提出解除涉及主物的合同解除。

第六百三十二条　【数物同时出卖时的合同解除】标的物为数物，其中一物不符合约定的，买受人可以就该物解除。但是，该物与他物分离使标的物的价值显受损害的，买受人可以就数物解除合同。

条文注释

本条规定的买受人有权解除合同分为两种情形：一是买受人解除一物不影响数物的解除。在标的物为数物的买卖合同中，出卖人交付的标的物中的一物不符合约定不被买受人接受，而出卖人交付的作为标的物的其他物符合要求又被买受人所接受时，买受人可以仅仅就不符合约定的物解除合同，但不影响到符合要求的其他物的解除。二是买受人解除一物影响到数物的解除。买受人购买了数物，其中一物的质量不符合约定，而该物又不宜与数物中的其他物分离，否则将明显受到损害，那么买受人可以要求就数物解除合同，即解除合同的全部。

本条作为买受人的一项权利，使用了“可以”二字，出现依法可以解除合同的情形时，是否解除合同完全由买受人自己决定。

第六百三十三条　【分批交付标的物的合同解除】出卖人分批交付标的物的，出卖人对其中一批标的物不交付或者交付不符合约定，致使该批标的物不能实现合同目的的，买受人可以就该批标的物解除。

出卖人不交付其中一批标的物或者交付不符合约定，致使之后其他各批标的物的交付不能实现合同目的的，买受人可以就该批以及之后其他各批标的物解除。

买受人如果就其中一批标的物解除，该批标的物与其他各批标的物相互依存的，可以就已经交付和未交付的各批标的物解除。

条文注释

对于长期供货合同分批交付标的物的情况，如果出现出卖人不适当履行的情况，买受人要求解除合同的，应当受本条规定调整，表现为以下三个层次：第一，一般情况下，出卖人不适当履行某一批标的物的交付，买受人可以针对该批标的物不适当履行的情况，要求出卖人承担违约责任。第二，出卖人就某批标的物的交付构成根本违约，即交付的结果将导致该批以及之后其他各批标的物的交付不能实现合同目的的，买受人有权以该批标的物的交付违约为由，解除长期供货合同该部分及之后应当交付部分的内容。需要明确指出的是，某批标的物交付的根本违约，将致使今后各批的交付也构成根本违约的情况必须是十分明显的，才能适用这一规定。第三，某批标的物的交付与整个长期供货合同的其他各批标的物的交付可能是相互依存的，或者说是不可分的，否则整个合同的履行将不可能或者没有意义，即某批标的物的不适当履行导致整个合同无法实现合同目的。在这种情况下，买受人如果依法可以对该批标的物解除，那么他就有权解除整个长期供货合同。

第六百三十四条　【分期付款买卖合同】分期付款的买受人未支付到期价款的数额达到全部价款的五分之一，经催告后在合理期限内仍未支付到期价款的，出卖人可以请求买受人支付全部价款或者解除合同。

出卖人解除合同的，可以向买受人请求支付该标的物的使用费。

条文注释

分期付款买卖合同，是指由出卖人先向买受人交付标的物，买受人将应付的总价款在一定期限内分次向出卖人支付的买卖合同。法律对出卖人请求支付全部价款的特别约定的限制，属于法律强制性规定。当事人在合同中不得限制、排除或者违反这些限制，否则合同无效。但需指出的是，并非只要当事人的约定与本条规定不一致就导致约定无效。法律作出这样的规定，目的在于保护买受人的利益，如果当事人在合同中的约定对保护买受人的利益更加有利，则是不违反法律规定的。

在合同解除后，买卖当事人应当将从对方取得的财产进行返还，违约的一方应当赔偿对方因此而受到的损失。一般情况下，出卖人因买受人的原因解除合同时，出卖人向买受人请求支付或者抵扣的金额，不得超过相当于该标的物的使用费的金额。如果标的物有毁损，那么出卖人当然还可以请求相应的赔偿。

关联法规

《最高人民法院关于审理买卖合同纠纷案件适用法律问题的解释》第27、28条

第六百三十五条　【凭样品买卖合同】凭样品买卖的当事人应当封存样品，并可以对样品质量予以说明。出卖人交付的标的物应当与样品及其说明的质量相同。

条文注释

凭样品买卖合同，又称货样买卖，是指买卖双方根据货物样品而订立的由出卖人按照样品交付标的物的合同。本条对样品的要求有两个：一是凭样品买卖的当事人应当封存样品；二是凭样品买卖的当事人可以对样品质量予以说明。

凭样品买卖合同的一个基本特点是加强出卖人的责任，视为出卖人担保交付的买卖标的物与样品具有同一品质。这是对出卖人的一项义务性规定，出卖人必须履行这一义务。如果出卖人未履行这项义务，会出现下列法律后果：一是出卖人应承担违约责任；二是因出卖人的交付行为使买受人的合同目的不能实现的，买受人将有权解除合同。

关联法规

《最高人民法院关于审理买卖合同纠纷案件适用法律问题的解释》第29条

第六百三十六条　【凭样品买卖合同的隐蔽瑕疵处理】凭样品买卖的买受人不知道样品有隐蔽瑕疵的，即使交付的标的物与样品相同，出卖人交付的标的物的质量仍然应当符合同种物的通常标准。

条文注释

本条是针对前条规定而作出的特别规定，即加重出卖人对标的物的质量担保责任。这里需要特别指出两点：一是为了减少纠纷，合同中应当将买受人了解样品的程序作出规定，特别是对于买受人所了解到的样品存在的隐蔽瑕疵的情况规定清楚；如果合同中没有规定，则需要由出卖人提供证据证明买受人知道该情况。二是本条所讲的"同种物的通常标准"，不同于本法第616条的规定，首先是省去了重新协商或者依照合同的条款、交易习惯确定标的物质量要求的程序；其次是"同种物的通常标准"应理解为同种物的强制性国家标准、推荐性国家标准、行业标准或者同种物的通常标准、符合合同目的的特定标准，若出现这几类标准竞合的情况，原则上应适用对标的物质量要求更高的标准。

第六百三十七条　【试用买卖的试用期限】试用买卖的当事人可以约定标的物的试用期限。对试用期限没有约定或者约定不明确，依据本法第五百一十条的规定仍不能确定的，由出卖人确定。

条文注释

试用买卖合同，也称试验买卖合同，是指出卖人和买受人约定，由买受人对标的物进行试用，并由买受人决定是否购买标的物的一种特殊的买卖合同。在试用买卖中，买卖当事人双方约定由买受人使用或者试验标的物，以买受人经过一段时间后认可标的物为合同生效条件。因此，标的物的试用期限是试用买卖合同中的重要条款，基于合同的自愿原则，合同当事人可以就标的物的试用期限进行约定。所以，本条首先规定试用买卖的当事人可以约定标的物的试用期限。如果当事人在试用买卖合同中对试用期限没有约定或者约定不明确，自然应当依据本法第510条的规定，通过重新协商或者根据合同的条款、交易习惯来确定。也就是说，当事人双方可以协议补充；双方不能达成补充协议的，按照试用买卖合同中的有关条款进行确定；仍然无法确定的，按照交易习惯确定。如果此时还不能确定，则由出卖人来确定试用的期限。

关联法规

《最高人民法院关于审理买卖合同纠纷案件适用法律问题的解释》第30条

第六百三十八条　【试用买卖的效力】 试用买卖的买受人在试用期内可以购买标的物，也可以拒绝购买。试用期限届满，买受人对是否购买标的物未作表示的，视为购买。

试用买卖的买受人在试用期内已经支付部分价款或者对标的物实施出卖、出租、设立担保物权等行为的，视为同意购买。

条文注释

本条第1款第1句明确了试用买卖合同中买受人享有选择权。第1款第2句明确了视为购买的情形。本条第2款规定了视为同意购买的情形。值得注意的是，买受人虽未支付价金，但对标的物从事了试用或者检验以外的一些活动，比如在试用期内对标的物实施出卖、出租、设立担保物权等行为，因为买受人在试用期间对标的物并无处置的权利，其从事试用以外的出卖、出租等行为，显然是将标的物视为自己之物，自然也可以视为其对标的物表示了认可。

第六百三十九条　【试用买卖使用费的负担】 试用买卖的当事人对标的物使用费没有约定或者约定不明确的，出卖人无权请求买受人支付。

条文注释

理解本条需注意，即使出卖人无权请求买受人支付使用费，但是，如果买受人在试用期限内没有尽到一般注意义务，未能按照规定的用途或者标的物通常性能进行试用，导致标的物发生毁损、灭失的，由于当事人在试用期间并不存在权利义务关系，因此，出卖人无法向买受人主张违约责任。但是，出卖人可以依据本法侵权责任编的相关规定，在买受人的行为符合侵权责任构成要件的前提下，可以要求买受人承担赔偿损失等侵权责任。

第六百四十条 【试用期间标的物灭失风险的承担】标的物在试用期内毁损、灭失的风险由出卖人承担。

条文注释

本条的基本含义是，对于试用买卖标的物的风险负担，在试用期间，标的物发生不可归责于买卖双方当事人的原因而毁损、灭失时，应当由出卖人承担该风险，出卖人无权要求买受人承担赔偿责任。在此需要特别指出的是，本条规定是原则性的规定，允许存在例外。如果买卖双方约定标的物在试用期内毁损、灭失的风险由出卖人和买受人共同承担，自然应当得到尊重。在本条规定的前提下，在买受人向出卖人作出同意购买标的物的意思表示时，标的物的风险才发生转移。

第六百四十一条 【标的物所有权保留】当事人可以在买卖合同中约定买受人未履行支付价款或者其他义务的，标的物的所有权属于出卖人。

出卖人对标的物保留的所有权，未经登记，不得对抗善意第三人。

条文注释

本条实际上是一个提示性的条款，当事人可以根据实际情况运用这样的约定确定相互的权利义务关系，而这种约定是当事人根据合同自愿原则确定合同内容的表现，是受法律保护的。本条第 2 款规定明确了必须登记才能取得对抗第三人的效力。还需要特别指出的是，按照《最高人民法院关于审理买卖合同纠纷案件适用法律问题的解释》第 25 条的规定，本条关于所有权保留的规定不适于不动产。

第六百四十二条 【出卖人的取回权】当事人约定出卖人保留合同标的物的所有权，在标的物所有权转移前，买受人有下列情形之一，造成出卖人损害的，除当事人另有约定外，出卖人有权取回标的物：

（一）未按照约定支付价款，经催告后在合理期限内仍未支付；

（二）未按照约定完成特定条件；

（三）将标的物出卖、出质或者作出其他不当处分。

出卖人可以与买受人协商取回标的物；协商不成的，可以参照适用担保物权的实现程序。

条文注释

出卖人取回权，是指在所有权保留买卖合同中，当买受人出现违约情形时，出卖人享有取回标的物的权利。出卖人可以行使取回权的具体条件如下：第一，买受人未按照约定支付价款。本条在买受人未按照约定支付价款的同时增加规定出卖人的催告程序，即出卖人在决定行使对标的物的取回权时，应当先向买受人催告，在催告期满后买受人仍不支付价款的，出卖人才可以实施取回权。第二，买受人未按照约定完成特定条件。第三，买受人在占有标的物期间擅自处分标的物且标的物未被第三人善意取得。在买卖双方未就出卖人何时可以取回标的物作出约定时，买受人就标的物实施了转卖、出质等行为的，严重侵害了出卖人的所有权，故出卖人依法有权行使取回权。但是，如果第三人依据本法第 311 条的规定已经善意取得标的物所有权或者其他物权的，出卖人无权取回标的物。

本条第 2 款规定表明取回标的物首先尊重当事人之间的协商结果；在协商不成的前提下，出卖人可以参照《民事诉讼法》第 15 章“特别程序”第 8 节“实现担保物权案件”的规定行使取回权。

第六百四十三条　【买受人的回赎权及出卖人的再出卖权】出卖人依据前条第一款的规定取回标的物后，买受人在双方约定或者出卖人指定的合理回赎期限内，消除出卖人取回标的物的事由的，可以请求回赎标的物。

买受人在回赎期限内没有回赎标的物，出卖人可以以合理价格将标的物出卖给第三人，出卖所得价款扣除买受人未支付的价款以及必要费用后仍有剩余的，应当返还买受人；不足部分由买受人清偿。

条文注释

买受人回赎权,是指所有权保留买卖中出卖人对标的物行使取回权后,在一定期间内,买受人可以通过履行支付价款义务或者完成其他条件后享有的重新占有标的物的权利。回赎期是出卖人可以行使回赎权的期间,一般包括法定期间和意定期间。法定期间由法律明确规定。意定期间是当事人确定的期间,包括买卖双方约定的期间和出卖人指定的期间。本条同时规定出卖人单方指定的回赎期限必须是合理期限,即主要根据标的物性质来确定期限,应当具体情况具体分析。

如果买受人在双方约定的回赎期限内或者出卖人指定的回赎期间内没有履行相应义务而丧失回赎权的,出卖人就取得了对标的物的再出卖权,可以再次出卖标的物。本条就出卖人的再出卖权规定,出卖人可以以合理价格出卖标的物,出卖所得价款扣除买受人未支付的价款以及必要费用后仍有剩余的,应当返还买受人;不足部分由买受人清偿。

第六百四十四条 【招标投标买卖】招标投标买卖的当事人的权利和义务以及招标投标程序等,依照有关法律、行政法规的规定。

条文注释

招标投标买卖,是指招标人公布买卖标的物的出卖条件,投标人参加投标竞买,招标人选定中标人的买卖方式。招标投标买卖的程序,一般经过招标、投标和中标三个阶段。

《招标投标法》第46条第1款规定:"招标人和中标人应当自中标通知书发出之日起三十日内,按照招标文件和中标人的投标文件订立书面合同。招标人和中标人不得再行订立背离合同实质性内容的其他协议。"这意味着,在投标人中标以后,并非投标书的所有内容都自然转化为合同条款。在协商签订正式合同的过程中,双方可能会进一步修改投标文件的内容,也可能完全保留投标书的内容,这就涉及投标文件和正式书面合同的关系问题。《招标投标法》第48条第1款规定:"中标人应当按照合同约定履行义务,完成中标项目。中标人不得向他人转让中标项目,也不得将中标项目肢解后分别向他人转让。”因此,在投标文件和合同不一致的情况下,应当以合同为准。当然,当事人通过中标后协商签订合同,可以对投标文件进行适当修改,但不得实质性地改变招标投标文件的内容。另外,如果合同中明确规定有关价款等内容以投标文件为准的,则应当以投标文件确定价款。

第六百四十五条 【拍卖】拍卖的当事人的权利和义务以及拍卖程序等,依照有关法律、行政法规的规定。

条文注释

拍卖,是指以公开竞价的形式,将特定物品或者财产权利转让给最高应价者的买卖方式。根据我国《拍卖法》的相关规定,拍卖合同的成立应当经过出卖人出价、竞买人应价和拍定三个阶段。拍定,是指拍卖成交,即拍卖人以拍板、击槌或者其他惯用方式确定拍卖合同成立或者宣告竞争终结的一种行为,这种行为在性质上属于承诺。一旦拍定,即拍卖成交。需要指出的是,拍卖成交并不是在拍卖人与竞买人之间成立买卖合同,而是在出卖人和竞买人之间成立买卖合同关系。一经拍定,竞买人和出卖人之间就成立买卖合同关系,出卖人负有交付标的物并转移标的物所有权的义务,竞买人负有向出卖人支付价款的义务。相对于一般买卖合同而言,拍卖合同的效力有三个特殊之处:一是出卖人对标的物的瑕疵担保责任具有特殊性,如《拍卖法》第 61 条第 2 款的规定。二是出卖人对标的物风险的转移具有特殊性。根据本法第 604 条的规定,买卖标的物风险原则上随交付而转移。具体到拍卖合同,出卖人对标的物通常是先交付给拍卖人,拍定之后再由拍卖人交付给买受人,即经历两次交付。根据拍卖实践,第一次交付并不发生风险承担责任的转移,第二次交付给买受人后才发生转移。三是买受人承担违约责任方式的特殊性,如《拍卖法》第 39 条的规定。

第六百四十六条　【买卖合同准用于有偿合同】法律对其他有偿合同有规定的，依照其规定；没有规定的，参照适用买卖合同的有关规定。

条文注释

以当事人享有合同权利是否需偿付代价为标准，可以把合同分为有偿合同和无偿合同。当事人享有合同权利时必须向对方支付一定代价的合同，称为有偿合同。依据本条的规定，除买卖合同外其他有偿合同的法律适用，分为两种情况：第一种情况是，法律对其他有偿合同有规定的，依照其规定。本条所讲的法律，包括本法以及本法以外的法律。对于其他有偿合同，本法和其他法律有特别规定的，适用本法和其他法律的特别规定，而不适用“买卖合同”一章的规定。这是特别法优先适用原则在法律适用中的具体体现。第二种情况是，法律对其他有偿合同没有规定的，参照适用买卖合同的有关规定。

对于本条的具体法律适用，应当注意准确理解“参照”二字的具体含义。一是参照适用并不是全部能够适用。也就是说，即使其他法律没有就有偿合同的具体规则作出明确规定，也不一定都可以适用“买卖合同”一章的全部内容。二是参照适用并不是直接能够适用。也就是说，如果买卖合同之外的其他有偿合同当事人发生纠纷，人民法院不能直接适用“买卖合同”一章中规定具体权利义务的条文。依据《最高人民法院关于审理买卖合同纠纷案件适用法律问题的解释》的有关规定，正确的做法是：权利转让或者其他有偿合同参照适用买卖合同的有关规定的，人民法院应当首先引用本条的规定，再引用买卖合同的有关规定。

第六百四十七条　【易货交易合同】当事人约定易货交易，转移标的物的所有权的，参照适用买卖合同的有关规定。

条文注释

易货交易合同又称互易合同，一般是指当事人相互交换货币以外的标的物，转移标的物所有权的合同。互易人包括自然人、法人或者非法人组织，互易人各自享有取得对方互易标的物的权利，负有将本人的标的物转移交付对方的义务。因此，互易是双务、有偿合同。易货交易合同的当事人可以是双方，也可以是三方以上的当事人，如三角互换。易货交易合同的当事人互为互易人。

第十章　供用电、水、气、热力合同

第六百四十八条　【供用电合同概念及强制缔约义务】供用电合同是供电人向用电人供电，用电人支付电费的合同。

向社会公众供电的供电人，不得拒绝用电人合理的订立合同要求。

条文注释

供用电合同具有以下法律特征：(1)合同的主体是供电人和用电人。(2)合同的标的是一种无形物质——电力。(3)供用电合同属于持续供给合同。(4)供用电合同一般按照格式条款订立。(5)电力的价格实行统一定价原则。(6)供用电合同为诺成、双务、有偿合同。供用电合同自双方当事人达成协议时起成立并生效，而不以电力的实际供应为合同的生效要件，因而供用电合同是诺成性合同。供用电双方都享有一定权利，负担一定义务，双方的权利义务具有对应性，所以供用电合同也为双务合同。用电人使用电力须支付电费，供电人取得电费须供应电力，因此供用电合同还是有偿合同。

强制缔约，是指只要一方提出订立合同的要求，负有强制缔约义务的人依法不得拒绝，必须与之订立合同。我国《电力法》第26条第1款规定："供电营业区内的供电营业机构，对本营业区内的用户有按照国家规定供电的义务；不得违反国家规定对其营业区内申请用电的单位和个人拒绝供电。"这就是供电人的强制缔约义务。

第六百四十九条 【供用电合同内容】供用电合同的内容一般包括供电的方式、质量、时间，用电容量、地址、性质，计量方式，电价、电费的结算方式，供用电设施的维护责任等条款。

条文注释

为指导当事人订立供用电合同，国家有关部门还制定了供用电合同示范文本，对当事人订立合同应当约定哪些内容，作了详细的规范。至于供用电合同应当包括的具体内容，除本法第470条规定合同内容一般应当包括的条款外，本条根据供用电合同的特点，规定了供用电合同还应当包括的内容。

第六百五十条 【供用电合同履行地点】供用电合同的履行地点，按照当事人约定；当事人没有约定或者约定不明确的，供电设施的产权分界处为履行地点。

条文注释

本条中的“供用电合同的履行地点”，具体是指供电人将电力的所有权转移于用电人的转移点。根据合同自愿原则，供用电双方可以在供用电合同中约定该履行地点，供用电合同约定了履行地点的，供电人应当按照该约定履行供电义务。如果供用电双方对履行地点没有约定或者约定不明确，本条规定供电设施的产权分界处为履行地点。以供电设施的产权分界处作为供用电合同的履行地点，对于履行供用电合同、确定供电设施的维护管理责任，具有重要的作用。供用电双方应当根据供电设施的产权归属，承担供电设施的安装、维护、检修和管理责任。

第六百五十一条 【供电人的安全供电义务】供电人应当按照国家规定的供电质量标准和约定安全供电。供电人未按照国家规定的供电质量标准和约定安全供电，造成用电人损失的，应当承担赔偿责任。

条文注释

本条强调供电人应当正确履行供用电合同约定的义务,按照国家规定的供电质量标准和合同的约定安全供电。《供电营业规则》对供电质量标准作了规定。这里的“安全供电”,是指按照国家有关安全供电的规章制度供应电力,电压要稳定,频率要达到标准,输电线路要安全畅通等。

本条中的“承担赔偿责任”,是指供电人就其违约行为赔偿给用电人所造成的损失,损失包括直接损失,也包括合同履行后可以获得的利益,但不得超过供电人订立合同时预见到或者应当预见到的因违约可能造成的损失。

第六百五十二条 【供电人中断供电时的通知义务】供电人因供电设施计划检修、临时检修、依法限电或者用电人违法用电等原因,需要中断供电时,应当按照国家有关规定事先通知用电人;未事先通知用电人中断供电,造成用电人损失的,应当承担赔偿责任。

条文注释

供用电合同是一种持续供给合同,供电人在发电、供电系统正常的情况下,应当连续向用电人供电,不得中断,否则应当承担违约责任。这是供电人连续供电的义务。但是在某些法定情形下,供电人可以中断供电,根据本条和《电力法》第 29 条的规定,这些情形主要包括供电设施检修、依法限电、用电人违法用电。《电力法》第 32 条第 1 款规定:“用户用电不得危害供电、用电安全和扰乱供电、用电秩序。”其中的“危害供电、用电安全”,是指用户违反供用电安全的有关规定,故意采取不正当手段,威胁供用电安全,或由于管理、使用不当,引发电气设施损坏事故、火灾事故、人身伤亡事故、停电事故等情况。“扰乱供电、用电秩序”主要包括违章用电行为、窃电行为、超计划用电行为、故意冲击供电企业与变电设施所在地行为等。供电人在上述情形下中断供电,不承担违约责任,但前提是应当按照国家有关规定事先通知用电人。

关联法规

《电力供应与使用条例》第 28 条

第六百五十三条 【供电人的抢修义务】因自然灾害等原因断电，供电人应当按照国家有关规定及时抢修；未及时抢修，造成用电人损失的，应当承担赔偿责任。

条文注释

本条中的“自然灾害等原因”，主要是指不可抗力的原因。我国法律规定不可抗力为合同的免责事由。不可抗力包括某些自然现象（如地震、台风、洪水）和某些社会现象（如战争）。本条所指的自然灾害等原因，主要包括：(1)自然因素造成的事故损害，如风、雪、霜、雾、空气污染等造成的断电；(2)一些不能预见又不可避免的外力破坏，如鸟害等。

虽然不可抗力是合同的免责事由，但在不可抗力发生以后，当事人仍应以诚实善意的态度去努力克服，最大限度地减少因不可抗力所造成的损失。因此，因自然灾害等原因断电后，供电人应当按照国家有关规定及时抢修，尽早恢复供电，减少用电人因断电所造成的损失。如果供电人没有及时抢修，给用电人造成损失，供电人应当就没有及时抢修而给用电人造成损失的部分承担赔偿责任。

关联法规

《民法典》第 180、590 条

第六百五十四条 【用电人的交付电费义务】用电人应当按照国家有关规定和当事人的约定及时支付电费。用电人逾期不支付电费的，应当按照约定支付违约金。经催告用电人在合理期限内仍不支付电费和违约金的，供电人可以按照国家规定的程序中止供电。

供电人依据前款规定中止供电的，应当事先通知用电人。

条文注释

用电人按照国家有关规定支付电费，主要是按照有关电力供应与使用的法律法规的规定履行交费的义务。用电人在合同约定的期限内未支付电费,应当承担迟延支付的违约责任。本条中的“国家规定的程序”,具体是指《供电营业规则》第66条和第67条的规定。本条规定的供电人中止供电应当符合下列四个条件:一是用电人未按照国家规定和当事人的约定支付电费;二是用电人逾期不按照约定支付违约金;三是经催告用电人在合理期限内仍不支付电费和违约金;四是按照国家有关规定履行批准和通知用电人的程序。上述四个条件同时具备时,供电人才可以停止供电。用电人支付电费和违约金后,供电人应当及时恢复供电。

第六百五十五条　【用电人的用电义务】用电人应当按照国家有关规定和当事人的约定安全、节约和计划用电。用电人未按照国家有关规定和当事人的约定用电,造成供电人损失的,应当承担赔偿责任。

条文注释

根据本条规定,用电人的安全用电、节约用电和计划用电主要表现在以下两个方面:第一,用电人应当依照国家有关规定用电。第二,用电人应当按照供用电合同的约定用电。通常主要包括:(1)用电人应当按照合同中约定的用电容量、用电地址、用电时间、用电质量、用电方式、用电类别和用电指标等约定用电;(2)用电人应当按照合同中约定的用电计量方式和电价、电费结算方式缴纳电费;(3)用电人应当按照合同中约定的用电人一方对供用电设施的维护责任做好对供用电设施的维护工作。用电人违章用电,应当承担一定的法律责任,有关电力供应与使用的法律法规对违章用电的法律责任作出了规定。

第六百五十六条　【供用水、供用气、供用热力合同的参照适用】供用水、供用气、供用热力合同,参照适用供用电合同的有关规定。

条文注释

鉴于供用水、供用气、供用热力合同与供用电合同有许多共同点,本条规定了供用水、供用气、供用热力合同,参照适用供用电合同的有关规定。例如,供用水合同中供水方的责任,就可以参照本法第

651条的规定,供水方应当按照国家规定的供水质量标准和约定供水。如果供应的水没有达到国家规定的质量标准,给用户的健康造成损害的,供水方应当承担赔偿责任。同时,供用水、供用气、供用热力合同,又各有其特性,与供用电合同并不完全相同。比如,供热与供水、供电、供气存在一个明显区别,即供热不达标或者报停仍需缴纳基础费用,而供水、供电和供气不存在这个问题。因此,本条规定的是"参照适用供用电合同的有关规定",而不是完全适用。

第十一章　赠与合同

第六百五十七条　【赠与合同概念】赠与合同是赠与人将自己的财产无偿给予受赠人,受赠人表示接受赠与的合同。

条文注释

赠与合同的特征主要包括:(1)赠与是一种合意,是双方的法律行为。赠与合同虽为单务、无偿合同,但也需有当事人双方一致的意思表示才能成立。如果一方有赠与意愿,而另一方无意接受该赠与,赠与合同不能成立。(2)赠与合同是转移财产所有权的合同。(3)赠与合同为无偿合同。指仅由当事人一方为给付,另一方不必向对方偿付相应代价。(4)赠与合同是单务合同。指仅由当事人一方负债务,另一方不负债务,或者另一方虽负有债务但无对价关系的合同。(5)赠与合同为诺成合同。指当事人之间意思表示一致,即能成立的合同。它以当事人的合意为成立要件。(6)赠与合同为不要式合同。指法律没有要求必须具备特定的形式的合同。不要式合同不排斥合同采用书面、公证等形式,只是合同的形式不影响合同的成立。依照本法的规定,赠与合同为不要式合同。赠与合同既可采用口头形式,又可采用书面形式或者在合同订立后办理公证证明。无论采用何种形式,也无论是否经过公证,都不影响赠与合同的成立。

第六百五十八条　【赠与人任意撤销权及其限制】赠与人在赠与财产的权利转移之前可以撤销赠与。

经过公证的赠与合同或者依法不得撤销的具有救灾、扶贫、助残等公益、道德义务性质的赠与合同，不适用前款规定。

条文注释

赠与的任意撤销，是指赠与合同成立后，赠与财产的权利转移之前，赠与人可以根据自己的意思不再为赠与行为。这里需要特别说明的是，本条第1款用来表述赠与财产可撤销的时间点是“权利转移”而不是“交付”。本条第2款对赠与的任意撤销作了如下限制：(1)赠与合同订立后经公证证明的，赠与人不得任意撤销。(2)具有公益、道德义务性质的赠与合同，无论当事人以何种形式订立，无论是否经过公证，也不问赠与的财产是否已转移其权利，赠与人均不得任意撤销。具有公益性质的赠与，主要是指为了救灾、扶贫、助残、助学等目的或为了资助公共设施建设、环境保护等公共事业所为的赠与。(3)依法不得任意撤销的其他情形。

另外需要指出的是，如果赠与的财产的权利已被转移，赠与人自然不得任意撤销赠与。如果赠与的财产一部分已交付并已转移其权利，任意撤销赠与仅限于未交付并未转移其权利的部分，以维护赠与合同当事人权利义务关系的稳定。

第六百五十九条　【赠与财产办理有关法律手续】赠与的财产依法需要办理登记或者其他手续的，应当办理有关手续。

条文注释

依照我国现有法律，赠与财产依法需要办理登记等手续的，主要情形分述如下：(1)房屋等不动产作为赠与财产需要办理登记等有关手续。本法第209条第1款规定：“不动产物权的设立、变更、转让和消灭，经依法登记，发生效力；未经登记，不发生效力，但是法律另有规定的除外。”据此表明，房屋的赠与作为不动产转让的一种形式，原则上应当依法进行登记，否则不产生效力。(2)汽车等动产作为赠与财产需要办理登记等有关手续。本法第 224 条规定:“动产物权的设立和转让,自交付时发生效力,但是法律另有规定的除外。”也就是说,动产自交付时发生所有权的转移。本法第 225 条规定,“船舶、航空器和机动车等的物权的设立、变更、转让和消灭,未经登记,不得对抗善意第三人”。根据该规定,涉及特殊的动产,如汽车,尽管在交付汽车时,汽车的所有权已经发生了转移,但是,如果没有在车管所等车辆登记机构办理更名登记,那么就不得对抗善意第三人。(3)股权等权利作为赠与财产需要办理登记等有关手续。接受股权赠与的受赠人,应当及时和赠与人一起到作为公司登记机关的市场监督管理部门办理相应的股权变更登记手续,才能真正享有作为公司股东的权利。

第六百六十条 【受赠人的交付请求权以及赠与人的赔偿责任】 经过公证的赠与合同或者依法不得撤销的具有救灾、扶贫、助残等公益、道德义务性质的赠与合同,赠与人不交付赠与财产的,受赠人可以请求交付。

依据前款规定应当交付的赠与财产因赠与人故意或者重大过失致使毁损、灭失的,赠与人应当承担赔偿责任。

条文注释

将赠与的财产按照赠与合同约定交付受赠人并转移其所有权,是赠与人的义务。赠与人不交付赠与财产是否构成违约行为,并承担违约责任,应当依照赠与合同的性质来区分。如果是任意撤销赠与,依据本法第 658 条第 1 款的规定,赠与人不交付赠与财产不构成违约,因为赠与人在赠与财产的权利转移之前可以撤销赠与。所以,对这类赠与合同,赠与人不给付赠与财产的,受赠人也不能请求赠与人给付赠与的财产,赠与人不承担违约责任。如果是法定不得撤销赠与,依据本法第 658 条第 2 款的规定,赠与人不交付赠与财产的,构成违约,如果受赠人要求这类赠与人交付赠与财产,赠与人就应当交付,否则应当依法承担违约责任。

具有救灾、扶贫、助残等公益、道德义务性质的赠与合同,在赠与财产的权利移转给受赠人之前，由于赠与人的故意或者重大过失致使赠与财产发生毁损、灭失，因而无法实际交付赠与财产的，赠与人应当向受赠人赔偿因其故意或者重大过失所造成的损失。

第六百六十一条　【附义务赠与合同】赠与可以附义务。

赠与附义务的，受赠人应当按照约定履行义务。

条文注释

附义务的赠与，也称附负担的赠与，是指以受赠人对赠与人或者第三人为一定给付为条件的赠与，也即受赠人接受赠与后负担一定义务的赠与。

受赠人应当按照合同约定履行义务。赠与人向受赠人给付赠与财产后，受赠人应依约履行其义务。受赠人不履行的，赠与人有权要求受赠人履行义务或者撤销赠与。赠与人撤销赠与的，受赠人应将取得的赠与财产返还赠与人。同时，受赠人仅在赠与财产的价值限度内有履行其义务的责任。换句话说，如果赠与所附义务超过赠与财产的价值，受赠人对超过赠与财产价值部分的义务没有履行的责任。

第六百六十二条　【赠与人瑕疵担保责任】赠与的财产有瑕疵的，赠与人不承担责任。附义务的赠与，赠与的财产有瑕疵的，赠与人在附义务的限度内承担与出卖人相同的责任。

赠与人故意不告知瑕疵或者保证无瑕疵，造成受赠人损失的，应当承担赔偿责任。

条文注释

本条的内涵有三个方面：一是赠与的财产有瑕疵的，赠与人原则上不承担责任。二是在附义务的赠与中，赠与的财产如有瑕疵，赠与人需在受赠人所附义务的限度内承担与出卖人相同的责任。至于出卖人在买卖合同中的瑕疵担保责任，具体可见本法第 612 ~ 619 条的相关规定。三是赠与人故意不告知瑕疵或者保证无瑕疵，并且造成受赠人损失的，应当承担损害赔偿责任。

第六百六十三条　【赠与人的法定撤销权及其行使期间】受赠人有下列情形之一的,赠与人可以撤销赠与:

(一)严重侵害赠与人或者赠与人近亲属的合法权益;

(二)对赠与人有扶养义务而不履行;

(三)不履行赠与合同约定的义务。

赠与人的撤销权,自知道或者应当知道撤销事由之日起一年内行使。

条文注释

赠与合同的法定撤销,是指赠与合同成立后,在具备法律规定的情形时,撤销权人可以撤销赠与。依本条规定,赠与人撤销赠与应当具有以下三种法定情形之一:

第一种情形,受赠人严重侵害赠与人或者赠与人近亲属的合法权益。其要点在于:一是受赠人实施的是严重侵害行为,而不是轻微的、一般的侵害行为;二是受赠人侵害的是赠与人本人或其近亲属的合法权益,近亲属的范围依照本法第 1045 条第 2 款的规定为配偶、父母、子女、兄弟姐妹、祖父母、外祖父母、孙子女、外孙子女,如果侵害的是其他亲友的合法权益则不在此列。依据本条的规定,只要受赠人严重侵害了赠与人或者赠与人的近亲属的合法权益,赠与人即可撤销赠与,即主要考虑赠与人侵害行为的结果,而不是主要考虑赠与人故意或者过失的主观状态。

第二种情形,受赠人对赠与人有扶养义务而不履行。其要点在于:一是受赠人对赠与人有扶养义务;二是受赠人对赠与人有扶养能力,而不履行对赠与人的扶养义务。如果受赠人没有扶养义务或者丧失了扶养能力,则不产生赠与人撤销赠与的权利。

第三种情形,受赠人不履行赠与合同约定的义务。其要点在于:一是赠与合同约定了受赠人负有一定的义务;二是赠与人已将赠与的财产交付于受赠人;三是受赠人不履行赠与合同约定的义务。

赠与人的法定撤销权属于形成权。赠与人行使撤销权的期间为 1 年,自知道或者应当知道撤销原因之日起计算。这一期间属于除斥期间，即法律对某种权利所预定的行使期间，不存在中止、中断和延长的问题。撤销权人如在法律规定的期间内不行使撤销权的，其撤销权即归于消灭。当然，依据本法第152条第2款的规定，“当事人自民事法律行为发生之日起五年内没有行使撤销权的，撤销权消灭”。因此，赠与人的法定撤销权应受该5年期间的限制。

另外需要说明的是，赠与人行使法定撤销权，应当将其撤销赠与的意思表示通知受赠人。撤销赠与的意思表示既可以是明示的，也可以是默示的。

第六百六十四条 【赠与人继承人或者法定代理人的撤销权】因受赠人的违法行为致使赠与人死亡或者丧失民事行为能力的，赠与人的继承人或者法定代理人可以撤销赠与。

赠与人的继承人或者法定代理人的撤销权，自知道或者应当知道撤销事由之日起六个月内行使。

条文注释

赠与的撤销权本应属于赠与人，但因受赠人的违法行为致赠与人死亡或使其丧失民事行为能力时，赠与人的撤销权事实上已无法行使。而由赠与人的继承人或法定代理人行使撤销权，才能实现赠与人撤销赠与的权利与意愿。同时，也只有在赠与人不能行使其撤销权时，赠与人的继承人或法定代理人才有撤销赠与的权利。因而赠与人的继承人或法定代理人撤销赠与必须基于赠与人因受赠人的违法行为而死亡或者丧失民事行为能力这一法定情形。

赠与人的继承人或法定代理人行使撤销权的期间为6个月，自知道或者应当知道撤销原因之日起计算。当然，依据本法第152条第2款的规定，“当事人自民事法律行为发生之日起五年内没有行使撤销权的，撤销权消灭”。因此，赠与人的继承人或者法定代理人的法定撤销权应受该5年期间的限制。

第六百六十五条 【撤销赠与的法律后果】撤销权人撤销赠与的，可以向受赠人请求返还赠与的财产。

条文注释

赠与的法定撤销权应为形成权，一经撤销权人依据本法第663、664条的规定行使撤销权即发生效力，使赠与人与受赠人的赠与关系自始解除。赠与的法定撤销权的效力主要表现为以下几种情形：一是赠与的财产未交付给受赠人，也未转移财产所有权之前撤销赠与的。二是赠与的财产已经交付给受赠人，但并未转移财产所有权时撤销赠与的。三是赠与的财产已经交付给受赠人，并且已经转移财产所有权于受赠人时撤销赠与的。本条所规定的是指后两种情形，赠与财产的所有权或者赠与财产的实物已经转移给受赠人，而赠与被撤销后，赠与合同便自始没有法律效力，受赠人取得的赠与财产便失去了合法依据，因此撤销权人可以向受赠人请求返还。

第六百六十六条　【赠与人穷困抗辩】赠与人的经济状况显著恶化，严重影响其生产经营或者家庭生活的，可以不再履行赠与义务。

条文注释

根据本条规定，赠与人不再履行赠与义务，应当符合三个条件：一是赠与合同已经成立，但是赠与财产的权利尚未完全转移。二是赠与人的经济状况显著恶化。所谓显著恶化，是指在赠与合同成立之后，赠与人的经济状况出现明显恶化的状态。状态恶化的时间应当是在赠与合同成立之后，而不是成立之前。三是经济状况显著恶化达到严重影响其生产经营或者家庭生活的程度。符合上述条件的，无论赠与合同以何种方式订立，无论赠与的目的性质如何，赠与人可以不再履行尚未履行的赠与义务。

第十二章　借 款 合 同

第六百六十七条　【借款合同定义】借款合同是借款人向贷款人借款，到期返还借款并支付利息的合同。

条文注释

借款合同的法律特征主要包括:(1)借款合同的主体是贷款人和借款人。贷款人也称出借人,是指将金钱贷与借款人的人。借款人是指接受贷款人贷款的人,可以是自然人、法人或者非法人组织。(2)借款合同的标的是货币,包括可流通的各种货币。(3)借款合同是转移标的物所有权的合同。货币一经借出,所有权即转移于借款人。(4)借款合同既可以是单务、无偿合同,也可以是双务、有偿合同。在借款合同中,如果当事人之间没有约定利息或者自然人之间约定的利息不清晰,那么就是没有利息,即借款人无须向贷款人支付利息,故此类借款合同是单务、无偿合同。如果借款合同当事人之间明确约定了支付利息,那么支付利息便是借款人向贷款人贷款的对价,双方当事人在合同中都享有一定的权利,又都负有相应的义务,故该类借款合同是双务、有偿合同。(5)借款合同既可以是诺成合同,也可以是实践合同。所谓诺成合同,是指当事人意思表示一致即成立的合同。所谓实践合同,是指除当事人之间的意思表示一致外,还需实际交付标的物才能成立的合同。自然人之间成立借款合同,不仅要当事人意思表示一致,还必须由贷款人实际向借款人交付借款,因此,自然人之间的借款合同是实践合同。此外,本章规定的其他当事人之间的借款合同,无须以借款的实际交付为成立要件,故为诺成合同。(6)借款合同可以是要式合同,也可以是不要式合同。本法第668条第1款规定:"借款合同应当采用书面形式,但是自然人之间借款另有约定的除外。"据此表明,采用书面形式的借款合同为要式合同;自然人之间的借款如果未采用书面形式的,为不要式合同。

第六百六十八条　【借款合同形式和内容】借款合同应当采用书面形式,但是自然人之间借款另有约定的除外。

借款合同的内容一般包括借款种类、币种、用途、数额、利率、期限和还款方式等条款。

条文注释

对于金融借款合同,我国《商业银行法》第37条规定:“商业银行贷款,应当与借款人订立书面合同。合同应当约定贷款种类、借款用途、金额、利率、还款期限、还款方式、违约责任和双方认为需要约定的其他事项。”据此表明,订立借款合同已成为金融机构贷款业务的必经程序。

考虑到借款合同的特殊性质,其主要内容还应当包括以下几个方面:(1)借款种类。这主要是指金融机构作为贷款人的情况下,根据国家有关规定和资金市场的需求创设的货币商品种类。借款人可以根据自己的需要向贷款人申请某种特定形式的贷款。(2)币种。这主要是指借款合同标的是哪一种货币,是人民币还是其他国家或地区的货币。(3)用途。这主要是指借款使用的目的和范围。(4)数额。这是指借款数量的多少。数量是借款合同的重要内容,是确定资金的拨付和计算利息的依据,是借贷双方当事人权利义务的重要标志。在订立借款合同时,没有数额或者数额不清,合同便不能成立。因此,当事人应当在合同中明确借款的总金额以及在分批支付借款时,每一次支付借款的金额,以便于合同的具体履行。(5)利率。这是指借款人和贷款人约定的应当收的利息的数额与所借出资金的比率。在我国,国务院批准和授权中国人民银行制定的各种利率为法定利率,具有法定效力,其他任何单位和个人均无权制定和变动,法定利率的公布、实施由中国人民银行总行负责。(6)期限。这是指借款人在合同中约定能使用借款的时间。(7)还款方式。这是指贷款人和借款人约定以什么结算方式偿还借款给贷款人。

第六百六十九条 【借款人应当提供真实情况义务】订立借款合同,借款人应当按照贷款人的要求提供与借款有关的业务活动和财务状况的真实情况。

条文注释

依据本条规定,借款人在提出借款申请的同时,应当按照借款人的要求如实提供以下三方面资料：一是与借款人资格有关的基本情况。比如，作为法人、非法人组织和个体工商户的借款人是否经市场监管部门核准登记；借款人是自然人的，是否具有完全民事行为能力等。二是与借款有关的业务活动的真实情况。比如，金融机构作为贷款人时，借款人应当提供有关近期生产经营状况，生产经营的效益，产品的产、供、销情况，内部经营管理和生产条件的情况，以及与借款用途直接相关的经济效益的情况等。如果借款用于固定资产，应当提供固定资产投资项目建议书和可行性研究报告等。三是借款人财务状况的真实情况。

需要说明的是，对于非金融机构的法人、非法人组织和自然人之间的借款合同，借款人应当向贷款人提供哪些情况，由当事人协商确定，不一定必须提供本条所规定的"与借款有关的业务活动和财产状况的真实情况"。

第六百七十条　【借款利息不得预先扣除】借款的利息不得预先在本金中扣除。利息预先在本金中扣除的，应当按照实际借款数额返还借款并计算利息。

条文注释

本条明确规定，贷款人在提供借款时不得预先将利息从本金中扣除。如果贷款人违反法律规定，仍在提供借款时将利息从本金中扣除，那么，借款人只需按照实际借款数额返还借款并计算利息。《最高人民法院关于审理民间借贷案件适用法律若干问题的规定》第 26 条规定："借据、收据、欠条等债权凭证载明的借款金额，一般认定为本金。预先在本金中扣除利息的，人民法院应当将实际出借的金额认定为本金。"据此，在借款人对贷款人在出借款项时即已收取利息的事实提出证据后，人民法院便不会以借据等证据载明的借款金额为本金，而会以该本金减去贷款人已收取的利息后的数额为本金。

第六百七十一条　【贷款人未按照约定提供借款以及借款人未按照约定收取借款的后果】贷款人未按照约定的日期、数额提供借款，造成借款人损失的，应当赔偿损失。

借款人未按照约定的日期、数额收取借款的，应当按照约定的日期、数额支付利息。

条文注释

对于贷款人来说，自借款合同成立后，按照约定的日期、数额向借款人提供借款，是其主要的合同义务。贷款人的违约责任，可以在借款合同中约定；如果没有约定，贷款人违约逾期放款造成借款人损失的，那么贷款人应当赔偿损失，损失赔偿额应当相当于因其违约所造成的损失，包括合同履行后可以获得的利益，但不得超过违反合同一方订立合同时预见到或者应当预见到的因违反合同可能造成的损失。

对于借款人来说，自借款合同成立后，应当按照约定的日期和数额收取借款，也是其主要的合同义务。无论借款人是否按照约定的日期及数额收取借款，都必须按照合同约定向贷款人支付利息。

需要特别指出的是，本条的规定，主要是针对金融机构作为贷款人的情况。由于自然人之间借款是贷款人实际交付借款时，借款合同才成立，所以自然人之间借款的，不适用本条的规定。

第六百七十二条　【贷款人的监督、检查权】贷款人按照约定可以检查、监督借款的使用情况。借款人应当按照约定向贷款人定期提供有关财务会计报表或者其他资料。

条文注释

贷款人对借款人贷款资金的使用情况进行监督、检查，应当严格在合同约定的范围内进行，不得干预借款人正常的生产经营活动、内部经营管理等。同时，借款人应当按照约定向贷款人定期提供有关的财务会计报表等资料，主要包括：资产负债表、损益表、财务状况变动表、现金流量表、附表及会计报表附注和财务状况说明书等。

资产负债表是反映企业在某一特定日期财务状况的报表。损益表是反映借款人一定时期的经营成果及其分配情况的报表。财务状况变动表是反映借款人一定期间内营运资金来源和运用及增减变动情况的会计报表。会计报表附注是帮助理解会计报表内容而对报表有关项目等所作的解释,其内容主要包括:所采用的主要会计处理方法;会计处理方法的变更情况、变更原因以及对财务状况和经营成果的影响;非经营性项目的说明;会计报表中有关重要项目的明细资料;其他有助于理解和分析报表需要说明的事项。

第六百七十三条 【借款人未按照约定用途使用借款的责任】借款人未按照约定的借款用途使用借款的,贷款人可以停止发放借款、提前收回借款或者解除合同。

条文注释

本条明确借款人应当按照约定的用途使用借款,同时规定,借款人违反合同约定的借款用途使用借款的,贷款人可以采取以下三种措施:(1)停止发放借款。这主要是针对分期提供贷款或者根据资金使用进度提供贷款而采取的措施。实际上也就是停止履行合同中约定的尚未履行完毕的义务。(2)提前收回借款。这种做法在贷款业务中称为“加速到期条款”,这是金融机构的通行做法。贷款人不必等到借款合同约定的还款日期,就有权要求借款人提前履行还款的义务。(3)解除合同。借款人不按照合同约定的用途使用借款,构成违约;当违约情况严重,致使借款合同不能实现其目的时,则构成根本违约。根据本法第563条第1款第4项的规定,构成根本违约时,贷款人有权解除借款合同。根据本法第566条第1、2款的规定,一旦解除借款合同,贷款人可以对尚未履行的贷款终止履行(停止发放借款),对已经履行的贷款要求恢复原状(收回已经贷出的借款),而且还可以要求借款人承担相应的违约责任。

第六百七十四条　【借款人支付利息的期限】借款人应当按照约定的期限支付利息。对支付利息的期限没有约定或者约定不明确,依据本法第五百一十条的规定仍不能确定,借款期间不满一年的,应当在返还借款时一并支付;借款期间一年以上的,应当在每届满一年时支付,剩余期间不满一年的,应当在返还借款时一并支付。

条文注释

根据本条的规定,当事人对支付利息的期限没有约定或者约定不明确的,首先应当依据本法第510条的规定来确定,即当事人可以就支付利息的期限进行协议补充;不能达成协议的,则依据合同其他条款或者双方当事人之间的交易习惯来确定。如果依据以上原则仍不能确定支付利息的期限,那么,借款人按照以下规定的期限向贷款人支付利息:(1)借款合同在1年以内的,在返还借款时一并支付。(2)借款合同在1年以上的,在每届满1年时支付,剩余期间不满1年的,在返还借款时一并支付。比如,甲向乙借款100万元,借款期间为两年半,未约定支付利息的期限。那么,甲应当分三批向乙支付利息,第一次支付利息的时间为借款期间1年届满时。第二次支付利息的时间为借款期间2年届满时。由于合同的履行期间剩下的时间不足1年,所以,第三次支付利息的时间为合同期间届满时和本金一起支付。

第六百七十五条　【借款人返还借款的期限】借款人应当按照约定的期限返还借款。对借款期限没有约定或者约定不明确,依据本法第五百一十条的规定仍不能确定的,借款人可以随时返还;贷款人可以催告借款人在合理期限内返还。

条文注释

根据本条的规定,当事人未约定还款期限的:第一,应当依据本法第510条的规定来确定,即当事人可以就还款期限一事进行协商,达成补充协议,确定还款期限;第二,对于不能达成补充协议的,可以按照合同有关条款或者当事人之间的交易习惯来确定还款期限;第三，按照上述两种方式仍无法确定的，依据本法第511条第4项的规定，借款人可以随时返还借款，贷款人也有权向借款人发出催告，要求其在合理期限内返还借款。

第六百七十六条　【借款人逾期返还借款的责任】借款人未按照约定的期限返还借款的，应当按照约定或者国家有关规定支付逾期利息。

条文注释

本条规定借款人逾期返还借款的，应当按照约定或者国家规定支付逾期利息；这种约定既可以是自然人之间对是否收取逾期利息或者逾期利率为多少的约定，也可以是金融机构与借款人在国家规定的幅度内对逾期利率的确定。

就民间借贷的逾期利息问题，《最高人民法院关于审理民间借贷案件适用法律若干问题的规定》第28条规定，借贷双方对逾期利率有约定的，从其约定，但是以不超过合同成立时一年期贷款市场报价利率4倍为限。未约定逾期利率或者约定不明的，人民法院可以区分不同情况处理：(1)既未约定借期内利率，也未约定逾期利率，出借人主张借款人自逾期还款之日起参照当时一年期贷款市场报价利率标准计算的利息承担逾期还款违约责任的，人民法院应予支持；(2)约定了借期内利率但是未约定逾期利率，出借人主张借款人自逾期还款之日起按照借期内利率支付资金占用期间利息的，人民法院应予支持。第29条规定，出借人与借款人既约定了逾期利率，又约定了违约金或者其他费用，出借人可以选择主张逾期利息、违约金或者其他费用，也可以一并主张，但是总计超过合同成立时一年期贷款市场报价利率4倍的部分，人民法院不予支持。上述所称“一年期贷款市场报价利率”，是指中国人民银行授权全国银行间同业拆借中心自2019年8月20日起每月发布的1年期贷款市场报价利率。中国人民银行决定改革完善贷款市场报价利率(LPR)形成机制，从2019年8月20日起，中国人民银行授权全国银行间同业拆借中心于每月20日9时30分公布贷款市场报价利率；要求自2020年1月1日起，各金融机构不得签订参考贷款基准利率定价的浮动利率贷款合同。

关联法规

《最高人民法院关于审理民间借贷案件适用法律若干问题的规定》第28条

第六百七十七条 【借款人提前返还借款】借款人提前返还借款的，除当事人另有约定外，应当按照实际借款的期间计算利息。

条文注释

根据本条规定，对于提前还款应当按照以下原则确定双方的权利和义务：首先，当事人可以在借款合同中对提前还款问题作出约定，按照约定确定是否经贷款人同意及利息如何计算等问题。其次，当事人在合同中对提前还款没有约定的，提前还款不损害贷款人利益的，可以不经贷款人同意，利息按照实际借款期间计算；提前还款损害贷款人利益的（该利益不应当仅仅是指剩余借款期间的利息，而主要是指对贷款人经营秩序破坏超过利息损失的内容），贷款人有权拒绝借款人提前还款的要求。贷款人同意提前还款的，等于贷款人同意变更合同的履行期，因此，借款人应当按照变更后的实际借款期间向贷款人支付利息。

关联法规

《最高人民法院关于审理民间借贷案件适用法律若干问题的规定》第30条

第六百七十八条 【借款展期】借款人可以在还款期限届满前向贷款人申请展期；贷款人同意的，可以展期。

条文注释

申请展期，是指借款人在借款合同约定的还款期限不能履行还款义务，在还款期限届满前向贷款人申请变更原合同约定的借款期限的行为。由于延长借款期限直接涉及贷款人的利益，因此，允许贷款人自行决定是否同意借款人延长借款期限。贷款人同意的，借款人才可以延期向贷款人返还借款。

根据本法第695条第2款的规定，在借款人有保证人提供担保的情况下，贷款人如果要求保证人继续承担保证责任，还应当征得保证人的同意。

关联法规

《贷款通则》第12条第1款

第六百七十九条　【自然人之间借款合同的成立时间】自然人之间的借款合同，自贷款人提供借款时成立。

条文注释

自然人之间的借款合同与金融机构作为主体的借款合同有所区别，其中最主要的一点就是金融借款合同是诺成合同，而自然人之间的借款合同为实践合同。自然人之间借款的，自贷款人交付借款时成立。需要指出的是，本条规定的是自然人之间的借款，是指借贷双方均为自然人的情况，如果有一方当事人并非自然人，则不适用本条的规定。

第六百八十条　【禁止高利放贷以及对借款利息的确定】禁止高利放贷，借款的利率不得违反国家有关规定。

借款合同对支付利息没有约定的，视为没有利息。

借款合同对支付利息约定不明确，当事人不能达成补充协议的，按照当地或者当事人的交易方式、交易习惯、市场利率等因素确定利息；自然人之间借款的，视为没有利息。

条文注释

本条第1款明确规定禁止高利放贷，借款的利率不得违反国家有关规定。

原《合同法》只是规定自然人之间没有约定利息的，视为没有利息；而本条第2款将没有约定支付利息的借贷情形，拓展到了所有借贷领域，即所有类型或者当事人之间订立的借贷合同，只要没有约定支付利息，就一律视为没有利息。

本条第3款规定，借款合同对支付利息约定不明确，当事人不能达成补充协议的，按照当地或者当事人的交易方式、交易习惯、市场利率等因素确定利息；自然人之间借款的，视为没有利息。对于借款合同当事人就支付利息约定不明确时的处理规则是：首先，应当允许当事人就支付利息问题进行重新协商，经重新协商能够达成补充协议的，按补充协议的内容执行。其次，不能达成补充协议的，依据本法第142条第1款的规定，如果通过合同的文义解释和整体解释能够确定利息的，可据此确定的利息标准执行。再次，如果通过上述两种方式均无法确定借款合同的利息标准，可以按照合同履行地或者当事人之间的交易方式、交易习惯补充确定利息。对于交易习惯，由提出主张的一方当事人承担举证责任。最后，如果按照上述三种方法仍然无法确定利息标准的，应当依据本法第511条第2项的规定，价款或者报酬不明确的，按照订立合同时履行地的市场价格履行；依法应当执行政府定价或者政府指导价的，依照规定履行，以此最终确定借款合同的利息计付标准。实践中，法院或者仲裁机构在当事人就利息问题约定不明时，可以以订立借款合同时合同履行地的商业银行同期同类贷款利率计算利息。

关联法规

《民法典》第510条；《最高人民法院关于审理民间借贷案件适用法律若干问题的规定》第24、25条

第十三章　保证合同

第一节　一般规定

第六百八十一条　【保证合同概念】保证合同是为保障债权的实现，保证人和债权人约定，当债务人不履行到期债务或者发生当事人约定的情形时，保证人履行债务或者承担责任的合同。

条文注释

在保证合同中，只有保证人承担债务，债权人不负对待给付义务，故而保证合同为单务合同。在保证合同中，保证人对债权人承担保证债务，债权人对此不提供相应代价，所以保证合同为无偿合同。保证合同因保证人和债权人协商一致而成立，无须另交标的物，所以它为诺成合同。保证合同是附从性合同，除涉外的不可撤销的保函等独立保证以外，主合同有效成立或将要成立，保证合同才发生效力。所以主合同无效，不论什么原因使然，保证合同均为无效，从而表现出附从性。正因这种主从关系，保证合同无效，并不必然导致主合同无效，但当事人另有约定的，依其约定。

关于保证合同的当事人的界定，是保证人和债权人之间的合同关系。据此，解决保证合同纠纷，应当适用保证合同规范，不应适用法律关于委托合同、无因管理等的规定。只有在处理保证人和主债务人之间的关系时，若有委托合同，才适用法律关于委托合同的规定；若无委托合同，则适用法律关于无因管理的规定，也可能适用本法侵权责任编的规定。

第六百八十二条 【保证合同的附从性及保证合同无效的法律后果】保证合同是主债权债务合同的从合同。主债权债务合同无效的，保证合同无效，但是法律另有规定的除外。

保证合同被确认无效后，债务人、保证人、债权人有过错的，应当根据其过错各自承担相应的民事责任。

条文注释

保证合同是主债权债务合同的从合同，保证合同具有附从性。保证债务以主合同的存在或将来可能存在为前提，随主合同的消灭而消灭。其范围不得超过主合同中的债务，不得与主合同债务分离而移转，其具体表现在以下几个方面：首先，成立上的附从性。保证合同以主合同的成立为前提。其次，范围和强度上的附从性。保证债务与主合同债务分属于两个债务，保证债务不得超过主合同债务的范围和强度，如有超过，应随着主合同债务额的降低而降低。再次，移转上的附从性。在保证期间，债权人依法将主债权转让给第三人的，保证人在原担保的范围内继续承担保证责任。保证合同另有约定的，按照约定。在保证期间，债权人许可债务人转让部分债务，保证人书面同意的，应当对此承担保证责任；未经保证人书面同意的，保证人对未经其同意转让的部分债务，不再承担保证之责任。但保证人仍应对未转让部分的债务承担保证责任。最后，变更、消灭上的附从性。在主合同债务消灭时，保证债务也随之消灭。在主合同变更时，保证债务一般随之变更，但不得增加其范围和强度。

根据本条第2款的规定，保证合同被确认无效后，债务人、保证人、债权人有过错的，应当根据其过错各自承担相应的民事责任。关于各个主体应当承担责任的具体份额，可以参照《最高人民法院关于适用〈中华人民共和国民法典〉有关担保制度的解释》第17、18条的相关规定：主合同有效而第三人提供的担保合同无效，债权人与担保人均有过错的，担保人承担的赔偿责任不应超过债务人不能清偿部分的1/2；担保人有过错而债权人无过错的，担保人对债务人不能清偿的部分承担赔偿责任；债权人有过错而担保人无过错的，担保人不承担赔偿责任。主合同无效导致第三人提供的担保合同无效，担保人无过错的，不承担赔偿责任；担保人有过错的，其承担的赔偿责任不应超过债务人不能清偿部分的1/3。承担了担保责任或者赔偿责任的担保人，在其承担责任的范围内向债务人追偿的，人民法院应予支持。同一债权既有债务人自己提供的物的担保，又有第三人提供的担保，承担了担保责任或者赔偿责任的第三人，主张行使债权人对债务人享有的担保物权的，人民法院应予支持。

第六百八十三条　【不得担任保证人的主体范围】机关法人不得为保证人，但是经国务院批准为使用外国政府或者国际经济组织贷款进行转贷的除外。

以公益为目的的非营利法人、非法人组织不得为保证人。

条文注释

机关法人等非以营利为目的的法人以及以公益为目的的非营

利法人并不是市场上的主体,不适合作为保证人。但是经国务院批准为使用外国政府或者国际经济组织贷款进行转贷的除外。

以公益为目的的事业单位、社会团体也不得作为保证人。对事业单位法人可否充任保证人,不可一概而论。对那些领取企业法人营业执照或国家政策允许从事经营活动的事业单位法人,应当认为其有从事保证活动的权利能力,可以充任保证人,如无其他导致保证合同无效的情况,所签订的保证合同应当认定为有效。

第六百八十四条　【保证合同内容】保证合同的内容一般包括被保证的主债权的种类、数额,债务人履行债务的期限,保证的方式、范围和期间等条款。

条文注释

保证合同的内容或条款包含以下几点:

第一,被保证的主债权种类和数额。被保证的主债权种类,如借款合同中的还本付息债权、买卖合同中的请求交付标的物或支付价款的债权等均属此类。

第二,债务人履行债务的期限。它有两种情形:一为期日,二为期间。

第三,保证的方式(本章第686条)。

第四,保证担保的范围(本章第691条)。

第五,保证期间(本章第692条)。

第六,双方认为需要约定的其他事项。主要指赔偿损失的范围及计算方法、是否设立反担保等。

在一个具体的保证合同中,没有完全具备上述条款的,尚可补正,不影响保证合同的效力。

第六百八十五条　【保证合同形式】保证合同可以是单独订立的书面合同,也可以是主债权债务合同中的保证条款。

第三人单方以书面形式向债权人作出保证,债权人接收且未提出异议的,保证合同成立。

条文注释

保证合同为要式合同。此要式为书面形式，即保证合同既可以是单独订立的书面合同，也可以是书面订立的主债权债务合同中的保证条款。而保证合同的成立方式也可以有所变通，债权人和保证人可以协议约定保证合同的成立方式和时间。但当第三人单方以书面形式向债权人作出保证时，只要债权人接收第三人的保证书或主债权债务中的保证条款且未提出异议的，保证合同也可成立，此时法律推定债权人默示同意。

值得注意的是，本法物权编第388条对于担保合同的一般规定没有要求书面形式，但这并不代表具有担保功能的合同都不要求书面形式。从物权编和合同编规定的各种担保物权以及具有担保功能的制度来看，抵押合同要求书面形式（第400条第1款），质押合同要求书面形式（第427条第1款），融资租赁合同要求书面形式（第736条第2款），法律明文规定的具有担保功能的制度中，只有所有权保留的买卖合同（第641条）没有强制要求书面形式。

第六百八十六条　【保证方式】保证的方式包括一般保证和连带责任保证。

当事人在保证合同中对保证方式没有约定或者约定不明确的，按照一般保证承担保证责任。

条文注释

保证的方式分为一般保证（第687条）和连带责任保证（第688条）。

当事人之间没有特别约定或者约定不明时，以一般保证来处理。同时，本条是任意性规范，如果当事人选择加强对债权实现的保护时，可以特别约定保证人的保证方式为连带责任保证。

第六百八十七条　【一般保证及先诉抗辩权】当事人在保证合同中约定，债务人不能履行债务时，由保证人承担保证责任的，为一般保证。

一般保证的保证人在主合同纠纷未经审判或者仲裁,并就债务人财产依法强制执行仍不能履行债务前,有权拒绝向债权人承担保证责任,但是有下列情形之一的除外:

(一)债务人下落不明,且无财产可供执行;

(二)人民法院已经受理债务人破产案件;

(三)债权人有证据证明债务人的财产不足以履行全部债务或者丧失履行债务能力;

(四)保证人书面表示放弃本款规定的权利。

条文注释

一般保证是指当事人在保证合同中约定,在债务人不能履行债务时,保证人承担保证责任的保证。一般保证与连带责任保证之间最大的区别在于保证人是否享有先诉抗辩权。在一般保证的情况下,保证人享有先诉抗辩权,即一般保证的保证人在就债务人的财产依法强制执行仍不能履行债务前,对债权人可以拒绝承担保证责任。先诉抗辩权既可以通过诉讼方式行使,也可以在诉讼外行使。但在下列四种情况下不得行使先诉抗辩权:第一,债务人下落不明,且无财产可供执行。第二,人民法院已经受理债务人破产案件。人民法院受理了债务人的破产案件后,应当依法中止执行程序,在这种情况下,债务人的财产实际上处于冻结状况,债权人在此期间不能从主债务人处实现其债权,且将来也极有可能如此,只有保证人实际承担保证责任才能实现债权,故法律不允许保证人行使先诉抗辩权,如果破产的债务人有保证人提供保证的,债权人可以不向破产组织申报债权,而直接要求保证人承担保证责任。为了保护保证人的利益,保证人可以在债权人未向人民法院申报债权的情况下,向人民法院申报债权,直接参加破产财产的分配,预先行使追偿权。第三,债权人有证据证明债务人的财产不足以履行全部债务或者丧失履行债务能力。此情况下,债权人在一定期间内无法从主债务人处实现债权,故只能要求保证人承担保证责任。第四,保证人书面表示放弃本款规定的权利。

关联法规

《最高人民法院关于适用〈中华人民共和国民法典〉有关担保制度的解释》第25～28条

第六百八十八条 【连带责任保证】当事人在保证合同中约定保证人和债务人对债务承担连带责任的，为连带责任保证。

连带责任保证的债务人不履行到期债务或者发生当事人约定的情形时，债权人可以请求债务人履行债务，也可以请求保证人在其保证范围内承担保证责任。

条文注释

连带责任保证是指当事人在保证合同中约定保证人与债务人对债务承担连带责任的保证。债务履行期届满债务人没有履行债务的，债权人既可以要求债务人履行债务，也可以要求保证人在其保证范围内履行债务。故在连带责任保证中，保证责任已届承担期，债权人请求保证人实际承担保证责任的，保证人没有先诉抗辩权，但有主债务已适当履行或相应责任已经承担的抗辩权。

值得注意的是，本条的连带责任保证（理论上简称为"连带保证"）要与本法第699条规定的共同保证中的多个保证人之间承担连带责任的情形（理论上简称为"保证连带"）进行区分。本条解决的是保证人和债务人之间的关系是不是连带责任的问题；本法第699条解决的是多个保证人之间是不是连带责任的问题。

关联法规

《最高人民法院关于适用〈中华人民共和国民法典〉有关担保制度的解释》第25条

第六百八十九条 【反担保】保证人可以要求债务人提供反担保。

条文注释

反担保，是指在商品贸易、工程承包和资金借贷等经济往来中，为了换取担保人提供保证、抵押或质押等担保方式，由债务人或第三人向该担保人新设担保，以担保该担保人在承担了担保责任后易于实现其追偿权的制度。

关于反担保的方式，并不是所有担保常见的五种方式均可作为反担保的方式。首先，留置权不能为反担保方式。反担保产生于约定，而留置权却发生于法定。其次，定金虽然在理论上可以作为反担保的方式，但是因为支付定金会进一步削弱债务人向债权人支付价款或酬金的能力，加之往往形成原担保和反担保不成比例的局面，所以在实践中极少采用。在实践中运用较多的反担保形式是保证、抵押权，然后是质权。不过，在债务人亲自向原担保人提供反担保的场合，保证就不得作为反担保的方式。

设立反担保的行为是法律行为，必须符合本法总则编关于民事法律行为有效的条件。而每种反担保的方式又各有其特定的成立条件，因此，尚需符合本法物权编和合同编于相应条款规定的特定成立要件。此外，依反担保设立的目的要求，反担保的实行应于原担保实行之后。

关联法规

《民法典》第387条第2款；《最高人民法院关于适用〈中华人民共和国民法典〉有关担保制度的解释》第19条

第六百九十条　【最高额保证】保证人与债权人可以协商订立最高额保证的合同，约定在最高债权额限度内就一定期间连续发生的债权提供保证。

最高额保证除适用本章规定外，参照适用本法第二编最高额抵押权的有关规定。

条文注释

最高额保证，是指保证人和债权人签订一个总的保证合同，为一定期限内连续发生的借款合同或同种类其他债权提供保证，只要债权人和债务人在保证合同约定的期限内且债权额限度内进行交易，保证人则依法承担保证责任的保证行为。值得注意的是，最高额保证与最高额抵押权(本法物权编第420~424条)的区别。最高额抵押,是指为担保债务的履行,债务人或者第三人对一定期间内将要连续发生的债权提供担保财产的,债务人不履行到期债务或者发生当事人约定的实现抵押权的情形,抵押权人有权在最高债权额限度内就该担保财产优先受偿的情形。本条第2款规定,最高额保证除适用"保证合同"一章规定外,参照适用物权编最高额抵押权的有关规定。也就是说,最高额保证的债权的范围、确定、转让等方面的规定与最高额抵押权保持一致。

关联法规

《最高人民法院关于适用〈中华人民共和国民法典〉有关担保制度的解释》第15、30条

第二节 保 证 责 任

第六百九十一条 【保证范围】保证的范围包括主债权及其利息、违约金、损害赔偿金和实现债权的费用。当事人另有约定的,按照其约定。

条文注释

保证范围一般包括:(1)主债权。即主合同所确立的债权,这是保证范围的主要部分。(2)利息。即主债权所产生的利息,有法定利息和约定利息两种。法定利息是法律直接规定的利息,如迟延履行所生之利息,它由主债权所派生,当属保证范围之内。约定利息是当事人专门约定的利息,它也从属于主债权,并以主债权作为计息基础。当事人虽然可以自行约定利率,但是该利率必须符合法律规定,超过法律规定部分的利息无效,对于超出法定幅度的高利贷,法律不能予以保护,也不能成为保证的对象。(3)违约金。(4)损害赔偿金。在担保关系中,担保的对象也包括损害赔偿金。(5)实现债权的费用。包括诉讼费用,申请扣押、执行等的费用。

保证范围是保证合同的一项内容,保证人可以随意约定保证范围。约定范围既可大于上述法定范围,也可等于或小于上述法定范围。约定范围与法定范围不一致的,适用约定范围,即约定范围优于法定范围。

第六百九十二条 【保证期间】保证期间是确定保证人承担保证责任的期间,不发生中止、中断和延长。

债权人与保证人可以约定保证期间,但是约定的保证期间早于主债务履行期限或者与主债务履行期限同时届满的,视为没有约定;没有约定或者约定不明确的,保证期间为主债务履行期限届满之日起六个月。

债权人与债务人对主债务履行期限没有约定或者约定不明确的,保证期间自债权人请求债务人履行债务的宽限期届满之日起计算。

条文注释

保证期间为确定保证人承担保证责任的期间,事关保证人和债权人之间的债权债务能否行使或履行,也是确定保证债务和诉讼时效关系的依据,既可以是法定期间也可以是约定期间。如果债权人请求保证人承担保证责任超过该期间,则保证人无须再承担保证责任。如果当事人没有就保证期间作出特别约定,则可以适用法定期间。

保证期间具有如下特征:第一,保证期间是就保证责任的承担所设定的期间。从性质上说,保证期间是确定保证人承担保证责任的期间,它既非保证合同的有效期间也非附期限合同中的期限,而仅仅是针对保证责任的承担所设定的期限。第二,保证期间由当事人约定或法律规定,在当事人没有约定或约定不明时,才适用法律规定的保证期间。第三,保证期间是保证合同的组成部分。只要不违反法律的强制性规定,该保证期间的约定就是有效的,其应当成为保证合同的重要组成部分。

《民法典》修改了原《最高人民法院关于适用〈中华人民共和国担保法〉若干问题的解释》第 32 条的规定,对于约定的保证期间早于主债务履行期限或者与主债务履行期限同时届满的"视为没有约定"的情形与"约定不明确"的情形作了统一处理,两种情况下保证期间均为主债务履行期限届满之日起6个月。

本条第3款规定了主债务履行期限没有约定或约定不明确的情况下保证期间的起算问题,此时保证期间自债权人请求债务人履行债务的宽限期届满之日起计算。

第六百九十三条 【保证期间届满的法律效果】一般保证的债权人未在保证期间对债务人提起诉讼或者申请仲裁的,保证人不再承担保证责任。

连带责任保证的债权人未在保证期间请求保证人承担保证责任的,保证人不再承担保证责任。

条文注释

对于一般保证而言,由于保证人依法享有先诉抗辩权,因而法律将债权人在保证期间内要求债务人偿债(提起诉讼或者申请仲裁)作为要求保证人承担保证责任的法定方式。如果债权人在合同约定的保证期间内或没有约定及约定不明时在6个月内不向主债务人提起诉讼或者申请仲裁,则保证人的保证责任免除。

在连带责任保证中,在主债务履行期间届满后,债权人可以直接请求保证人承担保证责任,保证人也必须承担保证责任,因而在连带责任保证期间以内,债权人未对保证人提出请求,保证期间经过的,保证责任将发生消灭。

由此可见,保证期间和诉讼时效的区别在于,保证期间的届满会导致权利本身的消灭,而不仅仅只是导致抗辩权的产生。而诉讼时效届满的后果仅仅是义务人可以据此提出抗辩。无论是一般保证还是连带责任保证,保证期间的经过都发生保证责任消灭的后果。

关联法规

《最高人民法院关于适用〈中华人民共和国民法典〉有关担保制度的解释》第27、31条

第六百九十四条　【保证债务诉讼时效】一般保证的债权人在保证期间届满前对债务人提起诉讼或者申请仲裁的，从保证人拒绝承担保证责任的权利消灭之日起，开始计算保证债务的诉讼时效。

连带责任保证的债权人在保证期间届满前请求保证人承担保证责任的，从债权人请求保证人承担保证责任之日起，开始计算保证债务的诉讼时效。

条文注释

保证债务的诉讼时效，是指当债权人请求保证人履行保证债务，经过法定的时效期间即丧失获得法院强制执行保证人承担保证责任的权利。该时效期间适用本法关于诉讼时效的规定。

本条第 1 款对原《最高人民法院关于适用〈中华人民共和国担保法〉若干问题的解释》第 36 条进行了修改，该条第 1 款中规定的“一般保证中，主债务诉讼时效中断，保证债务诉讼时效中断”具有逻辑错误，在主债务诉讼时效中断的时候，保证债务的诉讼时效尚未计算，所以保证债务的诉讼时效中断一说无从谈起。根据本条第 1 款的规定，一般保证的债权人在保证期间届满前对债务人提起诉讼或者申请仲裁的，从保证人拒绝承担保证责任的权利消灭之日起，开始计算保证债务的诉讼时效。

本条第 2 款是对连带责任保证的保证债务诉讼时效起算的规定。不同于一般保证，连带责任保证中债权人对债务人或保证人主张债权并无先后次序之分，债权人可以要求债务人履行主债务，也可以要求保证人履行其保证责任，保证人不能以债权人尚未对债务人主张债务而拒绝履行保证责任。所以在连带责任保证中，债权人在保证期间届满前要求保证人履行保证责任之时，才是保证责任的诉讼时效开始之日。但此处有两点值得注意：其一，债权人要求保证人履行保证责任的方式，并不仅限于诉讼与仲裁，还包括其他的非司法途径，比如口头催告、书面告知等，但实务中一般采用书面的方式请求保证人履行保证责任，因为书面的方式更加易于举证；其二，债权人需要向保证人要求履行保证责任，才构成保证债务诉讼时效的开始，而债权人向债务人要求履行债务，并不构成保证债务诉讼时效的开始。

第六百九十五条 【主合同变更对保证责任影响】债权人和债务人未经保证人书面同意，协商变更主债权债务合同内容，减轻债务的，保证人仍对变更后的债务承担保证责任；加重债务的，保证人对加重的部分不承担保证责任。

债权人和债务人变更主债权债务合同的履行期限，未经保证人书面同意的，保证期间不受影响。

条文注释

合同变更，是债的变更的主要形式，它有广义和狭义两种含义。广义的合同变更是指合同的内容和主体发生变化。合同内容的变更，是指在合同的主体保持不变的情况下，合同的内容发生变更。具体来说，是指在合同成立以后，尚未履行或尚未完全履行之前，当事人就合同的内容达成修改和补充的协议，或者依据法律规定请求法院或者仲裁机构变更合同内容。本法所采纳的合同变更是狭义上的合同变更，即合同内容的变更。

主债权债务合同变更后，原由保证人承担的保证范围可能发生变化，由此可能加大保证人的责任，这于保证人而言是十分不利的。因此，法律要求债权人与债务人协议变更主债权债务合同时需要取得保证人的书面同意。否则，在未取得保证人书面同意的情况下，减轻债务的，保证人仍对变更后的债务承担保证责任；而加重债务的，保证人对加重的部分不承担保证责任。这改变了原《担保法》第24条的规定。

如果债权人和债务人在未经保证人书面同意的情况下变更主债权债务合同的履行期间，可能会对保证人的保证期间利益带来不利影响，因此，“未经保证人书面同意的，保证期间不受影响”。但需要特别指出的是，未经保证人书面同意的主债权债务合同履行期限变更未必一定给保证人带来保证期间上的不利影响，但本款规定未像第1款规定作出“有利变更则有效，不利变更则无效”的规定。

关联法规

《民法典》第 692 条

第六百九十六条　【债权转让对保证责任影响】债权人转让全部或者部分债权，未通知保证人的，该转让对保证人不发生效力。

保证人与债权人约定禁止债权转让，债权人未经保证人书面同意转让债权的，保证人对受让人不再承担保证责任。

条文注释

本条第 1 款规定，债权人将全部或者部分债权转让给第三人，通知保证人后，在原保证范围内，保证人对受让人承担相应的保证责任。这表明，债权人依法转让主债权的法律行为不影响保证人保证责任的承担。但债权转让不影响保证责任的承担也并非没有限制。首先，主债权人向第三人转让债权的行为必须是在保证期间届满前作出的；否则，保证期间已经届满，保证人的保证责任也就归于消灭。其次，债权转让后，保证人是在原保证范围内继续承担保证责任。主债权转让时对主债权及其从属权利所作的改变，应遵守本法第 695 条的规定。最后，根据本法第 546 条第 1 款的规定，债权人转让债权必须通知保证人，保证人接到转让通知后才能够向受让人承担保证责任。

但本条规定并不排除保证合同当事人之间对此进行另外的约定，如本条第 2 款即规定，保证人可以与债权人约定仅对特定的债权人承担保证责任或者禁止债权转让等。当保证人与债权人有这些约定时，债权人就要受到该意思自治的约束。受意思自治的约束并不意味着债权人不能转让主债权。债权人仍然可以将自己的债权转让给他人，只是这种行为违反了保证合同的约定，是对保证人的违约，若未能征得保证人的书面同意，其后果是保证人不再承担保证责任。本款同时也是本法第 547 条第 1 款“债权人转让债权的，受让人取得与债权有关的从权利，但是该从权利专属于债权人自身的除外”中但书部分的具体化情形。

第六百九十七条 【债务承担对保证责任影响】债权人未经保证人书面同意,允许债务人转移全部或者部分债务,保证人对未经其同意转移的债务不再承担保证责任,但是债权人和保证人另有约定的除外。

第三人加入债务的,保证人的保证责任不受影响。

条文注释

债务承担,是指在不改变债务内容的情况下移转债务,由第三人承担了原债务人的债务。债务承担可以分为免责的债务承担和并存的债务承担。免责的债务承担,即第三人代替原债务人成为新债务人,原债务人的债务消灭。并存的债务承担,即第三人成为连带债务人,与原债务人共同承担债务。两种债务承担都会对保证人的责任产生影响,本条第1款规定免责的债务承担对保证责任的影响,第2款规定并存的债务承担对保证责任的影响。

正确理解本条应当注意以下几点:一是债权人允许债务人转移债务必须要经保证人的书面同意。如果不是书面形式,而是其他形式,视为不存在担保人的同意。二是本条规定的债务转移不但包括债务人将债务全部转移给他人,也包括将部分债务转移给他人。债权人许可债务人部分转移的,原债务人并不退出债务关系,只是其所应承担的债务额发生减少,新债务人与原债务人共同向债权人承担债务。部分转移债务的也必须经担保人同意,否则担保人对转移出去的部分债务不承担担保责任。三是未经担保人书面同意,债权人许可债务人转移全部债务的,可以免除担保人全部担保责任;债权人许可债务人转移部分债务的,可以免除担保人部分担保责任,担保人不得要求免除全部担保责任。

关于本条第2款,第三人加入债务,债务人的整体责任承担能力只会增加而不会有所减损,对保证人的权益不会有影响,只会更有利于保证人,因此,不需要保证人书面同意,保证人按照约定继续承担保证责任。

关联法规

《民法典》第469、552条

第六百九十八条 【一般保证人保证责任免除】一般保证的保证人在主债务履行期限届满后，向债权人提供债务人可供执行财产的真实情况，债权人放弃或者怠于行使权利致使该财产不能被执行的，保证人在其提供可供执行财产的价值范围内不再承担保证责任。

条文注释

本条规定在保证人向债权人提供债务人可供执行财产的真实情况时，债权人放弃或怠于行使其债权，导致债务人财产无法执行时，保证人可以在相应范围内免责。此条适用于一般保证的情形。一般保证情形下，债权人需要在对债务人财产执行不能之后，才能主张保证人承担保证责任。

第六百九十九条 【共同保证】同一债务有两个以上保证人的，保证人应当按照保证合同约定的保证份额，承担保证责任；没有约定保证份额的，债权人可以请求任何一个保证人在其保证范围内承担保证责任。

条文注释

共同保证，是指两个或两个以上的保证人为同一债务而向债权人所提供的担保。其特点主要表现在：第一，数个保证人为主债务人提供担保。第二，数个保证人必须为同一债务提供担保。共同保证强调债务的同一性，就债务人而言，既可以是单个的债务人，也可以是数个债务人，但债务应当是同一债务。第三，共同保证人的责任既可以是连带的，也可以是按份的。共同保证既可以是按份共同保证，也可以是连带共同保证。这两种保证的主要区别在于：在债务人不履行债务时，债权人的选择权是否受到限制。如果采取连带责任保证，则债权人既可以选择向债务人行使权利，也可以向各个保证人行使权利。

此条所涉及的按份共同保证和连带共同保证定义的是多个保证人之间的关系，因此，对于共同保证来说，多个保证人之间的关系有按份和连带两种可能。多个保证人之间的关系，结合保证人和主

债务人之间的两种关系,会产生四种保证责任承担方式:

第一,连带共同连带保证。债务人和保证人之间的关系为连带责任保证,多个保证人之间也为连带共同保证,因此,债务履行期限届满时,债权人既可以请求债务人承担全部或部分责任,也可以请求多个保证人中任何一个保证人承担全部或部分责任。

第二,连带共同一般保证。债务人和保证人之间为一般保证关系,保证人享有先诉抗辩权,因此,债务履行期限届满时,债权人需要先请求债务人承担责任,在债务人财产执行不能时,可请求保证人承担责任,由于多个保证人之间的关系为连带共同保证,此时债权人可选择请求其中任意一个保证人承担全部或者部分责任。

第三,按份共同连带保证。债务人和保证人之间的关系为连带责任保证,多个保证人之间为按份共同保证,因此,债务履行期限届满时,债权人可选择请求债务人或者保证人承担全部或者部分责任,但在请求多个保证人承担责任时,由于多个保证人之间为按份共同保证,债权人需要按照约定的份额请求保证人承担责任。

第四,按份共同一般保证。债务人和保证人之间为一般保证关系,保证人享有先诉抗辩权,多个保证人之间为按份共同保证,因此,债务履行期限届满时,债权人需要先请求债务人承担责任,在债务人财产执行不能时,可请求保证人承担责任,且债权人需要按照约定的份额请求多个保证人按份额承担责任。

多个保证人之间的关系,实际上是三种情形:明确约定为按份共同保证;明确约定为连带共同保证,此时为真正连带;没有约定保证份额,但适用本条所规定的"没有约定保证份额的,债权人可以请求任何一个保证人在其保证范围内承担保证责任"的不真正连带共同保证,此时债权人可以请求任何一个保证人承担全部保证责任,保证人承担保证责任之后可以找债务人追偿,但是多个保证人之间没有相互追偿权。

关联法规

《最高人民法院关于适用〈中华人民共和国民法典〉有关担保制度的解释》第13条

第七百条 【保证人追偿权】保证人承担保证责任后，除当事人另有约定外，有权在其承担保证责任的范围内向债务人追偿，享有债权人对债务人的权利，但是不得损害债权人的利益。

条文注释

保证人的追偿权，又称保证人的求偿权，是指保证人在承担保证责任后，可以向主债务人请求偿还的权利。保证人行使追偿权必须具备以下几项要件：(1)必须是保证人已经对债权人承担了保证责任。所谓对债权人承担了保证责任，包括保证人代债务人向债权人为主债关系中的给付义务的清偿，或向债权人承担损害赔偿责任，或向债权人为代物清偿或以物抵债，或抵销，或提存。保证人的追偿，必须限于自己有所给付，致使有偿地消灭主债务人对于债权人的责任。假如自己毫无给付，仅因其尽力致使主债务消灭，如说服债权人，使债权人免除主债务人的债务，则不得向主债务人追偿。(2)必须使主债务人对债权人因保证而免责。如果主债务人的免责不是由保证人承担保证责任的行为引起的，那么保证人就没有追偿权。再者，在保证人的给付额高于主债务人的免责额时，如以价值超过主债务数额之物抵债或者代物清偿，保证人只能就免责额追偿；在保证人的给付额低于主债务人的免责额时，保证人只能就给付额追偿。(3)必须是保证人没有赠与的意思。这是保证人的追偿权的消极要件，保证人在行使追偿权时不必就此举证。

本条中的"享有债权人对债务人的权利"的范围无争议的内容主要包括对债务人财产的抵押权等担保物权、迟延利息或者违约金。

关联法规

《最高人民法院关于适用〈中华人民共和国民法典〉有关担保制度的解释》第3、13、18、23、35条

第七百零一条 【保证人抗辩权】保证人可以主张债务人对债权人的抗辩。债务人放弃抗辩的，保证人仍有权向债权人主张抗辩。

条文注释

保证人享有主债务人所享有的抗辩权，是指在主债权人请求保证人承担保证责任时，保证人有权主张主债务人对债权人享有的各项抗辩权，这也是保证从属性的重要体现。依据本条规定，凡是主债务人所享有的抗辩权，保证人都能主张，这些抗辩包括：主合同未生效的抗辩、主合同无效的抗辩、主合同已经终止的抗辩、主合同已过诉讼时效的抗辩、抵销抗辩，以及主债务人享有的各类抗辩权（包括同时履行抗辩权、不安抗辩权和先履行抗辩权）。例如，如果保证所担保的主合同的债权人与债务人之间符合法定的抵销条件，或者双方经过约定形成抵销的合意，则债务人对债权人享有抵销权。在发生抵销的情形下，保证人有权向主债权人主张仅就剩余的债权承担保证责任。

应当指出的是，即使主债务人放弃这些抗辩权，保证人仍然可以主张。这是因为，这些抗辩权既是主债务人享有的抗辩权，也是法律赋予保证人的抗辩权，主债务人放弃此类抗辩权不应当对保证人的抗辩权产生影响。同时，保证人只有通过行使债务人的抗辩权，才能依法保护自己的权益。

关联法规

《民法典》第525～527条

第七百零二条　【抵销权和撤销权范围内的免责】债务人对债权人享有抵销权或者撤销权的，保证人可以在相应范围内拒绝承担保证责任。

条文注释

债务人享有对债权人的抵销权或者撤销权，保证人也可以在相应范围内免责。这是保证人所享有的权利之一。本条应与第701条作体系解释，都是对保证人权利的具体规定。保证合同是单务、无偿合同，保证人对债权人不享有请求给付的权利，所享有的是抗辩权或其他防御性权利，包括如下几种类型：

（1）主张债务人权利的权利。保证具有附从性，因而主债务人对于债权人所有的抗辩或其他类似的权利,保证人均可主张。

一是关于主债务人的抗辩权。该抗辩权主要有三类:其一,权利未发生的抗辩权。例如,主合同未成立,保证人对此不知情,于此场合,保证人可对债权人主张主债权未成立的抗辩。其二,权利已消灭的抗辩权。例如,主债权因适当履行而消灭。保证人可对债权人主张权利已消灭,拒绝债权人的履行请求。其三,拒绝履行的抗辩权。例如,时效完成的抗辩权、同时履行抗辩权、不安抗辩权、先履行抗辩权等。即使债务人放弃上述抗辩权,保证人也有权主张,因为保证人主张主债务人的抗辩权并非代为主张,而是基于保证人的地位而独立行使。

二是关于主债务人的其他类似权利。这里的其他类似权利包括撤销权和抵销权。在撤销权方面,例如,在主债务人对其主合同有抵销权时,保证人对债权人可以拒绝履行,也就是保证人可以把主债务人的撤销权作为自己抗辩的事由。

(2)基于保证人的地位而特有的抗辩权。基于保证人的地位而特有的抗辩权,在实体法上即先诉抗辩权,一般保证的保证人享有此权。

(3)基于一般债务人的地位应有的权利。在保证关系中,保证人是债务人,因而一般债务人应有的权利,保证人也应享有。例如,在保证债务已经单独消灭时,保证人有权主张;在保证债务未届清偿期时,保证人有权抗辩;在保证合同不成立、无效或被撤销致使保证债务不存在时,保证人有权拒绝履行保证债务;在保证债务罹于诉讼时效时,保证人亦可拒绝负责。

第十四章　租 赁 合 同

第七百零三条　【租赁合同概念】租赁合同是出租人将租赁物交付承租人使用、收益,承租人支付租金的合同。

条文注释

租赁合同有以下特征:(1)租赁合同是转移财产使用权的合同。在租赁的有效期内,承租人可以对租赁物占有、使用、收益,而不能任意处分租赁物。(2)承租人取得租赁物的使用权以支付租金为代价。(3)租赁合同的标的物是有体有形的财产、非消耗物。(4)租赁合同是双务、有偿合同。在租赁合同中,出租人和承租人均享有权利和承担义务,出租人须将租赁物交付承租人,并保证租赁物符合约定的使用状态。承租人负有妥善保管租赁物并按约定按期向出租人支付租金的义务。任何一方当事人在享有权利的同时都是以履行一定义务为代价的。(5)租赁合同具有临时性。租赁合同是出租人将租赁物有限期地交给承租人使用,承租人按照约定使用该租赁物并获得收益。

第七百零四条　【租赁合同主要内容】租赁合同的内容一般包括租赁物的名称、数量、用途、租赁期限、租金及其支付期限和方式、租赁物维修等条款。

条文注释

本条的规定是一个指导性条款,是指在一般情况下,租赁合同应当具备的主要条款,包括如下事项:

(1)有关租赁物的条款。一是租赁物的名称。二是租赁物的数量。三是租赁物的用途。约定租赁物的用途也可以明确承租人对租赁物使用过程中消耗的责任归属问题。

(2)有关租赁期限的条款。租赁期限的长短由当事人自行约定,但不能超过本法规定的最高期限。

(3)有关租金的条款。租金同租赁物一样是租赁合同中必不可少的条款。

(4)有关租赁物维修的条款。对租赁物的维修义务应当由出租人承担,这是出租人在租赁合同中的主要义务。但并不排除在有些租赁合同中承租人负有维修义务。一般有几种情况:一是法律规定承租人负有维修义务。例如,《海商法》规定,光船租赁由承租人负责维修、保养。二是根据商业习惯，租赁物的维修义务由承租人负责。例如，在汽车租赁中，一般都是由承租人负责汽车的维修的。三是根据民间习俗。

第七百零五条　【租赁最长期限】租赁期限不得超过二十年。超过二十年的，超过部分无效。

租赁期限届满，当事人可以续订租赁合同；但是，约定的租赁期限自续订之日起不得超过二十年。

条文注释

20年实际上并不是一个绝对的最长期限，因为如果租赁合同双方当事人在20年期满时，仍然希望保持租赁关系，可以采取两个办法：一是并不终止原租赁合同，承租人仍然使用租赁物，出租人也不提出任何异议。这时法律规定视为原租赁合同继续有效，但租赁期限为不定期，如果一方当事人想解除合同随时都可以为之，这种情况被称为合同的"法定更新"。二是双方当事人根据原合同确定的内容再续签一个租赁合同，如果需要较长的租期，当事人仍然可以再订一个租期为20年的合同，这种情况被称为"约定更新"。

第七百零六条　【租赁合同登记备案对合同效力影响】当事人未依照法律、行政法规规定办理租赁合同登记备案手续的，不影响合同的效力。

条文注释

对租赁合同进行登记的规定主要体现在房屋租赁关系中，即当事人订立、变更、终止房屋租赁合同，应当向房屋所在地直辖市、市、县人民政府建设（房地产）主管部门办理登记备案。房屋租赁登记的对象是租赁合同的内容及变动情况。

本条规定否认了登记备案作为租赁合同生效要件的观点，确认未登记不影响合同效力。这不仅出于对合同当事人意思自治的尊重，同时也与租赁权的债权性质保持一致。

第七百零七条　【租赁合同形式】租赁期限六个月以上的，应当采用书面形式。当事人未采用书面形式，无法确定租赁期限的，视为不定期租赁。

条文注释

法律并不特别要求合同当事人采用何种形式订立合同，但是法律、行政法规规定采用书面形式的，应当采用书面形式。

本条所称的超过或低于6个月的租赁期限，应指当事人所约定的租赁期限。本条对租赁合同的形式作了以下几个层次的规定：第一，租赁期限不满6个月的租赁合同，可以采用口头形式也可以采用书面形式。第二，租赁期限在6个月以上的应当采用书面形式。第三，租赁期限6个月以上的，当事人没有采用书面形式，并非导致合同无效，而是产生约定的期限不予承认的效果，双方可以随时解除合同。

在本条规定中，即使应采用书面形式而未采用，也有可以视为定期租赁的情况。其一，如果租赁合同虽未采用书面形式，但双方当事人对租赁期限无争议的，应为定期租赁。其二，即使双方当事人对租赁期限有争议，但一方如果能举证证明约定有确切的租赁期限的，应为定期租赁。其三，若双方对租赁期限有争议，可以参照本法第510条确定租赁期限，也可以适用本法第730条关于租赁期限“没有约定或者约定不明确”情形下的规定。“无法确定”的表述意味着，不仅当事人自身可以对约定期限情况进行举证证明，司法机关也可以依据法律规定的关于合同约定不明情况下，根据交易习惯、行业标准等进行推定。

关联法规

《民法典》第469条

第七百零八条　【出租人交付租赁物义务和对租赁物的瑕疵担保责任】出租人应当按照约定将租赁物交付承租人，并在租赁期限内保持租赁物符合约定的用途。

条文注释

本条规定，出租人应当按照约定将租赁物交付承租人。如果租赁物分主物和从物时，在交付主物的同时应将从物一并交付承租人。

租赁合同与买卖合同在性质上都属于有偿合同，其合同标的都是特定的物，存在一定的共性。依据本法第646条，法律对其他有偿合同没有规定的，可参照适用买卖合同的有关规定，因此，租赁合同可适用买卖合同的相关规定。

关于约定的用途：首先，出租人应保证租赁物具备应有的使用价值。其次，若双方约定了租赁物特殊使用目的下的用途，出租人也应尽到相应的瑕疵担保义务。

本条规定出租人对租赁物的瑕疵担保责任在合同履行的两个阶段都有要求：一是在租赁物交付时保证交付的租赁物符合约定的用途，具有品质完整的使用价值，使承租人能够正常使用。二是在租赁期限内保持租赁物符合约定的用途。在租赁期限内如果租赁物本身出现问题，承租人请求出租人进行维修时，出租人应对其进行及时的维修，以保证承租人的正常使用。出租人如不能及时予以维修，承租人可以自行维修，维修的费用应由出租人负担。因维修租赁物影响承租人使用时，承租人有权请求减少租金或延长租期。

第七百零九条　【承租人按约定使用租赁物的义务】承租人应当按照约定的方法使用租赁物。对租赁物的使用方法没有约定或者约定不明确，依据本法第五百一十条的规定仍不能确定的，应当根据租赁物的性质使用。

条文注释

承租人按约定使用租赁物是承租人的一项义务。承租人履行此项义务的条件是：第一，租赁物已由出租人按约定交付承租人，承租人对租赁物已实际占有，因此，取得了对该租赁物的使用权。第二，出租人交付的租赁物符合约定中的质量、数量、用途的要求，不存在瑕疵。第三，双方当事人能够约定租赁物的使用方法或者根据租赁物的性质可以确定其使用方法。如果难以确定其使用方法，很难要求承租人履行此项义务。

按约定的方法使用租赁物，应注意以下几个方面：首先，体现在如果约定租赁物用途的，必须按约定的用途使用租赁物。其次，在按照约定的用途进行使用的情形下，当事人还可就具体的利用方式、利用手段等作出约定限制。如房屋租赁中，双方还可以就是否对入住人数加以限制、是否允许对房屋转租等利用方式的具体内容进行约定。承租人如果违反了按约定使用租赁物的义务，就要承担相应的违约责任。如租赁物受到损害，就要对出租人赔偿损失，有约定违约金的应当支付违约金，出租人还有权解除合同。

第七百一十条　【承租人按约定使用租赁物的免责义务】承租人按照约定的方法或者根据租赁物的性质使用租赁物，致使租赁物受到损耗的，不承担赔偿责任。

条文注释

对租赁物的使用可能分两种不同具体情况：其一，双方约定的使用方法符合租赁物性质或依据租赁物性质使用租赁物，该租赁物的损耗乃正常使用不可避免，即该损耗不因承租人的不同而有所改变增减。其二，由于尊重意思自治，则双方可以约定不依据租赁物的性质使用租赁物。在该种情况下，可能会造成租赁物非按照通常使用方式下的额外损耗。但依据本条，此种损耗依然是按照约定的方法进行所必然产生，因出租人已经允许以该种方式进行，故就需要承担额外损耗的后果。

本条所称的“损耗”应当与“损失、损毁”相区分。从语义上理解，损耗应当不包括严重损毁以致毁灭的程度。因此，该条与租赁物在租赁期内毁损灭失情形下责任承担与赔偿的问题应当有所区分。在存在过失造成毁损灭失的情况下，考虑承担赔偿责任的范围问题时，需要将本条所称的损耗予以排除。由于租赁合同为持续性合同，其签订后往往要保持租赁物由承租人实际占有一段时间，若毁损灭失的发生是在合同签订后较长一段时间内，则租赁物已经产生合理损耗。此时,对于过失造成的毁损灭失进行赔偿,由于自然合理损耗应当为出租人取得租金所应承担的合理损失,故不应包含在赔偿范围内。但由于租赁物毁损、灭失后,租赁物最终停留在非正常损耗的状态之下,因此,如何计算相应时间内的合理损耗,还需要结合租赁物的性质、交易习惯、合同约定的适用方式、合同目的等各方面因素予以确定。

第七百一十一条　【承租人未按约定使用租赁物的责任】承租人未按照约定的方法或者未根据租赁物的性质使用租赁物,致使租赁物受到损失的,出租人可以解除合同并请求赔偿损失。

条文注释

未按照约定的方法,既包括合同有约定情形下,未按照租赁合同约定的用途使用租赁物,未按照双方约定的具体使用方式使用租赁物;也包括合同未约定,或约定不明的情形下,未按照本法第510条确定的使用方法使用租赁物,及无法确定情形下未依据租赁物本身性质使用租赁物的情况。具备其中的情形,即认为承租人对租赁物的损失具有过错,对造成的损失负有赔偿损失的责任。

本条中的“损失”应当包括直接损失和间接损失。直接损失是指承租人不按约定的方法或未依据租赁物性质使用的行为造成租赁物本身价值减少、灭失或损毁,以及出租人因此所需要增加的支出。间接损失是指因承租人的行为造成出租人就该租赁物既得利益的减少。承租人造成租赁物灭失的情况下不可逆,但租赁物毁损并非完全不可逆。根据造成毁损的方式和程度,也可以先履行一定的修缮义务进行补救。承租人在租赁期限内未按照约定的方法或依据租赁物性质使用租赁物,如果在租赁期满前,承租人及时修复,且未对出租人将租赁物正常对外出租造成影响的,出租人不存在租金损失的问题。但是,如果承租人在租赁期满后,仍然拒绝修复租赁物,影响出租人将租赁物正常对外出租的,承租人应当赔偿出租人对租赁物进行维修期间的租金损失。此外,出租人应当在承租人拒绝对租赁物进行修复后的合理期限内及时对租赁物进行修复,如果出租人未在合理期限内及时修复,无权就因其自身原因导致扩大的租金损失要求承租人赔偿,即出租人的租金损失赔偿范围受到法律规定的减损规则的限制。

本条还规定了出租人对承租人违约行为的救济手段,即可以解除合同并请求赔偿损失。在租赁期限尚未届满时,出租人有权解除合同并要求承租人赔偿损失;在租赁期限届满时,出租人无须解除合同,可直接要求承租人赔偿损失。

第七百一十二条 【出租人维修义务】出租人应当履行租赁物的维修义务,但是当事人另有约定的除外。

条文注释

维修义务是指在租赁物出现不符合约定的使用状态时,出租人须对该租赁物进行修理和维护,以保证承租人能够正常使用该租赁物。维修义务也包括对租赁物的正常保养。出租人的维修义务并不是绝对的、无限的,应当满足如下要件:其一,有维修的正当理由,即限于租赁物本身的缺陷造成,对承租人增添于租赁物的缺陷无维修的义务。如果是因为承租人的保管使用不善,造成租赁物损坏时,出租人不负有维修的义务。其二,租赁物有维修的必要。有维修的必要是指租赁物已出现影响正常使用、发挥效用的情况,不进行维修就不能使用,出租人应对租赁物进行及时的维修,以保证其正常使用。其三,租赁物有维修的可能。有维修的可能是指租赁物损坏后能够将其修好以恢复或达到损坏前的状态。维修不能,包括事实不能与经济不能。无论事实不能还是经济不能,出租人皆无维修义务。此时出租人的维修义务就转化为承担一定的民事责任的义务,如减少租金等。其四,当事人无相反的约定。基于租赁合同债权相对性,尊重当事人意思自治,允许当事人对维修义务的分配作出约定,即另有约定时也存在承租人承担维修义务的情况。

第七百一十三条　【出租人不履行维修义务的法律后果】承租人在租赁物需要维修时可以请求出租人在合理期限内维修。出租人未履行维修义务的,承租人可以自行维修,维修费用由出租人负担。因维修租赁物影响承租人使用的,应当相应减少租金或者延长租期。

因承租人的过错致使租赁物需要维修的,出租人不承担前款规定的维修义务。

条文注释

出租人履行维修义务,可以由出租人主动做出,也可以由承租人提出。承租人请求出租人履行维修义务的,以租赁物有维修的必要及维修的可能为要件。租赁物有维修的必要是指租赁物发生毁损等情事,如不维修将致使承租人对租赁物不能为使用、收益或不能圆满地为使用、收益。租赁物是否具有维修的可能,不仅应以物理上或技术上是否可能作为判断标准,还应以社会一般观念或经济上的意义加以决定。因此,事实上不能维修;虽能维修,但维修已不能使租赁物恢复至适用于合同约定的使用、收益状态;虽能维修,但维修本身耗费过巨,而效果显然不足以弥补维修费用;维修无异于新造或重大改造等情形,均可视为维修不能。租赁物有维修的必要及可能时,承租人可以向出租人发出维修的请求,催告出租人在合理的期限内对租赁物进行维修。该合理期限应当根据租赁物的损坏程度、承租人需要维修的紧迫程度以及出租人的维修能力等具体情况确定。

出租人无正当理由在催告确定的合理期限内没有对租赁物进行维修的,构成不履行维修义务,承租人可以自行修理。由此支出的费用应当由出租人负担,承租人已经垫付的,有权要求出租人偿还,或要求抵扣租金。同时,出租人不履行维修义务,任凭租赁物部分或全部毁损、灭失,致使承租人无法实现合同目的的,构成根本违约,承租人可依据本法的有关规定,解除合同并请求出租人承担违约责任。

第七百一十四条　【承租人妥善保管租赁物义务】承租人应当妥善保管租赁物,因保管不善造成租赁物毁损、灭失的,应当承担赔偿责任。

条文注释

妥善保管租赁物也是承租人的主要义务之一。承租人的保管义务应包括以下几项内容:第一,按照约定的方式或者租赁物的性质所要求的方法保管租赁物。第二,按照租赁物的使用状况进行正常的维护。第三,通知和协助。租赁期限内,租赁物有瑕疵并影响承租人正常使用时,承租人应及时通知出租人,并采取积极措施防止损坏的扩大。有时租赁物发生故障来不及要求出租人维修,如果承租人有能力,也有可能先行对其进行维修,维修的费用由承租人先垫付,之后可向出租人追偿或者在租金里扣除。承租人绝不能因维修义务应由出租人负担,就对租赁物坐视不管,这样就没有尽到善良管理人的义务。

承租人如果没有对租赁物尽到上述妥善保管的义务,造成租赁物毁损、灭失的,应当承担损害赔偿责任。

第七百一十五条　【承租人对租赁物进行改善或增设他物】承租人经出租人同意,可以对租赁物进行改善或者增设他物。

承租人未经出租人同意,对租赁物进行改善或者增设他物的,出租人可以请求承租人恢复原状或者赔偿损失。

条文注释

承租人在征得出租人同意后对租赁物进行改善或者增设他物的,使其使用效用和本身的价值增加了,在租赁的有效期限内是不成问题的,但如果租赁期限届满,承租人须将租赁物返还出租人时就有一个与原租赁物的状况发生变化如何处理的问题,一般应遵循以下规则:第一,可以要求出租人偿还由于改善或增设他物使租赁物的价值增加的那部分费用。但仅限于合同终止时租赁物增加的价值额,而不能以承租人实际支付的数额为准。第二,对于增设他物的,如果可以拆除并不影响租赁物的原状,承租人最好拆除,承租人也有权拆除。

承租人未经出租人同意对租赁物进行改善、增设他物的,承租人不但不能要求出租人返还所支付的费用,反过来出租人可以要求承租人恢复原状或者赔偿损失。

关联法规

《最高人民法院关于审理城镇房屋租赁合同纠纷案件具体应用法律若干问题的解释》第6~12条

第七百一十六条　【承租人对租赁物转租】承租人经出租人同意,可以将租赁物转租给第三人。承租人转租的,承租人与出租人之间的租赁合同继续有效;第三人造成租赁物损失的,承租人应当赔偿损失。

承租人未经出租人同意转租的,出租人可以解除合同。

条文注释

转租,是指承租人将租赁物转让给第三人使用、收益,承租人与第三人形成新的租赁合同关系,而承租人与出租人的租赁关系继续合法有效的一种交易形式。转租包括经出租人同意和未经出租人同意两种情况。

(1)经出租人同意的转租。经出租人同意的转租包括两种情形:一是在租赁合同订立时明确约定承租人有权转租租赁物;二是在租赁期限内承租人征得出租人同意将租赁物转租。

(2)未经出租人同意的转租,出租人可以解除合同。擅自将租赁物转租他人造成多层次的对租赁物的占有关系,增加了出租人要求返还租赁物的困难或使租赁物的毁损程度加重,所以出租人有权解除合同。

关联法规

《民法典》第718条

第七百一十七条　【转租期限】承租人经出租人同意将租赁物转租给第三人，转租期限超过承租人剩余租赁期限的，超过部分的约定对出租人不具有法律约束力，但是出租人与承租人另有约定的除外。

条文注释

承租人经出租人同意将租赁物转租给第三人后，出租人与承租人的原租赁合同仍然有效，承租人同样需要承担原租赁合同中约定的权利义务；转租人（承租人）与次承租人之间按照新租赁合同中的约定行使自己的权利义务。

本条规定转租合同中约定的转租期限超过承租人剩余租赁期限的，该约定只要不存在本法规定的无效事由即为有效，次承租人也因此取得相应权利，但该权利仅对出租人不产生法律约束力。原租赁合同期限届满后，出租人可以要求次承租人限期返还租赁物，次承租人则可依据转租合同的约定向承租人主张违约责任。

第七百一十八条　【视为出租人同意转租】出租人知道或者应当知道承租人转租，但是在六个月内未提出异议的，视为出租人同意转租。

条文注释

出租人同意承租人转租后，将对出租人、承租人和次承租人都产生一定的法律后果，因此出租人将该同意的意思表示于外的行为，属于意思表示。根据本法第140条的规定，行为人可以明示或者默示作出意思表示。所谓默示的意思表示，是指行为人虽没有以语言或文字等明示方式作出意思表示，但通过其行为可以推定出其作出一定的意思表示。在现实生活中也会出现以沉默的方式作出的意思表示。沉默是一种既无语言表示也无行为表示的纯粹的缄默，是一种完全的不作为。沉默只有在有法律规定、当事人约定或者符合当事人之间的交易习惯时，才可以视为意思表示。本条规定的出租人明知承租人转租，但在6个月内不提出任何异议的不作为，就是一项法律关于沉默的意思表示的特殊规定。

第七百一十九条　【次承租人代为清偿权】承租人拖欠租金的，次承租人可以代承租人支付其欠付的租金和违约金，但是转租合同对出租人不具有法律约束力的除外。

次承租人代为支付的租金和违约金，可以充抵次承租人应当向承租人支付的租金；超出其应付的租金数额的，可以向承租人追偿。

条文注释

承租人经出租人同意转租的，次承租人与出租人之间不存在合同关系，故而次承租人本不应向出租人支付租金。但是，根据本法第524条第1款的规定，第三人对债之履行有利害关系时，无须债务人或债权人的同意即可代为履行债务，债权人不得拒绝。并且租金属于金钱之债，不具有只能由承租人履行的性质，因此次承租人有权向出租人代为履行，出租人不得拒绝。

当然，未经出租人同意转租的，在租赁合同未解除的情况下，转租合同对出租人不具有法律约束力。第三人对租赁物的占有属于无权占有，作为所有权人的出租人有权随时要求该第三人返还租赁物，故该第三人对租赁物并不具有合法权利，对该租金债务的履行不具有“合法利益”，出租人有权拒绝其代为履行的请求。

第七百二十条　【租赁物收益归属】在租赁期限内因占有、使用租赁物获得的收益，归承租人所有，但是当事人另有约定的除外。

条文注释

本条中的收益是指承租人因占有、使用租赁物而获得的效益。收益包括两类：一类是因为占有租赁物而产生的收益；另一类是使用租赁物而产生的收益，如承租人从房屋租赁的转租中收取的超额租金等。除当事人在合同中另有约定外，租赁期限内承租人因占有、使用租赁物获得的收益归承租人所有。

第七百二十一条　【租金支付期限】承租人应当按照约定的期限支付租金。对支付租金的期限没有约定或者约定不明确,依据本法第五百一十条的规定仍不能确定,租赁期限不满一年的,应当在租赁期限届满时支付;租赁期限一年以上的,应当在每届满一年时支付,剩余期限不满一年的,应当在租赁期限届满时支付。

条文注释

支付租金是承租人的主要义务。在实际生活中,一些当事人在订立合同时,未约定租金支付期限或约定不明确,可以进行进一步的协商、达成协议。如果不能达成协议,且依据合同的有关条款和交易习惯也不能确定的,按照本条的规定可依据下述方法确定支付期限:(1)租赁期限不满1年的,租金应当在租赁期限届满时支付。(2)租赁期限1年以上的,应当在每届满1年时支付,剩余期限不满1年的,应当在租赁期限届满时支付。如当事人在2005年5月订立了一份房屋租赁合同,租期为4年6个月,承租人就应在之后4年的每年5月向出租人支付租金,到2009年5月为第4年时,租期还有6个月,最后一次租金的支付日期应为2009年11月。

第七百二十二条　【承租人违反支付租金义务的法律后果】承租人无正当理由未支付或者迟延支付租金的,出租人可以请求承租人在合理期限内支付;承租人逾期不支付的,出租人可以解除合同。

条文注释

本条规定,承租人在租赁期限内无正当理由不得拒付和迟延支付租金。所谓正当理由包括以下几种情况:一是因不可抗力或意外事件,使租赁物部分或者全部毁损、灭失的,承租人已无法对租赁物使用、收益,承租人可以请求不支付租金。二是因出租人没有履行义务或不完全履行义务。例如,交付的租赁物不符合约定的使用要求;在租赁期限内租赁物出现质量问题,出租人不尽维修义务的。三是因承租人本身发生一些意外事件致使其暂时无力支付租金。例如,用于居住的房屋租赁的承租人因生重病住院,经济上出现暂时困难,无力支付到期租金。在这些情况下,可以请求出租人适当延缓交付。

承租人不支付租金虽然是一种根本违约行为,但出租人并不一定要马上解除合同,为了保持合同的稳定性,可以给承租人补救的机会。因此,本条规定,出租人可以请求承租人在合理期限内支付。承租人经催告后在合理的期限内仍不支付租金的,出租人可以解除合同。租赁合同被解除后,租赁期限尚未届满的,合同终止履行,承租人应返还租赁物,承租人欠付的租金以及对出租人造成的损害,应当进行清算。

第七百二十三条　【出租人权利瑕疵担保责任】因第三人主张权利,致使承租人不能对租赁物使用、收益的,承租人可以请求减少租金或者不支付租金。

第三人主张权利的,承租人应当及时通知出租人。

条文注释

出租人的权利瑕疵担保,是指出租人担保第三人不能就租赁物主张任何权利。权利瑕疵担保责任是指当第三人对租赁物主张权利时,出租人所应承担的责任。权利瑕疵担保责任的构成要件为:(1)权利瑕疵在合同成立时已存在;(2)相对人不知有权利瑕疵的存在,如果在订立合同时相对人明知行为人对该物无处分权而与之订立合同,相对人不能作为善意相对人而享受对对方的权利的瑕疵担保的要求;(3)权利瑕疵在合同成立后仍未能排除,如果在合同成立时,虽有权利瑕疵,但在合同成立后,行为人取得了该物的处分权,则应视为权利瑕疵已经除去。

出租人承担权利瑕疵担保责任的条件为:第一,因第三人向承租人主张权利。第三人主张权利可以是第三人作为租赁物的所有人主张出租人对租赁物无处分权,该租赁合同无效;也可以是第三人作为租赁物的抵押权人,在义务人不履行义务时,要求实现其抵押权。第二,第三人主张权利妨碍承租人对租赁物的使用和收益。第三,承租人在订立合同时不知有权利瑕疵。如果承租人在订立合同时明知出租人对该租赁物没有处分权，而自愿承担第三人主张权利的风险，出租人不负瑕疵担保责任。

在第三人主张权利时，除出租人已经知道第三人主张权利外，承租人应当及时通知出租人，如果承租人怠于通知致使出租人能够救济而未能及时救济的，则出租人对承租人的损失不负赔偿责任。承租人及时通知出租人，出租人对第三人主张权利不能排除的，承租人事实上对租赁物已无法使用、收益，这时，承租人有权请求减少租金或不支付租金。

第七百二十四条 【非承租人原因致使租赁物无法使用时承租人解除权】有下列情形之一，非因承租人原因致使租赁物无法使用的，承租人可以解除合同：

（一）租赁物被司法机关或者行政机关依法查封、扣押；

（二）租赁物权属有争议；

（三）租赁物具有违反法律、行政法规关于使用条件的强制性规定情形。

条文注释

租赁合同中，根据解除权行使主体不同分为承租人享有法定解除权和出租人享有法定解除权的情形，本条规定的是承租人享有法定解除权的情形。综合本法的相关规定，承租人享有法定解除权的情形如下：一是因不可抗力致使不能实现合同目的的；二是出租人未按约定交付租赁物，经承租人催告在合理期限内仍拒不交付租赁物的；三是因不可归责于承租人的事由致使租赁物部分或全部毁损、灭失，致使合同目的不能实现的；四是不定期租赁，承租人有权随时解除合同；五是租赁物危及承租人安全或健康的，即使承租人订立合同时明知该租赁物质量不合格，承租人仍有权随时解除合同；六是司法机关或者行政机关依法查封租赁房屋导致承租人不能使用的；七是租赁物权属有争议导致承租人不能使用的；八是不符合《建筑法》《消防法》等法律关于房屋使用条件的强制性规定并导致承租人不能使用的；九是“一物数租”之有效合同不能实际履行的。

所谓"无法使用",是指无法按照租赁物的约定用途使用,或者无法按照租赁物的性质使用。

关联法规

《最高人民法院关于审理城镇房屋租赁合同纠纷案件具体应用法律若干问题的解释》第2、3条

第七百二十五条　【买卖不破租赁】租赁物在承租人按照租赁合同占有期限内发生所有权变动的,不影响租赁合同的效力。

条文注释

本条的规定体现了租赁权的物权化。所谓物权化,是指在承租人依据租赁合同占有租赁物期限内,承租人对租赁物的占有使用可以对抗第三人,即使是该租赁物所有权人或享有其他物权的人也不例外。"买卖不破租赁",是指当出租人在租赁合同有效期内将租赁物的所有权转让给第三人时,租赁合同对新所有权人有效。

"买卖不破租赁"并不限于出租人出售租赁物的行为,还应包括赠与以及遗赠、互易甚至将租赁物作为合伙投资等情况,上述情况都会涉及租赁物的所有权变动问题。本条规定中"不影响租赁合同的效力"是指承租人依据租赁合同占有期限内发生所有权变动后,其设定在该租赁物上的租赁权仍然存在,承租人与受让人之间无须另行订立租赁合同,受让人继承原出租人的权利和义务,受让人要受该租赁合同的约束。如果出租人没有将所有权变动的事项通知承租人,承租人向原出租人支付的租金效力及于受让人。

关联法规

《最高人民法院关于审理城镇房屋租赁合同纠纷案件具体应用法律若干问题的解释》第14条

第七百二十六条　【房屋承租人优先购买权】出租人出卖租赁房屋的,应当在出卖之前的合理期限内通知承租人,承租人享有以同等条件优先购买的权利;但是,房屋按份共有人行使优先购买权或者出租人将房屋出卖给近亲属的除外。

出租人履行通知义务后，承租人在十五日内未明确表示购买的，视为承租人放弃优先购买权。

条文注释

房屋承租人优先购买权的适用条件包括以下几个方面：第一，存在合法有效的房屋租赁合同关系，即两者之间的房屋租赁合同依法成立并生效。第二，在同等条件下行使。在非同等条件下，承租人不能享有优先购买权。第三，必须在一定期限内行使。如果出租人通知承租人其将要出卖租赁的房屋，而承租人在15日内没有购买的意思表示，则承租人优先购买权丧失。

同时，本条也规定了房屋承租人优先购买权行使的限制情形：第一，共有人的优先购买权与承租人优先购买权行使的竞合。本法第306条规定，按份共有人在同等条件下也享有优先购买权。本条将按份共有人行使优先购买权作为承租人行使优先购买权的例外。第二，本条确认出租人将租赁房屋出卖给近亲属的，承租人不得主张优先购买权。

关联法规

《最高人民法院关于审理城镇房屋租赁合同纠纷案件具体应用法律若干问题的解释》第15条

第七百二十七条　【委托拍卖情况下房屋承租人优先购买权】出租人委托拍卖人拍卖租赁房屋的，应当在拍卖五日前通知承租人。承租人未参加拍卖的，视为放弃优先购买权。

条文注释

拍卖的特质导致其与承租人的优先购买权存在一定冲突，由于优先购买权有一定的优先效力，在拍卖程序中亦不例外。《最高人民法院关于人民法院民事执行中拍卖、变卖财产的规定》第13条第1款规定："拍卖过程中，有最高应价时，优先购买权人可以表示以该最高价买受，如无更高应价，则拍归优先购买权人；如有更高应价，而优先购买权人不作表示的，则拍归该应价最高的竞买人。"在拍卖负担有优先购买权的租赁房屋时一般遵循如下程序:(1)拍卖通知。出租人在拍卖5日前以书面或者其他能够确认收悉的适当方式,通知优先购买权人于拍卖日到场。(2)优先购买权人应按照拍卖通知或拍卖公告的要求,与其他竞买人一样进行竞买登记、缴纳竞买保证金,在拍卖日到场参加竞拍。(3)举牌应价。若优先购买权人在出现最高应价时表示以该最高价买受,如无更高应价,则拍归优先购买权人。

第七百二十八条　【出租人妨害承租人优先购买权的法律后果】出租人未通知承租人或者有其他妨害承租人行使优先购买权情形的,承租人可以请求出租人承担赔偿责任。但是,出租人与第三人订立的房屋买卖合同的效力不受影响。

条文注释

本条所说的赔偿的范围是实际损失,即优先购买权人要获得类似房屋所多支出的价款损失,以及在购买房屋过程中支出的费用损失。这些损失都是因为出租人侵害承租人优先购买权而造成的,所以出租人应当赔偿。另外,如果承租人确有足够证据证明买受人与出租人恶意串通,则可以按照合同无效的相关规定主张合同无效。

第七百二十九条　【租赁物毁损、灭失的承租人的请求权】因不可归责于承租人的事由,致使租赁物部分或者全部毁损、灭失的,承租人可以请求减少租金或者不支付租金;因租赁物部分或者全部毁损、灭失,致使不能实现合同目的的,承租人可以解除合同。

条文注释

本条规定的是在承租人已尽了善良管理人的义务的情况下,由于其他原因,造成租赁物的毁损、灭失的,承租人享有何种权利。

不可归责于承租人的事由有下列几种情况:第一,因不可抗力的原因造成租赁物毁损、灭失的。第二,因意外事件造成租赁物毁损、灭失的。第三,因出租人不履行义务造成租赁物毁损、灭失的。

在上述三种情况下,由于承租人对租赁物已不能使用或使用的效能受到了影响，本条规定承租人可行使以下权利：第一，要求减少租金或不支付租金。减少租金一般适用于租赁物部分毁损，但还能够使用；或者是承租人已经支付了部分租金，租赁物全部毁损、灭失的，已支付的租金不再返还，未支付的租金不再支付。不支付租金一般是指租赁物虽然部分毁损，但已失去其效用或者租赁物全部毁损、灭失，承租人已不能使用该租赁物，当然可以要求不支付租金。不支付租金的法律后果实际上是合同已不可能履行，当承租人不支付租金时，如果出租人同意，合同实际上是协议解除，合同终止。第二，解除合同。解除合同的条件是不能实现合同目的。这里规定的解除条件比本法第563条规定的“因不可抗力致使不能实现合同目的”的范围要宽。即使不是不可抗力，只要承租人没有过错，租赁物毁损、灭失的，实际上已经不可能再履行合同了，这时承租人可以行使解除权。这种解除权不同于上面所说的协议解除，它是法定解除，也不是请求权，而是一种形成权，即承租人主张解除合同的，只要通知到达出租人，合同即行解除，如果出租人对此有异议，提请诉讼或仲裁，人民法院或者仲裁机构也只是对承租人行使解除权的效力进行确认。

第七百三十条 【租赁期限没有约定或约定不明确时的法律后果】当事人对租赁期限没有约定或者约定不明确，依据本法第五百一十条的规定仍不能确定的，视为不定期租赁；当事人可以随时解除合同，但是应当在合理期限之前通知对方。

条文注释

根据本条规定，当事人对租赁期限没有约定或者约定不明确时，应首先依照本法第510条的规定进行协议补充。如果合同双方当事人既不能就租赁期限达成补充协议，又不能根据合同有关条款或者交易习惯加以确定，只要出租人没有收回租赁物的意思，同时也没有收回行为并且继续收取租金的，就表明租赁关系仍然存在，但这时的租赁视为不定期租赁，双方当事人可以随时解除合同。如果承租人在使用租赁物后已达到了其预期目的，同时履行了其义务,可以提出终止合同的履行;如果出租人对租赁物有客观原因需要利用,而非出于其他恶意,可以在保障承租人利益不受损害的情况下,收回租赁物。但出租人解除合同时,应依诚实信用原则,在一个合理期限之前通知承租人。

第七百三十一条 【租赁物质量不合格时承租人解除权】租赁物危及承租人的安全或者健康的,即使承租人订立合同时明知该租赁物质量不合格,承租人仍然可以随时解除合同。

条文注释

出租人的瑕疵担保责任包括权利瑕疵担保责任和物的瑕疵担保责任(也称质量瑕疵担保责任)。出租人的权利瑕疵担保,是指出租人应担保不因第三人对承租人主张权利而使承租人不能为使用收益。出租人的物的瑕疵担保是指出租人应担保所交付的租赁物能够为承租人依约正常使用收益。构成出租人的物的瑕疵担保责任的条件有两个:第一,租赁物有瑕疵。租赁物有瑕疵,即标的物的品质或者数量不符合约定的标准,或者不符合标的物的通常使用状态。租赁物无论是在交付前还是于交付后发生瑕疵的,出租人均负有瑕疵担保责任。第二,承租人于合同订立时不知租赁物有瑕疵,也不存在可以免除出租人责任的情形。

根据本条规定,租赁物危及承租人的安全或者健康的,即使承租人订立合同时明知该租赁物质量不合格,承租人仍然可以随时解除合同。

第七百三十二条 【房屋承租人死亡的租赁关系的处理】承租人在房屋租赁期限内死亡的,与其生前共同居住的人或者共同经营人可以按照原租赁合同租赁该房屋。

条文注释

在住房租赁中,承租人取得的只是房屋使用权,原则上其承租权不得继承。承租人死亡后,生前未与其共同生活的亲属或者法定继承人,如果确需继续租用住房的,享有优先承租权,可以与出租人另行签订房屋租赁合同。但是，在租赁期限内，与承租人共同居住的人有在租赁的房屋内居住的权利，出租人不得干涉。承租人死亡后，生前与承租人共同居住的人可以继续租赁原住房，但应与出租人办理续租手续，变更承租人。承租人死亡后无共同居住之人的，租赁关系终止。原共同居住之人另有住房的，也可以终止租赁关系。

第七百三十三条　【租赁期限届满承租人返还租赁物】租赁期限届满，承租人应当返还租赁物。返还的租赁物应当符合按照约定或者根据租赁物的性质使用后的状态。

条文注释

租赁期限届满，承租人应向出租人返还租赁物，这是租赁合同中承租人的一项主要义务，它主要包括以下三方面的内容：

(1)承租人应于租赁关系终止时向出租人返还租赁物。例如，在租赁物灭失的情况下，租赁关系也当然终止，但承租人无返还租赁物的义务。如果租赁物系承租人的原因而灭失的，承租人应负损害赔偿责任；租赁物非因承租人的原因灭失的，承租人不负责任。

(2)承租人返还的租赁物应当符合按照约定或者根据租赁物的性质使用后的状态。承租人未经出租人同意对租赁物改建、改装或者增加附着物的，于返还租赁物时应当恢复原状；如果承租人的行为是经出租人同意的，承租人可以不恢复原状，并可以在现有增加价值的范围内向出租人请求偿还费用。

(3)租赁期限届满，承租人应当及时向出租人返还租赁物。承租人不及时返还租赁物，应负违约责任，出租人既可以基于租赁关系要求承租人返还，也可以基于所有权要求承租人返还，因为租赁关系终止后，承租人已没有占有租赁物的合法依据。承租人不仅应当支付逾期返还租赁物的租金、偿还违约金或赔偿损失，还应承担租赁物逾期返还期间意外灭失的风险。

第七百三十四条　【租赁期限届满承租人继续使用租赁物及房屋承租人的优先承租权】租赁期限届满，承租人继续使用租赁物，出租人没有提出异议的，原租赁合同继续有效，但是租赁期限为不定期。

租赁期限届满，房屋承租人享有以同等条件优先承租的权利。

条文注释

根据本条第 1 款的规定，租赁期限届满，承租人仍继续对租赁物为使用收益，出租人亦不反对；承租人继续支付租金，而出租人也接受了。当事人有此行为即可以推定双方有继续租赁关系的意向，租赁期限视为更新。但在这种情况下，当事人之间的定期租赁更改为不定期租赁，任何一方当事人均可以随时解除合同。

本条第 2 款是关于承租人的优先承租权的规定。法定优先承租权的行使条件包括以下几个要件：第一，存在合法有效的租赁关系。应注意的是，对于转租而言，基于合同的相对性，次承租人仅与承租人存在租赁关系，因此只能向承租人而非出租人主张优先承租权。第二，出租人继续出租房屋。第三，满足同等条件。承租人行使该权利时续租的租赁条件应当与第三人的同等。第四，在合理期限内主张。此外，为保障承租人在合理期限内能够主张权利，出租人应当承担通知义务。

第十五章　融资租赁合同

第七百三十五条　【融资租赁合同概念】融资租赁合同是出租人根据承租人对出卖人、租赁物的选择，向出卖人购买租赁物，提供给承租人使用，承租人支付租金的合同。

条文注释

融资租赁是一种贸易与信贷相结合，集融资与融物为一体的综合性交易。典型的融资租赁合同具有以下三方面的含义：第一，出租人须根据承租人对出卖人和租赁物的选择出资购买租赁物。这是融资租赁合同不同于租赁合同的一个重要特点。第二，出租人须将购买的租赁物交付承租人使用收益。第三，承租人须向出租人支付租金。也正是在这种意义上，该种合同的名称中含有“租赁”一词。

关联法规

《最高人民法院关于审理融资租赁合同纠纷案件适用法律问题的解释》第1、2条

第七百三十六条 【融资租赁合同内容和形式】融资租赁合同的内容一般包括租赁物的名称、数量、规格、技术性能、检验方法，租赁期限，租金构成及其支付期限和方式、币种，租赁期限届满租赁物的归属等条款。

融资租赁合同应当采用书面形式。

条文注释

典型的融资租赁交易涉及三方当事人（出租人、承租人、出卖人）和两个合同（融资租赁合同和买卖合同）。在实践中，由于租赁方式的不同，融资租赁合同的内容往往也不同，本条是对典型的融资租赁合同内容的规定，主要包括以下几方面内容：

1. 有关租赁物的条款

融资租赁合同的标的物是承租人要求出租人购买的设备，是合同当事人双方权利和义务指向的对象，因此，融资租赁合同首先应就租赁物作出明确约定。此条款应写明租赁物的名称、数量、规格、技术性能、检验方法等。

2. 有关租金的条款

租金是合同的主要内容之一。合同对租金的规定包括租金总额、租金构成、租金支付方式、支付地点和次数、租金支付期限、每期租金额、租金计算方法、租金币种等。

3. 有关租赁期限的条款

租赁期限一般根据租赁物的经济寿命、使用及利用设备所产生的效益，由双方当事人商定。此条款应当明确租赁起止日期。此条

款应当明确规定，在合同有效期内，当事人双方无正当、充分的理由，不得单方要求解约或退租。

4. 有关租赁期限届满租赁物的归属的条款

租赁期限届满，租赁物的所有权归出租人享有。租赁期限届满，承租人一般有三种选择权，即留购、续租或退租。在留购情况下，承租人取得租赁物的所有权。在续租和退租情况下，租赁物仍归出租人所有。

除上述条款外，融资租赁合同一般还应包括租赁物的交付、使用、保养、维修和保险、担保、违约责任、合同发生争议时的解决方法、合同签订日期和地点等条款。

融资租赁合同采用书面形式主要有四个原因：第一，当事人人数较多。第二，法律关系较为复杂。第三，履行期限较长。第四，可能具有涉外因素。

第七百三十七条　【融资租赁虚假表示合同无效】当事人以虚构租赁物方式订立的融资租赁合同无效。

条文注释

本条是总则编虚假表示规定的具体化，根据本法总则编第146条，行为人与相对人以虚假的意思表示实施的民事法律行为无效。正确认识虚构租赁物之“融资租赁合同”，应从法律关系定性、法律关系效力、担保效力、当事人权利义务关系四个角度进行分析。

(1)法律关系定性是指法院通过查明合同主要条款、履行情况、交易背景等案件事实，依法归纳案涉法律关系性质的司法裁判方法。虚构租赁物，不构成融资租赁法律关系，应定性为借款合同，因此融资租赁合同无效。

(2)法律关系定性与法律关系效力相互独立，定性不会影响效力。“名为融资租赁实为借贷”如无特别情形，不违反法律、行政法规强制性规定，一般属于有效的民事法律关系，涉及借贷等问题按照相应的法律法规处理。

(3)有人为融资租赁的债权提供保证时，若无特别约定，保证人不能仅以法律关系另行定性为由，要求免除己方之保证责任。保证人缔约时不知道案涉法律关系性质的，除“融资租赁合同”当事人串通骗保，债务人欺诈、胁迫保证人且债权人明知该事实以及债权人欺诈、胁迫保证人外，保证人不能因此免除其责任。

(4)“名为融资租赁实为借贷”不能产生融资租赁的法律效果，法院应适用借款合同的相关法律规定，依法认定借款本金与利率。

关联法规

《民法典》第146条第1款；《全国法院民商事审判工作会议纪要》第33条

第七百三十八条　【租赁物经营许可对合同效力影响】依照法律、行政法规的规定，对于租赁物的经营使用应当取得行政许可的，出租人未取得行政许可不影响融资租赁合同的效力。

条文注释

在传统租赁中，对租赁物的经营使用需要取得行政许可的，应由出租人取得行政许可，即法律、法规要求的是租赁物的所有权人即出租人取得行政许可，方可进行相关经营使用行为。而在融资租赁中，租赁物的所有权和使用权几乎是永久性地分离，出租人表面上是租赁物的所有权人，实质上只是满足承租人融资的需要，只享有观念上的所有权，对租赁物的支配色彩已经非常淡化，而承租人是租赁物的占有、使用、收益人，租赁物主要发挥的是担保功能。因此，法律法规限制租赁物的经营使用活动的主体应该是承租人，承租人对于租赁物的经营使用应当依法获得行政许可，出租人未取得行政许可不影响融资租赁合同的效力。

第七百三十九条　【融资租赁标的物交付】出租人根据承租人对出卖人、租赁物的选择订立的买卖合同，出卖人应当按照约定向承租人交付标的物，承租人享有与受领标的物有关的买受人的权利。

条文注释

出卖人按照约定向承租人交付标的物，承租人享有与受领标的物有关的买受人的权利,是融资租赁与传统租赁的一个重要区别。在传统租赁中,出租人是将自己现有的物或者根据自己的意愿购买的物出租给承租人,承租人与出卖人之间不存在任何法律关系,出租人对租赁物负有瑕疵担保责任。而在融资租赁中,融资租赁合同的租赁物即是买卖合同的标的物。融资租赁合同最重要的法律特征就是融资与融物相结合,融资为融物服务。买卖合同是出租人根据承租人对出卖人和租赁物的选择订立的,作为买受人的出租人只负支付货款的义务,而承租人是租赁物的占有、使用、收益人,且了解租赁物。出租人实质上是为承租人购买租赁物提供资金,真正的买卖双方是承租人和出卖人,因此,出卖人应直接向承租人交付标的物。

出卖人不仅应向承租人直接交付标的物,而且应承担租赁物的瑕疵担保责任。承租人应当按照合同约定的时间、地点、验收方法接收标的物。

第七百四十条 【承租人拒绝受领权】出卖人违反向承租人交付标的物的义务,有下列情形之一的,承租人可以拒绝受领出卖人向其交付的标的物:

(一)标的物严重不符合约定;

(二)未按照约定交付标的物,经承租人或者出租人催告后在合理期限内仍未交付。

承租人拒绝受领标的物的,应当及时通知出租人。

条文注释

承租人对于租赁物存在瑕疵或租赁物的交付存在瑕疵时拥有拒绝受领权。由于融资租赁合同的特殊性(存在两个合同和三方当事人),在买卖合同中,作为买受人的出租人的主要义务就是支付价款,而租赁物是由承租人指定购买的,对其性能和生产要求等,出租人往往缺乏了解,很难对出卖人提供的租赁物做检验和判断,同时,租赁物的使用、收益权也属于承租人,为了保证租赁物符合要求,便于解决租赁物的使用中出现的问题,在实践中,出租人往往将选择由谁来提供何种品质、规格的租赁物的决定权赋予承租人，由承租人与出卖人就租赁物直接进行交流，由承租人负责收货验收。因此，对由于租赁物的质量瑕疵或交付瑕疵，如租赁物质量不合格或者迟延供货的原因，需要对租赁物行使拒绝受领权的，由承租人行使更为合适。

因此，本条规定赋予承租人直接向出卖人拒绝受领瑕疵给付或者迟延给付的权利，使出卖人与承租人之间建立法律上的关系，故而本条规定突破了合同相对性的约束，属于本法第465条第2款所述的法律另有规定的情形。

承租人依照本条规定拒绝受领标的物的，应当及时通知出租人。承租人迟延通知或无正当理由拒绝受领租赁物造成出租人损失的，出租人有权请求承租人承担损害赔偿责任。

关联法规

《最高人民法院关于审理融资租赁合同纠纷案件适用法律问题的解释》第3条

第七百四十一条　【承租人行使索赔权】出租人、出卖人、承租人可以约定，出卖人不履行买卖合同义务的，由承租人行使索赔的权利。承租人行使索赔权利的，出租人应当协助。

条文注释

承租人直接向出卖人行使索赔权的内容主要有以下两种：

(1)出卖人交付的标的物质量不符合约定时，承租人可以要求：①减少价金。如果出卖人交付的标的物虽不符合合同约定，但不影响使用，而承租人也愿意继续使用，可以按质论价，要求出卖人减少价金。②修理、调换。当出卖人交付的标的物不能使用时，根据标的物的具体情况，承租人可以请求出卖人负责修理或者另行交付无瑕疵的标的物，并承担因修理、调换而支付的实际费用。③支付违约金。在出卖人交付的标的物不符合质量要求时，承租人可以请求出卖人支付约定的或者法定违约金。在违约金不足以抵偿损失时，承租人还可以要求出卖人支付损害赔偿金。④解除合同并赔偿损失。

当出卖人交付的标的物由于质量问题无法使用时，承租人不仅可以要求解除合同，而且可以要求赔偿损失。

（2）出卖人未交付或者迟延交付标的物的，承租人可以请求出卖人继续履行交付义务，并请求因迟延履行导致的损害赔偿，构成本法第563条第1款的情形之一的，可以解除合同并请求替代履行的损害赔偿。

第七百四十二条　【承租人行使索赔权租金支付义务】承租人对出卖人行使索赔权利，不影响其履行支付租金的义务。但是，承租人依赖出租人的技能确定租赁物或者出租人干预选择租赁物的，承租人可以请求减免相应租金。

条文注释

在实践中，融资租赁的出租人对于出卖人和租赁物一般没有选择权，而是依赖于承租人自行选择，出租人主要承担提供资金的功能，因此不负租赁物的瑕疵担保义务，在承租人占有租赁物期限内，租赁物的毁损或者灭失的风险由承租人负担。既然风险应当由承租人负担，出租人有权要求承租人继续履行合同义务。也就是说，在租赁物存在瑕疵时，承租人可以依照约定向出卖人请求其承担瑕疵担保责任，但即使因租赁物有瑕疵致使承租人不能为使用、收益，也不影响承租人向出租人承担支付租金的义务，承租人仍应按照约定支付租金。因此，承租人对出卖人行使索赔权，并不影响其履行融资租赁合同项下支付租金的义务。

在例外情形下，即在承租人依赖出租人的技能确定租赁物或出租人干预选择租赁物的情况下，租赁物不符合约定或不符合使用目的的，出租人承担瑕疵担保责任，因此承租人有权主张减轻或者免除相应的租金支付义务。具体来说，在出租人存在以下情形时，承租人可以请求减免相应租金：（1）在承租人选择出卖人、租赁物时，出租人利用自己的专业技能、经验判断对承租人提供帮助，并对租赁物的选定起决定作用的；（2）出租人直接干预或要求承租人按照出租人意愿选择出卖人或者租赁物的；（3）出租人擅自变更承租人已经选定的出卖人或者租赁物的。

但是，出租人根据承租人的要求，提供与供应商、租赁物有关的信息，但未对相关信息进行筛选或未给承租人选定供应商、租赁物提供意见，承租人无权要求减免相应租金。

对于承租人依赖出租人的技能确定租赁物或出租人干预选择租赁物的事实，由承租人负举证责任。

第七百四十三条　【索赔失败的责任承担】出租人有下列情形之一，致使承租人对出卖人行使索赔权利失败的，承租人有权请求出租人承担相应的责任：

（一）明知租赁物有质量瑕疵而不告知承租人；

（二）承租人行使索赔权利时，未及时提供必要协助。

出租人怠于行使只能由其对出卖人行使的索赔权利，造成承租人损失的，承租人有权请求出租人承担赔偿责任。

条文注释

出租人有以下情形之一，致使承租人对出卖人行使索赔权利失败的，承租人有权请求出租人承担相应的责任：

（1）明知租赁物有质量瑕疵而不告知承租人。在融资租赁关系存续期间，承租人的权利的行使都有赖于出租人的协助，这实际上是基于诚实信用原则所产生的附随义务。如果出租人明知租赁物有质量瑕疵，而没有告知承租人，则违反了附随义务。

（2）承租人行使索赔权利时，未及时提供必要协助。在融资租赁关系存续期间，如果承租人按照约定向出卖人行使索赔权，出租人应当协助，如出租人应提供买卖合同的文本、提供出卖人的地址和联系方式等。

依据本法第741条的规定，对出卖人的索赔权可由承租人主张，但如果当事人未作出由承租人行使索赔权的约定，或约定相关的索赔权只能由出租人主张而出租人怠于主张索赔，则按照合同相对性原则，出卖人可以拒绝承租人主张的索赔权利，承租人因而无法直接向出卖人主张索赔权。规定出租人怠于行使只能由其行使的索赔权时应承担赔偿责任,同时赋予承租人对出租人怠于行使索赔权利造成损害的求偿权,可以促使出租人积极配合承租人主张其基于租赁物的索赔权。

第七百四十四条　【出租人不得擅自变更买卖合同内容】出租人根据承租人对出卖人、租赁物的选择订立的买卖合同,未经承租人同意,出租人不得变更与承租人有关的合同内容。

条文注释

为融资租赁而订立的融资租赁合同和买卖合同,不同于传统的租赁合同与买卖合同。在融资租赁交易中,先签订的买卖合同是租赁物的依据,后签订的融资租赁合同是买卖合同成立的前提。两者缺一不可,构成联立联动关系。与承租人有关的买卖合同的内容的变更主要涉及以下几个方面:

(1)主体的变更。买卖合同的主体是出租人与出卖人。由于出卖人是由承租人预先选择的,是承租人在融资租赁合同中指定的,因此,未经承租人同意,出租人不得擅自变更买卖合同的另一方当事人。

(2)标的物的变更。由于买卖合同的标的物是融资租赁合同的租赁物,两者是一致的,它也是由承租人预先选择并在融资租赁合同中约定的,它必须符合承租人指定的条件,因此,未经承租人同意,出租人不得擅自变更买卖合同的标的物。

(3)标的物的交付。由于买卖合同的标的物是由出卖人直接交付于承租人的,如果出租人与出卖人协商变更标的物的交付时间、地点和方式,应当征得承租人的同意。如果因此而增加承租人的费用的,应由出租人和出卖人协商分担。

出租人按照承租人要求与出卖人订立的买卖合同,未经承租人同意擅自变更与承租人有关的合同内容的,即构成对承租人的违约。首先,承租人可以要求出租人支付违约金。其次,承租人还可以拒收租赁物,并通知出租人解除合同。如果因此给承租人造成损失的,承租人还有权要求出租人赔偿损失。

关联法规

《最高人民法院关于审理融资租赁合同纠纷案件适用法律问题的解释》第4、8条

第七百四十五条 【租赁物的所有权】出租人对租赁物享有的所有权，未经登记，不得对抗善意第三人。

条文注释

本条规定是“融资租赁合同”一章在本法编纂过程中修订的重点条文。原《合同法》第242条规定：“出租人享有租赁物的所有权。承租人破产的，租赁物不属于破产财产。”出租人对租赁物虽然享有名义上的所有权，但是这个名义上的所有权却产生了一个真正所有权的效果，使出租人在承租人破产的时候可以行使取回权。这种设计构造引发的一个最大问题是，出租人对租赁物享有的所有权并不对外公示，但却可以行使真正所有权人的权利，甚至在破产中享有取回权。这种做法使这种没有公示的权利取得了一个最强大的效力，必然会给交易安全造成巨大的影响，尤其是在同一标的物上可能同时存在动产抵押、浮动抵押、融资租赁、所有权保留、动产质押等各种竞存的担保物权情形时。当发生以上权利冲突时，按照原《合同法》第242条的规定，出租人借助于未公示的所有权即可享有一个最强大、最完整的权利，这样就会使其他按照现有法律规范进行真正公示的权利的当事人反而得不到保障。上述做法有违现代担保交易的基本原理，同时也会给交易中的商人产生巨额的调查成本。

所以，基于实现优化营商环境、消灭隐形担保的总目标，本条规定出租人对租赁物享有的所有权未经登记不得对抗善意第三人，明确了必须登记才能取得对抗第三人的效力。除了上述总目标的实现以外，由于《民法典》已经确立了融资租赁中出租人的所有权本质上起到了担保的作用，事实上是担保的具体形式之一，所以，对于融资租赁而言，无论是同一标的物上存在多个融资租赁，还是出现融资租赁与抵押权的竞存，都要适用本法第414条之规定处理清偿顺

序问题。即:“同一财产向两个以上债权人抵押的,拍卖、变卖抵押财产所得的价款依照下列规定清偿:(一)抵押权已经登记的,按照登记的时间先后确定清偿顺序;(二)抵押权已经登记的先于未登记的受偿;(三)抵押权未登记的,按照债权比例清偿。其他可以登记的担保物权,清偿顺序参照适用前款规定。”

关联法规

《优化营商环境条例》第47条第2款

第七百四十六条　【融资租赁合同租金构成】融资租赁合同的租金,除当事人另有约定外,应当根据购买租赁物的大部分或者全部成本以及出租人的合理利润确定。

条文注释

与商品价格概念相对应,租金以出租人消耗在租赁物上的价值为基础,同时依据租赁物的供求关系而波动。通常情况下,出租人消耗在租赁物上的价值包括三部分:

(1)租赁物的成本。租赁物成本是构成租金的主要部分。出租人购买租赁物所支付的资金,将在租赁业务成交后,从租金中得以补偿。同时,在购置过程中,出租人所支付的运输费、保险费、调试安装费等也要计入租赁物成本中,一起从租金中分期收回。所以,租赁物成本包括租赁物购买价金及其运输费、保险费等,也称租赁物总成本。

(2)利息。出租人为购买租赁物向银行贷款而支付的利息,是租金构成的又一重要因素。利息按租赁业务成交时的银行贷款利率计算且一般以复利率来计算。

(3)营业费用。营业费用是指出租人经营租赁过程中所支出的费用,包括业务人员工资、办公费、差旅费和必要的盈利。

在融资租赁交易中,当事人经常根据承租人对租赁物的使用或者通过使用租赁物所获得的收益来确定支付租金的多少和方式,也可以按承租人现金收益的情况确定一个计算公式来确定租金,或由当事人约定并在融资租赁合同中规定以其他方式来确定租金。

关联法规

《最高人民法院关于审理融资租赁合同纠纷案件适用法律问题的解释》第5条

第七百四十七条　【租赁物质量瑕疵担保责任】租赁物不符合约定或者不符合使用目的的，出租人不承担责任。但是，承租人依赖出租人的技能确定租赁物或者出租人干预选择租赁物的除外。

条文注释

租赁物瑕疵分为物的瑕疵（也称质量瑕疵）和权利瑕疵两种。对于租赁物质量瑕疵，确定其担保责任的承担主体是至关重要的，因为它直接关系到融资租赁交易的本质特征能否体现，关系到融资租赁与传统租赁能否明确区分。在传统租赁中，出租人与买卖合同中的出卖人一样负有质量瑕疵担保责任，须使租赁物符合合同约定的使用收益的状态。而在融资租赁合同中，一般都明确规定，出卖人迟延交付租赁物或者租赁物的规格、式样、性能等不符合合同约定或者不符合使用目的的，出租人不承担责任，由承租人直接向出卖人索赔，并承担索赔不成时的损害后果。此即所谓出租人瑕疵担保的免责特约。这种约定既符合融资租赁交易的理论和实践，同时也不违背现行法律的规定。

当然，并不是在任何情况下，出租人都能免除其质量瑕疵担保责任。当承租人完全依赖出租人的技能和判断选择租赁物，或者出租人干预选择租赁物时，如出租人为承租人确定租赁物或者擅自变更承租人已选定的租赁物的，出租人应承担全部或者部分租赁物的质量瑕疵担保责任。

此外，在以下几种特殊情况下，租赁物的质量瑕疵担保责任也应由出租人负担：(1)出租人明知租赁物有瑕疵而未告知或者因重大过失不知有瑕疵的；(2)出租人与出卖人有密切关系的；(3)承租人无法或者不能直接向出卖人索赔的。

第七百四十八条　【出租人保证承租人占有和使用租赁物】出租人应当保证承租人对租赁物的占有和使用。

出租人有下列情形之一的，承租人有权请求其赔偿损失：

（一）无正当理由收回租赁物；

（二）无正当理由妨碍、干扰承租人对租赁物的占有和使用；

（三）因出租人的原因致使第三人对租赁物主张权利；

（四）不当影响承租人对租赁物占有和使用的其他情形。

条文注释

在出卖人将租赁物交付给承租人后，出租人应当保障承租人能够持续、和平地占有和使用租赁物。具体而言，应当包括以下几个方面：

（1）出租人不得妨碍承租人依照融资租赁合同所拥有的承租权，也不得擅自变更原承租条件。

（2）承租人在租赁期限内，对租赁物拥有独占使用权。在融资租赁合同中，虽然承租人是通过租赁公司融通资金的，但承租人订立融资租赁合同的根本目的是要取得租赁物的使用权。所以，承租人在接受出卖人交付的标的物后，在租赁期限内，承租人对租赁物享有独占使用权，对使用租赁物所取得的收益可以独立处分。

（3）出租人应保证承租人在租赁期限内对租赁物的占有和使用，不受第三人的干扰。例如，出租人转让租赁物所有权的，融资租赁合同对新的所有权人继续有效，新所有权人不得解除合同、取回租赁物。出租人将租赁物设定抵押时，出租人的抵押行为不得影响承租人的使用收益权。

当然，如果在融资租赁合同期间出现本条第2款列举的因出租人原因，不当影响承租人对租赁物占有和使用的，承租人有权请求出租人赔偿损失。

关联法规

《最高人民法院关于审理融资租赁合同纠纷案件适用法律问题的解释》第6、8条

第七百四十九条 【租赁物致人损害的责任承担】承租人占有租赁物期间,租赁物造成第三人人身损害或者财产损失的,出租人不承担责任。

条文注释

依据本条规定,承租人应当承担租赁物造成第三人损害的赔偿责任。其构成要件包括以下两个方面:

(1)租赁物造成了第三人的损害。这种损害既包括人身损害,也包括财产损害。严格来说,租赁物造成的损害包括两类情况:一是租赁物在正常使用过程中对第三人造成了损害。例如,承租人租赁汽车,因为交通事故造成他人损害,在此种情况下应当由承租人承担责任。二是租赁物自身固有的缺陷造成了第三人的损害。

(2)租赁物造成损害发生于承租人占有租赁物期间。通常来说,它是指租赁物自交付承租人之日起至租赁期限届满租赁物被返还给出租人之日止。承租人的占有既包括直接占有,也包括间接占有。

如果租赁物是因为他人原因对第三人造成损害(如,有人擅自将承租人的汽车开走撞伤路人),则应由他人负责。

第七百五十条 【承租人对租赁物的保管、使用和维修义务】承租人应当妥善保管、使用租赁物。

承租人应当履行占有租赁物期间的维修义务。

条文注释

本条第1款是关于承租人妥善保管和使用义务的规定。所谓“妥善”保管,是指应当根据善良管理人的标准来进行保管,它要求比处理自己的事务更为谨慎。例如,承租人没有按照惯例将其租赁的船舶停靠在港口进行必要的维护,就是没有尽到其妥善保管的义务。所谓合理使用,是指承租人应当按照租赁物的性质和通常方法进行使用。例如,租赁他人的载人小轿车,不能用于货物运输。在融资租赁合同中,如果标的物在租赁期限内毁损、灭失,应当由承租人承担损失,且不能免除其支付租金的义务。

本条第2款是关于承租人维修义务的规定。在融资租赁合同中,出租人并不负有维修义务,而应当由承租人承担该义务。法律上作出此种规定的原因在于:一方面,融资租赁中承租人享有实质意义上的所有人权益,与此相适应,其也应当负有维修租赁物的义务;另一方面,承租人对标的物和出卖人进行了选择,而且具有专业技术,因此承租人才最有能力对标的物进行维修。此外,由承租人负担此种义务,有利于促使其妥善保管和使用标的物,从而更能达到融资租赁合同的缔约目的。依据上述规定,承租人的维修义务限于占有租赁物期间,如果在租赁期限内,租赁物被出租人取回或因其他原因而丧失占有,承租人不再负有维修义务。

第七百五十一条　【融资租赁风险负担规则】承租人占有租赁物期间,租赁物毁损、灭失的,出租人有权请求承租人继续支付租金,但是法律另有规定或者当事人另有约定的除外。

条文注释

所谓融资租赁中的风险负担,是指租赁物意外毁损、灭失的风险应当由何人承担的问题。对这一问题,首先应当考虑当事人是否通过合同作出约定,如果作出了约定,就应当尊重当事人的约定。在当事人没有约定,而在租赁期限内发生租赁物毁损、灭失的情况下,承租人仍然负有继续支付租金的义务。

法律作出此种考虑的主要理由在于:

(1)出租人享有的所有权主要具有担保功能,不能因此要求其承受标的物毁损、灭失的风险。

(2)承租人占有标的物,并对其进行了实际控制。在融资租赁关系存续期间,标的物置于承租人的占有、控制和管领之下,承租人更容易知悉标的物所面临的风险,以及如何消除此种危险。

(3)虽然从原则上说,物的风险由所有人负担,但是在融资租赁的情形下,承租人实际上享有了相对于所有人的权益,仅仅是缺少名义上的所有权。因此,要求承租人承担风险,符合权利义务对等的原则。

(4)从比较法的经验来看，有关的国际公约和示范法对此也作出了同样的规定。

第七百五十二条　【承租人支付租金义务】承租人应当按照约定支付租金。承租人经催告后在合理期限内仍不支付租金的，出租人可以请求支付全部租金；也可以解除合同，收回租赁物。

条文注释

承租人未按照约定支付租金时，出租人可以规定一个合理期限，要求承租人支付。经出租人催告，承租人在规定的期限内仍不支付租金的，即构成违约，出租人可以采取以下两种救济措施：

(1)要求承租人支付全部租金。所谓全部租金，是指融资租赁合同中所规定的全部已到期而承租人未支付的租金，以及其他依约定未到期的租金。在融资租赁合同约定的每期租金支付期限到期之前，出租人无权请求承租人支付。但在融资租赁合同中往往约定，承租人不支付租金或者有其他违约行为时，出租人有权要求承租人付清全部租金。此即所谓期限利益丧失约款。这是因为：首先，在融资租赁合同中，租赁物是为了承租人的特殊需要，由承租人选定，出租人出资购买的，此类租赁物专用性较强，在承租人不支付租金时，出租人即使收回租赁物，也难以通过重新转让或出租收回所投资金。其次，在融资租赁交易中，出租人与承租人互负的义务并非同时履行的，而是有先后层次的，出租人支付租赁物价款的义务履行在先，承租人支付租金的义务履行在后，出租人的利益缺乏一种相互制衡或者保障。在承租人违约不支付租金时，出租人有权要求承租人支付全部租金，这有利于保护出租人的利益；同时，承租人丧失了期限利益，也是对承租人违约行为的一种惩罚，有利于促使承租人更好地履行自己的义务。

(2)解除合同，收回租赁物，并请求赔偿损失。出租人不选择要求承租人支付全部租金的，可以解除合同，收回租赁物。因为出租人对租赁物享有所有权，这一所有权具有担保其租金债权的功能，所以当承租人违约、出租人解除合同时，出租人可以收回租赁物。

关联法规

《最高人民法院关于审理融资租赁合同纠纷案件适用法律问题的解释》第5、9～11、14条

第七百五十三条　【出租人解除融资租赁合同】承租人未经出租人同意，将租赁物转让、抵押、质押、投资入股或者以其他方式处分的，出租人可以解除融资租赁合同。

条文注释

本条规定出租人一方可以解除融资租赁合同的情形，以承租人违约作为解约的前提条件。针对承租人擅自处分租赁物的行为，这类行为对出租人的租赁物所有权和租金债权的实现均构成严重威胁，属于承租人的严重违约。

承租人未经出租人同意，将租赁物转让、抵押、质押、投资入股或者以其他方式处分的，侵犯了出租人对租赁物的所有权，符合本法第563条第1款第4项"有其他违约行为致使不能实现合同目的"当事人可以解除合同的规定，出租人有权解除合同。

而在对外关系上，为了消灭隐形担保物权，优化营商环境。依照本法第745条的规定，出租人对租赁物享有的所有权，未经登记，不得对抗善意第三人。即在融资租赁合同下，承租人无权处分租赁物的应当依照本法第414条关于担保领域权利竞合的清偿顺序的规定依次实现权利。

关联法规

《最高人民法院关于审理融资租赁合同纠纷案件适用法律问题的解释》第5、10、11条

第七百五十四条　【出租人或承租人解除融资租赁合同】有下列情形之一的，出租人或者承租人可以解除融资租赁合同：

（一）出租人与出卖人订立的买卖合同解除、被确认无效或者被撤销，且未能重新订立买卖合同；

（二）租赁物因不可归责于当事人的原因毁损、灭失，且不能修复或者确定替代物；

（三）因出卖人的原因致使融资租赁合同的目的不能实现。

条文注释

本条是基于第563条合同法定解除的情形针对融资租赁合同作出的特别规定。

三种情形具体分析如下：

（1）出租人与出卖人订立的买卖合同解除、被确认无效或者被撤销，且未能重新订立买卖合同。融资租赁中的融资租赁合同和买卖合同是相互联系、相互影响的，各自虽具有独立性，但又并不完全独立，而是在一定意义上以对方的存在为条件。在典型的融资租赁交易中，买卖合同系为融资租赁合同而订立，融资租赁合同是买卖合同订立的前提，因此，买卖合同与融资租赁合同的效力、履行与解除必然影响到另一个合同。一方面，融资租赁交易中的涉及买卖合同的诉争应当依据本法"买卖合同"一章的规定予以解决。另一方面，若出租人与出卖人订立的买卖合同解除、被确认无效或者被撤销，承租人与出租人之间的融资租赁合同可能即因此丧失履行的基础和意义，因此，出租人与承租人均可解除融资租赁合同。

（2）租赁物因不可归责于当事人的原因毁损、灭失，且不能修复或者确定替代物。在上述情形下，融资租赁合同不再具有履行的可能性及意义，承租人及出租人均可解除融资租赁合同。不可归责于当事人的事由有下列两种情况：其一，因不可抗力的原因造成租赁物毁损、灭失的。例如，承租人租赁生产设备的，由于发生洪水，大水冲进设备致使设备损坏，这种损坏是当事人双方难以克服的。其二，因意外事件造成租赁物毁损灭失的。例如，承租人租赁飞机正常航行，被一飞鸟撞毁，经过认定承租人本人无过错，飞机的损害是由飞鸟撞击的意外事件造成的。

（3）因出卖人的原因致使融资租赁合同的目的不能实现。因出卖人的原因致使融资租赁合同的目的不能实现，与不可归责于融资租赁合同当事人的不可抗力、意外事件致使不能实现合同目的的合同解除事由系依照相似事务相同处理的原则进行规定。

关联法规

《最高人民法院关于审理融资租赁合同纠纷案件适用法律问题的解释》第7条

第七百五十五条 【承租人承担赔偿责任】融资租赁合同因买卖合同解除、被确认无效或者被撤销而解除,出卖人、租赁物系由承租人选择的,出租人有权请求承租人赔偿相应损失;但是,因出租人原因致使买卖合同解除、被确认无效或者被撤销的除外。

出租人的损失已经在买卖合同解除、被确认无效或者被撤销时获得赔偿的,承租人不再承担相应的赔偿责任。

条文注释

融资租赁合同因买卖合同解除、被确认无效或者被撤销而解除的,属于因融资租赁合同当事人以外的原因导致合同解除,承租人虽无违约行为,但如果买卖合同的出卖人、租赁物系由承租人选择,承租人亦应当对选择的后果负责,即对由此而给出租人造成的损失承担赔偿责任。

本条在适用过程中应当注意以下问题:

(1)出租人求偿的适用条件。出租人主张损失赔偿的前提是其对买卖合同的无效、被撤销或被解除均不具有可归责事由,否则,其不享有求偿权。

(2)出租人赔偿损失的抵扣。由于融资租赁合同解除对出租人造成的损失与买卖合同解除、被撤销或被确认无效对出租人造成的损失往往存在一定的交叉和重合。为保护承租人的合法权益,避免出租人通过在不同法律关系中分别求偿而获得双重利益,本条规定出租人在买卖合同中已经获得赔偿的,则此部分受偿金额应当在其以此为由再向承租人主张时予以抵减。

关联法规

《全国法院民商事审判工作会议纪要》第33条

第七百五十六条 【租赁物意外毁损灭失合同解除的法律后果】 融资租赁合同因租赁物交付承租人后意外毁损、灭失等不可归责于当事人的原因解除的，出租人可以请求承租人按照租赁物折旧情况给予补偿。

条文注释

当租赁物意外毁损、灭失，融资租赁合同可以解除时，法律赋予当事人可以自由选择的两种处理方式：如果当事人不行使解除权，则按风险负担规则处理，承租人应当继续支付租金，实际上是承担了租金的风险，但却可以避免合同解除后一次性补偿出租人的资金压力，从而获得分期支付的期限利益；如果当事人行使解除权，则风险负担规则不再适用，而代之以合同解除制度的登场，承租人应承担返还租赁物的义务，并承担返还不能时的代物清偿义务，即按租赁物的价值对出租人给予补偿。

合同解除时，承租人补偿出租人的租赁物价值中包含了剩余租赁期限内租赁物的价值和租赁期届满后租赁物的残值两部分。如果融资租赁合同事先约定租赁期满后租赁物的残值属于承租人所有，则承租人可以在支付的补偿金额中扣除应属于自己的残值部分。

第七百五十七条 【租赁期限届满租赁物归属】 出租人和承租人可以约定租赁期限届满租赁物的归属；对租赁物的归属没有约定或者约定不明确，依据本法第五百一十条的规定仍不能确定的，租赁物的所有权归出租人。

条文注释

如果当事人双方对于租赁物的归属没有约定或者约定不明确，可以依照本法第510条的规定协议补充；不能达成补充协议时，应依照合同有关条款或者交易习惯加以确定。如果合同双方当事人既不能就租赁物的归属达成补充协议，又不能根据合同有关条款或者交易习惯确定时，租赁物的所有权归出租人享有。这是因为，融资租赁与传统租赁一样，在租赁期限内，租赁物的所有权归出租人。租赁期限届满时，如果承租人未支付名义货价，即使名义货价只值一分钱，承租人也不能取得租赁物所有权，租赁物所有权仍归出租人享有。

关联法规

《最高人民法院关于审理融资租赁合同纠纷案件适用法律问题的解释》第7条

第七百五十八条　【租赁物价值返还及租赁物无法返还】当事人约定租赁期限届满租赁物归承租人所有，承租人已经支付大部分租金，但是无力支付剩余租金，出租人因此解除合同收回租赁物，收回的租赁物的价值超过承租人欠付的租金以及其他费用的，承租人可以请求相应返还。

当事人约定租赁期限届满租赁物归出租人所有，因租赁物毁损、灭失或者附合、混合于他物致使承租人不能返还的，出租人有权请求承租人给予合理补偿。

条文注释

鉴于出租人对租赁物享有的权利实质为担保物权，仅在形式上表现为所有权，出租人于承租人不能支付租金的情形下，解除融资租赁合同、收回租赁物无须经过人民法院同意，但应当进行强制清算。租赁物的价值超过剩余欠款的，出租人应当予以返还。因为在融资租赁实践中，损害赔偿金是以相当于残存租金额或者以残存租金额减去中间利息计算的。这样出租人不仅收回了租赁物，而且可以获得一笔相当于残存租金额的损害赔偿金。而在融资租赁合同完全履行时，出租人仅可取得全部租金及期满后取得租赁物的残余价值。由此可以看出，如果不进行强制清算，出租人中途解约取得的利益，比合同全部履行本应得到的利益还要多。这不仅不公平，而且由于利益驱动，会使出租人尽量使用解除合同的办法，不利于融资租赁合同关系的稳定。

当事人约定了租期届满后租赁物归属于出租人的，租赁物在承租人处因毁损、灭失或者附合、混合于他物致使承租人不能返还的，因为风险应该由承租人负担，所以承租人应该向出租人补偿租赁物的残值。

关联法规

《最高人民法院关于审理融资租赁合同纠纷案件适用法律问题的解释》第11、12条

第七百五十九条　【支付象征性价款后租赁物归属】当事人约定租赁期限届满，承租人仅需向出租人支付象征性价款的，视为约定的租金义务履行完毕后租赁物的所有权归承租人。

条文注释

在融资租赁中，鉴于租赁物对于出租人和承租人的价值不同，合同双方通常会约定租赁期限届满租赁物的归属。合同双方未约定的，承租人一般可以有三种选择权：留购、续租或退租。其中留购即指租期届满，承租人支付给出租人象征性价款，于租赁义务履行完毕后取得租赁物的所有权。在上述三种租赁物的处理方式中，出租人更愿意选择留购这一处理方式。

所以，这种租赁期限届满，承租人仅需向出租人支付象征性价款的约定，实际上使在租赁物归属约定不明的情形下，在依照本法第757条规定判断顺序之前，承租人即通过支付象征性价款的方式于租金义务履行完毕后取得租赁物的所有权。

第七百六十条　【融资租赁合同无效租赁物归属】融资租赁合同无效，当事人就该情形下租赁物的归属有约定的，按照其约定；没有约定或者约定不明确的，租赁物应当返还出租人。但是，因承租人原因致使合同无效，出租人不请求返还或者返还后会显著降低租赁物效用的，租赁物的所有权归承租人，由承租人给予出租人合理补偿。

条文注释

合同相关规范在本质上属于任意性、补充性的规范，合同编也

更多地体现出了约定优先的指导思想。因此，鼓励融资租赁双方当事人以市场化的方式对合同的履行和解除、租赁物的风险负担、租赁物清算等问题作出约定，以减少诉讼风险和损失的不确定性。融资租赁合同无效的，应当依照当事人间就租赁物归属的约定履行。当事人没有约定或约定不明的，出租人作为租赁物的所有权人应当收回租赁物。但是实践中，租赁物通常为承租人所选，且为承租人生产经营所需，租赁物在出租人手中不能发挥其效用，不利于租赁物价值的实现和承租人、出租人利益的最大化。因此，在融资租赁合同无效的事由系承租人导致的情形下，可以由承租人取得租赁物的所有权，并由承租人根据合同履行情况和租金支付情况就租赁物向出租人作出经济补偿。

关联法规

《全国法院民商事审判工作会议纪要》第34条

第十六章　保理合同

第七百六十一条　【保理合同概念】保理合同是应收账款债权人将现有的或者将有的应收账款转让给保理人，保理人提供资金融通、应收账款管理或者催收、应收账款债务人付款担保等服务的合同。

条文注释

保理合同是应收账款的债权人将应收账款转让给保理人，保理人提供资金支持以及应收账款管理、催收、付款担保等服务的合同。保理合同，是以债权人转让其应收账款为前提，集资金融通、应收账款催收或者管理、付款担保等服务于一体的综合性金融服务合同。保理目前在我国区分为银行业保理和商业保理，这涉及设立主体、行业准入和监管要求上的差异，但在交易结构上并无不同，所涉及的保理合同是相同的。

保理法律关系，涉及保理商与债权人、保理商与债务人之间不同的法律关系,债权人与债务人之间的基础交易合同是成立保理的前提,而债权人与保理商之间的应收账款债权转让则是保理关系的核心。这与单纯的借款合同有显著区别,故不应将保理合同简单视为借款合同。保理合同必备的要素是:

(1)应收账款债权的转让。没有应收账款的转让就不能构成保理合同。所谓应收账款,是指权利人因提供一定的货物、服务或设施而获得的要求债务人付款的权利以及依法享有的其他付款请求权,包括现有的和未来的金钱债权,但不包括因票据或其他有价证券而产生的付款请求权,以及法律、行政法规禁止转让的付款请求权。

在理论上,“将有的应收账款”包括两类:一类是已经存在基础法律关系的将有应收账款,例如基于附生效条件或生效期限的合同、继续性合同所产生的将有应收账款、债权人自身的给付行为尚未完成但一旦完成即可产生的债权等;另一类是没有基础法律关系的纯粹的将有应收账款,例如尚未订立合同的买卖、租赁等所产生的债权,即“纯粹的未来债权”。

(2)保理合同还需要保理人提供资金融通、应收账款管理或者催收、应收账款债务人付款担保等服务,但是保理人并非必须提供上述所有各项的服务。资金融通,是指保理人应债权人的申请,在债权人将应收账款转让给保理人后,为债权人提供的贷款或者应收账款转让预付款。应收账款管理,又称销售分户账管理,是指保理人根据债权人的要求,定期或不定期向其提供关于应收账款的回收情况、逾期账款情况、对账单等财务和统计报表,协助其进行应收账款管理。应收账款催收,是指保理人根据应收账款账期,主动或应债权人要求,采取电话、函件、上门等方式直至运用法律手段等对债务人进行催收。付款担保,是指保理人与债权人签订保理合同后,为债务人核定信用额度,并在核准额度内,对债权人无商业纠纷的应收账款,提供约定的付款担保。除了这些服务之外,保理合同中,保理人提供的服务通常还包括资信调查与评估、信用风险控制等其他可认定为保理性质的金融服务。这些服务均有对应的或者类似的合同类型供参照适用。

关联法规

《商业银行保理业务管理暂行办法》第6条;《中国银行业保理业务规范》第4条

第七百六十二条　【保理合同内容和形式】保理合同的内容一般包括业务类型、服务范围、服务期限、基础交易合同情况、应收账款信息、保理融资款或者服务报酬及其支付方式等条款。

保理合同应当采用书面形式。

条文注释

本条第1款规定了保理合同中一般包含的内容。保理合同的具体内容由保理人和应收账款债权人具体约定,本款仅仅是倡导性的规定,仅是对保理合同通常所包含内容的总结。

保理业务按照不同的标准可以被区分为不同的类型。按照保理人在债务人破产、无理拖欠或无法偿付应收账款时,是否可以向债权人反转让应收账款,或者要求债权人回购应收账款、归还融资,可以区分为有追索权保理(第766条)和无追索权保理(第767条)。

需要说明的是,基础交易合同的存在是保理合同订立的前提,虽然两者有关权利义务关系的约定存有牵连,但两者并非主从合同关系,而是相对独立的两个合同。据此,首先,基础交易合同的效力不影响保理合同的效力。其次,保理人以保理合同为依据向基础交易合同债务人主张债权的,如果保理合同中对债权内容即债务人债务的约定与基础交易合同中的约定不同,除债务人同意或者法律另有规定外,保理合同中关于债务人债务的约定并不能约束债务人。这也是债权转让的一般规则在保理合同中的具体应用。

本条第2款明确规定了保理合同应当采用书面形式。按照本法第469条第2款的规定,书面形式是合同书、信件、电报、电传、传真等可以有形地表现所载内容的形式。

第七百六十三条　【虚构应收账款】应收账款债权人与债务人虚构应收账款作为转让标的，与保理人订立保理合同的，应收账款债务人不得以应收账款不存在为由对抗保理人，但是保理人明知虚构的除外。

条文注释

本条适用的前提是：

(1)作为转让标的的应收账款不存在。所谓应收账款不存在，包括应收账款全部不存在；也包括应收账款存在但与真实债权数额不实，因而部分不存在。

(2)应收账款不存在是因为应收账款债权人与债务人虚构。虚构的方式是多样的，可能是以下两种方式：①应收账款债权人与债务人通谋以虚假的意思表示制造了虚假应收账款的外观。这属于本法第146条第1款所规定的通谋虚假行为，即行为人与相对人以虚假的意思表示实施的民事法律行为无效；但是，该无效仅是在应收账款债权人和债务人之间无效，不得对抗据此产生信赖的保理人。②债务人向保理人确认应收账款的真实性，制造了虚假应收账款的外观。虽然债权一般不具有权利外观，原则上不适用善意取得，但是，在本条所针对的情形中，债权在例外情况下具有一定的权利外观，对据此产生信赖的债权受让人(保理人)应当予以保护。

(3)保理人必须是因应收账款债权人与债务人的虚构而对应收账款存在产生了合理的信赖，从而签订了保理合同。受让人若在未对此有所信赖的情形下而蒙受不利益，就不适用本条。同时，保理人的信赖必须是合理的。本条中的应收账款不包括因票据或其他有价证券而产生的付款请求权，而仅仅是普通的债权。普通债权与票据等证券化债权不同，保理人本来就没有充分理由仅依据债权存在的外观而信赖债权的真实存在，而负有必要的调查核实的义务。

本条适用的法律后果是，应收账款债务人不得以应收账款不存在为由对抗保理人。这意味着，在债务人虚构或者确认债权的范围内，保理人仍有权请求债务人履行如同债权存在时相对应的债务，债务人不得以应收账款实际上不存在为由对保理人提出抗辩。

第七百六十四条　【保理人表明身份义务】保理人向应收账款债务人发出应收账款转让通知的，应当表明保理人身份并附有必要凭证。

条文注释

保理合同的核心是应收账款债权转让，在此应当适用本法关于债权转让的一般规则，为保护债务人利益，依据本法第546条第1款的规定，债权人转让债权，未通知债务人的，该转让对债务人不发生效力。因此，应收账款债权转让未通知债务人的，该转让对债务人不发生效力，即使保理人取得了债权，债务人也有权拒绝保理人的履行请求；债务人向债权人履行债务的，债权消灭。如果应收账款债权转让通知了债务人，则债权转让对债务人发生效力，此时债务人即对保理人负有履行义务，并且有权以此拒绝债权人的履行请求；如果债务人仍然向债权人履行，则不发生债权消灭的效力。因此，只有通知了债务人，才可以最大程度上保护保理人的利益。

如果保理人提交了书面的债权转让合同或者保理合同，或者债权人签字、盖章的书面转让通知，并不必然构成充分的必要凭证，需要结合其他具体情况予以具体判断。但是，如果表明了保理人身份并提交了经过公证的债权转让合同、保理合同或者转让通知等必要凭证，可以认为具有同债权人发出转让通知同等的效力。受让人单独通知但未提出充分的必要凭证的，转让通知不发生效力，债务人可以向让与人履行债务，债务人也有权要求受让人在合理期间内提供充分的必要凭证，并在受让人提供之前有权拒绝履行。

第七百六十五条　【基础交易合同变更或者终止对保理人的效力】应收账款债务人接到应收账款转让通知后，应收账款债权人与债务人无正当理由协商变更或者终止基础交易合同，对保理人产生不利影响的，对保理人不发生效力。

条文注释

本条适用的前提如下：

(1)应收账款债权人和债务人协商作出了有关转让债权的民事法律行为。(2)该民事法律行为对保理人产生不利影响。这里意味着债权人和债务人通过协商使应收账款债权的价值落空或者减损，而对保理人产生不利影响。(3)该民事法律行为发生在债务人接到债权转让通知后。(4)对保理人产生不利影响的民事法律行为无正当理由。这里所谓的正当理由，一是指经过了保理人的同意。二是指该民事法律行为符合诚信原则且保理人并无合理理由反对的情形。

本条的法律后果是，该民事法律行为对保理人不发生效力。这意味着，保理人仍然可以根据该民事法律行为成立之前的债权状况请求债务人履行支付应收账款的债务。该规定的目的是保护保理人利益，保理人自然可以放弃此种保护，而选择依法解除保理合同并请求债权人承担违约责任。

第七百六十六条　【有追索权保理】当事人约定有追索权保理的，保理人可以向应收账款债权人主张返还保理融资款本息或者回购应收账款债权，也可以向应收账款债务人主张应收账款债权。保理人向应收账款债务人主张应收账款债权，在扣除保理融资款本息和相关费用后有剩余的，剩余部分应当返还给应收账款债权人。

条文注释

有追索权保理，是指保理人不承担为债务人核定信用额度和提供坏账担保的义务，仅提供包括融资在内的其他金融服务；在应收账款到期无法从债务人处收回时，保理人可以向债权人反转让应收账款，或要求债权人回购应收账款或归还融资，又称回购型保理。本条属于任意性规范，适用于当事人无另有约定的情形，如果当事人另有约定，应当按照当事人的约定处理。

在有追索权保理中，保理人向应收账款债务人主张应收账款债权的，在获得债务人的履行后，首先应当扣除保理融资款本息和相关费用，具体包括：保理融资款本息、保理商未受清偿的应收账款融资额度承诺费、保理手续费、保理首付款使用费，以及其他债权人到期未付款等。在扣除后仍有剩余的这部分保理余款，应当返还给应收账款债权人。

第七百六十七条　【无追索权保理】当事人约定无追索权保理的，保理人应当向应收账款债务人主张应收账款债权，保理人取得超过保理融资款本息和相关费用的部分，无需向应收账款债权人返还。

条文注释

无追索权保理，是指保理人根据债权人提供的债务人核准信用额度，在信用额度内承购债权人对债务人的应收账款并提供坏账担保责任；债务人因发生信用风险未按基础合同约定按时足额支付应收账款时，保理人不能向债权人追索，又称买断型保理。无追索权保理在性质上属于应收账款债权买卖，保理人受让债权并享有债权的全部清偿利益，负担债权不能受偿的风险，作为债权转让对价的融资款实际上是通过买卖取得债权的价款。

按照本条规定，当事人约定无追索权保理的，保理人应当向应收账款债务人主张应收账款债权，而不能向应收账款债权人主张返还保理融资款本息或者回购应收账款债权。这适用于债务人发生了信用风险的情形，即债务人未按照基础交易合同约定履行债务或者履行债务不符合约定，包括债务人破产、无正当理由不按照约定履行债务等。

无追索权保理并非意味着在任何情形下保理人对债权人均无追索权，一旦发生债务人未及时全额付款，保理人需要根据债务人违约的具体原因来判断追索对象。保理人不再追索应收账款债权人是具有一定前提的，即债务人未及时全额付款系源于其自身信用风险，而非其他原因。如果债务人因不可抗力而无法支付，或者债务人依法主张基础交易合同所产生的抗辩、抵销权或者依法解除基础交易合同而拒绝付款，则保理人仍有权对债权人追索，有权向应收账款债权人主张返还保理融资款本息或者回购应收账款债权。

在无追索权保理中，保理人向应收账款债务人主张应收账款债权，在获得债务人的履行后，对保理人的超过保理融资款本息和相关费用的这部分保理余款的归属，首先由保理人和债权人在保理合同中约定。保理合同对此无约定或者约定不明确时，基于无追索权保理在性质上属于应收账款债权买卖，因此这部分保理余款应当归属于保理人，无须向应收账款债权人返还。该默认规则符合无追索权保理的特性，也符合风险与收益相一致的基本原理。

第七百六十八条　【应收账款债权重复转让】应收账款债权人就同一应收账款订立多个保理合同，致使多个保理人主张权利的，已经登记的先于未登记的取得应收账款；均已经登记的，按照登记时间的先后顺序取得应收账款；均未登记的，由最先到达应收账款债务人的转让通知中载明的保理人取得应收账款；既未登记也未通知的，按照保理融资款或者服务报酬的比例取得应收账款。

条文注释

在实践中，经常会出现应收账款债权人就同一应收账款订立多个保理合同，致使多个保理人主张应收账款债权的情形。以何种方式确定多个保理人之间的优先顺位，取决于哪种方式能够使债权交易的公示成本、事先的调查成本、事中的监督防范成本、事后的债权实现的执行成本等各种成本更低，对第三人和社会整体的外部成本也更低。

为了提升营商环境，保护交易安全，便利融资，在利益结构相似的情形中保持规则的一致，提高裁判的统一性，本条首先采取了登记在先的方式确定多个保理人之间的优先顺位，即应收账款债权人就同一应收账款订立多个保理合同，致使多个保理人主张权利的，已经登记的先于未登记的取得应收账款；均已经登记的，按照登记时间的先后顺序取得应收账款。

对于保理人都未进行债权转让登记的情形，考虑到通知在先虽然较之登记在先的社会成本要高，但较之合同成立时间仍然成本要低，因此，此时采取通知在先的顺位确定方式，即最先到达债务人的转让通知中载明的保理人顺位在先。

对于保理人既未登记也未通知债务人的情形，按照保理融资款或者服务报酬的比例取得应收账款。

第七百六十九条　【适用债权转让规定】本章没有规定的，适用本编第六章债权转让的有关规定。

条文注释

在本章没有特别规定的情形中，应当适用本法合同编第6章关于债权转让的一般规定，具体而言，在涉及债权转让的范围内，适用以下规定：(1)不得转让的债权的规定(第545条)。(2)关于债权转让通知的效力和撤销的规定(第546条)。(3)债权受让人取得与债权有关的从权利的规定(第547条)。(4)债务人对让与人的抗辩可以继续向受让人主张的规定(第548条)。(5)债务人对受让人主张抵销权的规定(第549条)。(6)债权转让增加的履行费用的负担的规定(第550条)。

当然，本编第6章债权转让中未规定，而在本法其他地方对债权转让有规定的，也要在保理中予以适用，例如本法第502条第3款中关于债权转让批准的规定。

第十七章　承揽合同

第七百七十条　【承揽合同定义和承揽主要种类】承揽合同是承揽人按照定作人的要求完成工作，交付工作成果，定作人支付报酬的合同。

承揽包括加工、定作、修理、复制、测试、检验等工作。

条文注释

承揽合同是承揽人按照定作人的要求完成一定的工作，并将工作成果交付给定作人，定作人接受该工作成果并按照约定向承揽人支付报酬的合同。承揽合同的主体是承揽人和定作人。承揽人就是按照定作人指示完成特定工作并向定作人交付该工作成果的人；定作人是要求承揽人完成承揽工作并接受承揽工作成果、支付报酬的人。承揽人和定作人可以是法人或者非法人组织，也可以是自然人。承揽合同的客体是完成特定的工作。承揽合同的对象为承揽标的，承揽标的是有体物的，合同的标的物又可以称为承揽物或者定作物。承揽工作具有特定性，如修理汽车、裁剪制作衣服等。承揽人完成的承揽工作需有承揽工作成果，该工作成果可以是有形的，如加工的零部件、印刷的图书、录制的磁带、检验的结论；也可以是无形的，如测试仪器的运行。

本条规定的承揽合同具有下列特征：(1)承揽合同以完成一定工作为目的。(2)承揽合同的标的具有特定性。承揽合同的标的是定作人所要求的，由承揽人所完成的工作成果。(3)承揽合同的承揽人应独立完成工作、独立承担风险。承揽合同的定作人需要的是具有特定性的标的物。这种特定的标的物只能通过承揽人完成的工作来取得。承揽人不能完成工作而取得定作人所指定的工作成果，就不能向定作人要求报酬。

本章所指的承揽合同主要是指加工承揽合同。根据本条第2款的规定，承揽合同的形式包括加工、定作、修理、复制、测试、检验等多种形式。(1)加工。所谓加工就是指承揽人以自己的技能、设备和劳力，按照定作人的要求，将定作人提供的原材料加工为成品，定作人接受该成品并支付报酬的合同。(2)定作。定作就是承揽人根据定作人的要求，以自己的技能、设备和劳力，用自己的材料为定作人制作成品，定作人接受该特别制作的成品并支付报酬的合同。(3)修理。修理既包括承揽人为定作人修复损坏的动产，如修理汽车、手表、电器、自行车、鞋等；也包括对不动产的修缮，如检修房屋屋顶的防水层。(4)复制。复制是指承揽人按照定作人的要求，根据定作人提供的样品，重新制作类似的成品，定作人接受复制品并支付报酬的合同。(5)测试。测试是指承揽人根据定作人的要求，利用自己的技术和设备为定作人完成某一项目的性能测试，定作人接受测试成果并支付报酬的合同。(6)检验。检验是指承揽人以自己的技术和仪器、设备等为定作人提供的特定事物的性能、问题、质量等进行检查化验,定作人接受检验成果,并支付报酬的合同。

需要说明的是,承揽合同作为一种广义上的劳务合同,其范围并不限于本条第2款所列举的几类,任何符合本条第1款所定义的合同行为,如印刷、洗染、打字、翻译、拍照、冲卷、扩印、广告制作、测绘、鉴定等都属于本章所调整的承揽。

第七百七十一条 【承揽合同主要内容】承揽合同的内容一般包括承揽的标的、数量、质量、报酬,承揽方式,材料的提供,履行期限,验收标准和方法等条款。

条文注释

本条规定的是承揽合同中的内容,即一般所包含的条款,当事人可以根据合同性质和双方的需要对上述规定的条款进行增减。

所谓承揽的标的,是指承揽合同权利义务所指向的对象,也就是承揽人按照定作人要求所应进行的承揽工作。承揽合同的标的是合同的必要条款。双方当事人未约定承揽标的或者约定不明确的,承揽合同不成立。

数量与质量是确定合同标的的具体条件,是该合同标的区别于同类另一标的的具体特征。当事人应当明确规定标的的数量,选择好双方共同接受的计算单位,确定双方认可的计算方法,还可以规定合理的磅差或者尾差。数量是承揽合同的必备条件之一,当事人未明确标的数量的,承揽合同不成立。标的质量应当定得详细具体,如标的的技术指标、质量要求、规格、型号等都要明确。

报酬主要是指定作人应当支付承揽人进行承揽工作所付出的技能、劳务的酬金。报酬是承揽合同中的主要条款,当事人在订立合同时应当明确报酬。当事人可以约定报酬的具体数额,也可以约定报酬的计算方法。

材料是指完成承揽工作所需的原料。当事人应当约定由哪一方提供材料,并且应当明确提供材料的时间、地点、材料的数量和质量等。

承揽合同中的履行期限主要是指双方当事人履行义务的时间，对承揽人而言，是指承揽人完成工作、交付工作成果的时间；对定作人而言，是指定作人支付报酬或者其他价款的时间。

当事人在承揽合同中可以约定验收标准和方法。验收的标准是指检验材料、承揽工作质量的标准。

第七百七十二条　【承揽人独立完成主要工作】承揽人应当以自己的设备、技术和劳力，完成主要工作，但是当事人另有约定的除外。

承揽人将其承揽的主要工作交由第三人完成的，应当就该第三人完成的工作成果向定作人负责；未经定作人同意的，定作人也可以解除合同。

条文注释

承揽合同的标的是定作人所要求的、由承揽人所完成的工作成果。该工作成果既可以是体力劳动成果，也可以是脑力劳动成果；可以是物，也可以是其他财产。但其必须具有特定性，是按照定作人的特定要求，只能由承揽人为满足定作人特殊需求通过自己与众不同的劳动技能而完成。

承揽合同的本质特点决定了该合同是建立在对承揽人的工作能力信任的基础上的，承揽人应当以自己的设备、技术和劳力完成承揽的主要工作。承揽人的设备、技术和劳力是决定其工作能力的重要因素，也是定作人选择该承揽人完成工作的决定性因素。

所谓设备，是指承揽人进行工作所使用的工具。所谓技术，是指承揽人进行工作所需的技能，包括专业知识、经验等。所谓劳力，是指承揽人完成工作所付出的劳动力。本条中的“主要工作”，一般是指对工作成果的质量起决定性作用的工作，也可以说是技术要求高的那部分工作。

第七百七十三条　【承揽人对辅助性工作的责任】承揽人可以将其承揽的辅助工作交由第三人完成。承揽人将其承揽的辅助工作交由第三人完成的，应当就该第三人完成的工作成果向定作人负责。

条文注释

根据本条规定，与承揽的主要工作不同，承揽人可以将承揽的辅助工作交由第三人完成，并且可以不经定作人同意。

本条中的辅助工作，是指承揽工作中主要工作之外的部分，是相对于主要工作而言的。即使承揽人根据本条规定将辅助性工作交由第三人完成，也要对整个的工作负责，如果第三人完成的工作不符合定作人的要求，承揽人应当向定作人承担违约责任。

从尊重当事人的意思自治出发，合同编允许承揽合同的当事人对辅助工作的完成作出与本条不同的约定。关于辅助性工作的责任，当事人的约定一般有三种情况：一是如果当事人有约定，承揽工作必须全部由承揽人独自完成的，承揽人不得将工作交由第三人完成，即使辅助工作也不例外，承揽人违反约定将辅助工作交由第三人完成的，承揽人应当承担违约责任，赔偿定作人损失。二是如果承揽合同中约定，承揽人将辅助性工作交由第三人完成的，承揽人仅对其完成的主要工作负责，第三人对其完成的辅助工作负责。三是承揽合同中约定，承揽人将辅助性工作交由第三人完成的，承揽人与第三人对由第三人完成的辅助工作向定作人承担连带责任。

第七百七十四条　【承揽人提供材料时的义务】承揽人提供材料的，应当按照约定选用材料，并接受定作人检验。

条文注释

在承揽人提供材料的情形下，必须按照合同的事先约定或者双方事后达成的补充协议提供材料，定作人对于提供的材料是否符合要求，则拥有检验的权利。

根据本条规定，如果当事人在承揽合同中约定由承揽人提供材料，并约定了提供材料的时间、材料的数量和质量的，承揽人应当按照约定准备材料。如果合同中未明确由哪一方提供材料,但根据合同条款或者通过补充协议、交易习惯等方式确定应当由承揽人提供材料的,合同中如果约定了材料提供的时间、数量和质量,承揽人应当按照约定提供材料。承揽人准备材料时,还应当备齐有关的资料,如发票、质量说明书等说明文件。

如果明确由承揽人提供材料,但是合同中未约定材料提供的时间、数量和质量,事后又未就此达成补充协议的,承揽人应当根据承揽工作的性质和定作人对交付工作成果的要求,及时准备材料。数量不明确的,承揽人应当根据通常情况下完成该类工作成果所需的工作量,合理地确定材料的数量。质量不明确的,承揽人应当根据定作人对工作成果的质量要求,合理选用适合该工作成果的材料;定作人对工作成果的质量未有特别要求的,承揽人应当根据价款数额的大小以及工作性质,合理确定质量标准,合理选用材料。根据以上条件仍不能确定材料质量的,承揽人应当按照通常标准准备材料。

承揽人准备好材料后,应当及时通知定作人检验,并如实提供发票以及数量和质量的说明文件。定作人发现材料质量不符合约定的,应当及时通知承揽人更换,因此发生的费用,由承揽人承担。

第七百七十五条　【定作人提供材料时双方当事人的义务】定作人提供材料的,应当按照约定提供材料。承揽人对定作人提供的材料应当及时检验,发现不符合约定时,应当及时通知定作人更换、补齐或者采取其他补救措施。

承揽人不得擅自更换定作人提供的材料,不得更换不需要修理的零部件。

条文注释

承揽合同中,根据承揽工作性质或者交易习惯,双方当事人可以约定由定作人提供材料,并且应当约定提供材料的时间、数量和质量。该材料主要指承揽工作所必需的原材料,如制作家具的木材、制作衣服的面料等。

根据本条规定,当定作人按约定提供原材料后,承揽人应当立即检验原材料。检验的内容主要包括原材料的数量是否符合合同约定,原材料的质量是否达到合同约定的质量要求。承揽人经对定作人提供的材料检验之后,如果发现材料不符合约定,应当及时通知定作人。因承揽人原因,未及时通知定作人原材料不符合约定,进而影响完成工作时间的,承揽人应当承担违约责任。承揽人发现定作人提供的原材料不符合约定而未通知定作人的,视为原材料符合约定,因该原材料数量、质量原因造成承揽工作不符合约定的,由承揽人承担违约责任,定作人有权要求承揽人修理、更换、减少报酬或者解除合同;造成定作人损失的,承揽人应当赔偿损失。

根据本条第2款的规定,定作人提供的原材料符合约定的,承揽人在工作中应当以该原材料完成工作,不得擅自更换原材料。如因承揽人擅自更换材料致使工作成果不符合约定质量的,定作人有权要求承揽人修理、更换、减少报酬或者解除合同;造成定作人损失的,承揽人承担赔偿责任。承揽人更换应修理以外的零部件,承揽人应当恢复原状并承担赔偿责任。

第七百七十六条 【定作人要求不合理时双方当事人的义务】承揽人发现定作人提供的图纸或者技术要求不合理的,应当及时通知定作人。因定作人怠于答复等原因造成承揽人损失的,应当赔偿损失。

条文注释

如果承揽人在工作之前或者工作之中发现定作人提供的图纸或者技术要求不合理,即按此图纸或者技术要求难以产生符合合同约定的工作成果,在此情况下,承揽人应当及时将该情况通知定作人。承揽人未及时通知定作人的,怠于通知期间的误工损失由承揽人自己承担;造成工期拖延、给定作人造成损失的,承揽人应当赔偿定作人损失。如果承揽人发现定作人提供的图纸或者技术要求不合理而未通知定作人,仍然按照原图纸或者技术要求进行工作致使工作成果不符合合同约定的,由承揽人承担违约责任,定作人有权要求承揽人修理、更换、减少价款或者解除合同。造成定作人损失的,承揽人应当赔偿损失。

定作人在接到承揽人关于图纸或者技术要求不合理的通知后,应当立即采取措施,修改图纸或者技术要求。修改完成后,定作人应当及时答复承揽人,并提出修改意见。在承揽人发出通知至收到定作人答复期间,承揽人可以停止工作,工期顺延,定作人还应当赔偿承揽人在此期间的误工以及其他损失。如果定作人在接到通知后,未能及时答复承揽人并提出修改意见的,承揽人有权要求定作人赔偿其误工等损失;定作人怠于答复的,承揽人可以催告定作人在合理期限内予以答复并提出修改意见,在合理期限内承揽人仍未收到定作人答复的,承揽人有权解除合同,并通知定作人,因此造成的损失,由定作人赔偿。

第七百七十七条 【定作人变更工作要求的法律后果】定作人中途变更承揽工作的要求,造成承揽人损失的,应当赔偿损失。

条文注释

定作人可以中途变更承揽工作的要求,但从鼓励资源节约、物尽其用的角度,不鼓励随意、无意义的变更。根据公平原则,定作人中途变更对承揽工作的要求,造成承揽人损失的,应当赔偿承揽人的损失。承揽人按照原要求完成部分工作的,定作人应当支付该部分工作的报酬。由承揽人提供材料的,定作人应当支付完成该部分工作所耗费的材料的价款和保管费。按照新要求,需增加材料的,由定作人负担费用。新要求使原承揽工作质量、难度提高的,定作人应当相应增加报酬。因定作人中途变更合同,使工期顺延,因此造成承揽人误工损失的,由定作人赔偿损失。

定作人变更合同的要求应在承揽人履行合同过程中提出,如果承揽人的承揽工作已经完成,只是尚未交付,原则上定作人不能再提出针对承揽工作的变更要求。

第七百七十八条 【定作人协助义务】承揽工作需要定作人协助的,定作人有协助的义务。定作人不履行协助义务致使承揽工作不能完成的,承揽人可以催告定作人在合理期限内履行义务,并可以顺延履行期限;定作人逾期不履行的,承揽人可以解除合同。

条文注释

如果定作人的协助义务是完成承揽合同的前提条件,定作人不履行的,承揽人应当催告定作人在合理期限内履行,并可以顺延完成工作的期限。如果在合理期限内定作人仍未履行协助义务,将构成本条所称的逾期不履行。定作人的逾期不履行将导致合同不能继续履行,承揽工作无法按约完成,合同目的无法实现,此时,承揽人可以解除合同。承揽人解除合同的,应当通知定作人,通知到达定作人时,解除生效。解除合同能恢复原状的,双方当事人应当恢复原状。当然,合同的解除并不能免除定作人不履行协助义务的责任,由此给承揽人造成损失的,定作人应当赔偿损失。

定作人不履行协助义务,无论有无过错,只要是经催告仍未在合理期限内履行,客观上致使承揽工作无法完成的,承揽人就可以解除合同。承揽人未经催告的,不能解除合同。如果定作人不履行协助义务并不会导致工作不能完成,即定作人的不协助并不导致无法实现合同目的时,承揽人不能解除合同,而只能要求定作人赔偿损失;如果因此导致工作成果交付的期限拖延的,定作人应当承担迟延履行的责任。

第七百七十九条　【定作人监督检验】承揽人在工作期间,应当接受定作人必要的监督检验。定作人不得因监督检验妨碍承揽人的正常工作。

条文注释

根据本条规定,定作人在承揽人工作期间享有监督检验权,但定作人行使这一权利需符合以下两个条件:

(1)定作人的监督检验必须是必要的。这里"必要"的含义是指,如果合同中已经约定定作人监督检验的范围的,定作人应当按照约定的内容按时进行检验;如果合同中未约定检验范围的,定作人应当根据承揽工作的性质,对承揽工作质量进行检验,如承揽人是否使用符合约定的材料、是否按照定作人提供的图纸或者技术要求工作等。如果定作人发现承揽人的工作不符合约定,可以要求承揽人返工、修理或者更换。

(2)定作人的监督检验行为不得妨碍承揽人的正常工作。具体而言,承揽合同中约定监督检验时间的,定作人应当按照约定的时间进行检验。合同中未约定监督检验的,定作人在监督检验承揽工作前应当与承揽人协商确定监督检验的方式、时间和内容;未达成协议的,定作人在检验前应当通知承揽人监督检验的时间和内容,以便于承揽人对自身工作作出适当的安排。定作人的监督检验行为妨碍承揽人正常工作的,承揽人可以拒绝定作人的监督检验;定作人的监督检验行为给承揽人造成损失的,应当承担损害赔偿责任。

考虑到承揽合同独特的合同性质与特点,本条专门规定了承揽人接受定作人监督检验的法定义务。承揽人不得以合同对此未作约定而予以拒绝。

第七百八十条 【承揽人工作成果交付】承揽人完成工作的,应当向定作人交付工作成果,并提交必要的技术资料和有关质量证明。定作人应当验收该工作成果。

条文注释

为了便于定作人的验收和检验,承揽人在交付工作成果的同时,还应当提交必要的技术资料和有关质量证明。技术资料主要包括使用说明书、结构图纸、有关技术数据。质量证明包括有关部门出具的质量合格证书以及其他能够证明工作成果质量的数据、鉴定证明等。承揽人除交付工作成果、必要的技术资料和质量证明外,还应当交付工作成果的附从物,如工作成果必备的备件、配件、特殊的维护工具等。如果定作人提供的材料尚有剩余,承揽人也应当退还给定作人。

交付工作成果时,由承揽人运送工作成果的,定作人应当积极配合,为承揽人的交付创造条件,提供方便。定作人在接收承揽人交付,也就是实际收到工作成果时,应当对工作成果及时进行验收。验收的目的主要是检验工作成果的质量、数量是否符合合同约定或者定作人的要求。验收往往是双方当事人进行结算、定作人支付报酬等费用的前提条件，因此，根据公平和诚实信用原则，定作人在接到工作成果时，应当及时进行验收。

第七百八十一条 【工作成果不符合质量要求时的违约责任】承揽人交付的工作成果不符合质量要求的，定作人可以合理选择请求承揽人承担修理、重作、减少报酬、赔偿损失等违约责任。

条文注释

承揽人应当保证其完成的工作成果符合合同约定，在质量上要达到合同约定的标准。承揽人所交付的工作成果不符合质量标准的，承揽人应当对工作成果负瑕疵担保责任，定作人有权要求承揽人承担相应的违约责任。承揽人承担瑕疵担保责任，应具备两个条件：

(1)承揽人交付的工作成果不符合质量要求。当事人约定了质量标准和要求的，承揽人交付的工作成果质量不符合该约定的，即可认定工作成果不符合质量要求。如果当事人未约定质量标准或者约定不明确的，则工作成果应当符合根据合同有关条款、合同性质、合同目的或者交易习惯所确定的质量标准。如果根据合同有关条款、合同性质、合同目的或者交易习惯难以确定质量标准的，工作成果应当具备通常使用的效用。

(2)定作人在合理的期限内提出质量异议。承揽人交付工作成果后，定作人应当及时进行验收，检验工作成果是否符合质量要求。承揽人提供的工作成果不符合质量要求，定作人在合理期限内提出质量异议的，定作人可以请求承揽人承担违约责任。违约责任的类型主要包括：①修理；②重作；③减少报酬；④赔偿损失。

第七百八十二条 【定作人支付报酬的期限】定作人应当按照约定的期限支付报酬。对支付报酬的期限没有约定或者约定不明确，依据本法第五百一十条的规定仍不能确定的，定作人应当在承揽人交付工作成果时支付；工作成果部分交付的，定作人应当相应支付。

条文注释

这里的“报酬”是指定作人通过承揽合同获得承揽人技术、劳务所应当支付的对价，一般指金钱。向承揽人支付报酬是定作人最基本的义务。定作人支付报酬的前提是承揽人交付的工作成果符合合同约定的质量和数量；不符合质量、数量要求的，定作人可以不支付报酬或者相应减少报酬。定作人应当按照合同约定的期限，以合同约定的币种、数额，向承揽人支付报酬。

如果承揽合同对支付报酬的期限没有约定或者约定不明确的，依照本法第510条的规定，当事人可以协议补充报酬支付期限，定作人按照补充约定的期限向承揽人支付报酬。当事人不能达成补充协议的，定作人按照合同有关条款、合同性质、合同目的或者交易习惯确定的支付期限，向承揽人支付报酬。如果合同对报酬支付期限未作约定，根据本法第510条仍不能确定的，定作人应当在承揽人交付工作成果的同时支付，也就是承揽人将其完成的工作成果交给定作人占有的时间，为定作人支付报酬的时间。

如果工作成果部分交付的，定作人验收该部分工作成果，并根据已交付部分的工作，向承揽人支付报酬。

第七百八十三条　【承揽人留置权及同时履行抗辩权】定作人未向承揽人支付报酬或者材料费等价款的，承揽人对完成的工作成果享有留置权或者有权拒绝交付，但是当事人另有约定的除外。

条文注释

承揽人行使留置权应当符合以下两个前提条件：

(1)定作人无正当理由不履行支付报酬、材料费等费用。

(2)承揽人合法占有本承揽合同的工作成果。承揽人留置的工作成果应当是根据本承揽合同而合法占有的定作人的动产。如果承揽人已经将工作成果交付给定作人，承揽人就无法实现留置权；如果工作成果不是动产，承揽人也无法实现留置权；如果定作人同承揽人订有数个承揽合同，定作人未支付其中一个合同的报酬的，承揽人只能留置定作人未付报酬的那个合同的工作成果。

与原《合同法》的规定相比，本条增加了承揽人对完成的工作成果“有权拒绝交付”的规定。定作人未依约履行支付报酬或者材料费等价款时，承揽人享有拒绝交付工作成果的权利，这是同时履行抗辩权在承揽合同中的体现。

第七百八十四条　【承揽人保管责任】承揽人应当妥善保管定作人提供的材料以及完成的工作成果，因保管不善造成毁损、灭失的，应当承担赔偿责任。

条文注释

本条所谓的妥善保管，是指承揽人在没有特别约定的情况下，须按照本行业的一般要求，根据物品的性质选择合理的场地、采用适当的保管方式加以保管，防止物品毁损和灭失。在具体的保管方式上，承揽人可以自己保管材料，也可以将材料交由第三人保管。承揽人将材料交由第三人保管的，不得给定作人增加不合理的费用。由于承揽人未尽妥善保管义务，致使材料毁损、灭失的，承揽人应当承担赔偿责任，自负费用补齐、更换与定作人提供材料同质同量的材料，因此造成定作人损失的，应当赔偿损失；造成迟延交付的，应当承担违约责任。

承揽人妥善保管的对象除定作人提供的材料外，还包括已经完成的工作成果。在承揽合同中，承揽人的主要义务是完成并交付工作成果。在交付前，工作成果处于承揽人的占有之下，承揽人应当妥善保管工作成果，保证工作成果如期交付。工作成果须实际交付的，交付前，承揽人应当妥善保管工作成果。

如果材料及工作成果毁损、灭失的结果系由于意外或者不可抗力所致，则应根据本编有关合同风险负担的规则予以处理，这不属于本条的调整范围，承揽人也不构成违约。

第七百八十五条　【承揽人保密义务】承揽人应当按照定作人的要求保守秘密，未经定作人许可，不得留存复制品或者技术资料。

条文注释

承揽人的保密义务体现在不同方面。关于缔约过程中的保密义务(承揽人在订立合同过程中知悉的定作人的商业秘密,定作人要求保密的,承揽人应当保密,不得泄露或者不正当地使用),本法第501条已经作了规定;本条的规定主要侧重于在承揽合同成立后,承揽人在工作中以及工作完成后的保密义务。

承揽合同成立后,定作人可以要求承揽人对承揽的工作保密。定作人保密的要求可以通过合同约定,也可以在合同履行期间要求承揽人保守秘密。定作人应当明确承揽人保密的内容、期限。保密的内容包括技术秘密也包括商业秘密,如具有创造性的图纸、技术数据,或者是专利技术的工作成果;还包括其他定作人不愿他人知晓的信息,如定作人的名称、工作成果的名称等。保密的期限不限于承揽合同履行期间,在承揽合同终止后的一段期间内,承揽人仍应当保守有关秘密。

承揽人在工作中,应当妥善保管有关图纸、技术资料及其他应保密的信息,不得将秘密泄露给他人,也不得不正当地利用保密信息。如,承揽人在履行合同中知悉技术秘密的,不得擅自将该技术秘密以自己的名义申请专利。在定作人提供图纸、技术资料、样品的情况下,承揽人未经定作人许可不得擅自复制工作成果。如,定作人与承揽人订立加工承揽合同,要求承揽人根据图纸加工出一台定作人设计的新型汽车发动机的样机,承揽人不得根据图纸多加工几台以便供研究或者投放市场。此外,非经定作人许可,承揽人不得保留技术资料和复制品。

承揽工作完成后,承揽人在交付工作成果的同时,也应当把定作人提供的图纸、技术资料返还定作人。如果承揽人根据定作人的要求,在工作中自己制作出图纸、技术资料、模具等,对此是否可以留存,有约定,按照约定;无约定,则视情况而定。如,定作人要求承揽人生产某一型号车床,该车床型号是公开的,并且属于承揽人产品系列,这种情况下,承揽合同类似于买卖,承揽人可以留存该车床的生产技术资料而不必承担保密义务。如果定作人要求承揽人生产一特大车床，该车床以前没有生产过，承揽人根据定作人提出的要求设计、生产，其费用由定作人负责的，承揽人就应当在完成工作后将图纸及有关技术资料交给定作人，并不得留存复制品。

承揽人未尽保密义务，泄露秘密，给定作人造成损失的，承揽人承担损害赔偿责任。如果定作人已经公开秘密，承揽人可以不再承担保密义务，但不能不正当地利用已公开的秘密。如，定作人将其工作成果申请专利的，承揽人不得未经定作人许可，擅自生产与工作成果同样的产品。

第七百八十六条　【共同承揽人连带责任】共同承揽人对定作人承担连带责任，但是当事人另有约定的除外。

条文注释

共同承揽，是指由两个或者两个以上的人共同完成承揽工作的合同。每一个共同承揽人都应当对承揽的全部工作向定作人负责。如果交付的工作成果不符合要求，定作人可以要求共同承揽中的任何一个承揽人承担违约责任，任何一个共同承揽人都应当无条件承担违约责任。承担责任的共同承揽人可以向其他共同承揽人追偿超出其实际应承担的责任份额，也就是说，任何一个共同承揽人向定作人承担责任后，共同承揽人再根据约定或者过错大小承担相应责任。

根据权利义务相对等的原则，共同承揽人对定作人承担连带责任，也意味着共同承揽人对定作人也享有连带权利，任何一个共同承揽人都可以根据法律规定或者合同约定向定作人主张权利，再根据约定或者工作比例分享。

本条从尊重当事人意思自治出发，规定了当事人可以约定共同承揽的责任承担。如，定作人与共同承揽人约定，共同承揽人各自承担责任；也可以约定，指定其中一个承揽人承担合同责任。有当事人约定的，共同承揽人根据约定向定作人承担责任；无约定或者约定不明确的，共同承揽人承担连带责任。

准确理解和适用本条，还需要注意以下两点：一是共同承揽与转承揽不同。转承揽是承揽人将自己承揽的部分工作交由第三人完成。二是本条规定共同承揽人对定作人承担连带责任，这属于法定责任，但是当事人可以通过约定排除。

第七百八十七条　【定作人任意解除权】定作人在承揽人完成工作前可以随时解除合同，造成承揽人损失的，应当赔偿损失。

条文注释

解除合同是指在合同成立后，因当事人一方或者双方的意思表示而使合同关系消灭的行为。

定作人解除合同的前提是赔偿承揽人的损失。定作人依据本条行使随时解除权的，应当符合以下要求：

第一，定作人应当在承揽人完成工作前提出解除合同。

第二，定作人根据本条解除合同的，应当通知承揽人。解除通知到达承揽人时，解除生效，合同终止，承揽人可以不再进行承揽工作。

第三，定作人根据本条解除承揽合同造成承揽人损失的，应当赔偿损失。这些损失主要包括承揽人已完成的工作部分所应当获得的报酬、承揽人为完成这部分工作所支出的材料费以及承揽人因合同解除而受到的其他损失。

合同解除后，承揽人应当将已完成的部分工作交付定作人。定作人提供材料的，如有剩余，也应当返还定作人。定作人预先支付报酬的，在扣除已完成部分的报酬后，承揽人也应当将剩余价款返还定作人。

第十八章　建设工程合同

第七百八十八条　【建设工程合同定义和种类】建设工程合同是承包人进行工程建设，发包人支付价款的合同。

建设工程合同包括工程勘察、设计、施工合同。

条文注释

建设工程合同，是指承包人进行工程建设，发包人支付价款的合同。建设工程合同的客体是工程。这里的工程是指土木建筑工程和建筑业范围内的线路、管道、设备安装工程的新建、扩建、改建及大型的建筑装修装饰活动，主要包括房屋、铁路、公路、机场、港口、桥梁、矿井、水库、电站、通讯线路等。建设工程的主体是发包人和承包人。承包人的基本义务就是按质按期地进行工程建设，包括工程勘察、设计和施工。工程勘察、设计、施工是专业性很强的工作，所以一般应当由专门的具有相应资质的工程单位来完成。发包人的基本义务就是按照约定支付价款。

本条第2款规定了建设工程合同的主要内容。一项工程一般包括勘察、设计和施工等一系列过程，因此建设工程合同通常包括工程勘察、设计、施工合同。勘察合同，是指发包人与勘察人就完成建设工程地理、地质状况的调查研究工作而达成的协议。设计合同，是指发包人与设计人就完成建设工程设计工作而达成的协议。施工合同，是指发包人与施工单位就完成建设工程的一定施工活动而达成的协议。

第七百八十九条　【建设工程合同的形式】建设工程合同应当采用书面形式。

条文注释

依据本条的规定，建设工程合同除双方当事人意思表示达成一致外，还应当采用书面形式明确双方的权利义务。

依照本法规定，书面形式是合同书、信件等可以有形地表现所载内容的形式。在实践中，较大的工程建设一般采用合同书的形式订立合同。通过合同书，当事人写明各自的名称、地址，工程名称和工程范围，明确规定履行的内容、方式、期限，违约责任以及解决争议的方法等。工程承包合同，还应当明确承包的内容以及承包方式。勘察、设计合同，还应当明确提交勘察或者设计基础资料、设计文件（包括概预算）的期限、设计的质量要求、勘察或者设计费用以及其他协作条件等内容。施工合同,还应当明确工程范围、建设工期、中间交工工程的开工和竣工时间、工程质量、工程造价、技术资料交付时间、材料和设备供应责任、拨款和结算、交工验收、质量保证期、双方互相协作等内容。当事人也可以选择有关的合同示范文本作为参照订立建设工程合同。

第七百九十条 【建设工程招投标活动的要求】建设工程的招标投标活动,应当依照有关法律的规定公开、公平、公正进行。

条文注释

招标投标是市场经济条件下进行大宗货物买卖或者建设工程发包与承包时通常采用的竞争交易方式。

招标分为公开招标和邀请招标。公开招标,是指招标人以招标公告的方式邀请不特定的法人或者非法人组织投标。邀请招标,是指招标人以投标邀请书的方式邀请特定的法人或者非法人组织投标。法律、行政法规规定必须进行公开招标的项目必须进行公开招标。

依据本条的规定,建设工程的招标投标应当按照公开、公平和公正的原则进行。

关联法规

《招标投标法》第3条

第七百九十一条 【建设工程的发包、承包、分包】发包人可以与总承包人订立建设工程合同,也可以分别与勘察人、设计人、施工人订立勘察、设计、施工承包合同。发包人不得将应当由一个承包人完成的建设工程支解成若干部分发包给数个承包人。

总承包人或者勘察、设计、施工承包人经发包人同意,可以将自己承包的部分工作交由第三人完成。第三人就其完成的工作成果与总承包人或者勘察、设计、施工承包人向发包人承担连带责任。承包人不得将其承包的全部建设工程转包给第三人或者将其承包的全部建设工程支解以后以分包的名义分别转包给第三人。

禁止承包人将工程分包给不具备相应资质条件的单位。禁止分包单位将其承包的工程再分包。建设工程主体结构的施工必须由承包人自行完成。

条文注释

建设工程合同发包承包根据订约双方的不同,可以分为直接承包和分包两大类。直接承包是指发包人直接将工程承包给承包人,包括工程总承包和单项工程承包两种方式。

建设工程的总承包,又称为“交钥匙承包”,是指建设工程任务的总承包,即发包人将建设工程的勘察、设计、施工等工程建设的全部任务一并发包给一个具备相应的总承包资质条件的承包人,由该承包人负责工程的全部建设工作,直至工程竣工,向发包人交付经验收合格符合发包人要求的建设工程的发包承包方式。

单项工程的承包,即发包人将建设工程中的勘察、设计、施工等不同工作任务,分别发包给勘察人、设计人、施工人,与其签订相应的承包合同。

建设工程的发包承包是采取总承包方式还是单项工程承包方式,可以由发包人根据实际情况自行确定。但是无论发包人采取何种方式与承包人签订合同,都应当遵守本条的规定,不得将建设工程支解发包,即不得将应当由一个承包人完成的建设工程支解成若干部分发包给几个承包人。

建设工程的分包,是指工程总承包人、勘察承包人、设计承包人、施工承包人承包建设工程后,经发包人同意,将其承包的某一部分工程或某几部分工程,再发包给其他承包人,与其签订承包合同项下的分包合同的发包承包方式。总承包人或者勘察、设计、施工承包人在分包合同中即成为分包合同的发包人。

在承包与分包相结合的承包形式中,存在承包合同与分包合同两个不同的合同关系。承包合同是发包人与总承包人或者勘察人、设计人、施工人之间订立的合同,总承包人或者勘察、设计、施工承包人应当就承包合同的履行向发包人承担全部的责任；即使总承包人或者勘察、设计、施工承包人根据合同约定或者经发包人同意将承包合同范围内的部分建设项目分包给他人，其也需要对分包的工程向发包人负责。分包合同是承包合同中的总承包人或者勘察、设计、施工承包人与分包人之间订立的合同。通常来说，分包人仅就分包合同的履行向总承包人或者勘察、设计、施工承包人负责，并不直接向发包人承担责任；但为了维护发包人的利益，保证工程的质量，本条适当地加重了分包人的责任，即第三人（分包人）就其完成的工作成果与总承包人或者勘察、设计、施工承包人向发包人承担连带责任。分包的工程出现问题，发包人既可以要求总承包人或者勘察、设计、施工承包人承担责任，也可以直接要求分包人承担责任。

转包，是指建设工程的承包人将其承包的建设工程倒手转让给第三人，使该第三人实际上成为该建设工程新的承包人的行为。转包与分包的根本区别在于：转包行为中，原承包人将其工程全部倒手转给他人，自己并不实际履行合同约定的义务；而在分包行为中，承包人只是将其承包工程的某一部分或几部分再分包给其他承包人，承包人仍然要就承包合同约定的全部义务的履行向发包人负责。依照本法和其他法律规定，承包人经发包人同意将其部分工程分包给他人的行为是允许的，但承包人的转包行为是禁止的。本条明确规定承包人不得将其承包的全部建设工程转包给第三人或者将其承包的全部建设工程支解以后以分包的名义分别转包给第三人。

为避免因层层分包造成责任不清以及因中间环节过多造成实际用于工程的费用减少的问题，依据本条第3款的规定，分包人不得将其承包的工程再分包，即对工程建设项目只能实行一次分包。实行施工承包的，建设工程的主体结构必须由承包人自行完成，不得分包，即承包人承包工程全部施工任务的，该工程的主体结构必须由承包人自行完成，即使经发包人同意，也不得将主体工程的施工再分包给第三人；承包人违反本款规定，将工程主体部分的施工任务分包给第三人的，该分包合同无效。

关联法规

《最高人民法院关于审理建设工程施工合同纠纷案件适用法律问题的解释(一)》第1条

第七百九十二条 【订立国家重大建设工程合同】国家重大建设工程合同,应当按照国家规定的程序和国家批准的投资计划、可行性研究报告等文件订立。

条文注释

对于建设工程合同,从合同的签订到合同的履行,从资金的投放到最终的成果验收,都要受到国家严格的管理和监督。

依据本条规定,国家重大建设工程合同,应当按照国家规定的程序和国家批准的投资计划、可行性研究报告等文件订立。在实践中,国家重大建设工程在事先应当进行可行性研究,对工程的投资规模、建设效益进行论证分析,并编制可行性研究报告,然后到申请立项。立项经批准后,再根据立项制订投资计划并报国家有关主管部门批准。投资计划经批准后,有关建设单位根据工程的可行性研究报告和国家批准的投资计划,遵照国家规定的程序进行发包,与承包人订立建设工程合同。这里规定的"国家规定的程序"是指《建筑法》等有关法律、法规规定的重大工程建设项目订立的程序。

国家重大建设工程合同必须实行公开招标发包的,发包人应当按照法定的程序和方式,发布招标公告,提供载有招标工程的主要技术要求,主要合同条款,评标的标准和方法以及开标、评标、定标的程序等内容的招标文件。开标应当在招标文件规定的时间、地点公开进行。开标后应当按照招标文件规定的评标标准和程序对标书进行评价、比较,确定中标候选名单,中标候选单位必须具备能够建设该重大工程项目的相应资质。发包人在具有相同资质条件的投标者中,择优选择中标者。发包人应当同中标者订立建设工程承包合同。

国家重大工程建设项目一般都属于国家强制监理的建设工程,因此,发包人应当委托具有相应资质条件的工程监理单位对工程建设进行监理。发包人应当与其委托的工程监理单位订立书面的委托监理合同。

第七百九十三条 【建设工程合同无效时对承包人补偿】建设工程施工合同无效，但是建设工程经验收合格的，可以参照合同关于工程价款的约定折价补偿承包人。

建设工程施工合同无效，且建设工程经验收不合格的，按照以下情形处理：

（一）修复后的建设工程经验收合格的，发包人可以请求承包人承担修复费用；

（二）修复后的建设工程经验收不合格的，承包人无权请求参照合同关于工程价款的约定折价补偿。

发包人对因建设工程不合格造成的损失有过错的，应当承担相应的责任。

条文注释

建设工程施工合同的履行过程就是承包人将劳务及建筑材料物化到建设工程的过程，建设工程施工过程完成会有建筑物等不动产的产生。基于这一特殊性，合同无效时，发包人既无法向承包人返还建设工程，也无法向承包人返还已经付出的劳务和使用的建筑材料，因此只能折价补偿。

折价补偿的前提是建设工程本身具有价值。建设工程施工合同无效后，对承包人进行折价补偿的前提是建设工程经验收合格。对于经验收不合格但是具有修复可能的建设工程，基于节约社会资源原则和维护当事人之间的公平，在确保工程质量安全的前提下，如果可以通过修复使建设工程验收合格的，应当提倡进行修复，并由承包人承担修复费用，不宜一概要求恢复原状推倒重建，造成社会资源的浪费。如果从技术和经济上判断确属没有可能修复或修复成本明显过高，进行修复显著不经济、不合理的，则没有必要要求必须进行修复，徒增不合理的负担和成本。因此，本条第2款规定，建设工程施工合同无效，且建设工程经验收不合格，如果修复后经验收合格的，发包人可以请求承包人承担修复费用；如果修复后仍不能验收合格的，则无须对承包人进行折价补偿。

关于折价的标准，需注意以下几点。建设工程施工合同无效，建设工程经竣工验收合格的，承包人可以请求参照合同约定支付工程款。对于工程建设中大规模改变设计，施工合同的约定却未进行相应变更等无法参照建设工程合同关于工程价款的约定进行折价补偿的情况，仍需要法院根据实际情况来认定。此外，建设工程施工合同无效，虽然依据本条规定可以对承包人参照建设工程合同关于工程价款的约定折价补偿，但是，折价补偿并不影响承包人承担违反法律的行政法律责任和其他法律责任。

法律行为无效后，对于因该行为取得的财产应当返还或折价补偿，因自己的过错给对方造成损失的，应当赔偿由此给对方所造成的损失。建设工程施工合同无效时，当事人有过错的，也应赔偿因此给对方造成的损失。建设工程施工合同无效，建设工程经验收不合格，修复后建设工程经验收仍不合格的，承包人不能请求参照合同关于工程价款的约定补偿；但是，发包人对因建设工程不合格造成的损失也有过错的，也应根据其过错承担相应的责任。

关联法规

《最高人民法院关于审理建设工程施工合同纠纷案件适用法律问题的解释（一）》第6、24条

第七百九十四条　【勘察、设计合同的内容】勘察、设计合同的内容一般包括提交有关基础资料和概预算等文件的期限、质量要求、费用以及其他协作条件等条款。

条文注释

勘察、设计合同，是指勘察人、设计人完成工程勘察、设计任务，发包人支付勘察、设计费的合同。提交有关勘察或者设计基础资料和文件是发包人的义务，勘察或者设计的基础资料是指勘察人、设计人进行勘察、设计工作所依据的基础文件和情况。勘察基础资料包括可行性报告，工程需要勘察的地点、内容，勘察技术要求及附图

等。提交勘察、设计文件(包括概预算)是勘察、设计人的基本义务。勘察文件一般包括对工程选址的测量数据、地质数据和水文数据等。这里的质量要求主要是指发包人对勘察、设计工作提出的标准。勘察人和设计人应当按照确定的质量要求进行勘察、设计,按时提交符合质量要求的勘察、设计文件。

这里的费用是指勘察人、设计人完成勘察、设计工作的报酬。支付勘察、设计费是发包人在勘察、设计合同中的主要义务,因此,在勘察、设计费用条款中应当明确勘察、设计费用的数额或者计算方法、支付方式、地点、期限等内容。

其他协作条件是指双方当事人为了保证勘察、设计工作顺利完成所应当履行的相互协助的义务。

本条规定的内容是建议性的,只是根据勘察、设计合同的性质作出的一般性规定,当事人签订的勘察、设计合同中不具备上述内容的,并不因本条规定导致该合同的无效。

第七百九十五条　【施工合同的内容】施工合同的内容一般包括工程范围、建设工期、中间交工工程的开工和竣工时间、工程质量、工程造价、技术资料交付时间、材料和设备供应责任、拨款和结算、竣工验收、质量保修范围和质量保证期、相互协作等条款。

条文注释

施工,主要是指工程的建筑与安装。施工合同,主要是指施工人完成工程的建筑、安装工作,发包人验收后,接收该工程并支付价款的合同。为了规范施工合同,本条根据工程施工的一般特点,规定了施工合同中一些主要内容,即工程范围、建设工期、中间交工工程的开工和竣工时间、工程质量、工程造价、技术资料交付时间、材料和设备供应责任、拨款和结算、竣工验收、质量保修范围和质量保证期、相互协作等条款。

工程范围,是指施工的界区,是施工人进行施工的工作范围。工程范围是施工合同的必备条款。建设工期,是指施工人完成施工任务的期限。工程质量,是指工程的等级要求,是施工合同中的核心内容。工程造价,是指施工建设该工程所需的费用,包括材料费、施工成本等费用。技术资料,主要是指勘察、设计文件以及其他施工人据以施工所必需的基础资料。材料和设备供应责任,是指由哪一方当事人提供工程建设所必需的原材料以及设备。拨款,是指工程款的拨付。结算,是指工程交工后,计算工程的实际造价以及其与已拨付工程款之间的差额。拨款和结算条款是施工人请求发包人支付工程款和报酬的依据。竣工验收是工程交付使用前的必经程序,也是发包人支付价款的前提。建设工程的质量保修范围通常包括地基基础工程,主体结构工程,屋面防水工程和其他工程,以及电气管线、上下水管线的安装工程,供热、供冷工程等项目。质量保证期,是指工程各部分正常使用的期限,在实践中也称质量保修期。双方相互协作条款一般包括双方当事人在施工前以及施工过程中应当相互提供的必要协助。

第七百九十六条 【建设工程监理】建设工程实行监理的,发包人应当与监理人采用书面形式订立委托监理合同。发包人与监理人的权利和义务以及法律责任,应当依照本编委托合同以及其他有关法律、行政法规的规定。

条文注释

本条所称的建设工程监理,是指由具有法定资质条件的工程监理单位,根据发包人的委托,依照法律、行政法规以及有关的建设工程技术标准、设计文件和建设工程合同,代表发包人对承包人在施工质量、建设工期和建设资金使用等方面进行监督。建设工程监理是建设项目的发包人为了保证工程质量、控制工程造价和工期,维护自身利益而采取的监督措施,因此,对建设工程是否实行监理,原则上应由发包人自行决定。但是,为了加强对项目建设的监督,保证投资效益,维护国家利益和公共利益,国家对于特定的项目规定了强制监理,明确了强制监理的范围。实施工程监理的,在进行工程监理前,发包人应当将委托的监理人的名称、资质等级、监理人员、监理内容及监理权限,书面通知被监理的建设工程的承包人。

工程监理人不按照委托监理合同的约定履行监理义务，对应当监督检查的项目不检查或者不按照法律、行政法规和有关技术标准、设计文件和建设工程合同规定的要求和检查方法进行检查，给发包人造成损失的，应当承担相应的赔偿责任。

第七百九十七条 【发包人的检查权】发包人在不妨碍承包人正常作业的情况下，可以随时对作业进度、质量进行检查。

条文注释

依据本条的规定，发包人可以随时对工程作业的进度和质量进行检查。发包人的检查行为要合理，不能因此妨碍承包人的正常作业。发包人对工程作业的检查一般通过两种方式：一种是委派具体管理人员作为工地代表。发包人委派工地代表后，应当及时通知承包人。另一种是发包人委托监理人实施对工程建设过程的检查。

工地代表、监理人在检查过程中发现工程设计不符合建设工程质量要求的，应当报告发包人要求设计人改正。如果发现工程施工不符合工程设计要求、施工技术标准和合同约定的，工地代表和监理人有权要求承包人改正。承包人应当接受发包人的检查，为工地代表和监理人的工作提供方便和协助，并应发包人的要求，及时向发包人提供月份作业计划、月份施工统计报表、施工进度报告表、工程事故报告等文件。如果承包人的勘察、设计、施工等工作不符合工程质量的要求，发包人或工地代表、监理人提出改正要求时，承包人应当立即改正，不得拒绝。

第七百九十八条 【隐蔽工程】隐蔽工程在隐蔽以前，承包人应当通知发包人检查。发包人没有及时检查的，承包人可以顺延工程日期，并有权请求赔偿停工、窝工等损失。

条文注释

隐蔽工程是指地基、电气管线、供水与供热管线等需要覆盖、掩盖的工程。由于隐蔽工程在隐蔽后，如果发生质量问题，还得重新覆盖和掩盖，会造成返工等非常大的损失，为了避免资源的浪费和当事人双方的损失，保证工程的质量和工程顺利完成，本条规定了承包人在隐蔽工程隐蔽以前，应当通知发包人检查，发包人检查合格的，方可进行隐蔽工程。

实践中，当工程具备覆盖、掩盖条件时，承包人应当先进行自检，自检合格后，在隐蔽工程进行隐蔽前及时通知发包人或发包人派驻的工地代表对隐蔽工程的条件进行检查并参加隐蔽工程的作业。通知包括承包人的自检记录、隐蔽的内容、检查时间和地点。发包人或其派驻的工地代表接到通知后，应当在要求的时间内到达隐蔽现场，对隐蔽工程的条件进行检查。

检查合格的，发包人或者其派驻的工地代表在检查记录上签字；经检查合格后，承包人方可进行隐蔽施工。发包人检查发现隐蔽工程条件不合格的，有权要求承包人在一定期限内完善工程条件。

关联法规

《建设工程质量管理条例》第30条

第七百九十九条　【建设工程的竣工验收】建设工程竣工后，发包人应当根据施工图纸及说明书、国家颁发的施工验收规范和质量检验标准及时进行验收。验收合格的，发包人应当按照约定支付价款，并接收该建设工程。

建设工程竣工经验收合格后，方可交付使用；未经验收或者验收不合格的，不得交付使用。

条文注释

建设工程的竣工验收，是指建设工程已按照设计要求完成全部工作任务，准备交付给发包人投入使用前，由发包人或者有关主管部门依照国家关于建设工程竣工验收制度的规定，对该项工程是否合乎设计要求和工程质量标准所进行的检查、考核工作。建设工程的竣工验收是工程建设全过程的最后一道程序，是对工程质量实行控制的最后一个重要环节。

发包人接到竣工验收报告后，应当根据施工图纸及说明书、国家颁发的施工验收规范和质量检验标准及时组织有关部门对工程进行验收。验收的内容主要是:第一,工程是否符合规定的建设工程质量标准。第二,承包人是否提供了完整的工程技术经济资料。第三,承包人是否有建设工程质量检验书等凭证。第四,工程是否具备国家规定的其他竣工条件。竣工验收合格后,发包人应当按照约定支付价款。

建设工程必须竣工经验收合格后,方可交付使用;没有经过竣工验收或者经过竣工验收确定为不合格的建设工程,不得交付使用。

关联法规

《最高人民法院关于审理建设工程施工合同纠纷案件适用法律问题的解释(一)》第9、14、19条

第八百条　【勘察人、设计人对勘察、设计的责任】勘察、设计的质量不符合要求或者未按照期限提交勘察、设计文件拖延工期,造成发包人损失的,勘察人、设计人应当继续完善勘察、设计,减收或者免收勘察、设计费并赔偿损失。

条文注释

勘察、设计的质量是整个建设工程质量的基础,如果勘察、设计的质量存在问题,整个建设工程质量也就没有保障,因此,工程的勘察、设计必须符合质量要求。依据本法及其他有关法律的规定,建设工程的勘察人、设计人必须对其勘察、设计的质量负责,其所提交的建设工程的勘察、设计文件应当符合以下要求:(1)符合有关法律、行政法规的规定。包括要符合本法的规定,也包括要符合《建筑法》《城乡规划法》《土地管理法》《环境保护法》以及其他相关的法律、行政法规的规定。(2)符合建设工程质量、安全标准。指依照《标准化法》及有关行政法规的规定制定的保证建设工程质量和安全的技术标准。(3)符合建设工程勘察、设计的技术规范。(4)符合合同的约定。

勘察人、设计人提交的勘察、设计文件不符合上述要求的,发包人可以请求勘察人、设计人承担以下违约责任:继续完善勘察、设计,

减收或者免收勘察、设计费,赔偿损失。

勘察人、设计人未按照合同约定的期限提交勘察、设计文件的,发包人可以催告勘察人、设计人尽快提交勘察、设计文件。如果勘察、设计文件的迟延致使工期拖延给发包人造成了损失的,发包人可以请求勘察人、设计人赔偿损失。如果勘察人、设计人在催告后的合理期限内仍未能提交勘察、设计文件,严重影响工程进度的,发包人可以解除合同,并委托其他勘察人、设计人完成勘察、设计工作。

关联法规

《建设工程质量管理条例》第19条第1款、第22条第1款

第八百零一条　【施工人建设工程质量责任】因施工人的原因致使建设工程质量不符合约定的,发包人有权请求施工人在合理期限内无偿修理或者返工、改建。经过修理或者返工、改建后,造成逾期交付的,施工人应当承担违约责任。

条文注释

凡是因施工原因造成的工程质量问题,都要由施工人承担责任。这些责任包括:由施工人对存在质量问题的工程进行修理、返工或改建,并承担赔偿损失责任等民事责任;由有关行政机关对违法施工人依法给予行政处罚的行政责任;对造成重大质量事故、构成犯罪的,由司法机关依照《刑法》的规定追究刑事责任。

本条则是规定了施工人因施工质量不符合约定所应承担的民事责任。如果因施工人的原因导致工程质量不符合约定的,发包人可以请求施工人在合理期限内无偿对工程进行修理或者返工、改建以使工程达到约定的质量要求。如果经过修理或者返工、改建,工程迟延交付的,施工人应当承担逾期交付的违约责任。这里的违约责任包括发包人可以要求承包人赔偿因逾期交付所受到的损失,按照约定支付违约金,减少价款或执行定金罚则等。发包人可以根据施工人的违约程度和自己的损失大小,按照合同约定及法律规定合理选择请求施工人承担相应的违约责任。

关联法规

《最高人民法院关于审理建设工程施工合同纠纷案件适用法律问题的解释(一)》第7、11、12、14～16条

第八百零二条 【合理使用期限内质量保证责任】因承包人的原因致使建设工程在合理使用期限内造成人身损害和财产损失的,承包人应当承担赔偿责任。

条文注释

根据本章的规定,承包人对整个工程质量负责,当然也应当对建设工程在合理使用期间的质量安全承担责任。根据本条的规定,承包人承担损害赔偿责任应当具备以下条件:(1)因承包人的原因引起建设工程对他人人身、财产的损害。(2)人身、财产损害是发生在建设工程合理使用期限内。(3)造成人身和财产损害。这里的受损害方不仅仅指建设工程合同的对方当事人即发包人,也包括建设工程的最终用户以及因该建设工程而受到损害的其他人。如果是造成发包人的人身或者财产损害的,发包人可以选择请求承包人承担违约责任或者侵权责任。

第八百零三条 【发包人未按约定的时间和要求提供相关物资的违约责任】发包人未按照约定的时间和要求提供原材料、设备、场地、资金、技术资料的,承包人可以顺延工程日期,并有权请求赔偿停工、窝工等损失。

条文注释

如果工程承包合同中约定由发包人提供原材料、设备的,发包人应当按照约定的原材料、设备的种类、规格、数量、单价、质量等级和提供的时间与地点的要求,向承包人提供建设所需的原材料、设备及其产品合格证明。承包人与发包人一起对原材料、设备进行检验、验收后,由承包人妥善保管,发包人支付相应的保管费用。对于必须经过试验才能使用的材料,承包人应当按照约定进行测燃等测试;不具备测试条件的,可以委托专业机构进行测试,费用由发包人

承担。如果经检验发包人提供的原材料、设备的种类、规格、型号、质量等级与约定不符，承包人有权拒绝接收，并可以要求发包人运出施工现场并予以更换。如果发包人未按照约定时间提供原材料、设备的，承包人可以中止施工并顺延工期，因此造成承包人停工、窝工损失的，由发包人承担赔偿责任。

由发包人提供场地的，发包人应当按照合同约定向承包人提供承包人施工、操作、运输、堆放材料设备的场地以及建设工作涉及的周围场地（包括一切通道）。

由发包人提供工程建设所需资金的，发包人应当按照约定的时间和数额向承包人支付。这里的资金一般是指工程款。

由发包人提供有关工程建设的技术资料的，发包人应当按照合同约定的时间和份数向承包人提供符合约定要求的技术资料。这里的技术资料主要包括勘察数据、设计文件、施工图纸以及说明书等。

关联法规

《最高人民法院关于审理建设工程施工合同纠纷案件适用法律问题的解释（一）》第13条

第八百零四条　【因发包人原因造成工程停建、缓建所应承担责任】因发包人的原因致使工程中途停建、缓建的，发包人应当采取措施弥补或者减少损失，赔偿承包人因此造成的停工、窝工、倒运、机械设备调迁、材料和构件积压等损失和实际费用。

条文注释

本条所指的“因发包人的原因”在实践中一般指下列情况：(1)发包人变更工程量；(2)发包人提供的设计文件等技术资料有错误或者因发包人原因变更设计文件；(3)发包人未能按照约定及时提供材料、设备或者工程进度款；(4)发包人未能及时进行中间工程和隐蔽工程条件的验收并办理有关交工手续；(5)发包人不能按照合同的约定保障建设工作所需的工作条件致使建设工作无法正常进行。

在发生上述原因，致使工程建设无法正常进行的情况下，承包人可以停建、缓建、顺延工期，并及时通知发包人。承包人在停建、缓建期间应当采取合理措施减少和避免损失，妥善保护好已完成工程和做好已购材料、设备的保护和移交工作，将自有机械和人员撤出施工现场，发包人应当为承包人的撤出提供必要的条件。承包人应当就停建、缓建过程中发生的经济支出和实际发生的其他费用向发包人报告。

发包人因自身原因致使工程停建、缓建的，应当承担违约责任。首先，发包人应当采取必要措施，弥补或者减少损失，同时应当排除障碍，使承包人尽快恢复建设工作。其次，发包人还应当赔偿因停建、缓建给承包人造成的损失，包括停工、窝工、倒运、机械设备调迁、材料和构件积压所造成的损失和实际发生的费用。

第八百零五条 【因发包人原因造成勘察、设计的返工、停工或者修改设计所应承担责任】因发包人变更计划，提供的资料不准确，或者未按照期限提供必需的勘察、设计工作条件而造成勘察、设计的返工、停工或者修改设计，发包人应当按照勘察人、设计人实际消耗的工作量增付费用。

条文注释

在工程勘察、设计合同中，发包人应当按照合同约定向勘察人、设计人提供开展勘察、设计工作所需要的基础资料、技术要求并对提供的时间、进度和资料的可靠性负责。否则要承担相应的责任：

(1)发包人变更勘察、设计项目、规模、条件，需要重新进行勘察、设计的，应当及时通知勘察人、设计人；勘察人、设计人在接到通知后，应当返工或者修改设计，并有权顺延工期。发包人应当按照勘察人、设计人返工或修改设计后实际消耗的工作量增加支付勘察费、设计费。

(2)勘察人、设计人在工作中发现发包人提供的技术资料不准确的，应当通知发包人修改技术资料，在合理期限内提供准确的技术资料。如果该技术资料有严重错误，致使勘察、设计工作无法正常进行的，在发包人重新提供技术资料前，勘察人、设计人有权停工、顺延工期，停工的损失应当由发包人承担。发包人重新提供的技术资料有重大修改，需要勘察人、设计人返工、修改设计的，勘察人、设计人应当按照新的技术资料进行勘察、设计工作，发包人应当按照勘察人、设计人实际消耗的工作量相应增加支付勘察费、设计费。

(3)发包人未能按照合同约定提供勘察、设计工作所需的工作条件的，勘察人、设计人应当通知发包人在合理期限内提供。如果发包人未提供必要的工作条件，致使勘察、设计工作无法正常进行的，勘察人、设计人有权停工、顺延工期，并要求发包人承担勘察人、设计人停工期间的损失。

第八百零六条　【合同解除及后果处理】承包人将建设工程转包、违法分包的，发包人可以解除合同。

发包人提供的主要建筑材料、建筑构配件和设备不符合强制性标准或者不履行协助义务，致使承包人无法施工，经催告后在合理期限内仍未履行相应义务的，承包人可以解除合同。

合同解除后，已经完成的建设工程质量合格的，发包人应当按照约定支付相应的工程价款；已经完成的建设工程质量不合格的，参照本法第七百九十三条的规定处理。

条文注释

本条对特定情况下建设工程合同的法定解除进行了细化规定，以期在给予建设工程合同守约方当事人必要救济、赋予当事人必要的合同解除权的同时，尽力维护建设工程合同法律关系的稳定性。

承包人转包和违法分包，不仅使当事人之间的信赖丧失，而且还有可能会影响建设工程的质量，使建设工程合同的目的落空。因此，承包人转包、违法分包的，有必要赋予发包人法定解除权，允许发包人解除合同。

如果合同约定由发包人提供建设工程所需的建筑材料、建筑构配件和设备，但发包人提供的主要建筑材料、建筑构配件和设备不符合强制性标准或者不履行协助义务，致使承包人无法施工，经承包人催告,在合理期限内发包人仍未履行相应义务的,无法施工的状态将一直持续。虽然此时承包人可以要求顺延工期,主张因此造成的停工、窝工损失,但是,在已经给予发包人合理宽限期后,继续强制要求承包人维持履行无望的合同关系,使其不能从已无履行可能的合同中解脱出来,对承包人也过于苛刻。因此,本条规定赋予了承包人在此情形下的合同解除权。

建设工程施工合同解除后,尚未履行的,双方终止履行。基于建设工程施工合同的特殊性以及物尽其用、节约社会资源的原则和价值导向,合同解除后,已经完成的建设工程质量合格的,发包人应当按照约定支付相应的工程价款;已经完成的建设工程质量不合格的,包括经修复后可以达到质量合格以及经修复后仍不能达到质量合格两种情况,相应地参照本法第793条的规定处理。

第八百零七条 【发包人未支付工程价款的责任】发包人未按照约定支付价款的,承包人可以催告发包人在合理期限内支付价款。发包人逾期不支付的,除根据建设工程的性质不宜折价、拍卖外,承包人可以与发包人协议将该工程折价,也可以请求人民法院将该工程依法拍卖。建设工程的价款就该工程折价或者拍卖的价款优先受偿。

条文注释

发包人在工程建设完成后,对竣工验收合格的工程应当按照合同约定的方式和期限进行工程决算、支付价款,在向承包人支付价款后接收工程。

承包人按照本条规定行使优先受偿权,应当注意以下几点:

(1)本条适用的前提是,按照合同约定已经达到付款条件。如果是出现了建设工程质量不合格或者其他承包人违约的情形,发包人依法主张抗辩不进行付款;或者有其他未达到合同约定的付款条件的情况的,则发包人本身即无立即付款的义务,更不可能有优先受偿权的存在空间。

(2)发包人不支付价款的,承包人不能立即将该工程折价、拍卖,而是应当催告发包人在合理期限内支付价款。如果在该期限内,发包人已经支付了价款，则承包人只能要求发包人承担支付约定的违约金或者支付逾期的利息、赔偿其他损失等违约责任。如果在催告后的合理期限内，发包人仍不支付价款的，承包人才能与发包人协商将该工程折价或者请求人民法院将该建设工程拍卖以优先受偿。

（3）承包人对工程依法折价或者拍卖的，应当遵循一定的程序。承包人对工程折价的，应当与发包人达成协议，参照市场价格确定一定的价款把该工程的所有权由发包人转移给承包人，从而使承包人的价款债权得以实现。承包人因与发包人达不成折价协议而采取拍卖方式的，应当请求人民法院依法将该工程予以拍卖。承包人不得委托拍卖公司或者自行将建设工程予以拍卖。

（4）建设工程折价或者拍卖后所得的价款如果超出发包人应付的价款数额的，该超过的部分应当归发包人所有；如果折价或者拍卖所得的价款还不足以清偿承包人的价款债权的，承包人可以请求发包人支付不足部分。

（5）按照工程的性质不宜折价、拍卖的，承包人不能将该工程折价或者拍卖。如国家重点工程、具有特定用途的工程等不宜折价或者拍卖，应当拆除的违章建筑无法折价或者拍卖。

关联法规

《最高人民法院关于审理建设工程施工合同纠纷案件适用法律问题的解释（一）》第35～42条

第八百零八条　【适用承揽合同】本章没有规定的，适用承揽合同的有关规定。

条文注释

建设工程合同在性质上属于完成工作的合同。完成工作的合同是在传统民法的承揽合同的基础上发展起来的一大类合同，一般包括承揽合同、技术服务和技术开发合同。传统的承揽合同一般包括承揽和建设工程合同。

在适用本条时，应当注意：首先，只有在本章无规定时才可适用承揽合同的有关规定(如本法第774~776、784、785条);其次,只有在根据建设工程合同的性质可以适用承揽合同的相关规定时,才可适用承揽合同的相关规定;最后,建设工程合同中的发包人相当于承揽合同中的定作人,承包人相当于承揽合同中的承揽人。

第十九章　运输合同

第一节　一般规定

第八百零九条　【运输合同定义】运输合同是承运人将旅客或者货物从起运地点运输到约定地点,旅客、托运人或者收货人支付票款或者运输费用的合同。

条文注释

运输合同又称运送合同。根据本条规定,运输合同的定义包含以下几个方面的内容:

(1)运输合同的主体是承运人和旅客、托运人。运输合同的主体是运输合同权利义务的承担者,即运输合同的当事人。

(2)运输合同中的托运人有时就是收货人,但在多数情况下,另有收货人,此时收货人不是运输合同的一方当事人。

(3)运输合同的内容是承运人将旅客或者货物运输到约定地点。由此可见,运输合同的客体是承运人的运送行为,不是货物和旅客。

(4)在运输合同中,承运人的义务是将旅客或者货物运输到约定地点,权利是收取票款或者运费;而旅客、托运人的权利是要求承运人将其运输到约定地点,义务是向承运人支付票款或者运费。

根据不同的标准,运输合同可以作出不同的分类:(1)以运输合同的标的划分,可以分为客运合同和货运合同。(2)以承运人人数划分,可以分为单一承运人的运输合同和联运合同。(3)根据不同的运输工具，可以分为铁路运输合同、公路运输合同、水上运输合同和航空运输合同。

第八百一十条　【承运人强制缔约义务】从事公共运输的承运人不得拒绝旅客、托运人通常、合理的运输要求。

条文注释

公共运输，是指面向社会公众的，由取得营运资格的营运人所从事的商业运输的行为，主要包括班轮、班机和班车运输，还包括其他以对外公布的固定路线、固定时间、固定价格进行商业性运输的运输行为。公共运输一般具有以下特征：(1)公共运输的服务对象不是特定的某些人，而是社会公众。(2)公共运输的承运人要有专门的运输许可。(3)从事公共运输的承运人一般都制定了固定的路线、时间和价格，这是公共运输最为显著的特征。(4)从事公共运输的承运人与旅客或者托运人之间的运输合同的形式一般都是格式化的。

本条规定明确了从事公共运输的承运人的强制缔约义务，即从事公共运输的承运人不得拒绝旅客、托运人通常、合理的运输要求。本条强调的是不得拒绝旅客或者托运人“通常、合理”的运输要求，对这里的“通常、合理”要有一个正确的理解。如果旅客、托运人的运输要求不是“通常、合理”的，则承运人有权拒绝。如果从事公共运输的承运人有正当理由的，也可以免除其强制缔约义务。

第八百一十一条　【承运人安全运输义务】承运人应当在约定期限或者合理期限内将旅客、货物安全运输到约定地点。

条文注释

按照约定时间进行安全运输是承运人的一项主要义务。运输合同一般都会对运输时间、到达地点和运输的安全等作出约定，承运人据此进行运输，否则就要承担违约责任。

本条所规定的承运人及时安全运输义务主要包含了以下三层意思：(1)承运人应当在约定的期限内或者合理的期限内进行运输。

如果由于承运人的原因造成旅客或者货物不能按时到达目的地的，承运人就要承担运输迟延的违约责任。(2)承运人在运输过程中，应当保证旅客或者货物的安全。(3)承运人应当将旅客或者货物运到约定的地点。

第八百一十二条 【承运人合理运输义务】承运人应当按照约定的或者通常的运输路线将旅客、货物运输到约定地点。

条文注释

运输合同是从起运地点到目的地的位移，所以承运人运输时要按照约定的或者通常的运输路线进行运输，这也是承运人的一项义务。

在运输中，承运人首先应当按照合同约定的运输路线进行运输。约定的运输路线，是指运输合同当事人在合同中明确约定的运输路线。在有的情况下，承运人不按通常的运输路线运输，进行合理的绕行也是准许的，一般不按违约处理。这主要包括以下几种情况：一是由于运输合同中列明的一些具体的事由出现而发生的绕行。二是法律规定的情形下，承运人也可以绕行。三是在运输中遇到危险，为了运输工具、旅客或者货物的安全，承运人也可不按通常的运输路线进行运输而进行绕行。

承运人如果不按照本条规定履行其义务，应当依法承担违约责任。如本法第813条中的规定。

第八百一十三条 【支付票款或者运输费用】旅客、托运人或者收货人应当支付票款或者运输费用。承运人未按照约定路线或者通常路线运输增加票款或者运输费用的，旅客、托运人或者收货人可以拒绝支付增加部分的票款或者运输费用。

条文注释

支付票款或者运费是旅客、托运人或者收货人的主要义务。在客运合同中，旅客支付票款的义务一般是在购买旅客运输票证时履行，旅客没有支付票款一般是不能取得运输票证的。在货运合同中，一般由托运人支付运输费用;如果是由收货人支付运费的,则应当在运输单证上载明。

承运人没有正当理由不按照约定的路线或者合理的路线进行运输,是其自己的过错,旅客、托运人或者收货人没有任何过错。因此,在此种情况下,旅客、托运人或者收货人可以拒绝支付增加部分的票款或者运费。

第二节 客运合同

第八百一十四条 【客运合同成立时间】客运合同自承运人向旅客出具客票时成立,但是当事人另有约定或者另有交易习惯的除外。

条文注释

客运合同的成立时间和地点,涉及合同当事人受合同约束的开始时间和案件管辖问题,而国际客运合同的成立往往还涉及法律适用问题。客运合同的成立时间与普通民事合同不同。一般情况下,客票是客运合同成立的凭据,也就是说,承运人向旅客签发的客票证明了承运人和旅客之间订立了合同。所以客运合同的成立时间一般即是旅客客票的取得时间,即承运人向旅客交付客票时成立。

在运输合同的当事人另有约定的情况下,旅客运输合同的成立时间可以不是在承运人出具客票时成立。在另有交易习惯的情况下,客运合同的成立时间也可以不在出具客票时成立。例如,在出租车运输中,客票的交付时间一般在运输行为完成后;所以,按出租车运输的交易习惯,该运输合同在旅客登上出租车时就成立。

第八百一十五条 【旅客乘运义务的一般规定】旅客应当按照有效客票记载的时间、班次和座位号乘坐。旅客无票乘坐、超程乘坐、越级乘坐或者持不符合减价条件的优惠客票乘坐的,应当补交票款,承运人可以按照规定加收票款;旅客不支付票款的,承运人可以拒绝运输。

实名制客运合同的旅客丢失客票的，可以请求承运人挂失补办，承运人不得再次收取票款和其他不合理费用。

条文注释

客票是客运合同的证明，旅客持有的客票一般也就意味着其与承运人之间有运输关系的存在，旅客凭客票就可以要求承运人履行运输的义务。旅客应当按照有效客票记载的时间、班次和座位号乘坐。

对于旅客无票乘坐、超程乘坐、越级乘坐或者持不符合减价条件的优惠客票乘坐的行为的处理：(1)旅客无票乘坐、超程乘坐、越级乘坐或者持不符合减价条件的优惠客票乘坐的，应当向承运人补交票款；同时，承运人或者有关主管部门有权规定"承运人可以按照规定加收票款"。补足票款是乘客的义务，所以本条用了"应当"，至于是否按规定向乘客加收票款，则由承运人自己酌情处理，所以用了"可以"二字。(2)旅客不支付票款的，承运人可以拒绝运输且仍有权向其追偿。这里的拒绝运输是指承运人有权在适当的地点令其离开运输工具。

本条第2款系新增规定，如果客运合同是实名制的，旅客丢失客票时，承运人在确认旅客的真实身份后，应当为其办理挂失补办手续，在办理这些手续时，不得乘机再次收取票款或者高额手续费等不合理费用。

第八百一十六条　【旅客办理退票或者变更乘运手续】旅客因自己的原因不能按照客票记载的时间乘坐的，应当在约定的期限内办理退票或者变更手续；逾期办理的，承运人可以不退票款，并不再承担运输义务。

条文注释

在客票载明的乘坐时间前，承运人或者有关规定一般都给予了旅客单方解除运输合同或者单方变更运输合同的权利。但要注意的是，本条规定的旅客可以办理退票或者变更手续的适用情形是有

条件的:

(1)必须是旅客因自己的原因不能按照客票记载的时间乘坐。如果旅客不能按照客票的时间乘坐是由于承运人造成的,则应当适用本法第820条的规定。

(2)必须在约定的时间内办理。旅客办理退票或者变更手续的权利是有时间限制的,如果旅客在约定的时间内不办理退票或者变更手续,则超过该时间后,承运人可以不退票款,并且也不再承担运输旅客的义务。

实践中,一般在客运合同中对于办理退票或者变更手续的时间都有明确规定,而且在不同的时间办理退票或者变更手续所需要支付的手续费等也是不一样的。

第八百一十七条 【行李携带及托运要求】旅客随身携带行李应当符合约定的限量和品类要求;超过限量或者违反品类要求携带行李的,应当办理托运手续。

条文注释

旅客运输合同中,承运人的主要义务是将旅客从起运地运到目的地,而不是专门运输行李。但为了旅客乘运途中的方便,承运人或者有关部门一般也允许旅客随身携带一定品种、数量、质量和重量的行李。旅客超过限量或者违反品类要求携带行李,应当办理托运手续。如果旅客拒不办理托运手续,承运人可以拒绝运输。

对于旅客随身携带的行李和托运的行李,承运人所应承担的责任是有区别的,本法第824条对此有明确规定:"在运输过程中旅客随身携带物品毁损、灭失,承运人有过错的,应当承担赔偿责任。旅客托运的行李毁损、灭失的,适用货物运输的有关规定。"

第八百一十八条 【禁止旅客携带危险物品、违禁物品】旅客不得随身携带或者在行李中夹带易燃、易爆、有毒、有腐蚀性、有放射性以及可能危及运输工具上人身和财产安全的危险物品或者违禁物品。

> 旅客违反前款规定的,承运人可以将危险物品或者违禁物品卸下、销毁或者送交有关部门。旅客坚持携带或者夹带危险物品或者违禁物品的,承运人应当拒绝运输。

条文注释

安全对于旅客运输有着特别重要的意义。在运送旅客过程中,承运人对于旅客的生命财产安全负有义务;同时,旅客在旅行过程中自身亦负有安全注意义务,最典型的就是本条规定的不得携带危险物品或者违禁物品的义务。

本条是对旅客规定的强制性义务,是旅客不得违反的法定义务。根据本条第 2 款的规定,旅客违反前款规定的,承运人可以将危险物品或者违禁物品卸下、销毁或者送交有关部门。如果旅客由于违反本条第 1 款的规定,对其他旅客的人身和财产或者对承运人的财产造成损害的,旅客还应当负赔偿责任。本条第 2 款还规定,如果旅客坚持要携带或者夹带危险物品或者违禁物品的,承运人应当拒绝运输。这里用的是"应当"二字,与本章第 828 条的货物运输安全的规定不一样,这主要是由于在运送旅客时,对人身安全的保护要采取更为严格的措施。

> **第八百一十九条　【承运人的告知义务和旅客的协助义务】**承运人应当严格履行安全运输义务,及时告知旅客安全运输应当注意的事项。旅客对承运人为安全运输所作的合理安排应当积极协助和配合。

条文注释

在客运合同中,安全运输就是承运人要确保被运输的旅客完好无损。

承运人应当"及时"告知旅客安全运输应当注意的事项。这里的"及时"是一个弹性要求,应当视具体情况来判断承运人的告知是否及时。

此外,本条明确了旅客的协助配合义务。承运人为了安全运输,会根据有关规定和实际情况作出一些合理安排,旅客对于这些合理安排应当积极协助和配合，否则要依照有关法律规定予以处理，直至对其予以行政处罚乃至追究其刑事责任。

第八百二十条　【承运人按照约定运输的义务】承运人应当按照有效客票记载的时间、班次和座位号运输旅客。承运人迟延运输或者有其他不能正常运输情形的，应当及时告知和提醒旅客，采取必要的安置措施，并根据旅客的要求安排改乘其他班次或者退票；由此造成旅客损失的，承运人应当承担赔偿责任，但是不可归责于承运人的除外。

条文注释

客票是承运人与旅客之间订立运输合同的凭证。承运人按照有效客票记载的时间、班次和座位号对旅客进行运输是其义务，否则就是对运输合同的违反。

承运人迟延运输或者有其他不能正常运输情形的承运人应当履行以下义务：(1)履行告知和提醒义务。(2)采取必要的安置措施。(3)根据旅客的要求，安排改乘其他班次或者退票。(4)由此造成旅客损失的，承运人应当承担赔偿责任，但是不可归责于承运人的除外。

第八百二十一条　【承运人变更服务标准的后果】承运人擅自降低服务标准的，应当根据旅客的请求退票或者减收票款；提高服务标准的，不得加收票款。

条文注释

在旅客运输中，承运人应当按照客运合同中约定的服务标准来提供服务。承运人擅自降低服务标准的行为，实质上是对旅客要求按合同的约定获得相应服务权利的侵害。所以在这种情况下，应当尊重旅客的选择权，旅客要求退票的，承运人应当退还旅客的全部票款；旅客要求减收票款的，承运人应当按照旅客的要求减收票款。但是在有的情况下，承运人反倒提高了对旅客的服务标准。虽然承运人提高了对旅客的服务标准，但是没有经过旅客的同意，所以承运人也不应当加收旅客的票款。

第八百二十二条　【承运人救助义务】承运人在运输过程中，应当尽力救助患有急病、分娩、遇险的旅客。

条文注释

在承运人与旅客的运输合同中，运送为承运人的主要义务，承运人还负有衍生于诚信原则的一些附随义务，本条规定的“应当尽力救助患有急病、分娩、遇险的旅客”就是其中之一。这是承运人在运输过程中所应承担的道德义务，也是法律规定的法定义务，如果未尽此义务，要承担责任。

当然，承运人需要负担的是“尽力”救助的义务。所谓“尽力”，是指承运人尽到自己最大的努力，采取各种合理措施，以帮助照顾旅客或者对旅客进行救援等。超出承运人的能力范围的，承运人可以免责。

第八百二十三条　【旅客人身伤亡责任】承运人应当对运输过程中旅客的伤亡承担赔偿责任；但是，伤亡是旅客自身健康原因造成的或者承运人证明伤亡是旅客故意、重大过失造成的除外。

前款规定适用于按照规定免票、持优待票或者经承运人许可搭乘的无票旅客。

条文注释

理解本条规定，要注意以下三个方面的内容：

(1)归责原则。在旅客运输活动中实行无过错责任制度，即承运人即使在没有过错的情况下，也应当承担损害赔偿责任。

(2)免责事由。根据本条规定，在两种情况下承运人可以免除责任：一是旅客自身健康原因造成的伤亡。如旅客在运输途中突发重病而死亡的。二是承运人证明伤亡是旅客故意、重大过失造成的。如旅客寻短见而从火车上跳车自杀的，承运人就不承担赔偿责任。需要注意的是，只有在旅客有重大过失的情况下，承运人才可以免责。如果旅客对伤亡的造成只有一般过失，承运人仍应当承担赔偿责任。

(3)本条规定的适用范围。根据本条第2款,按照规定免票、持优待票或者经承运人许可搭乘的无票旅客,享有与普通旅客相同的权利,其在运输过程中伤亡的,承运人同样要承担赔偿责任。

此外,各专门法对旅客运输中承运人的免责事由的规定有所不同时,应当适用专门法的规定。

第八百二十四条 【旅客随身携带物品毁损、灭失的责任承担】在运输过程中旅客随身携带物品毁损、灭失,承运人有过错的,应当承担赔偿责任。

旅客托运的行李毁损、灭失的,适用货物运输的有关规定。

条文注释

在旅客运输中,旅客的行李分为随身携带物品和托运行李两类。对于这些行李,承运人都负有妥善保管、注意其安全义务;行李毁损、灭失的,承运人依法负有赔偿责任。

本条第1款对承运人实行的是过错责任原则,也就是说,在发生旅客自带物品毁损、灭失的情况下,承运人对此有过错时,才承担赔偿责任。

根据本条第2款的规定,对于旅客托运的行李毁损、灭失的,主要适用本章中“货运合同”一节第832条的规定,“承运人对运输过程中货物的毁损、灭失承担赔偿责任。但是,承运人证明货物的毁损、灭失是因不可抗力、货物本身的自然性质或者合理损耗以及托运人、收货人的过错造成的,不承担赔偿责任”。这对承运人实行的是无过错责任原则。

第三节 货运合同

第八百二十五条 【托运人如实申报义务】托运人办理货物运输,应当向承运人准确表明收货人的姓名、名称或者凭指示的收货人,货物的名称、性质、重量、数量，收货地点等有关货物运输的必要情况。

因托运人申报不实或者遗漏重要情况，造成承运人损失的，托运人应当承担赔偿责任。

条文注释

货运合同是指将特定的货物运送至约定地点，由托运人或者收货人支付费用的合同。

根据本条第1款的规定，托运人办理货物运输，一般应当向承运人准确表明以下内容：(1)收货人的姓名、名称或者凭指示的收货人。(2)货物的名称、性质、重量、数量等内容。这些因素都涉及货物本身的情况。(3)收货地点。这对承运人的正确运输非常重要。(4)有关货物运输的其他必要情况。

托运人应当向承运人准确表明以上内容，如果托运人所提供的情况与实际情况不符合，或者托运人遗漏重要的情况，往往会造成两种结果：一是致使承运人按照托运人申报的情况进行运输，结果给托运人造成损失的，理应由托运人自己承担损失，承运人可以不负任何责任。二是因托运人申报不实或者遗漏重要情况，造成承运人损失的，托运人应当承担赔偿责任。

第八百二十六条　【托运人办理审批、检验等手续的义务】货物运输需要办理审批、检验等手续的，托运人应当将办理完有关手续的文件提交承运人。

条文注释

本条对托运人应当办理的手续列举了审批、检验两种，但是托运人在货物运输前应当办理的手续不限于这两种，一般还包括检疫、港口准入等；在运输危险品时，还包括危险品运输的许可手续。

托运人一般应当在承运人进行货物运输前向承运人及时提供这些手续，如果不及时向承运人提供这些手续，就有可能造成运输的迟延，或者对承运人造成损失。由此给承运人造成损失的，托运人应当赔偿损失。

第八百二十七条　【托运人包装货物义务】托运人应当按照约定的方式包装货物。对包装方式没有约定或者约定不明确的，适用本法第六百一十九条的规定。

托运人违反前款规定的，承运人可以拒绝运输。

条文注释

在当事人对包装约定的标准不违反国家规定的强制性标准的情况下，托运人应当按照约定的包装标准对货物进行包装。对包装方式没有约定或者约定不明确的，适用本法第619条的规定，“出卖人应当按照约定的包装方式交付标的物。对包装方式没有约定或者约定不明确，依据本法第五百一十条的规定仍不能确定的，应当按照通用的方式包装；没有通用方式的，应当采取足以保护标的物且有利于节约资源、保护生态环境的包装方式”。该条中的“足以保护标的物”的包装方式，在运输合同中是指托运人根据货物的性质与重量、运输方式、运输距离、气候条件及运输工具的装载条件，使用符合运输要求，便于装卸和保证货物安全的包装。

如果按照规定货物需要包装，而托运人没有进行包装或者包装不符合约定及运输安全需要的，承运人可以拒绝运输。对于因此给托运人造成的损失，承运人不负赔偿责任；对于因此给承运人造成损失的，托运人应当向承运人赔偿损失。

第八百二十八条　【运输危险货物】托运人托运易燃、易爆、有毒、有腐蚀性、有放射性等危险物品的，应当按照国家有关危险物品运输的规定对危险物品妥善包装，做出危险物品标志和标签，并将有关危险物品的名称、性质和防范措施的书面材料提交承运人。

托运人违反前款规定的，承运人可以拒绝运输，也可以采取相应措施以避免损失的发生，因此产生的费用由托运人负担。

条文注释

本条第1款针对危险货物的运输对托运人规定了三项义务：(1)对危险物品进行妥善包装。这里的妥善包装应当按照有关危险物品运输的规定进行，这些规定在国务院的行政法规或者运输主管部门的规章中基本上都有规定。(2)托运人应当在危险物品上做出标志和标签。(3)托运人还应当将有关危险物品的名称、性质和防范措施的书面材料提交承运人。

本条第2款规定，如果托运人没有对危险物品进行妥善包装，或者没有对危险物品做出标志和标签，或者没有将有关危险物品的名称、性质和防范措施的书面材料及时提交承运人的，承运人可以拒绝进行运输；如果是在运输过程中发现了托运人托运的是危险物品的，承运人也可以采取各种措施避免损失的发生，这些措施包括可以在任何地点、任何时间根据情况将货物卸下、销毁或者使之不能为害。如果因为承运人采取的措施对托运人造成损失的，承运人可以不负赔偿责任。但如果因此而给承运人造成损失的，托运人应当向承运人负赔偿责任；因此而产生的各种费用也应当由托运人承担。

第八百二十九条　【托运人变更或者解除运输合同权利】在承运人将货物交付收货人之前，托运人可以要求承运人中止运输、返还货物、变更到达地或者将货物交给其他收货人，但是应当赔偿承运人因此受到的损失。

条文注释

所谓托运人的变更或者解除权，就是货物运输合同成立后，托运人有权变更或者解除合同而无须经过承运人同意。

在承运人将货物交付收货人之前，托运人享有如下权利：一是中止运输、返还货物。二是改变原来约定的到达地，对此承运人不得拒绝变更。三是变更收货人。

理解本条还需要注意以下几点：(1)如果托运人或者提单持有人的指示不能执行，承运人应当立即通知托运人或者提单持有人。(2)托运人或者提单持有人这种单方变更或者解除权只能在货物交付收货人之前行使。但是收货人拒绝接收货物的，或者承运人无法同收货人联系的，托运人或者提单持有人可以恢复行使这种权利。

(3)本条的单方变更或者解除权只能由托运人或者提单持有人享有。承运人在运输合同成立后,不得单方变更或者解除合同,除非对方严重违约或者发生不可抗力。

第八百三十条 【提货】货物运输到达后,承运人知道收货人的,应当及时通知收货人,收货人应当及时提货。收货人逾期提货的,应当向承运人支付保管费等费用。

条文注释

承运人将货物安全运到目的地后,还应当按照约定将货物交付于收货人,这是承运人的一项主要义务。承运人将货物安全运到目的地后,如果知道收货人的,应当及时通知收货人,以便于收货人及时提货,因为收货人对于货物何时到达目的地一般是不知道的。在货物到达目的地后,如果承运人不知道收货人是谁时,承运人应当通知托运人在合理期限内就运输的货物的处分作出指示。

如果收货人在收到承运人提货通知后的规定时间内,或者没有规定时间而在合理时间内没有提取货物的,其应当向承运人支付逾期的保管费用;如果因为逾期提货给承运人造成损失的,收货人应当承担损失。如果在逾期期间,货物因发生不可抗力而毁损灭失的,承运人不负赔偿责任。

第八百三十一条 【收货人检验货物】收货人提货时应当按照约定的期限检验货物。对检验货物的期限没有约定或者约定不明确,依据本法第五百一十条的规定仍不能确定的,应当在合理期限内检验货物。收货人在约定的期限或者合理期限内对货物的数量、毁损等未提出异议的,视为承运人已经按照运输单证的记载交付的初步证据。

条文注释

收货人在提货时应当及时对货物进行检验,这是收货人的权利,也是其义务。

对于收货人的检验时间:(1)如果运输合同对检验时间有约定的,收货人应当在约定的期限内对货物进行检验。(2)如果对检验货物的时间没有约定或者约定不明确的,应当依据本法第510条的规定来确定,即"合同生效后,当事人就质量、价款或者报酬、履行地点等内容没有约定或者约定不明确的,可以协议补充;不能达成补充协议的,按照合同相关条款或者交易习惯确定"。(3)如果依据第510条的规定仍不能确定的,则应当在合理期限内检验货物。

收货人未在约定的期限或者合理的期限内对货物的数量、毁损等提出异议的,只能视为承运人已经按照运输单证的记载交付的初步证据。

收货人即使未在约定或者合理的期限内提出异议,但其以后仍可以提出据以进行异议和索赔的相反的证据,一旦有证据证明货物的毁损、灭失是发生在运输期间的,承运人仍应当赔偿。

第八百三十二条　【承运人对货损的赔偿责任】承运人对运输过程中货物的毁损、灭失承担赔偿责任。但是,承运人证明货物的毁损、灭失是因不可抗力、货物本身的自然性质或者合理损耗以及托运人、收货人的过错造成的,不承担赔偿责任。

条文注释

在货物运输中,承运人应当对自接收货物时起至交付货物时止所发生的货物的毁损、灭失承担无过错赔偿责任,即该赔偿责任的成立不以承运人在运输过程中存在过错为前提条件。

根据本条规定,承运人可以免除赔偿责任的三种情况是:(1)不可抗力。(2)货物本身的自然性质或者合理损耗。例如,承运人运输的货物是气体,而气体的自然性质就是易挥发,如果由于挥发造成损失,承运人就不承担责任。(3)托运人、收货人的过错。承运人要求免除赔偿责任的,其应当负举证责任。如果承运人自己不能证明存在以上三种情形之一的,其就要承担损害赔偿责任。

第八百三十三条　【确定货物赔偿额】货物的毁损、灭失的赔偿额,当事人有约定的,按照其约定;没有约定或者约定不明确,依据本法第五百一十条的规定仍不能确定的,按照交付或者应当交付时货物到达地的市场价格计算。法律、行政法规对赔偿额的计算方法和赔偿限额另有规定的，依照其规定。

条文注释

根据以下规则来确定货物的损害赔偿额：(1)当事人对货物毁损、灭失的赔偿额有约定的，按约定数额进行赔偿。如，约定了总的赔偿数额或赔偿额的计算方法。(2)当事人对赔偿额没有约定或者约定不明确的，则承运人赔偿的数额应当依照本法第510条的规定进行确定。(3)如果依照本法第510条的规定仍不能确定的，则按照交付或者应当交付时货物到达地的市场价格计算。(4)法律、行政法规对赔偿额的计算方法和赔偿限额另有规定的，应当依照其规定进行赔偿。

如果托运人在托运货物时自愿办理了货物运输保险的，在发生货物的毁损、灭失等保险事故时，得根据保险合同向保险人索赔。但保险人给付保险赔偿金后取得对承运人的赔偿金的代位求偿权。

第八百三十四条　【相继运输责任承担】两个以上承运人以同一运输方式联运的，与托运人订立合同的承运人应当对全程运输承担责任；损失发生在某一运输区段的，与托运人订立合同的承运人和该区段的承运人承担连带责任。

条文注释

所谓相继运输，又称“连续运输”，就是多个承运人以同一种运输方式共同完成货物运输的一种运输方式，如转车、转机、转船。在相继运输中，托运人只与数个承运人中的某一个承运人签订运输合同，其主要特征就是“一票到底”，在实践中，主要是与第一承运人签订运输合同。相继运输中，一方面，以同一运输方式、由不同运输区段的承运人完成；另一方面，运输关系要求特定的货物运输从起点到终点具有连续性、不能中断、不可分割。

本条规定包括两方面的内容：(1)订约的第一承运人应当对货物安全、及时送达目的地负责；如果货物因为其他承运人的原因而未能安全、及时送达目的地，订约的第一承运人应当就此对托运人或者收货人负责。(2)损失发生在某一运输区段的，如果查明货物的毁损、灭失是发生在某一具体运输区段的，由该区段的承运人和订约的第一承运人承担连带责任。

第八百三十五条 【货物因不可抗力灭失的运费处理】货物在运输过程中因不可抗力灭失，未收取运费的，承运人不得请求支付运费；已经收取运费的，托运人可以请求返还。法律另有规定的，依照其规定。

条文注释

货物因不可抗力灭失，托运人已经因货物的灭失而遭受了极大的损失，如果其还要负担运费，就意味着要承担双重损失。从公平和诚信的角度来讲，法律应当允许托运人请求承运人返还已支付的运费，使风险得以合理分担。所以本条规定，运费的风险应当由承运人负担。

第八百三十六条 【承运人留置权】托运人或者收货人不支付运费、保管费或者其他费用的，承运人对相应的运输货物享有留置权，但是当事人另有约定的除外。

条文注释

承运人在行使留置权时，应当注意下列事项：

(1)除法律另有规定外，承运人可以自行留置货物，不必通过法定程序留置货物。

(2)本条所指的对“相应的运输货物”留置货物包括两层含义：一是对于可分的货物，承运人留置的货物应当合理和适当，其价值应包括未支付的运费、保管费或者其他费用加上可能因诉讼产生的费用，而不能留置过多的货物。二是对于不可分的货物，承运人可以对全部货物进行留置，即使承运人已取得了大部分运费、保管费以及其他费用。

(3)“当事人另有约定的除外”，包含了两层意思：第一，如果当事人在合同中约定,即使在运费、保管费或者其他费用没有付清的情况下,承运人也不能留置货物的,承运人就不能留置货物。第二,如果托运人或者收货人提供了适当的担保,则承运人也不能留置货物。

第八百三十七条　【承运人提存货物】收货人不明或者收货人无正当理由拒绝受领货物的,承运人依法可以提存货物。

条文注释

对于本条应当注意以下几点:(1)如果运输的货物不适于提存(如货物是易于腐烂的食品)或者提存费用过高的,承运人应当可以依法拍卖或者变卖货物,然后提存所得的价款。(2)在货物被提存后,承运人应当及时通知托运人;在收货人明确的情况下,应当及时通知收货人。(3)如果货物在提存后毁损、灭失的,承运人不承担该货物毁损、灭失的风险。(4)如果承运人应得的运费、保管费以及其他费用加上提存的费用没有付清的,承运人可以依照规定留置该货物,将该货物拍卖或者折价后,从中扣除运费和其他各种费用后,再提存剩余的价款或者没有被留置的相应货物。

第四节　多式联运合同

第八百三十八条　【多式联运经营人应当负责履行或者组织履行合同】多式联运经营人负责履行或者组织履行多式联运合同,对全程运输享有承运人的权利,承担承运人的义务。

条文注释

本法所称的多式联运合同,是指多式联运经营人以两种以上的不同运输方式,负责将货物从接收地运至目的地交付收货人,并收取全程运费的合同。

多式联运经营人要根据多式联运合同履行运输义务或者组织

承运人履行运输义务,承担全程运输所发生的责任和风险,享有向托运人或者收货人收取运输费用的权利等。

第八百三十九条 【多式联运经营人责任承担】多式联运经营人可以与参加多式联运的各区段承运人就多式联运合同的各区段运输约定相互之间的责任;但是,该约定不影响多式联运经营人对全程运输承担的义务。

条文注释

多式联运经营人对全程运输中所发生的责任对托运人或者收货人负全责,但是多式联运经营人可以与参加多式联运的各区段承运人约定相互之间的责任。例如,在一个海陆空的多式联运合同中,多式联运经营人与海上运输区段的承运人、陆路运输区段的承运人、航空运输区段的承运人分别对每一段的运输责任约定,在多式联运经营人对托运人或者收货人负全程的运输责任后,可以依据其与每一区段的运输承运人签订的合同,向其他承运人追偿。

第八百四十条 【多式联运单据】多式联运经营人收到托运人交付的货物时,应当签发多式联运单据。按照托运人的要求,多式联运单据可以是可转让单据,也可以是不可转让单据。

条文注释

所谓多式联运单据,就是证明多式联运合同存在及多式联运经营人接管货物并按合同条款提交货物的证据。多式联运单据应当由多式联运经营人或者经他授权的人签字,这种签字可以是手签、盖章、符号或者用任何其他机械或者电子仪器打出。

多式联运单据一般包括以下14项内容:(1)货物品类、标志、危险特征的声明、包数或者件数、重量;(2)货物的外表状况;(3)多式联运经营人的名称与主要营业地;(4)托运人名称;(5)收货人的名称;(6)多式联运经营人接管货物的时间、地点;(7)交货地点;(8)交货日期或者期间;(9)多式联运单据可转让或者不可转让的声明;

(10)多式联运单据签发的时间、地点;(11)多式联运经营人或其授权人的签字;(12)每种运输方式的运费、用于支付的货币、运费由收货人支付的声明等;(13)航线、运输方式和转运地点;(14)双方商定的其他事项。但是,以上一项或者多项内容的缺乏,不影响单据作为多式联运单据的性质。

根据本条的规定,多式联运单据依托运人的要求,可以是可转让的单据,也可以是不可转让的单据。

第八百四十一条　【托运人承担过错责任】因托运人托运货物时的过错造成多式联运经营人损失的,即使托运人已经转让多式联运单据,托运人仍然应当承担赔偿责任。

条文注释

在多式联运中,托运人一般应当承担以下三个方面的责任:

(1)保证责任。在多式联运经营人接管货物时,托运人应视为已经向多式联运经营人保证其在多式联运单据中所提供的货物品类、标志、件数、重量、数量及危险特性的陈述准确无误,并应对违反这项保证造成的损失负赔偿责任。

(2)对于凡是因为托运人或者其受雇人或者代理人在受雇范围内行事时的过失或者大意而给多式联运经营人造成的损失,托运人应当向多式联运经营人赔偿责任。

(3)运送危险物品的特殊责任。托运人将危险品交付多式联运经营人时,应当告知多式联运经营人危险物品的危险特性,必要时应告知应采取的预防措施,否则其要对多式联运经营人因运送这类货物所遭受的损失负赔偿责任。

只要因托运人的过错造成多式联运经营人损失,不管多式联运单据在谁手中,多式联运经营人都可向托运人要求赔偿,而不能向持票人或者收货人要求赔偿。

第八百四十二条　【多式联运经营人赔偿责任的法律适用】货物的毁损、灭失发生于多式联运的某一运输区段的，多式联运经营人的赔偿责任和责任限额，适用调整该区段运输方式的有关法律规定；货物毁损、灭失发生的运输区段不能确定的，依照本章规定承担赔偿责任。

条文注释

本条确立了两个规则：

（1）如果货物发生毁损、灭失的区段是确定的，多式联运经营人的赔偿责任和责任限额，适用调整该区段运输方式的有关法律的规定。

（2）对于货物发生毁损、灭失的运输区段不能确定的，多式联运经营人应当依照本章的规定承担损害赔偿责任。

第二十章　技术合同

第一节　一般规定

第八百四十三条　【技术合同定义】技术合同是当事人就技术开发、转让、许可、咨询或者服务订立的确立相互之间权利和义务的合同。

条文注释

技术合同是当事人就技术开发、转让、许可、咨询或者服务订立的确立相互之间权利和义务的合同。技术合同具有以下特征：（1）技术合同属于《民法典》规定的一种有名合同，具有合同的一般特征。（2）技术合同的主体是平等主体的自然人、法人、非法人组织。（3）技术合同的标的是技术开发、技术转让、技术许可、技术咨询、技术服务。（4）技术合同的内容是当事人就技术开发、技术转让、技术许可、技术咨询、技术服务所确立的相互之间权利和义务关系。(5)技术合同是双务、有偿合同。在技术合同中，当事人双方都承担着自己相应的义务和所享有的权利，一方当事人权利的取得，需要以履行自己的义务为代价。(6)技术合同是技术商品生产和消费之间的一个媒介。技术成果不被运用难以体现其自身的价值，技术成果的持有者只有与需求方联合，通过技术合同，将技术成果转化为现实的生产力。

第八百四十四条　【订立技术合同的原则】订立技术合同，应当有利于知识产权的保护和科学技术的进步，促进科学技术成果的研发、转化、应用和推广。

条文注释

知识产权是指人们就其智力劳动成果所依法享有的专有权利，通常国家赋予创造者对其智力成果在一定时期内享有的专有权或独占权。

第八百四十五条　【技术合同主要条款】技术合同的内容一般包括项目的名称，标的的内容、范围和要求，履行的计划、地点和方式，技术信息和资料的保密，技术成果的归属和收益的分配办法，验收标准和方法，名词和术语的解释等条款。

与履行合同有关的技术背景资料、可行性论证和技术评价报告、项目任务书和计划书、技术标准、技术规范、原始设计和工艺文件，以及其他技术文档，按照当事人的约定可以作为合同的组成部分。

技术合同涉及专利的，应当注明发明创造的名称、专利申请人和专利权人、申请日期、申请号、专利号以及专利权的有效期限。

条文注释

技术合同一般包括但不限于以下内容：(1)项目的名称。技术合同标的涉及的项目的名称，当事人应当准确约定。(2)标的的内容、范围和要求。(3)履行的计划、进度、期限、地点、地域和方式。(4)技术信息和资料的保密。(5)风险责任的承担。(6)技术成果的归属和收益的分配办法。(7)验收标准和方法。(8)价款、报酬或者使用费及其支付方式。(9)违约金或者损失赔偿的计算方法。(10)解决争议的方法。(11)名词和术语的解释。

第八百四十六条　【技术合同价款、报酬及使用费】技术合同价款、报酬或者使用费的支付方式由当事人约定,可以采取一次总算、一次总付或者一次总算、分期支付,也可以采取提成支付或者提成支付附加预付入门费的方式。

约定提成支付的,可以按照产品价格、实施专利和使用技术秘密后新增的产值、利润或者产品销售额的一定比例提成,也可以按照约定的其他方式计算。提成支付的比例可以采取固定比例、逐年递增比例或者逐年递减比例。

约定提成支付的,当事人可以约定查阅有关会计账目的办法。

条文注释

技术合同价款、报酬或者使用费的支付方式:(1)一次总算、一次总付。(2)一次总算、分期支付。(3)提成支付。(4)提成支付附加预付入门费。

提成支付的计算方式:(1)按照产品的价格提成。(2)按照新增产值提成。(3)按照新增利润提成。(4)按照产品销售额提成。(5)按照其他方式提成。提成支付的比例可以采取固定比例,也可以采取逐年递增比例或者逐年递减比例。

关联法规

《最高人民法院关于审理技术合同纠纷案件适用法律若干问题的解释》第14、34、37条

第八百四十七条　【职务技术成果的财产权权属】职务技术成果的使用权、转让权属于法人或者非法人组织的,法人或者非法人组织可以就该项职务技术成果订立技术合同。法人或者非法人组织订立技术合同转让职务技术成果时,职务技术成果的完成人享有以同等条

件优先受让的权利。

职务技术成果是执行法人或者非法人组织的工作任务，或者主要是利用法人或者非法人组织的物质技术条件所完成的技术成果。

条文注释

技术成果，是指利用科学技术知识、信息和经验作出的产品、工艺、材料及其改进等技术方案，包括专利、专利申请、技术秘密、计算机软件、集成电路布图设计、植物新品种等。技术成果的财产权，即使用和转让技术成果的权利。

技术成果财产权的归属要根据技术成果是职务技术成果还是非职务技术成果来决定。

关联法规

《最高人民法院关于审理技术合同纠纷案件适用法律若干问题的解释》第1、2、4~6条

第八百四十八条　【非职务技术成果的财产权权属】非职务技术成果的使用权、转让权属于完成技术成果的个人，完成技术成果的个人可以就该项非职务技术成果订立技术合同。

条文注释

非职务技术成果的财产权即非职务技术成果的使用权、转让权属于完成技术成果的个人。法人或者非法人组织擅自以生产经营为目的使用或者转让属于个人的非职务技术成果的，是侵犯个人合法权益的行为。

关联法规

《最高人民法院关于审理技术合同纠纷案件适用法律若干问题的解释》第5、6条

第八百四十九条　【技术成果的人身权归属】完成技术成果的个人享有在有关技术成果文件上写明自己是技术成果完成者的权利和取得荣誉证书、奖励的权利。

条文注释

技术成果的人身权，即在有关技术成果文件上署名以及取得国家荣誉证书、奖章和其他奖励的权利。这一权利属于对完成技术成果作出了创造性贡献的个人。

本条中所称的完成技术成果的个人，是指对技术成果单独作出或者共同作出创造性贡献的人，不包括仅提供资金、设备、材料、试验条件的人员，进行组织管理的人员，协助绘制图纸、整理资料、翻译文献等辅助服务人员。本条中所称的技术成果文件，是指专利申请书、科学技术奖励申报书、科技成果登记书等确认技术成果完成者身份和授予荣誉的证书和文件。

第八百五十条 【技术合同无效情形】非法垄断技术或者侵害他人技术成果的技术合同无效。

条文注释

本条明确了技术合同无效的两种情形：

(1)非法垄断技术。这是指合同的一方当事人通过合同条款限制另一方当事人在合同标的技术的基础上进行新的研究开发，限制另一方当事人从其他渠道吸收技术，或者阻碍另一方根据市场的需求，按照合理的方式充分实施专利和使用技术秘密。

(2)侵害他人技术成果。这是指侵害另一方或者第三方的专利权、专利申请权、专利实施权、技术秘密使用权和转让权或者发明权、发现权以及其他科技成果权的行为。主要是未经拥有者或者持有技术成果的个人或者法人、非法人组织的许可，而与他人订立自己无权处分的技术成果的技术合同，或者订立了侵害技术成果完成人身份权、荣誉权的技术合同。

关联法规

《最高人民法院关于审理技术合同纠纷案件适用法律若干问题的解释》第10～13条；《技术合同认定规则》第18条

第二节 技术开发合同

第八百五十一条 【技术开发合同概念及合同形式】技术开发合同是当事人之间就新技术、新产品、新工艺、新品种或者新材料及其系统的研究开发所订立的合同。

技术开发合同包括委托开发合同和合作开发合同。

技术开发合同应当采用书面形式。

当事人之间就具有实用价值的科技成果实施转化订立的合同，参照适用技术开发合同的有关规定。

条文注释

1. 技术开发合同的概念和特点

本条第1款规定了技术开发合同的概念。技术开发合同具有以下特点：(1)技术开发合同通常是双务合同、有偿合同。在技术开发合同中双方当事人均有义务，一方当事人在取得权利的同时必须向另一方支付一定的费用，付出相应的义务。(2)技术开发合同是一种要式合同（应当采用书面形式）。(3)技术开发合同的标的（新技术、新产品、新工艺、新品种或者新材料及其系统）应有相对新的特点。(4)技术开发合同风险性较大。

2. 技术开发合同的种类

根据本条第2款的规定，技术开发合同包括委托开发合同和合作开发合同。委托开发合同，是指当事人一方委托另一方进行研究开发所订立的合同。合作开发合同，是指当事人各方就共同进行研究开发所订立的合同。

3. 科技成果实施转化合同参照适用技术开发合同的有关规定

当事人之间就具有实用价值的科技成果实施转化订立的合同，是指当事人之间就具有实用价值但尚未实现工业化应用的科技成果包括阶段性技术成果，以实现该科技成果工业化应用为目标，约定后续试验、开发和应用等内容的合同。本条第4款规定这些合同参照适用技术开发合同的有关规定。

关联法规

《最高人民法院关于审理技术合同纠纷案件适用法律若干问题的解释》第17、18条;《技术合同认定规则》第24条

第八百五十二条 【委托开发合同的委托人义务】委托开发合同的委托人应当按照约定支付研究开发经费和报酬,提供技术资料,提出研究开发要求,完成协作事项,接受研究开发成果。

条文注释

委托开发合同的委托人主要义务有:(1)支付研究开发经费和报酬。(2)提供技术资料。(3)提出研究开发要求。(4)完成协作事项。研究开发人需要委托人提供哪些协作、辅助事项,最好在委托开发合同中作出明确的约定,合同一旦约定,委托人必须履行。(5)接受研究开发成果。当事人可以在合同中约定委托人接受研究开发成果的方式、时间或者期限,便于合同及时履行。

第八百五十三条 【委托开发合同的研究开发人义务】委托开发合同的研究开发人应当按照约定制定和实施研究开发计划,合理使用研究开发经费,按期完成研究开发工作,交付研究开发成果,提供有关的技术资料和必要的技术指导,帮助委托人掌握研究开发成果。

条文注释

委托开发合同的研究开发人主要义务有:(1)制定和实施研究开发计划。(2)合理使用研究开发经费。(3)按期完成研究开发工作,交付研究开发成果。研究开发人可以采用下列一种或者几种方式提交研究开发成果,但其数量不能超过合理的范围:①产品设计、工艺规程、材料配方和其他图纸、论文、报告等技术文件;②磁带、磁盘、计算机软件;③动物或者植物的新品种、微生物菌种;④样品、样机;⑤成套技术设备。(4)提供有关的技术资料和必要的技术指导,帮助委托人掌握研究开发成果。

第八百五十四条　【委托开发合同的违约责任】委托开发合同的当事人违反约定造成研究开发工作停滞、延误或者失败的，应当承担违约责任。

条文注释

本条将原《合同法》第333、334条合并为一条，统一规定委托开发合同的当事人违反委托开发合同应当承担违约责任。

第八百五十五条　【合作开发合同的当事人主要义务】合作开发合同的当事人应当按照约定进行投资，包括以技术进行投资，分工参与研究开发工作，协作配合研究开发工作。

条文注释

根据本条规定，在合作开发合同中，当事人各方的主要义务是：(1)进行投资，包括以技术进行投资。(2)合作开发合同的各方当事人虽然都要出钱，进行投资，但还必须出人直接参与研究开发工作。需要说明的是，当事人一方提供资金、设备、材料等物质条件，承担辅助协作事项，另一方进行研究开发工作的合同，不属于合作开发合同，应当按委托开发合同处理。(3)协作配合研究开发工作。

关联法规

《最高人民法院关于审理技术合同纠纷案件适用法律若干问题的解释》第19条

第八百五十六条　【合作开发合同的违约责任】合作开发合同的当事人违反约定造成研究开发工作停滞、延误或者失败的，应当承担违约责任。

条文注释

本条中所讲“合作开发合同的当事人违反约定”的情形，主要是指违反本法第855条所约定的情形，即不按照约定进行投资，包括不以技术进行投资，不按照约定分工参与研究开发工作，不按照约定协作配合研究开发工作。除此之外，还包括当事人违反合作开发合同中约定的其他情形。

合作开发合同的当事人违反约定承担违约责任的条件有二：一是合作开发合同的当事人存在违约行为；二是由于违约行为造成研究开发工作停滞、延误或者失败。

第八百五十七条 【技术开发合同解除】作为技术开发合同标的的技术已经由他人公开，致使技术开发合同的履行没有意义的，当事人可以解除合同。

条文注释

本法合同编第7章“合同的权利义务终止”中对合同解除作了较为详细具体的规定。根据技术开发合同的特点，本条规定了技术开发合同可以解除的另一种情形，即作为技术开发合同标的的技术已经由他人公开，致使履行技术开发合同没有意义，当事人可以解除合同。

第八百五十八条 【技术开发合同风险负担及通知义务】技术开发合同履行过程中，因出现无法克服的技术困难，致使研究开发失败或者部分失败的，该风险由当事人约定；没有约定或者约定不明确，依据本法第五百一十条的规定仍不能确定的，风险由当事人合理分担。

当事人一方发现前款规定的可能致使研究开发失败或者部分失败的情形时，应当及时通知另一方并采取适当措施减少损失；没有及时通知并采取适当措施，致使损失扩大的，应当就扩大的损失承担责任。

条文注释

一项技术开发的失败或者部分失败要认定为风险，应当具备以下各项条件：(1)课题本身在国际和国内现有技术水平下具有足够的难度；(2)研究开发人尽了主观努力；(3)该领域专家认为研究开发失败属于合理的失败。

当事人应当在订立合同时明确约定风险责任的承担。如果当事人对风险责任的承担等合同的主要内容在订立合同时没有约定或者约定不明确,那么在合同生效后甚至在合同履行开始后,可以依据本法第510条的规定确定风险责任。为避免技术开发风险出现后损失的扩大,本条第2款规定了防止损失扩大的义务。

第八百五十九条　【委托开发合同的技术成果归属】委托开发完成的发明创造,除法律另有规定或者当事人另有约定外,申请专利的权利属于研究开发人。研究开发人取得专利权的,委托人可以依法实施该专利。

研究开发人转让专利申请权的,委托人享有以同等条件优先受让的权利。

条文注释

本条对委托开发完成的发明创造的技术成果的归属与分享作了明确规定:(1)法律没有规定或者当事没有约定时,发明创造的专利申请权属于研究开发人。(2)当事人另有约定时,委托开发完成的发明创造的专利申请权归属依照约定确定。(3)法律另有规定的,专利申请权归属依照法律规定确定。比如,《专利法》第6条第3款规定,利用本单位的物质技术条件所完成的发明创造,单位与发明人或者设计人订有合同,对申请专利的权利和专利权的归属作出约定的,从其约定。

第八百六十条　【合作开发合同的技术成果归属】合作开发完成的发明创造,申请专利的权利属于合作开发的当事人共有;当事人一方转让其共有的专利申请权的,其他各方享有以同等条件优先受让的权利。但是,当事人另有约定的除外。

合作开发的当事人一方声明放弃其共有的专利申请权的,除当事人另有约定外,可以由另一方单独申请或者由其他各方共同申请。申请人取得专利权的,放弃专利申请权的一方可以免费实施该专利。

合作开发的当事人一方不同意申请专利的，另一方或者其他各方不得申请专利。

条文注释

首先，合作开发完成的发明创造专利申请权原则上属于合作开发的各方当事人共有。

其次，在各方当事人共有的情况下，有三项处分原则：第一，通常情况下，当事人一方转让其共有的专利申请权的，无须得到其他共有人的同意，但是该转让不得损害其他共有人的利益。当事人一方转让其共有的专利申请权的，其他各方享有以同等条件优先受让的权利。第二，合作开发的当事人一方声明放弃其共有的专利申请权的，可以由另一方单独申请或者由其他各方共同申请。申请人取得专利权的，放弃专利申请权的一方可以免费实施该专利。第三，合作开发的当事人一方不同意申请专利的，另一方或者其他各方不得申请专利。

最后，当事人可以约定合作开发完成的发明创造的专利申请权的归属与享有。合作开发的当事人可以在合同中约定合作开发完成的发明创造的专利申请权不属于当事人共有，约定只属于合同的一方当事人所有；还可以约定合作开发的当事人放弃其共有的专利申请权之事。

第八百六十一条 【技术秘密成果归属与分享】委托开发或者合作开发完成的技术秘密成果的使用权、转让权以及收益的分配办法，由当事人约定；没有约定或者约定不明确，依据本法第五百一十条的规定仍不能确定的，在没有相同技术方案被授予专利权前，当事人均有使用和转让的权利。但是，委托开发的研究开发人不得在向委托人交付研究开发成果之前，将研究开发成果转让给第三人。

条文注释

关于技术秘密成果的使用权、转让权以及收益的分配办法：首先，当事人自行约定解决。其次，没有约定或者约定不明确的，依据本法第510条的规定确定。即当事人首先应当在原有合同约定的基础上进行协商,作出补充约定,也可以废除原有合同的约定重新作出约定;不能达成补充协议的,按照合同相关条款或者交易习惯确定。按照交易习惯来确定的,应当由双方当事人一致协商同意才可以适用。最后,没有约定或者约定不明确,依据本法第510条的规定仍不能确定的,在没有相同技术方案被授予专利前,当事人均有使用和转让技术秘密成果的权利。包括当事人均有不经对方同意而自己使用或者以普通使用许可的方式许可他人使用技术秘密,并独占由此所获收益的权利。当事人一方将技术秘密成果的转让权让与他人,或者以独占或者排他使用许可的方式许可他人使用技术秘密,未经对方当事人同意或者追认的,应当认定该让与或者许可行为无效。

在委托开发中,由于技术秘密成果是由委托人出资委托研究开发人开发的,所以研究开发人如果转让委托人委托开发的技术秘密成果,必须是在向委托人交付该项成果之后进行。

关联法规

《最高人民法院关于审理技术合同纠纷案件适用法律若干问题的解释》第20、21条

第三节　技术转让合同和技术许可合同

第八百六十二条　【技术转让合同和技术许可合同定义】技术转让合同是合法拥有技术的权利人,将现有特定的专利、专利申请、技术秘密的相关权利让与他人所订立的合同。

技术许可合同是合法拥有技术的权利人,将现有特定的专利、技术秘密的相关权利许可他人实施、使用所订立的合同。

技术转让合同和技术许可合同中关于提供实施技术的专用设备、

原材料或者提供有关的技术咨询、技术服务的约定，属于合同的组成部分。

条文注释

技术转让合同和技术许可合同具有如下特点：

(1)标的的特点。一是必须是特定的完整的技术内容。该内容构成一项产品、工艺、材料及其系统的技术方案；该方案须有特定的名称、技术指标、功能和适用范围。二是转让和许可的标的应当是当事人已经掌握的、特定的、现有的技术成果。包括专利权、专利申请权、技术秘密使用权和转让权，不包括尚待研究开发的技术成果或者不涉及专利、专利申请或者技术秘密的知识、技术、经验和信息。

(2)转让人和许可人应当保证自己是所提供的技术的合法拥有者。

(3)技术商品不同于一般的商品，可以多次转让和许可。

关联法规

《最高人民法院关于审理技术合同纠纷案件适用法律若干问题的解释》第22条

第八百六十三条 【技术转让合同和技术许可合同类型和形式】 技术转让合同包括专利权转让、专利申请权转让、技术秘密转让等合同。

技术许可合同包括专利实施许可、技术秘密使用许可等合同。

技术转让合同和技术许可合同应当采用书面形式。

条文注释

技术转让合同包括专利权转让合同、专利申请权转让合同、技术秘密转让合同。专利权转让合同，是指专利权人作为让与人将其发明创造专利的所有权或者持有权移交受让人，受让人支付约定价款所订立的合同。专利申请权转让合同，是指让与人将其就特定的发明创造申请专利的权利移交给受让人，受让人支付约定价款所订立的合同。技术秘密转让合同，是指让与人将拥有的技术秘密成果转让给受让人，明确相互之间技术秘密成果使用权、转让权，受让人支付约定使用费所订立的合同。

技术许可合同包括专利实施许可合同、技术秘密使用许可合同。专利实施许可合同，是指专利权人或者其授权的人作为让与人许可受让人在约定的范围内实施专利，受让人支付约定使用费所订立的合同。技术秘密使用许可合同，是指让与人将拥有的技术秘密成果提供给受让人，明确相互之间技术秘密成果使用权、转让权，受让人支付约定使用费所订立的合同。

技术转让合同、技术许可合同的内容复杂，涉及转让技术、许可技术的范围，转让、许可的对象，受让人与被许可使用人使用转让、许可技术的范围和方式，技术的保密，使用费、转让费的支付，以及对使用技术产生的新的技术成果的归属等。因此，当事人订立技术转让合同、技术许可合同必须采用书面形式。

关联法规

《最高人民法院关于审理技术合同纠纷案件适用法律若干问题的解释》第25条

第八百六十四条　【技术转让合同和技术许可合同的限制性条款】技术转让合同和技术许可合同可以约定实施专利或者使用技术秘密的范围，但是不得限制技术竞争和技术发展。

条文注释

实施专利或者使用技术秘密的范围，是指实施专利的期限、实施专利或者技术秘密的地区和方式。

技术转让合同的当事人不得以合同条款限制技术竞争和技术发展，主要包括：(1)不得通过合同条款限制另一方在合同标的技术的基础上进行新的研究开发。(2)不得通过合同条款限制另一方从其他渠道吸收技术，或者阻碍另一方根据市场的需求，按照合同的方式充分实施专利和使用技术秘密。如在合同中约定了这些内容，属于无效条款。

同样，技术许可合同也不得在合同中约定限制技术竞争和技术发展的条款。

关联法规

《最高人民法院关于审理技术合同纠纷案件适用法律若干问题的解释》第 28 条

第八百六十五条　【专利实施许可合同限制】专利实施许可合同仅在该专利权的存续期限内有效。专利权有效期限届满或者专利权被宣告无效的，专利权人不得就该专利与他人订立专利实施许可合同。

条文注释

专利权是指依法取得的在法律规定的有效期限内享有的独占利益的权利。专利权只有在法定的期间内才能获得法律的保护。超过法定期间，或者因法定情形失去专利权后，该技术也就成为公开的任何人均可以免费使用的技术。专利实施许可合同也只在该项专利权的存续期限内有效。

在合同有效期内，专利权被终止的，合同同时终止，让与人应当支付违约金或者赔偿损失。专利权被宣布无效的，让与人应当赔偿由此给受让人造成的损失。

第八百六十六条　【专利实施许可合同许可人主要义务】专利实施许可合同的许可人应当按照约定许可被许可人实施专利，交付实施专利有关的技术资料，提供必要的技术指导。

条文注释

专利实施许可合同许可人的主要义务是：(1)保证自己是所提供的专利技术的合法拥有人，并且保证所提供的专利技术完整、无误、有效，能够达到合同约定的目的。(2)按照合同的约定，许可被许可人实施专利，交付实施专利有关的技术资料，提供必要的技术指导，使被许可人的专业人员能够掌握、实施该专利技术。(3)排他实施许可合同的许可人不得在已经许可被许可人实施专利的范围内，就同一专利与第三人订立专利实施许可合同。独占实施许可合同的许可人不得在已经许可被许可人实施专利的范围内实施该专利。(4)依法缴纳专利年费和应对他人提出宣告专利权无效的请求。

关联法规

《最高人民法院关于审理技术合同纠纷案件适用法律若干问题的解释》第26条

第八百六十七条　【专利实施许可合同被许可人主要义务】 专利实施许可合同的被许可人应当按照约定实施专利，不得许可约定以外的第三人实施该专利，并按照约定支付使用费。

条文注释

专利实施许可合同被许可人的主要义务是：(1)按照约定的范围、方式、期限等实施专利技术。(2)不得许可合同约定以外的第三人实施该项专利技术。(3)按照合同的约定支付使用费。(4)承担合同约定的其他义务以及本法合同编规定的法律义务。如本法第509条规定，当事人应当按照约定全面履行自己的义务。

第八百六十八条　【技术秘密让与人和许可人主要义务】 技术秘密转让合同的让与人和技术秘密使用许可合同的许可人应当按照约定提供技术资料，进行技术指导，保证技术的实用性、可靠性，承担保密义务。

前款规定的保密义务，不限制许可人申请专利，但是当事人另有约定的除外。

条文注释

技术秘密转让合同的让与人和技术秘密使用许可合同的许可人的主要义务是：(1)保证自己是所提供技术秘密的合法拥有者，并且保证所提供的技术完整、无误、有效，能够达到合同约定的目标。(2)按照合同的约定，提供技术资料，进行技术指导，保证技术的实用性、可靠性。(3)承担保密义务。(4)承担受让人和被许可人按照约定使用技术秘密侵害他人合法权益的责任。(5)使用技术秘密不得超出约定的范围。(6)不得擅自许可第三人使用该项技术秘密。

为了鼓励技术秘密转让合同的让与人和技术秘密使用许可合同的许可人申请专利,本条第2款明确规定,前款规定的保密义务,不限制许可人申请专利,但是当事人另有约定的除外。

第八百六十九条　【技术秘密受让人和被许可人主要义务】技术秘密转让合同的受让人和技术秘密使用许可合同的被许可人应当按照约定使用技术,支付转让费、使用费,承担保密义务。

条文注释

技术秘密转让合同受让人的主要义务是:(1)按照合同的约定使用技术。(2)按照合同的约定支付使用费。(3)承担保密义务。保密是指不得将技术秘密中的技术资料、数据、样品、相关文件等泄露给第三人。(4)使用技术秘密不得超越合同约定的范围。(5)未经让与人同意,不得擅自许可第三人使用该项技术秘密。

技术秘密使用许可合同的被许可人的主要义务是:(1)按照合同的约定使用技术。(2)按照合同的约定支付使用费。(3)承担保密义务。(4)使用技术秘密不得超越合同约定的范围。(5)未经许可人同意,不得擅自许可第三人使用该项技术秘密。

第八百七十条　【技术转让合同让与人和技术许可合同许可人保证义务】技术转让合同的让与人和技术许可合同的许可人应当保证自己是所提供的技术的合法拥有者,并保证所提供的技术完整、无误、有效,能够达到约定的目标。

条文注释

技术转让合同的让与人的保证义务主要有:(1)保证自己是所提供的技术的合法拥有者。否则为非法转让,属于无效行为,由此订立的合同也是无效合同。(2)保证所提供的技术完整、无误、有效,能够达到约定的目标。

受让人使用让与人转让或者许可的技术生产或者销售产品,如果被第三人指控侵权，应当由受让人承担责任。

第八百七十一条　【技术转让合同受让人和技术许可合同被许可人保密义务】技术转让合同的受让人和技术许可合同的被许可人应当按照约定的范围和期限，对让与人、许可人提供的技术中尚未公开的秘密部分，承担保密义务。

条文注释

技术转让合同的让与人对受让人转让的技术，有的是处于保密状态的技术，有的技术虽已公开，但是相关的背景材料、技术参数等未曾公开，这些技术及相关材料有可能涉及国家利益或者让与人的重大经济利益。因此，受让人应当按照合同约定的范围和期限承担保密义务。对超过合同约定范围和期限仍需保密的技术，受让人应当遵循诚实信用的原则，履行合同保密的附随义务。

第八百七十二条　【许可人和让与人违约责任】许可人未按照约定许可技术的，应当返还部分或者全部使用费，并应当承担违约责任；实施专利或者使用技术秘密超越约定的范围的，违反约定擅自许可第三人实施该项专利或者使用该项技术秘密的，应当停止违约行为，承担违约责任；违反约定的保密义务的，应当承担违约责任。

让与人承担违约责任，参照适用前款规定。

条文注释

技术许可合同中许可人的违约责任主要是：

(1)违反专利权许可合同的责任。许可人不履行合同义务，迟延办理专利权移交手续，未提供有关的技术资料，许可的专利不是许可人合法拥有的专利或者违反保密义务的，应当返还部分或者全部使用费，并且应当承担违约责任。

(2)违反专利申请权许可合同的责任。许可人不履行合同，迟延提供技术信息和资料的，或者所提供的技术信息和资料没有达到使该领域一般专业技术人员能够实施发明创造的程度的，应当承担违约责任。违反保密义务的，应当承担违约责任。

(3)违反专利实施许可合同的责任。许可人未按照约定许可实施专利技术，应当返还部分或者全部使用费，并且承担违约责任；使用专利技术超越约定的范围，违反约定擅自许可第三人使用该项专利技术，应当停止违约行为，承担违约责任；违反保密义务的，承担违约责任；承担被许可人按照约定使用专利技术侵害他人合法权益的责任。

(4)违反技术秘密使用许可合同的责任。许可人未按照合同约定许可他人使用技术秘密的，应当返还部分或者全部使用费，并且承担违约责任；使用技术秘密超越合同约定的范围，违反约定擅自许可第三人使用该项技术秘密，应当停止违约行为，承担违约责任；技术秘密成果达不到合同约定的技术指标，承担违约责任。违反保密义务，泄露技术秘密，使被许可人遭受损失的，承担违约责任。

第八百七十三条 【被许可人和受让人违约责任】被许可人未按照约定支付使用费的，应当补交使用费并按照约定支付违约金；不补交使用费或者支付违约金的，应当停止实施专利或者使用技术秘密，交还技术资料，承担违约责任；实施专利或者使用技术秘密超越约定的范围的，未经许可人同意擅自许可第三人实施该专利或者使用该技术秘密的，应当停止违约行为，承担违约责任；违反约定的保密义务的，应当承担违约责任。

受让人承担违约责任，参照适用前款规定。

条文注释

技术许可合同被许可人的违约责任主要是：

(1)违反专利权许可合同的责任。被许可人未按照约定支付使用费，应当补交并按照约定支付违约金，不补交使用费或者支付违约金的，应当停止实施专利，交还技术资料，承担违约责任；违反保密义务的，承担违约责任。

(2)违反专利申请权许可合同的责任。被许可人不履行合同，迟延支付使用费的，承担违约责任。未按照约定支付价款，应当补交并承担违约责任；不补交使用费或者不支付违约金的，应当返还专利申请权,交还技术资料,并承担违约责任。违反保密义务的,承担违约责任。

(3)违反专利实施许可合同的责任。被许可人未按照约定支付使用费,应当补交使用费并按照约定支付违约金;不补交使用费或者支付违约金的,应当停止使用专利技术,交还技术资料,承担违约责任;使用专利技术超过约定范围,未经许可人同意擅自许可第三人使用该专利技术的,应当停止违约行为,承担违约责任;违反保密义务的,应当承担违约责任。

(4)违反技术秘密使用许可合同的责任。被许可人不按照合同约定支付使用费的,应当补交使用费并按照约定支付违约金;不补交使用费或者支付违约金的,应当停止使用技术秘密,交还技术资料,承担违约责任;使用技术秘密超越约定的范围,未经许可人同意擅自许可第三人实施使用该技术秘密的,应当停止违约行为,承担违约责任;违反保密义务,泄露技术秘密,给许可人造成损失的,应当承担违约责任。

第八百七十四条　【受让人和被许可人侵权责任】受让人或者被许可人按照约定实施专利、使用技术秘密侵害他人合法权益的,由让与人或者许可人承担责任,但是当事人另有约定的除外。

条文注释

本条之所以规定由让与人或者许可人承担侵权责任,是因为侵权行为的发生是让与人让与或者许可人许可受让人或者被许可人使用的专利、技术秘密具有不合法性,而受让人、被许可人并不了解此情况,故其为善意受让人、善意被许可人。此时由让与人或者许可人承担侵权责任是合情、合法、合理的。

如果当事人作出了由受让人、被许可人承担责任或者由受让人与让与人、被许可人与许可人共同承担责任的约定,那么,侵权责任则要按照当事人的约定确定,即当事人的约定优于法律规定。

第八百七十五条　【后续技术成果的归属与分享】当事人可以按照互利的原则，在合同中约定实施专利、使用技术秘密后续改进的技术成果的分享办法；没有约定或者约定不明确，依据本法第五百一十条的规定仍不能确定的，一方后续改进的技术成果，其他各方无权分享。

条文注释

本条中的后续改进，是指在技术转让合同、技术许可合同的有效期内，一方或双方对作为合同标的的专利或者技术秘密成果所作的革新和改良。

后续改进的技术成果的分享以互利为原则，首先，可以在合同中约定；其次，无约定的协商研究、补充确定；最后，仍无法确定的，归完成该项后续改进技术成果的一方，其他各方无权分享。

第八百七十六条　【其他知识产权的转让和许可】集成电路布图设计专有权、植物新品种权、计算机软件著作权等其他知识产权的转让和许可，参照适用本节的有关规定。

条文注释

本条是新增加的条文。计算机软件、集成电路布图设计、植物新品种也是知识产权，随着科学技术的发展，这些新类型的知识产权会越来越多，"技术合同"一章也应当对计算机软件、集成电路布图设计、植物新品种等的转让与许可作出规定，以促进科学技术成果的研发、转化、应用和推广，促进科学技术的进步，保护知识产权。

关联法规

《最高人民法院关于审理技术合同纠纷案件适用法律若干问题的解释》第1、46条

第八百七十七条　【技术进出口合同或者专利、专利申请合同法律适用】法律、行政法规对技术进出口合同或者专利、专利申请合同另有规定的，依照其规定。

条文注释

技术进出口合同，是指我国境内的自然人、法人或者非法人组织从境外引进或者向境外输出技术，与技术输出国、地区或者技术引进国、地区的当事人订立的合同。对涉及技术转让的问题，可以依据《民法典》合同编中的技术转让合同的有关规定处理，对涉及技术进出口的管理问题，则依据其他法律、法规的规定。

专利权转让、专利申请权转让涉及专利问题，因此，当事人订立专利权转让合同或者专利申请权转让合同，不仅要遵守本法的有关规定，还要遵守《专利法》等其他法律、法规的规定。

第四节　技术咨询合同和技术服务合同

第八百七十八条　【技术咨询合同和技术服务合同定义】技术咨询合同是当事人一方以技术知识为对方就特定技术项目提供可行性论证、技术预测、专题技术调查、分析评价报告等所订立的合同。

技术服务合同是当事人一方以技术知识为对方解决特定技术问题所订立的合同，不包括承揽合同和建设工程合同。

条文注释

1. 技术咨询合同

技术咨询合同，是指一方当事人，通常是科技人员，作为受托人运用自己的技术知识，对委托人提出的特定技术项目进行可行性论证、技术预测、专题技术调查、分析评价等所订立的合同。技术咨询合同的基本特点有：(1)受托人要具有一定的技术知识。这是《民法典》新增加的内容，目的是强调提供技术咨询的一方应当有一定资质。(2)技术咨询合同的标的是对技术项目的咨询。即对技术项目的可行性论证、技术预测、专题技术调查、分析评价报告。(3)技术咨询的范围是与技术有关的项目。主要分三类：①有关科学技术与经济、社会协调发展的软科学研究项目。②促进科技进步和管理现代化,提高经济效益和社会效益的技术项目。③其他专业性技术项目。(4)技术咨询合同履行的结果是由提供咨询的一方(受托方)向委托方提供尚待实践检验的报告或者意见。(5)技术咨询合同风险责任的承担有其特殊性。除合同另有约定外,因委托人实施咨询报告或者意见而造成的风险,受托方不承担风险。

2. 技术服务合同

技术服务合同,是指当事人一方以技术知识为另一方解决特定技术问题所订立的合同,不包括建设工程合同和承揽合同。这里所讲的特定技术问题,是指需要运用科学技术知识解决专业技术工作中有关改进产品结构、改良工艺流程、提高产品质量、降低产品成本、节约资源能耗、保护资源环境、实现安全操作、提高经济效益和社会效益等问题。

关联法规

《最高人民法院关于审理技术合同纠纷案件适用法律若干问题的解释》第30、33条

第八百七十九条　【技术咨询合同委托人义务】技术咨询合同的委托人应当按照约定阐明咨询的问题,提供技术背景材料及有关技术资料,接受受托人的工作成果,支付报酬。

条文注释

技术咨询合同的委托人应当全面履行合同约定的各项义务:(1)阐明咨询问题。(2)提供技术背景材料及有关技术资料。(3)接受受托人的工作成果。取得工作成果是委托人的权利,接受工作成果是委托人的义务。(4)支付报酬。

关联法规

《最高人民法院关于审理技术合同纠纷案件适用法律若干问题的解释》第31、32、35条

第八百八十条　【技术咨询合同受托人义务】技术咨询合同的受托人应当按照约定的期限完成咨询报告或者解答问题，提出的咨询报告应当达到约定的要求。

条文注释

技术咨询合同的受托人应当全面履行合同约定的各项义务，主要有：(1)受托人利用自己的专业知识、技术技能、技术手段、人才优势等按照合同约定的时间完成咨询报告或者提供咨询意见或者解答问题等，并交给委托人。(2)保证咨询报告和意见符合合同约定的质量要求。且该质量要求应当是被受托人接受的、先进的、具有可操作性、具有极大参考价值的咨询报告或者对问题的解答。

第八百八十一条　【技术咨询合同的违约责任和决策风险责任】技术咨询合同的委托人未按照约定提供必要的资料，影响工作进度和质量，不接受或者逾期接受工作成果的，支付的报酬不得追回，未支付的报酬应当支付。

技术咨询合同的受托人未按期提出咨询报告或者提出的咨询报告不符合约定的，应当承担减收或者免收报酬等违约责任。

技术咨询合同的委托人按照受托人符合约定要求的咨询报告和意见作出决策所造成的损失，由委托人承担，但是当事人另有约定的除外。

条文注释

1. 技术咨询合同当事人的违约责任

技术咨询合同的当事人违反合同约定，应当依照合同约定的违约条款以及《民法典》合同编有关违约责任的规定，承担违约责任。

委托人违反技术咨询合同的违约责任：(1)委托人未按照约定提供必要的资料，或者所提供的资料有严重缺陷，影响工作进度和质量的，已支付的报酬不得追回，未支付的报酬应当支付。给受托人造成损失的，应当承担违约责任。委托人逾期不提供或者不补充有关技术资料和工作条件，导致受托人无法开展工作的，受托人有权解除合同，委托人承担违约责任,但合同另有约定的除外。(2)委托人不接受或者逾期接受工作成果的,向受托人支付的报酬不得追回,未支付的报酬应当支付,并且还应当支付受托人因保管工作成果所支出的费用。

受托人违反技术咨询合同的违约责任:受托人迟延提交咨询报告和意见的,应当减收或者免收报酬,并承担违约责任;提供的咨询报告和意见不符合合同约定条件的,应当减收或者免收报酬,并承担违约责任;不提交咨询报告和意见,或者所提交的咨询报告和意见水平低劣,无参考价值的,应当免收报酬,并承担违约责任;受托人在接到委托人提交的技术资料和数据后,不进行调查论证,委托人有权解除合同,受托人应当返还委托人已付的报酬,并承担违约责任,但是合同另有约定的除外。

2. 技术咨询合同涉及的决策风险责任

咨询报告和意见经验收合格后,合同即告终止。委托人是否采纳以及如何采纳受托人作出的咨询报告或者意见,由委托人自行决策。受托人对委托人实施咨询报告或意见所受到的损失,不负赔偿责任,除非合同另有约定。

第八百八十二条 【技术服务合同委托人义务】技术服务合同的委托人应当按照约定提供工作条件,完成配合事项,接受工作成果并支付报酬。

条文注释

技术服务合同的委托人应当全面履行合同约定的义务,主要有:(1)按照合同的约定提供工作条件,完成配合事项。(2)接受工作成果。(3)支付报酬。

第八百八十三条 【技术服务合同受托人义务】技术服务合同的受托人应当按照约定完成服务项目,解决技术问题,保证工作质量,并传授解决技术问题的知识。

条文注释

技术服务合同的受托人应当全面履行合同约定的义务,主要有：(1)按照约定完成服务项目，解决技术问题，保证工作质量。本义务的核心是，受托人应当向委托人提供真正解决问题的技术。(2)传授解决技术问题的知识。

第八百八十四条　【技术服务合同的违约责任】技术服务合同的委托人不履行合同义务或者履行合同义务不符合约定，影响工作进度和质量，不接受或者逾期接受工作成果的，支付的报酬不得追回，未支付的报酬应当支付。

技术服务合同的受托人未按照约定完成服务工作的，应当承担免收报酬等违约责任。

条文注释

技术服务合同的当事人违反合同约定，应当承担违约责任。

(1)委托人的违约责任。①委托人未按照合同约定提供有关技术资料、数据、样品和工作条件，影响工作质量和进度的，应当如实支付报酬。②委托人逾期不支付报酬或者违约金的，应当交还工作成果，补交报酬，支付违约金或者赔偿损失。③委托人迟延接受工作成果的，应当支付违约金和保管费。

(2)受托人的违约责任。①受托人迟延交付工作成果的，应当支付违约金。②受托人的工作成果、服务质量有缺陷，委托人同意利用的，受托人应当减收报酬并采取适当补救措施；工作成果、服务质量有严重缺陷，没有解决合同约定的技术问题的，受托人应当免收报酬，支付违约金或者赔偿损失。③受托人对委托人交付的样品、技术资料保管不善，造成灭失、缺少、变质、污染或者损坏的，应当支付违约金或者赔偿损失。

第八百八十五条　【创新技术成果归属】技术咨询合同、技术服务合同履行过程中，受托人利用委托人提供的技术资料和工作条件完成的新的技术成果，属于受托人。委托人利用受托人的工作成果完成的新的技术成果，属于委托人。当事人另有约定的，按照其约定。

条文注释

技术咨询合同、技术服务合同中技术成果的归属和分享的基本原则是:(1)谁完成谁拥有。技术咨询合同、技术服务合同履行过程中,受托人利用委托人提供的技术资料和工作条件完成的新的技术成果,属于受托人;委托人利用受托人的工作成果完成的新的技术成果,属于委托人。(2)当事人另有约定的,按照其约定。此约定,优于法律的一般原则规定。

第八百八十六条 【工作费用的负担】技术咨询合同和技术服务合同对受托人正常开展工作所需费用的负担没有约定或者约定不明确的,由受托人负担。

第八百八十七条 【技术中介合同和技术培训合同法律适用】法律、行政法规对技术中介合同、技术培训合同另有规定的,依照其规定。

条文注释

技术中介合同,是指当事人一方以知识、技术、经验和信息为另一方与第三方订立技术合同进行联系、介绍、组织工业化开发并对履行合同提供服务所订立的合同。技术培训合同,是指当事人一方委托另一方对指定的专业技术人员进行特定项目的技术指导和专业训练所订立的合同,不包括职业培训、文化学习和按照行业、单位的计划进行的职工业余教育。

本条规定包括两层含义:(1)本法之外的法律、行政法规对技术中介合同、技术培训合同另有规定的,应当优先适用该规定。(2)本法之外的其他法律、行政法规对技术中介合同、技术培训合同没有作出规定的,适用本法的有关规定。

关联法规

《最高人民法院关于审理技术合同纠纷案件适用法律若干问题的解释》第36、38条

第二十一章　保管合同

第八百八十八条　【保管合同定义】保管合同是保管人保管寄存人交付的保管物，并返还该物的合同。

寄存人到保管人处从事购物、就餐、住宿等活动，将物品存放在指定场所的，视为保管，但是当事人另有约定或者另有交易习惯的除外。

条文注释

保管物品的一方称为保管人，或者称为受寄人；其所保管的物品称为保管物，或者称为寄托物；交付物品保管的一方称为寄存人，或者称为寄托人。

本条规定的视为保管的情形需要具备两个条件：(1)需要到购物中心、饭店、宾馆等场所从事购物、就餐、住宿等活动；(2)需要将物品存放在指定的场所。

保管合同的主要法律特征有：(1)保管合同可以是有偿合同，也可以是无偿合同，由保管人和寄存人自行约定。(2)保管合同为单务合同(无偿的保管合同)或者双务合同(有偿的保管合同)。(3)保管合同原则上为要物合同。本法第890条规定，保管合同的成立须交付保管物。(4)订立保管合同可以是口头形式，也可以是书面形式，为不要式合同。(5)保管合同为继续性合同。继续性合同，是指合同的内容，并非一次性给付可以完结，而是继续地实现。在保管合同中，保管人要持续地履行其保管义务，并不是一次履行即告完结，具有继续性的特点。作为继续性合同的保管合同解除的效果不同于非继续性合同，保管合同的解除仅向将来发生效力。

第八百八十九条　【保管费】寄存人应当按照约定向保管人支付保管费。

当事人对保管费没有约定或者约定不明确，依据本法第五百一十条的规定仍不能确定的，视为无偿保管。

条文注释

寄存人和保管人可以约定保管是有偿的，也可以约定保管是无偿的。寄存人和保管人没有就是否支付报酬作出约定，或者约定不明确的，双方可以协议补充；不能达成补充协议的，按照合同相关条款或者交易习惯确定。

在没有约定的情况下，依合同有关条款或者交易习惯不能确定是有偿的，则保管合同是无偿的。

第八百九十条 【保管合同成立时间】保管合同自保管物交付时成立，但是当事人另有约定的除外。

条文注释

保管合同原则上为要物合同，即实践合同。保管合同的成立，不仅须有当事人双方意思表示一致，而且须有寄存人将保管物交付给保管人，即寄存人交付保管物是保管合同成立的要件。

如果当事人有特别约定，自双方当事人达成合意时合同成立并生效，则该合同可以成为诺成合同。此时，保管物的交付就成为合同规定的义务。

第八百九十一条 【保管人出具保管凭证义务】寄存人向保管人交付保管物的，保管人应当出具保管凭证，但是另有交易习惯的除外。

条文注释

寄存人向保管人交付保管物后，保管合同成立。保管人应当向寄存人出具保管凭证。出具保管凭证不是保管合同成立的形式要件，如果当事人另有约定或者依交易习惯无须出具保管凭证的，也可以不出具保管凭证，不影响保管合同的成立。

第八百九十二条　【保管人妥善保管义务】保管人应当妥善保管保管物。

当事人可以约定保管场所或者方法。除紧急情况或者为维护寄存人利益外，不得擅自改变保管场所或者方法。

条文注释

妥善保管保管物是保管人应负的主要义务之一。

当事人可以约定保管场所或者保管方法。当事人已经约定的，应当从其约定，不得擅自改变保管场所或者方法；但如保管物因第三人的原因或者因自然原因，可能发生毁损、灭失的危险时，保管人除应当及时通知寄存人外，为了维护寄存人的利益，可以改变原来约定的保管场所或者保管方法。当事人无约定的，保管人应当依保管物的性质、合同目的以及诚信原则，妥善保管保管物。

第八百九十三条　【寄存人告知义务】寄存人交付的保管物有瑕疵或者根据保管物的性质需要采取特殊保管措施的，寄存人应当将有关情况告知保管人。寄存人未告知，致使保管物受损失的，保管人不承担赔偿责任；保管人因此受损失的，除保管人知道或者应当知道且未采取补救措施外，寄存人应当承担赔偿责任。

条文注释

寄存人对保管人负有告知的义务，包括以下两种情况：(1)如果保管物有瑕疵的，应当将真实情况如实告知保管人。此处所说的瑕疵，不同于买卖合同中的瑕疵，主要是指保管物自身存在的、可能造成保管物自身或者其他物品毁损、灭失的缺陷。(2)按照保管物的性质需要采取特殊保管措施的，寄存人应当告知保管人。所谓“保管物的性质”，即如保管物属于易燃、易爆、有毒、有腐蚀性、有放射性等危险物品或者易变质物品。

寄存人未履行相应的告知义务的，将使保管人免责；使保管人的人身、财产遭受损失的，寄存人应当承担赔偿责任。但保管人知道或者应当知道并且未采取补救措施的，寄存人不承担损害赔偿责任。

第八百九十四条　【保管人亲自保管保管物义务】保管人不得将保管物转交第三人保管，但是当事人另有约定的除外。

保管人违反前款规定，将保管物转交第三人保管，造成保管物损失的，应当承担赔偿责任。

条文注释

保管人亲自保管保管物是保管人的一项义务。亲自保管义务包括两个方面的内容：一方面，保管人应当按照合同的约定，为实现合同目的而亲自保管保管物。另一方面，未经寄存人的同意，保管人不得将保管物交给第三人保管。基于保管人转保管的过错造成的损害，保管人应当承担损害赔偿责任。

第八百九十五条　【保管人不得使用或者许可第三人使用保管物的义务】保管人不得使用或者许可第三人使用保管物，但是当事人另有约定的除外。

条文注释

保管合同的目的是为寄存人保管保管物，一般要求维持保管物的现状。当事人没有在合同中预先约定保管人可以使用保管物，或者保管人未经寄存人同意而擅自使用或者许可第三人使用保管物，造成保管物损坏的，保管人应当承担赔偿责任。

第八百九十六条　【保管人返还保管物及通知寄存人的义务】第三人对保管物主张权利的，除依法对保管物采取保全或者执行措施外，保管人应当履行向寄存人返还保管物的义务。

第三人对保管人提起诉讼或者对保管物申请扣押的，保管人应当及时通知寄存人。

条文注释

第三人对保管物主张权利时，保管人应当将保管物返还给寄存人而不是第三人。保管人保管货币的,应当返还相同种类、数量的货币。保管其他可替代物的,应当按照约定返还相同种类、品质、数量的物品。但由于第三人的原因而使履行返还义务发生危险时,保管人应当及时通知寄存人。

第八百九十七条　【保管人赔偿责任】保管期内,因保管人保管不善造成保管物毁损、灭失的,保管人应当承担赔偿责任。但是,无偿保管人证明自己没有故意或者重大过失的,不承担赔偿责任。

条文注释

保管期间,因保管人保管不善造成保管物毁损、灭失的,原则上保管人都应当承担赔偿责任。在保管有偿与无偿的情况下,保管人责任的大小(或者轻重)有所区别:在有偿的情况下,无论保管人是故意还是过失,保管人都应对保管物的毁损、灭失负责;在无偿的情况下,保管人只对故意或者重大过失造成保管物毁损、灭失的后果负责,一般轻微过失不负责。二者的相同点是:凡是因不可归责于保管人的事由造成保管物毁损、灭失的,保管人都不承担赔偿责任。

第八百九十八条　【寄存人声明义务】寄存人寄存货币、有价证券或者其他贵重物品的,应当向保管人声明,由保管人验收或者封存;寄存人未声明的,该物品毁损、灭失后,保管人可以按照一般物品予以赔偿。

条文注释

寄存人单就货币、有价证券或者如珠宝等贵重物品进行寄存的,应当向保管人声明(通常以明示的方法声明),声明的内容是保管物的性质及数量;保管人在验收后进行保管,或者以封存的方式进行保管。这主要是因为:第一,对寄存贵重物品收取的保管费可能不同。第二,保管人对其承担的风险和责任有合理预期。第三,妥当保管贵重物品的需要。

第八百九十九条 【领取保管物】寄存人可以随时领取保管物。

当事人对保管期限没有约定或者约定不明确的，保管人可以随时请求寄存人领取保管物；约定保管期限的，保管人无特别事由，不得请求寄存人提前领取保管物。

条文注释

保管合同未约定保管期限的，寄存人可以随时领取保管物；保管合同约定了保管期限的，寄存人也可以随时领取保管物。这是寄存人的权利，同时又是保管人的义务，即保管人得应寄存人的请求，随时返还保管物。

当事人未约定保管期限的，根据本法第510条的规定，当事人不能达成补充协议，且按照合同相关条款或者交易习惯仍不能确定的，保管合同自然可以随时终止。不但寄存人可以随时领取保管物而终止合同，保管人也可以随时请求寄存人领取保管物而终止合同，但是保管人应当给予寄存人必要的准备时间。当事人约定保管期限的，即便是无偿保管的保管人，基于诚信原则，如果保管人没有特别事由，亦不得请求寄存人提前领取保管物。

第九百条 【返还保管物及其孳息】保管期限届满或者寄存人提前领取保管物的，保管人应当将原物及其孳息归还寄存人。

条文注释

在一般的保管合同中，保管物仅是转移了占有，保管人并不享有保管物的所有权，所有权仍归寄存人享有，保管期间保管物所生孳息的所有权亦归属于寄存人。因此，保管人除返还保管物外，如果保管物有孳息的，还应一并返还孳息。当然，本条规定是任意性规定，如果当事人对保管期间保管物孳息的归属另有约定的，应当按照其约定。

第九百零一条　【消费保管合同】保管人保管货币的，可以返还相同种类、数量的货币；保管其他可替代物的，可以按照约定返还相同种类、品质、数量的物品。

条文注释

消费保管也称不规则保管，是指保管物为可替代物时，如约定将保管物的所有权移转于保管人，保管期间届满由保管人以同种类、品质、数量的物返还的保管。

消费保管合同与一般保管合同有以下几点不同：

(1)消费保管合同的保管物必须为可替代物，即种类物。种类物是相对于特定物而言的，是指以品种、质量、规格或度量衡确定，不需具体指定的转让物，如标号相同的水泥，相同品牌、规格的电视机等。货币是一种特殊的种类物。

(2)并不是所有种类物的寄存都属于消费保管合同。例如本法第898条规定的寄存货币的情形，就属于需返还原货币的一般保管合同，而不属于消费保管合同。消费保管合同必须是当事人约定将保管物的所有权移转于保管人，保管人在接受保管物后享有占有、使用、收益和处分的权利。

(3)既然保管物的所有权转移至保管人，因此，从寄存人交付时起，保管人就享有该物的利益，并承担该物的风险。

(4)消费保管的保管人以同种类、品质、数量的物返还即可。而一般保管的保管人须返还原保管物。当保管人不履行返还义务时，一般保管的寄存人可以行使返还原物请求权，而消费保管的寄存人则只能请求保管人承担违约责任。

第九百零二条　【保管费支付期限】有偿的保管合同，寄存人应当按照约定的期限向保管人支付保管费。

当事人对支付期限没有约定或者约定不明确，依据本法第五百一十条的规定仍不能确定的，应当在领取保管物的同时支付。

条文注释

在有偿的保管合同中，合同约定了保管费的具体数额的，寄存人就应当按照合同约定进行支付。如果无约定且依据本法第510条的规定仍然无法确定保管费支付的期限，则应当在领取保管物的同时支付。

第九百零三条　【保管人留置权】寄存人未按照约定支付保管费或者其他费用的，保管人对保管物享有留置权，但是当事人另有约定的除外。

条文注释

所谓"其他费用"，是指保管人为保管保管物而实际支出的必要费用。必要费用，是保管人为了实现物的保管目的，以维持保管物之原状而支出的费用，如保管人支付的电费、场地费用、交通运输费用等。这些费用即便是在无偿保管的过程中也会产生。

法律没有明确规定必要费用的负担者，首先，有约定的从其约定；其次，无约定的，按照公平原则，寄存人也应当支付为保管而支出的实际费用。在此情形下，当寄存人不支付必要费用时，无偿保管的保管人亦可以请求寄存人承担违约责任。

寄存人违反约定不支付保管费或者其他费用的，保管人对保管物享有留置权，即以该财产折价或者以拍卖、变卖该财产的价款优先受偿的权利。保管人享有留置权必须符合如下要件：第一，寄存人到期未支付保管费及其他费用。第二，保管人占有保管物。第三，寄存人与保管人没有事先约定不得留置保管物。

第二十二章　仓储合同

第九百零四条　【仓储合同定义】仓储合同是保管人储存存货人交付的仓储物，存货人支付仓储费的合同。

条文注释

仓储合同，是指当事人双方约定由保管人(又称仓管人或仓库营业人)为存货人保管储存的货物，存货人支付仓储费的合同。

从根本上讲，仓储合同属于保管合同的范畴。但随着仓储业在贸易活动中日益重要，仓储合同具有了不同于保管合同的特征，而成为一种独立的有名合同。

第九百零五条　【仓储合同成立时间】仓储合同自保管人和存货人意思表示一致时成立。

条文注释

仓储合同是诺成合同，即双方当事人意思表示一致就可成立的合同。仓储合同为不要式合同，既可以采用书面形式，又可以采用口头形式。

第九百零六条　【危险物品和易变质物品的储存】储存易燃、易爆、有毒、有腐蚀性、有放射性等危险物品或者易变质物品的，存货人应当说明该物品的性质，提供有关资料。

存货人违反前款规定的，保管人可以拒收仓储物，也可以采取相应措施以避免损失的发生，因此产生的费用由存货人负担。

保管人储存易燃、易爆、有毒、有腐蚀性、有放射性等危险物品的，应当具备相应的保管条件。

条文注释

存货人没有说明所储存的货物是危险物品或易变质物品，也没有提供有关资料，保管人在入库验收时发现是危险物品或易变质物品的，可以拒收仓储物。保管人在接收仓储物后发现是危险物品或易变质物品的，除及时通知存货人外，也可以采取相应措施，以避免损害的发生，因此产生的费用由存货人承担。

如果保管人不具备相应的保管条件，就对储存易燃、易爆、有毒、有腐蚀性、有放射性等危险物品予以储存，对自身造成的损害，存货人不负赔偿责任。

第九百零七条 【保管人验收义务以及损害赔偿】保管人应当按照约定对入库仓储物进行验收。保管人验收时发现入库仓储物与约定不符合的，应当及时通知存货人。保管人验收后，发生仓储物的品种、数量、质量不符合约定的，保管人应当承担赔偿责任。

条文注释

本条确立了保管人入库验收的义务。验收是指保管人对仓储物的数量、规格、品质等进行检验，以确定是否属于合同约定的仓储物。保管人验收时发现入库的仓储物与约定不符的，由存货人作出解释，或者修改合同，或者将不符合约定的货物予以退回。

验收之后，保管人接收货物，已经实际占有仓储物，开始承担保管义务。如果发生仓储物的品种、数量、质量不符合约定的情况，则可以推定保管人未尽到妥善保管义务，由其承担相应的赔偿责任。

第九百零八条 【保管人出具仓单、入库单义务】存货人交付仓储物的，保管人应当出具仓单、入库单等凭证。

条文注释

仓单或者入库单是保管人收到仓储物后给存货人开具的表示其收到仓储物的凭证，也是存货人提取仓储物的凭证。保管人向存货人出具仓单或者入库单等凭证，就表明其已经接收了货物。

第九百零九条 【仓单记载事项】保管人应当在仓单上签名或者盖章。仓单包括下列事项：

（一）存货人的姓名或者名称和住所；

（二）仓储物的品种、数量、质量、包装及其件数和标记；

（三）仓储物的损耗标准；

（四）储存场所；

（五）储存期限；

（六）仓储费；

（七）仓储物已经办理保险的，其保险金额、期间以及保险人的名称；

（八）填发人、填发地和填发日期。

条文注释

仓单是收取仓储物的凭证和提取仓储物的凭证，还可以通过背书转让或出质，因此应当具备一定的形式。

无论仓单是转让还是出质，受让人和质权人并不了解存货人和保管人之间的合同的具体内容，因此本条规定了仓单应当记载的事项，以便受让人或质权人明确和行使自己的权利。

第九百一十条　【仓单性质和转让】仓单是提取仓储物的凭证。存货人或者仓单持有人在仓单上背书并经保管人签名或者盖章的，可以转让提取仓储物的权利。

条文注释

仓单是有价证券，所以可以流通。流通的形式有两种：(1)转让仓单，即转让仓单项下仓储物的所有权，仓单持有人即成为所有权人，可以依法提取仓储物。(2)以仓单出质，质权人即享有提取仓单项下仓储物的权利。

无论是仓单转让还是仓单出质，都应当通过法定的形式才能生效。仓单的转让或者出质，必须由存货人或者仓单持有人在仓单上背书。

第九百一十一条　【存货人或者仓单持有人有权检查仓储物或者提取样品】保管人根据存货人或者仓单持有人的要求，应当同意其检查仓储物或者提取样品。

条文注释

存货人将货物存置于仓库，有权了解仓库堆藏及保管的安全程度与保管行为。无论是转让仓单还是出质仓单，仓单持有人与存货人一样，都有检查仓储物或者提取样品的权利。存货人或者仓单持有人提出检查仓储物或者提取样品的要求，应当在必要的限度和适当的时间内进行，不应不当地增加保管人的管理成本。

第九百一十二条 【保管人的通知义务】保管人发现入库仓储物有变质或者其他损坏的，应当及时通知存货人或者仓单持有人。

条文注释

本条包括两层含义：

（1）造成仓储物变质、损坏的，应当及时将此种情况通知存货人或者仓单持有人。如果因保管人保管不善，保管人还应当承担赔偿责任；在符合合同约定的保管条件和保管要求进行保管的情况下，因仓储物的性质、包装不符合约定或者超过有效储存期，保管人不承担责任。

（2）虽然仓储物没有变质或其他损坏，但有发生变质或其他损坏的危险时，保管人也应当及时通知存货人或者仓单持有人，使其尽快采取相应措施，避免发生更大的损失。如果是由于保管人未尽到妥善保管之义务，则其不仅要承担相应的赔偿责任，还应当及时采取必要合理的补救措施、防止损失的扩大；如果并非由于可归责于保管人的原因，例如是由于仓储物的性质、包装不符合约定，基于善良管理人之义务，亦应当采取必要措施以防止损失的扩大。

第九百一十三条 【保管人的催告义务和紧急处置权】保管人发现入库仓储物有变质或者其他损坏，危及其他仓储物的安全和正常保管的，应当催告存货人或者仓单持有人作出必要的处置。因情况紧急，保管人可以作出必要的处置；但是，事后应当将该情况及时通知存货人或者仓单持有人。

条文注释

保管人承担催告义务的条件：一是保管人发现入库仓储物有变质或者其他损坏；二是仓储物的变质或者其他损坏已经危及其他仓储物的安全和正常保管。如果只是轻微的变质或者损坏，保管人可以自行处理，也就无须通知存货人或者仓单持有人。如果仓储物的变质或者损坏比较严重，可能危及其他仓储物的安全和正常保管时，保管人就必须及时催告存货人或者仓单持有人作出必要处置，以避免给其他仓储物或者自己造成损失。催告必须是针对存货人或者仓单持有人，催告的内容是要求存货人或者仓单持有人对仓储物作出必要的处置。

第九百一十四条　【储存期限不明确时仓储物提取】当事人对储存期限没有约定或者约定不明确的，存货人或者仓单持有人可以随时提取仓储物，保管人也可以随时请求存货人或者仓单持有人提取仓储物，但是应当给予必要的准备时间。

条文注释

当事人对储存期间没约定或者约定不明确的，存货人或者仓单持有人可以根据自己的意愿确定提取仓储物的时间；保管人也可以根据自己的储存能力和业务需要随时要求存货人或者仓单持有人提取仓储物，但应当给予必要的准备时间。所谓“给予必要的准备时间”，是指保管人预先通知提货，然后确定一个合理的期限，以给存货人或者仓单持有人留出必要的准备时间，在期限届至前提货即可，而并不是在通知的当时就必须提取仓储物。

第九百一十五条　【储存期限届满仓储物提取】储存期限届满，存货人或者仓单持有人应当凭仓单、入库单等提取仓储物。存货人或者仓单持有人逾期提取的，应当加收仓储费；提前提取的，不减收仓储费。

条文注释

理解本条，需注意以下几点：(1)当事人在合同中约定储存期限的，存货人或者仓单持有人应当在储存期限届满时凭仓单、入库单等凭证提取仓储物，并按约定支付仓储费。(2)如果存货人或者仓单持有人要求提前提取仓储物，一般不会造成保管人的损失，可以允许其提前提取。但是保管人已经做好了约定的储存期限的准备，提前提取不仅不符合当事人之间的约定，还有可能打乱保管人的经营计划，还可能因此丧失其他交易机会，因此，存货人或者仓单持有人提前提取仓储物的，不减收仓储费。（3）如果存货人或者仓单持有人逾期不提取，将会增加保管人的保管成本，甚至因为该仓储物挤占保管人的仓储空间，打乱保管人正常的经营计划，所以保管人对于逾期不提取仓储物的存货人或者仓单持有人有权加收仓储费。

关联法规

《民法典》第908条

第九百一十六条 【逾期提取仓储物】储存期限届满，存货人或者仓单持有人不提取仓储物的，保管人可以催告其在合理期限内提取；逾期不提取的，保管人可以提存仓储物。

条文注释

如果储存期限届满，存货人或者仓单持有人不能或者拒绝提取仓储物，保管人可以确定一个合理的期限，催告存货人或者仓单持有人在此期限内提取。

如果逾期仍不提取的，保管人可以依照本法第570条的规定将仓储物提存。保管人将仓储物提存后，如果存货人或者仓单持有人未支付仓储费的，依照本法第577条的规定，可以请求其支付仓储费。存货人或者仓单持有人迟延给付的，还可以按照约定要求存货人或者仓单持有人给付违约金。没有约定违约金的，可以要求支付迟延给付的逾期利息。

第九百一十七条 【保管人的损害赔偿责任】储存期内，因保管不善造成仓储物毁损、灭失的，保管人应当承担赔偿责任。因仓储物本身的自然性质、包装不符合约定或者超过有效储存期造成仓储物变质、损坏的，保管人不承担赔偿责任。

条文注释

对于保管人保管不善的行为导致了仓储物的毁损、灭失的情形，需要二者之间存在因果关系，保管人才应承担赔偿责任。

保管人在符合合同约定的保管条件和保管要求进行保管的情况下,因仓储物本身的自然性质、包装不符合约定或者超过有效储存期,造成仓储物变质、损坏的,或有发生变质或其他损坏的危险时,尽管保管人不承担责任,但是根据本法第912条的规定,保管人应当及时将此种情况通知存货人或者仓单持有人。

第九百一十八条　【适用保管合同】本章没有规定的,适用保管合同的有关规定。

条文注释

尽管仓储合同与保管合同有几项重要区别,如保管合同是实践合同,而仓储合同为诺成合同;保管合同是否有偿由当事人约定,而仓储合同均为有偿契约等。但仓储合同与保管合同的本质是一样的,即都是为他人保管财物。故本章没有规定的,适用保管合同有关规定。

第二十三章　委托合同

第九百一十九条　【委托合同概念】委托合同是委托人和受托人约定,由受托人处理委托人事务的合同。

条文注释

委托合同又称委任合同,是指当事人双方约定一方委托他人处理事务,他人同意为其处理事务的协议。在委托合同关系中,委托他人为自己处理事务的人称委托人,接受委托的人称受托人。

委托合同具有以下特征:(1)委托合同的标的是劳务;(2)委托合同是诺成、非要式合同;(3)委托合同可以是有偿的,也可以是无偿的;(4)委托合同可以是双务合同,也可以是单务合同。

第九百二十条　【委托权限】委托人可以特别委托受托人处理一项或者数项事务,也可以概括委托受托人处理一切事务。

条文注释

受托人在处理委托事务时，应以委托人指示的委托事务范围为准。以受托人处理委托事务的范围为标准把委托划分为两大类，即特别委托和概括委托，前者是指仅将一项或者数项事务委托给受托人，后者则指将所有事务一并委托给受托人来处理。

特别委托是指双方当事人约定受托人为委托人处理一项或者数项事务的委托。特别委托一般有以下几种情况：(1)不动产出售、出租或者就不动产设定抵押权。(2)赠与。由于赠与属于无偿行为，所以需要有委托人的特别授权。(3)和解。在发生纠纷后，有关人员在处理问题时需要双方当事人彼此作出一定的妥协与让步，以终止争执或者防止争执的扩大，它包括民法上的和解或者诉讼法上的和解，以及企业破产法上的和解。(4)诉讼。(5)仲裁。

概括委托是指双方当事人约定受托人为委托人处理某个方面或者范围内的一切事务的合同。例如，委托人委托受托人处理其买卖业务或租赁业务的所有事宜。

第九百二十一条　【委托费用的预付和垫付】委托人应当预付处理委托事务的费用。受托人为处理委托事务垫付的必要费用，委托人应当偿还该费用并支付利息。

条文注释

无论委托合同是否有偿，不论委托事务是否完成，委托人都有义务事先提供处理委托事务的费用和补偿受托人为处理委托事务所垫付的必要的费用。

第九百二十二条　【受托人应当按照委托人的指示处理委托事务】受托人应当按照委托人的指示处理委托事务。需要变更委托人指示的，应当经委托人同意；因情况紧急，难以和委托人取得联系的，受托人应当妥善处理委托事务，但是事后应当将该情况及时报告委托人。

条文注释

受托人按照委托人的指示处理委托事务,这是受托人首要的义务。受托人应当一丝不苟地按照委托人的指示,在委托人授权的范围内认真维护委托人的合法权益,想方设法完成委托事务。

受托人只有在具备以下条件的情况下才可以不按这些指示办事:(1)因情况紧急,需要立即采取新的措施;(2)由于客观上的原因,难以和委托人取得联系;(3)变更指示办理是为了委托人的利益所必需。

第九百二十三条 【受托人亲自处理委托事务】受托人应当亲自处理委托事务。经委托人同意,受托人可以转委托。转委托经同意或者追认的,委托人可以就委托事务直接指示转委托的第三人,受托人仅就第三人的选任及其对第三人的指示承担责任。转委托未经同意或者追认的,受托人应当对转委托的第三人的行为承担责任;但是,在紧急情况下受托人为了维护委托人的利益需要转委托第三人的除外。

条文注释

委托合同强调当事人的人身属性。这就要求受托人应当亲自办理委托事务,不得擅自将自己受托的事务转托他人处理。

但是在特殊情况下,受托人可以进行转委托,但须满足以下条件:(1)转委托须事先取得委托人的同意。委托人对于转委托的同意也包括追认,追认具有与事先同意一样的法律效果。(2)在紧急情况下受托人为了维护委托人的利益,也可以进行转委托。

第九百二十四条 【受托人的报告义务】受托人应当按照委托人的要求,报告委托事务的处理情况。委托合同终止时,受托人应当报告委托事务的结果。

条文注释

受托人在办理委托事务的过程中,应当根据委托人的要求,向委托人报告事务处理的进展情况、存在的问题和应对措施等,以使委托人及时了解事务的状况。

委托合同终止，不论委托事务是否完成，委托合同的目的是否实现，委托人都有权全面了解有关委托合同的所有情况；不论委托人是否提出受托人进行报告的要求，受托人都负有报告委托事务结果的义务。

第九百二十五条　【受托人以自己名义从事受托事务的法律效果】受托人以自己的名义，在委托人的授权范围内与第三人订立的合同，第三人在订立合同时知道受托人与委托人之间的代理关系的，该合同直接约束委托人和第三人；但是，有确切证据证明该合同只约束受托人和第三人的除外。

条文注释

本条规定的“该合同直接约束委托人和第三人”，主要是指委托人介入受托人与第三人的合同关系，取代受托人在该合同中的地位，委托人可以直接向第三人行使（受托人对第三人的）权利，第三人也可以直接向委托人行使（第三人对受托人的）权利。

依照本条的规定，在下列条件下，受托人以自己的名义与第三人订立的合同，该合同不是直接约束受托人和第三人，而是直接约束委托人和第三人：(1)委托人和受托人之间应当存在代理关系，这是前提。从代理的角度看，受托人是委托人的代理人，则受托人基于代理权与第三人订立的合同，法律效果直接由委托人承担。(2)受托人与第三人订立合同，必须在委托人的授权范围内。(3)第三人清楚地知道受托人与委托人之间的代理关系。这是受托人与第三人订立的合同可以产生直接约束委托人与第三人之法律效力、突破合同相对性原则的关键。(4)第三人“知道”应当以订立合同时间为准，即第三人是在订立合同时就知道受托人与委托人之间的代理关系。(5)如果有确切证据证明该合同只约束受托人与第三人的，则不能适用本条的一般规定。

第九百二十六条　【委托人介入权和第三人选择权】受托人以自己的名义与第三人订立合同时，第三人不知道受托人与委托人之间的代理关系的，受托人因第三人的原因对委托人不履行义务，受托人应当向委托人披露第三人，委托人因此可以行使受托人对第三人的权利。但是，第三人与受托人订立合同时如果知道该委托人就不会订立合同的除外。

受托人因委托人的原因对第三人不履行义务，受托人应当向第三人披露委托人，第三人因此可以选择受托人或者委托人作为相对人主张其权利，但是第三人不得变更选定的相对人。

委托人行使受托人对第三人的权利的，第三人可以向委托人主张其对受托人的抗辩。第三人选定委托人作为其相对人的，委托人可以向第三人主张其对受托人的抗辩以及受托人对第三人的抗辩。

条文注释

委托人的介入权指的是在受托人与第三人的合同关系中，委托人取代受托人的地位，介入原本是受托人与第三人的合同关系中。

第三人的选择权指的是在受托人与第三人的合同关系中，因委托人的原因造成受托人不履行义务，受托人应当向第三人披露委托人，第三人因此可以选择受托人或者委托人作为相对人主张其权利，即第三人可以选择请求委托人承担违约责任，也可以请求仍然由受托人承担违约责任。但第三人只能选择其一，而且选定后不得变更。

委托人行使介入权或者第三人行使选择权后，权利义务的相对人发生变化，也就会产生相应的法律效果。委托人行使介入权的，委托人取代受托人的地位，成为第三人的相对人。除了委托人可以行使受托人对第三人的权利外，第三人自然也可以向委托人主张其对受托人的抗辩。第三人行使选择权，选择委托人作为其相对人的，委托人取代受托人的地位，则第三人可以向委托人主张权利，而委托人也可以向第三人主张其对受托人的抗辩以及受托人对第三人的抗辩。委托人对受托人的抗辩权，是基于双方之间的委托合同；受托人对第三人的抗辩，是基于受托人与第三人之间的合同关系。

第九百二十七条　【受托人转移利益】受托人处理委托事务取得的财产，应当转交给委托人。

条文注释

这里所说的“取得的财产”，包括取得的金钱、实物、金钱与实物所生的孳息以及其他财产。受托人在处理委托事务的过程中，不论其是否以自己的名义从事活动取得的财产，权利人都是委托人，受托人应当将该财产转交给委托人。受托人转移利益的义务不仅适用于受托人，还适用于转委托的第三人。

第九百二十八条　【委托人支付报酬】受托人完成委托事务的，委托人应当按照约定向其支付报酬。

因不可归责于受托人的事由，委托合同解除或者委托事务不能完成的，委托人应当向受托人支付相应的报酬。当事人另有约定的，按照其约定。

条文注释

在有偿委托中，按照约定向受托人支付报酬，是委托人的主要义务。

本条第2款中的“相应的报酬”，具体来说就是委托人根据受托人处理委托事务所付出的工作时间的长短或者所处理事务的大小及完成情况，向受托人支付相应的报酬。不过此规定是任意性规定，当事人可以另行约定这种情况下受托人的报酬请求权。

第九百二十九条　【受托人的赔偿责任】有偿的委托合同，因受托人的过错造成委托人损失的，委托人可以请求赔偿损失。无偿的委托合同，因受托人的故意或者重大过失造成委托人损失的，委托人可以请求赔偿损失。

受托人超越权限造成委托人损失的，应当赔偿损失。

条文注释

在有偿的委托合同中，受托人负有较高的注意义务，其在处理委托事务时只要有过错，即存在故意、重大过失或者一般过失；并给委托人造成损失的，就要承担赔偿责任。

在无偿的委托合同中，受托人没有报酬，因此，其承担责任相比有偿委托合同要轻一些。受托人在一般过失下并不承担赔偿责任，只有在故意和重大过失的情况下才对损害承担赔偿责任。在无偿委托合同中，所谓"超越权限"，包括没有相应的权限、超出委托人的授权以及权限终止后继续处理委托事务。受托人超越权限给委托人造成损失的，无论委托合同是否有偿，都应当赔偿损失。

第九百三十条　【委托人的赔偿责任】受托人处理委托事务时，因不可归责于自己的事由受到损失的，可以向委托人请求赔偿损失。

条文注释

本条规定的受托人的损失，不仅包括上述可归责于委托人的事由（例如，委托人在受托人无过错的情况下，解除委托合同的；委托人未经受托人同意，又委托第三人处理同一事务，致使受托人报酬减少的等）；还应当包括因为意外事故等不可归责于受托人的原因而导致受托人受到损害的情形。

受托人向委托人请求赔偿其损失，需要具备以下条件：(1)受托人受到损失。(2)受托人的损失基于不可归责于受托人的原因。(3)受托人的损失发生在处理委托事务的过程中。

第九百三十一条　【委托人另行委托他人处理事务】委托人经受托人同意，可以在受托人之外委托第三人处理委托事务。因此造成受托人损失的，受托人可以向委托人请求赔偿损失。

条文注释

委托人如果要把委托事务再委托他人处理，需要征得受托人的同意。如果受托人不同意，委托人或者受托人都可以解除合同，因解除合同给对方造成损失的需要承担相应的赔偿责任。当然，如果委托人未经受托人同意，擅自将委托事务重复委托给第三人，不仅需要向受托人支付全部报酬，如果给受托人造成损失的，受托人亦可以向委托人请求赔偿。

本条规定的委托人在受托人之外委托第三人处理的委托事务，应当与受托人处理的委托事务内容相同，也就是委托人将同一事项先后委托两个受托人，存在两个委托合同。

第九百三十二条　【共同委托】两个以上的受托人共同处理委托事务的，对委托人承担连带责任。

条文注释

共同委托是指委托人委托两个以上的受托人共同行使代理权处理事务。

共同委托的特点如下：(1)共同委托的代理权必须是由数个受托人共同行使的。所谓共同行使，是指数个受托人享有共同的权利义务，即平等享有、共同享有的代理权，处理事务时只有经过全体受托人的共同同意，才能行使代理权。(2)受托人承担连带责任。共同委托中的一个受托人与其他受托人协商后或者数个受托人协商后，单独或者共同实施的委托行为，其实施的委托行为应该被认为是全体受托人的共同行为，由此造成损失的，若干个受托人依法应当对委托合同的履行承担连带责任。但是，如果共同受托人中的一个受托人或者数个受托人没有经过协商而擅自单独行使代理权的，对于由此造成的损失，若干个受托人仍然承担连带责任。当然，委托人与各受托人事先约定了按份责任的除外，即合同中无特别规定，他们应对委托人承担连带责任。

第九百三十三条　【委托合同解除】委托人或者受托人可以随时解除委托合同。因解除合同造成对方损失的，除不可归责于该当事人的事由外，无偿委托合同的解除方应当赔偿因解除时间不当造成的直接损失，有偿委托合同的解除方应当赔偿对方的直接损失和合同履行后可以获得的利益。

条文注释

本条规定赋予了委托人和受托人对委托合同的任意解除权，即只要一方想终止合同，就可以随时解除合同，而且无须任何理由。

一方当事人在行使任意解除权时，给对方造成损失的，除不可归责于解除一方的事由外，所要承担的赔偿责任范围在有偿委托和无偿委托中是不同的。在无偿委托中，解除方的责任范围仅限于直接损失；而在有偿委托中，解除方的责任范围不仅包括直接损失，还包括间接损失，即可以获得的利益。

第九百三十四条　【委托合同终止】委托人死亡、终止或者受托人死亡、丧失民事行为能力、终止的，委托合同终止；但是，当事人另有约定或者根据委托事务的性质不宜终止的除外。

条文注释

本条规定的委托合同终止的原因从当事人的角度可以分为两类：(1)委托人死亡或者终止。与原《合同法》第411条相比，本条删除了委托人“丧失民事行为能力”的情形。(2)受托人死亡、丧失民事行为能力或者终止。之所以对委托人和受托人作出不同规定，是因为受托人一旦死亡、丧失民事行为能力或者终止，就无法再继续处理委托事项，委托关系只能终止。

根据本条规定，委托人死亡、终止或者受托人死亡、丧失民事行为能力、终止这几种法定事由发生时合同应当终止，但也有例外情况：(1)当事人可以另行约定，即使有委托人死亡、终止或者受托人死亡、丧失行为能力、终止的情况发生，委托关系仍不消灭。(2)因委托事务的性质不宜终止的。在一些特殊的委托合同中，根据委托事务的性质，不能因以上事由之发生而终止，受托人或者其继承人、遗产管理人、法定代理人应当继续处理委托事务。

第九百三十五条　【受托人继续处理委托事务】因委托人死亡或者被宣告破产、解散，致使委托合同终止将损害委托人利益的，在委托人的继承人、遗产管理人或者清算人承受委托事务之前，受托人应当继续处理委托事务。

条文注释

委托人发生死亡或者被宣告破产、解散的事由时，一般来说，委托关系终止。但是，委托合同终止将损害到委托人的利益时，委托合同不能终止，受托人还应当负有继续处理委托事务的义务，应当采取必要的措施保护对方当事人的利益，直至委托人的继承人、遗产管理人或者清算人承受了委托事务为止。

第九百三十六条　【受托人的继承人等的义务】因受托人死亡、丧失民事行为能力或者被宣告破产、解散，致使委托合同终止的，受托人的继承人、遗产管理人、法定代理人或者清算人应当及时通知委托人。因委托合同终止将损害委托人利益的，在委托人作出善后处理之前，受托人的继承人、遗产管理人、法定代理人或者清算人应当采取必要措施。

条文注释

因受托人死亡、丧失民事行为能力或者被宣告破产、解散，致使委托合同终止的，受托人的继承人、遗产管理人、法定代理人或者清算人负有两项义务：(1)及时通知委托人。(2)在委托合同终止将损害委托人利益的情况下，受托人的继承人、遗产管理人、法定代理人或者清算人不仅应当及时告知委托人，还应当采取必要的措施保护委托人的利益。委托人在知道受托人死亡、丧失民事行为能力或者被宣告破产、解散后，需要有一段时间进行善后处理，如需要找新的受托人代替前一受托人的工作，寻找的过程需要时间等。在委托人处理好以前，受托人的继承人、遗产管理人、法定代理人或者清算人有义务采取必要的、有效的措施，以维护委托人的利益。

第二十四章　物业服务合同

第九百三十七条　【物业服务合同定义】物业服务合同是物业服务人在物业服务区域内，为业主提供建筑物及其附属设施的维修养护、环境卫生和相关秩序的管理维护等物业服务，业主支付物业费的合同。

物业服务人包括物业服务企业和其他管理人。

条文注释

1. 物业服务合同的定义

本条所规定的物业服务合同指广义的物业服务合同，即前期由建设单位与物业服务人订立的前期物业服务合同，以及后期业主通过业主委员会或者业主大会与物业服务人订立的物业服务合同。狭义的物业服务合同仅指后者，也可称为普通物业服务合同。

2. 物业服务合同的特征

(1)是平等主体之间的民事合同。

(2)合同主体具有特殊性，为业主和物业服务人。物业服务人包括物业服务企业和其他管理人。物业服务事关全体业主的人身、财产安全，同时，有的物业服务活动具有较高的专业性、技术性要求，如小区公共设施的检修、保养与维护等，这对物业服务人提出了一定的要求。

(3)客体是物业服务人提供的物业服务行为。物业服务合同与委托合同、行纪合同、中介合同等类似，所给付的内容都不是具体的标的物，而是行为，而且提供服务的行为还具有持续性和重复性的特点，比如检修建筑物内的电梯，做好小区保洁工作维护环境卫生等。

(4)服务内容的综合性和专业性。物业服务的内容十分庞杂，既包括物的管理，也包括人的管理。

(5)订立程序的特殊性。物业服务合同的订立需要遵循法定的程序,业主需要通过一定的方式来作出决定。

(6)属于双务、有偿、要式、继续性合同。

第九百三十八条　【物业服务合同内容和形式】物业服务合同的内容一般包括服务事项、服务质量、服务费用的标准和收取办法、维修资金的使用、服务用房的管理和使用、服务期限、服务交接等条款。

物业服务人公开作出的有利于业主的服务承诺,为物业服务合同的组成部分。

物业服务合同应当采用书面形式。

条文注释

1. 物业服务合同的内容

合同的内容从形式上看就是合同的条款,其实质则是当事人之间的权利义务。物业服务合同来源于当事人约定、法律规定以及交易习惯等,主要来源是当事人的约定。

(1)物业服务合同的主要条款。物业服务合同的内容一般包括服务事项、服务质量、服务费用的标准和收取办法、维修资金的使用、服务用房的管理和使用、服务期限、服务交接等条款。

(2)物业服务人公开作出的有利于业主的服务承诺为物业服务合同的组成部分。物业服务承诺,是指物业服务人为保证物业服务的质量和效益,向全体业主公开作出的有关物业服务内容和标准的单方意思表示。

(3)物业服务合同的其他内容。物业服务合同的内容,除了物业服务合同中明确约定的内容,以及物业服务人公开作出的有利于业主的服务承诺,还应当包括法律法规的规定、地方性规定以及物业服务人的服务细则。

2. 物业服务合同的形式

物业服务合同应当采用书面形式,主要是为了明确物业服务人与业主之间的具体权利义务关系,同时也有利于避免纠纷的发生。

关联法规

《物业管理条例》第34、37、49条

第九百三十九条　【物业服务合同的约束力】建设单位依法与物业服务人订立的前期物业服务合同，以及业主委员会与业主大会依法选聘的物业服务人订立的物业服务合同，对业主具有法律约束力。

条文注释

广义的物业服务合同，包括建设单位与物业服务人订立的前期物业服务合同，也包括业主或者业主委员会与物业服务人订立的物业服务合同。虽然两种物业服务合同存在诸多区别，但两者之间还是存在诸多联系。第一，两者都属于物业服务合同，都适用物业服务合同的有关规定。第二，两者的目的和初衷是相同的，都是为了全体业主的利益，为全体业主提供物业服务，为在物业服务区域内的服务和管理行为提供依据和保障。第三，两者在时间先后上有衔接性，两种合同所涉及的权利义务内容和权利主体存在交叉和更替。

关联法规

《最高人民法院关于审理物业服务纠纷案件适用法律若干问题的解释》第1、2条

第九百四十条　【前期物业服务合同法定终止条件】建设单位依法与物业服务人订立的前期物业服务合同约定的服务期限届满前，业主委员会或者业主与新物业服务人订立的物业服务合同生效的，前期物业服务合同终止。

条文注释

为了便于物业服务企业统筹安排工作，降低交易成本，防范经营风险，维护物业管理秩序，前期物业服务合同可以约定期限。但是，前期物业服务合同具有过渡性质，一般来说，约定的服务期限较短。前期物业服务合同约定的服务期限届满后，如果双方当事人没有订立新的物业服务合同或者通过约定延长物业服务合同的服务期限，则前期物业服务合同终止，物业服务人应当退出物业服务区

域，并和新的物业服务人或者决定自行管理的业主进行交接。

前期物业服务合同终止的原因包括：(1)双方当事人约定的服务期限届满；(2)前期物业服务合同的服务期限虽然未届满，但是全体业主通过召开业主大会，选聘新的物业服务人并订立新的物业服务合同，该合同生效时前期物业服务合同终止。

关联法规

《物业管理条例》第26条

第九百四十一条 【物业服务转委托的条件和限制性条款】物业服务人将物业服务区域内的部分专项服务事项委托给专业性服务组织或者其他第三人的，应当就该部分专项服务事项向业主负责。

物业服务人不得将其应当提供的全部物业服务转委托给第三人，或者将全部物业服务支解后分别转委托给第三人。

条文注释

物业服务人可以将管理区域内的专项服务事项委托给第三人；但不得将全部物业服务转委托给第三人，或者支解后分别转委托给第三人。之所以如此规定，主要目的是保护业主的合法权益，并促进物业服务行业的健康发展。这类似于建设工程合同中，为禁止承包方违法转包给第三人从中牟取非法利益，法律规定承包人不得将其承包的全部建设工程转包给第三人，或者将其承包的全部建设工程支解以后以分包的名义分别转包给第三人。通过转包非法渔利的合同，司法实践中通常被认定为无效合同。

关联法规

《物业管理条例》第39条

第九百四十二条 【物业服务人的主要义务】物业服务人应当按照约定和物业的使用性质，妥善维修、养护、清洁、绿化和经营管理物业服务区域内的业主共有部分，维护物业服务区域内的基本秩序，采取合理措施保护业主的人身、财产安全。

对物业服务区域内违反有关治安、环保、消防等法律法规的行为，物业服务人应当及时采取合理措施制止、向有关行政主管部门报告并协助处理。

条文注释

物业服务人的主要义务有以下几项：

1. 对业主共有部分的管理和维护

物业服务人的义务首先就是对物业服务区域内的建筑物及其附属设施等共有财产进行管理和维护，这是物业服务人最重要的合同义务之一，也是保障业主正常生活、改善业主生活品质的重要基础。

2. 维护物业服务区域内的基本秩序

物业服务区域内的基本秩序，是业主正常生活的重要方面。物业服务人应当负有维护小区内共同生活秩序的义务，该项义务主要涉及对人的管理。例如，对外来人员的管理、对小区内停车位使用的管理等。

3. 保护业主的人身、财产安全

保护业主的人身和财产安全，是物业服务合同对物业服务人的基本要求，也可以说是最为重要的内容。具体来说，此项义务主要包括两个方面的内容：(1)物业服务人应当采取合理措施保护业主的人身及财产安全，消除安全隐患，预防损害的发生。(2)如果出现可能危害或者已经危害到业主人身、财产安全的情形时，物业服务人应当及时制止相关行为，并且视情况采取必要措施以尽量保障业主的人身、财产安全。需要注意的是，物业服务人承担的安全保障义务，应当在一定、合理、正常范围内，不能过于苛求。如果物业服务人没有尽到安全保障义务，导致业主的人身、财产安全受到侵害，物业服务人应当承担相应的违约责任。

4. 对违法行为的制止、报告义务

本条第2款规定，对物业服务区域内违反有关治安、环保、消防等法律法规的行为，物业服务人应当及时采取合理措施制止、向有关行政主管部门报告并协助处理。之所以作出该规定，主要还是为了更好地为业主提供物业服务，履行前述的几项基本义务，妥善管理、维护物业服务区域内的相关设施，维护物业服务区域内的基本秩序，保护业主的人身、财产安全。

关联法规

《物业管理条例》第 45 条、第 46 条第 1 款、第 55 条

第九百四十三条　【物业服务人信息公开义务】物业服务人应当定期将服务的事项、负责人员、质量要求、收费项目、收费标准、履行情况，以及维修资金使用情况、业主共有部分的经营与收益情况等以合理方式向业主公开并向业主大会、业主委员会报告。

条文注释

规定物业服务人的报告义务，主要有以下理由：第一，有利于保障业主的知情权。第二，是实现业主对物业服务人的监督权的需要。第三，通过业主对物业服务人的监督，物业服务人会更加努力地做好各项服务工作，提高服务质量；业主将获得更好的服务，提高生活品质，从而实现物业服务合同的目的。

有关物业服务人公开及报告的具体内容、范围、方式、时间等，当事人可以在物业服务合同中加以约定。

关联法规

《物业管理条例》第 40 条

第九百四十四条　【业主支付物业费义务】业主应当按照约定向物业服务人支付物业费。物业服务人已经按照约定和有关规定提供服务的，业主不得以未接受或者无需接受相关物业服务为由拒绝支付物业费。

业主违反约定逾期不支付物业费的，物业服务人可以催告其在合理期限内支付；合理期限届满仍不支付的，物业服务人可以提起诉讼或者申请仲裁。

物业服务人不得采取停止供电、供水、供热、供燃气等方式催交物业费。

条文注释

业主应当按照合同约定缴纳物业费，业主无正当理由逾期不支付物业费构成违约的，应当承担相应的违约责任。业主拖欠物业费的行为构成违约的要件主要有：(1)业主逾期没有支付物业费。(2)业主欠缺正当理由。业主可以拒绝支付物业费的正当理由包括：第一，物业服务人不履行物业服务合同义务，或者履行义务不符合合同约定。第二，物业服务人违反物业服务合同约定或者法律、法规、部门规章规定，擅自扩大收费范围、提高收费标准或者重复收费，业主可以就属于违规收费的部分拒绝缴纳。

但是，业主不得以未接受或者无须接受相关物业服务为抗辩的理由拒绝向物业服务人支付物业费。

业主逾期不支付物业费的，物业服务人可以通过诉讼或者仲裁等合法途径主张权利，但是无权采取停止供电、供水等措施。如果物业服务人为催交物业费，采取停止向业主供电、供水、供热、供燃气等措施，造成业主损失的，应当承担相应的赔偿责任。

关联法规

《物业管理条例》第41条第1款、第64条；《最高人民法院关于审理物业服务纠纷案件适用法律若干问题的解释》第3条

第九百四十五条　【业主告知、协助义务】业主装饰装修房屋的，应当事先告知物业服务人，遵守物业服务人提示的合理注意事项，并配合其进行必要的现场检查。

业主转让、出租物业专有部分、设立居住权或者依法改变共有部分用途的，应当及时将相关情况告知物业服务人。

条文注释

在物业服务人按照合同约定和有关规定提供服务，对物业服务区域进行管理的过程中，业主负有接受、配合物业服务人服务和管

理的义务,其中就包括当业主遇到有关重要事项时,应当及时告知物业服务人。所谓"重要事项"包括装饰装修房屋,转让、出租物业专有部分,设立居住权或者依法改变共有部分用途等。这主要是因为,发生这些重要事项可能影响到其他业主的合法权益,影响到物业服务人对全体业主的物业服务和对小区内物业的管理。

业主转让其房屋的,原业主将退出物业服务合同,由新业主替代原业主成为物业服务合同的当事人,享受合同权利,履行合同义务。业主将其物业专有部分出租、设立居住权的,将导致物业使用人和物业所有人不一致的情况,会导致物业服务人不了解物业使用情况,给物业服务人的服务和管理带来不便。业主改变共有部分的用途,应当由全体业主依照法律规定的程序共同作出决定,并及时将情况告知物业服务人。这些主要还是为了便于物业服务人及时掌握物业服务区域内的情况,便于物业服务人对小区的服务和管理,维护全体业主的共同利益。

关联法规

《物业管理条例》第52条

第九百四十六条　【业主合同任意解除权】业主依照法定程序共同决定解聘物业服务人的,可以解除物业服务合同。决定解聘的,应当提前六十日书面通知物业服务人,但是合同对通知期限另有约定的除外。

依据前款规定解除合同造成物业服务人损失的,除不可归责于业主的事由外,业主应当赔偿损失。

条文注释

为了保护业主的合法权益,构建和谐物业服务关系,《民法典》赋予业主一方任意解除权。

所谓业主一方的任意解除权,此处的"业主"并非单个业主,而是指全体业主。单个业主是不能行使这种任意解除权的,必须由全体业主"依照法定程序共同决定解聘物业服务人",才能解除物业服务合同。根据本法第278条的规定,解聘物业服务企业或者其他管理人由业主共同决定。而该“法定程序”，也就是通过业主大会的形式，而且应当由专有部分面积占比2/3以上的业主且人数占比2/3以上的业主参与表决，还应当经参与表决专有部分面积过半数的业主且参与表决人数过半数的业主同意。

此外，业主最终决定解聘的，还应当提前60日书面通知物业服务人，但是合同对通知期限另有约定的除外。不过，业主行使任意解除权解除合同造成物业服务人损失的，除不可归责于业主的事由外，应当赔偿物业服务人的损失。

第九百四十七条　【物业服务人的续聘】物业服务期限届满前，业主依法共同决定续聘的，应当与原物业服务人在合同期限届满前续订物业服务合同。

物业服务期限届满前，物业服务人不同意续聘的，应当在合同期限届满前九十日书面通知业主或者业主委员会，但是合同对通知期限另有约定的除外。

条文注释

物业服务期限届满前，如果业主选择续聘物业服务人的，应当与其续订物业服务合同。需要注意的是，续聘也应当由业主依法共同决定，即根据本法第278条的规定，由专有部分面积占比2/3以上的业主且人数占比2/3以上的业主参与表决，还应当经参与表决专有部分面积过半数的业主且参与表决人数过半数的业主同意。另外，业主与物业服务人应当在合同期限届满前进行续订，这样续订的物业服务合同可以与原物业服务合同衔接，不会出现物业服务的真空期。

本条规定物业服务人应当在合同期限届满前90日内通知业主或者业主委员会，而且应当以书面的形式明确告知。不过，合同期限届满前90日的通知期限是任意性规定，双方可以对通知期限作出特别约定。

第九百四十八条 【不定期物业服务合同】物业服务期限届满后，业主没有依法作出续聘或者另聘物业服务人的决定，物业服务人继续提供物业服务的，原物业服务合同继续有效，但是服务期限为不定期。

当事人可以随时解除不定期物业服务合同，但是应当提前六十日书面通知对方。

条文注释

物业服务合同约定的服务期限届满后，如果业主没有依法作出续聘或者另聘物业服务人的决定，小区的物业将处于无人管理的状态，将影响到全体业主的正常生活，损害全体业主的共同利益，此时物业服务人基于诚信原则，从保护全体业主共同利益的角度出发，继续为业主提供物业服务的，原物业服务合同继续有效，只是服务期限变为不定期。此时，双方当事人都可以随时解除物业服务合同，只需要提前60日书面通知对方。

第九百四十九条 【物业服务人的移交义务及法律责任】物业服务合同终止的，原物业服务人应当在约定期限或者合理期限内退出物业服务区域，将物业服务用房、相关设施、物业服务所必需的相关资料等交还给业主委员会、决定自行管理的业主或者其指定的人，配合新物业服务人做好交接工作，并如实告知物业的使用和管理状况。

原物业服务人违反前款规定的，不得请求业主支付物业服务合同终止后的物业费；造成业主损失的，应当赔偿损失。

条文注释

物业服务合同终止后，当事人仍然负有一定的后合同义务。所谓后合同义务，属于附随义务的一种，是指在合同关系终止后，当事人依据法律法规的规定，以及诚实信用原则的要求对另一方负有保密、协助等义务。物业服务人在合同终止后所应承担的后合同义务主要包括以下内容：第一，在约定期限或者合理期限内退出物业服务区域。第二，妥善交接义务。第三，如实告知物业的使用和管理状况。

物业服务人违反上述义务，不仅不得请求业主支付物业服务合同终止后的物业费，造成业主损失的，还应当赔偿损失。需要特别说明的是，此处规定的“物业服务合同终止后的物业费”，并非其履行上述后合同义务的额外报酬，应是在他人接管相关物业前，原物业服务人继续为全体业主提供物业服务期间所应收取的物业费。

关联法规

《物业管理条例》第38条；《最高人民法院关于审理物业服务纠纷案件适用法律若干问题的解释》第3条

第九百五十条　【物业服务合同终止后继续提供服务的相关规定】物业服务合同终止后，在业主或者业主大会选聘的新物业服务人或者决定自行管理的业主接管之前，原物业服务人应当继续处理物业服务事项，并可以请求业主支付该期间的物业费。

条文注释

在物业服务合同期限届满或者被解除，物业服务合同终止后，在业主或者业主大会选聘的新物业服务人或者决定自行管理的业主接管之前，应当继续为业主提供物业服务。之所以作出该规定，主要有以下几个理由：一是出于保护业主利益的考虑。二是基于诚信原则。三是符合公平与效率。

在这种情况下，物业服务人可以请求业主支付在其继续为业主提供物业服务期间的物业费。在物业服务人继续处理物业服务事项，业主实际接受物业服务人所提供的服务的情形下，即使当事人没有订立正式的书面的物业服务合同，业主也应当向物业服务人支付相应的报酬。

第二十五章　行纪合同

第九百五十一条　【行纪合同定义】行纪合同是行纪人以自己的名义为委托人从事贸易活动，委托人支付报酬的合同。

条文注释

行纪合同是指行纪人接受委托人的委托，以自己的名义，为委托人从事贸易活动，委托人支付报酬的合同。接受委托的一方为行纪人，另一方则为委托人。

行纪合同具有以下特征：(1)行纪人从事的活动限于贸易行为，这是行纪合同和委托合同的重要区别。(2)行纪人应当具有相应的资质。行纪人一般专门从事贸易活动，其开业和经营往往需要经过国家有关部门的审批或者登记，并不是所有民事主体都可以无条件地成为行纪人从事行纪业务。(3)行纪人必须以自己的名义为委托人从事贸易行为，而非委托人的名义。这也是行纪人和受托人、代理人的重要区别。(4)行纪合同为诺成合同、不要式合同、有偿合同、双务合同。

第九百五十二条　【行纪人承担费用的义务】行纪人处理委托事务支出的费用，由行纪人负担，但是当事人另有约定的除外。

条文注释

本条是关于处理委托事务的费用负担的规定。在行纪合同中，如果当事人对行纪人处理委托事务所支出费用负担问题有约定的，应依当事人的约定。如果当事人对此约定不明，则该费用应由行纪人承担。由于委托人所支付的报酬中一般已包括了各项费用的支出，行纪人除要求委托人支付报酬外，不得再要求委托人支付费用。但是，如果当事人对费用承担问题作了特别约定的，即约定报酬不包括费用支出部分，则行纪人有权要求委托人支付费用。该费用应当是为了委托人的利益，并且是必要的费用。

第九百五十三条　【行纪人的保管义务】行纪人占有委托物的，应当妥善保管委托物。

条文注释

在行纪中，有的委托人自行保管委托物，也有的委托人将委托物交由行纪人保管。只有行纪人实际占有委托物，行纪人才负有妥善保管义务。本条规定的“委托物”不仅包括一般意义上的物,还应当包括委托人交付给行纪人的金钱和权利凭证等。行纪人选择对委托人最有利的条件,采取最有利于委托物的措施,并应当尽到善良管理人的注意义务来进行保管。

寄售商品通常以积压商品、旧物品等居多,行纪人有义务尽心尽力尽职地妥善保管好,如果因保管不善造成物品损坏灭失、缺少、变质、污染,造成委托物的价值贬损,甚至导致委托物无法出售的,行纪人应承担赔偿责任。除非行纪人能证明已经尽了善良管理人的注意。对于灭失、毁损的财物,如果是由于不可抗力或物品本身的自然损耗等不可归责于行纪人的事由造成损失,行纪人可以免除责任,由委托人自己承担损失。

第九百五十四条 【行纪人处置委托物的义务】委托物交付给行纪人时有瑕疵或者容易腐烂、变质的,经委托人同意,行纪人可以处分该物;不能与委托人及时取得联系的,行纪人可以合理处分。

条文注释

紧急情况下行纪人进行合理处分需要具备几个要件:(1)发现委托物有瑕疵,或者容易腐烂、变质。委托物的瑕疵应该是可能影响委托物价值,或者将导致委托物毁损、灭失的瑕疵。(2)应当是委托物交付给行纪人时就存在的瑕疵,或者委托物容易腐烂、变质,而不是在交付后出现的情况。(3)行纪人欲通知委托人作出指示,但是不能及时与委托人取得联系。所谓“合理”,即应以善良管理人的标准来衡量,根据委托物的实际情况决定处分的价格和方式等,尽量减少委托人的损失,维护委托人的利益,而不能随意处分。

紧急情况下行纪人对委托物进行处分,既是法律赋予的权利,也是行纪人应当履行的义务。这是行纪人负有善良管理人之注意义务的具体表现。

第九百五十五条 【行纪人依照委托人指定价格买卖的义务】行纪人低于委托人指定的价格卖出或者高于委托人指定的价格买入的，应当经委托人同意;未经委托人同意，行纪人补偿其差额的，该买卖对委托人发生效力。

行纪人高于委托人指定的价格卖出或者低于委托人指定的价格买入的，可以按照约定增加报酬;没有约定或者约定不明确，依据本法第五百一十条的规定仍不能确定的，该利益属于委托人。

委托人对价格有特别指示的，行纪人不得违背该指示卖出或者买入。

条文注释

行纪人应当依照委托人已明确指定的价格操作，行纪人违反委托人指示的交易而进行买卖的，委托人可以拒绝承受，因此而造成的损害，由行纪人赔偿。

一般情况下，行纪人低于委托人指定的价格卖出或者高于委托人指定的价格买入的，将给委托人带来损失，委托人不会同意。而如果行纪人以高于委托人指定的价格卖出或者低于委托人指定的价格买入，如无特别约定，额外获得的利益归属于委托人，委托人自然愿意接受。但是，在委托人对价格有特别指示时，行纪人就不得违背委托人的指示卖出或者买入。

第九百五十六条 【行纪人的介入权】行纪人卖出或者买入具有市场定价的商品，除委托人有相反的意思表示外，行纪人自己可以作为买受人或者出卖人。

行纪人有前款规定情形的，仍然可以请求委托人支付报酬。

条文注释

行纪人的介入权，即行纪人按照委托人的指示实施行纪行为时，有权以自己作为买受人或者出卖人与委托人进行交易活动。如果在订立行纪合同或者行纪人在履行义务时告知委托人自己想作为买受人或者出卖人，委托人明确表示不同意的，行纪人便不能实施该行为。

第九百五十七条　【委托人及时受领、取回和处分委托物及行纪人提存委托物】行纪人按照约定买入委托物，委托人应当及时受领。经行纪人催告，委托人无正当理由拒绝受领的，行纪人依法可以提存委托物。

委托物不能卖出或者委托人撤回出卖，经行纪人催告，委托人不取回或者不处分该物的，行纪人依法可以提存委托物。

条文注释

1. 委托人无正当理由拒绝受领买入商品时，行纪人的提存权

行纪人行使提存权的条件是：(1)行纪人应当催告委托人在一定期限内受领，催告期应当与委托人进行约定，或者行纪人根据委托物的性质决定催告期的时间。催告是提存的前置程序，如果没有进行催告，不得直接将委托物提存。(2)委托人无正当理由逾期仍拒绝受领买入物。如果行纪人没有按照约定买入委托物，违反委托人的指示，买入的委托物不符合约定的，委托人可以拒绝受领。(3)行纪人应当依法提存买入物，主要是按照本法合同编通则中关于提存的规定行使提存权。

2. 委托人不处分、不取回不能出卖的委托物时，行纪人的提存权

委托行纪人出卖的委托物，如果不能卖出或者委托人撤回出卖委托物，行纪人应当通知委托人取回，行纪人虽然可以暂时代为保管，但行纪人没有继续保管委托物的义务。行纪人代为保管期间产生的相关费用应当由委托人负担。经过行纪人的催告，在合理期限内委托人逾期仍不取回或者不处分委托物的，行纪人可以依法行使提存权。

3. 行纪人享有拍卖权

拍卖权是指委托人无故拒绝受领或者不取回出卖物时，法律赋予行纪人依照法定程序将委托物予以拍卖的权利，并可以优先受偿，即从拍卖后的价款中扣除委托人应付的报酬、偿付的费用以及损害赔偿金等，如果还有剩余，行纪人应当交给有关部门进行提存。

第九百五十八条　【行纪人的直接履行义务】行纪人与第三人订立合同的,行纪人对该合同直接享有权利、承担义务。

第三人不履行义务致使委托人受到损害的,行纪人应当承担赔偿责任,但是行纪人与委托人另有约定的除外。

条文注释

行纪人是为委托人的利益,受委托人的委托以自己的名义与第三人订立合同,委托人与第三人并不发生直接的法律关系。在因委托人的原因发生合同违约行为、追究违约责任时,第三人不得直接对委托人主张损害赔偿权,而只能向行纪人主张权利,而且行纪人也不得以自己没有过错为由而拒绝承担违约责任,行纪人只能先承担责任后,再向委托人行使追偿权。同样地,如果第三人违约,委托人不得直接对第三人行使请求权,而只能向行纪人主张权利,行纪人此时也不得以自己无过错为由而拒绝承担自己的责任。行纪人承担责任向委托人履行后,再行使向第三人的追偿权。

第九百五十九条　【行纪人的报酬请求权及留置权】行纪人完成或者部分完成委托事务的,委托人应当向其支付相应的报酬。委托人逾期不支付报酬的,行纪人对委托物享有留置权,但是当事人另有约定的除外。

条文注释

1. 请求报酬的权利

行纪合同是双务有偿合同,行纪人负有完成委托事务的义务,与之相对应,委托人则负有向行纪人支付相应报酬的义务。一般而言,有以下几种情况:(1)行纪人按照委托人的指示和要求履行了全部合同的义务,有权请求全部报酬;(2)因委托人的过错使合同义务部分或者全部不能履行而使委托合同提前终止的,行纪人可以请求支付全部报酬;(3)行纪人部分完成委托事务的,可以按已履行的部分的比例请求给付报酬。委托人和行纪人也可以另行约定,比如双方约定，只要因非可归责于行纪人的原因导致委托事务不能完成的，委托人都应当支付全部报酬。

2. 行纪人享有留置权

委托人不按照约定支付报酬时，行纪人对其占有的委托物可以行使留置权。留置期届满后，以留置物折价或者从变卖留置物所得价款中优先受偿。行纪人留置委托物需具备以下几个条件：(1)已合法占有委托物。(2)必须具有委托人不按照约定支付报酬的事实存在。(3)如果委托人与行纪人在行纪合同订立时已经约定，不得将委托物进行留置的，行纪人就不得留置委托物，但是，行纪人可以要求委托人提供其他担保。

第九百六十条　【参照适用委托合同】本章没有规定的，参照适用委托合同的有关规定。

条文注释

行纪合同与委托合同有许多共同点，行纪关系中委托人与行纪人的关系就是委托关系，只不过委托的事项特殊固定。但是，行纪合同与委托合同又有诸多不同之处，在本章没有规定的情况下，也不能一概直接适用委托合同的有关规定，应视具体情况参照适用。

第二十六章　中介合同

第九百六十一条　【中介合同定义】中介合同是中介人向委托人报告订立合同的机会或者提供订立合同的媒介服务，委托人支付报酬的合同。

条文注释

1. 中介合同的定义

中介合同，传统理论一般将其称为居间合同，是指当事人双方约定一方接受他方的委托，并按照他方的指示要求，为他方报告订立合同的机会或者为订约提供媒介服务,委托人给付报酬的合同。中介的宗旨是中介人把同一商品的买卖双方联系在一起,以促成交易后取得合理佣金的服务。无论何种中介,中介人都不是委托人的代理人,而只是居于交易双方当事人之间起介绍、协助作用的中间人。

2. 中介合同的法律特征

(1)中介合同以促成委托人与第三人订立合同为目的。

(2)中介人在合同关系中处于介绍人的地位。

(3)中介合同具有诺成性、双务性和不要式性。

(4)中介合同具有有偿性。

第九百六十二条　【中介人报告义务】中介人应当就有关订立合同的事项向委托人如实报告。

中介人故意隐瞒与订立合同有关的重要事实或者提供虚假情况,损害委托人利益的,不得请求支付报酬并应当承担赔偿责任。

条文注释

中介人的报告义务是中介人在中介合同中承担的主要义务,中介人应依诚实信用原则履行此项义务。

所谓"如实报告",就是中介人所报告的情况应当是客观真实的。这就要求中介人尽可能了解更多的情况,必要时可能还要进行深入的调查,对了解到的信息进行核实,再将掌握的实际情况向委托人进行报告,以便委托人作出判断是否订立合同。

本条第2款规定故意隐瞒有关事实或者提供虚假情况的后果,应当从以下两个方面理解:第一,中介人主观上具有故意。第二,中介人客观上没有将与订立合同有关的重要事实向委托人报告,或者提供了虚假的情况。

除上述义务外,基于诚信原则,中介人还负有其他一些义务。例如,中介人不得对交易双方订立合同实施不利影响,从而影响合同的订立或损害委托人的利益;在中介活动中应当遵守法律、法规和国家政策,遵循商事惯例和交易习惯,不得从事违法的中介活动等。

第九百六十三条　【中介人报酬请求权】中介人促成合同成立的，委托人应当按照约定支付报酬。对中介人的报酬没有约定或者约定不明确，依据本法第五百一十条的规定仍不能确定的，根据中介人的劳务合理确定。因中介人提供订立合同的媒介服务而促成合同成立的，由该合同的当事人平均负担中介人的报酬。

中介人促成合同成立的，中介活动的费用，由中介人负担。

条文注释

在中介合同中，向中介人支付报酬是委托人的主要义务。中介人的报酬，通常也被称为“佣金”或者“中介费”，是中介人完成中介服务后委托人向中介人支付的酬劳。委托人和中介人应当在中介合同中约定报酬的数额和支付方式等。

如果委托人与第三人没有订立合同，或者合同并非因中介人的活动而成立，或者中介人最终促成的合同并非中介合同约定之合同，中介人都不能请求委托人支付报酬。

第九百六十四条　【中介人必要费用请求权】中介人未促成合同成立的，不得请求支付报酬；但是，可以按照约定请求委托人支付从事中介活动支出的必要费用。

条文注释

中介活动费用是中介人在促使合同成立的活动中支出的必要费用，与报酬不是一个概念。与原《合同法》第427条相比，本条规定增加了“按照约定”。所谓“按照约定”，就是在合同未成立的情况下，中介人向委托人请求支付从事中介活动的必要费用，须以中介人和委托人之间存在合同未成立中介人亦享有费用请求权的约定为前提。反过来理解，在委托人与中介人没有约定委托人与第三人合同未成立而中介人仍可以主张返还从事中介活动的必要费用的情况下，中介人无权向委托人请求返还，委托人也没有义务向中介人支付该费用。结合本条规定和本法第963条第2款的规定可知，中介活动的费用原则上由中介人自己负担。在没有特别约定的情况下，不论中介人是否促成合同成立，中介人都要自己负担从事中介活动的费用。

第九百六十五条　【委托人私下与第三人订立合同后果】委托人在接受中介人的服务后，利用中介人提供的交易机会或者媒介服务，绕开中介人直接订立合同的，应当向中介人支付报酬。

条文注释

本条规定的是委托人实施“跳单”行为须承担向中介人支付报酬的法律后果。本条规定的“跳单”，是指委托人接受中介人的服务后，利用中介人提供的订约信息或者媒介服务，绕开中介人直接与第三人签订合同的行为，其目的是规避向中介人支付报酬义务。

第九百六十六条　【参照适用委托合同】本章没有规定的，参照适用委托合同的有关规定。

条文注释

中介合同和委托合同有很多共同之处，都是当事人接受委托人委托从事一定事务的合同，只不过中介合同委托的事项特殊固定。但是，中介合同也有一些区别于委托合同的特点，所以委托合同的规定，有的也不适用于中介合同。在本章没有规定的情况下，可以参照适用委托合同的有关规定。例如，中介人应当亲自处理中介事务，不得擅自将中介事务交给他人处理；两个以上的中介人共同处理委托事务的，对委托人承担连带责任等。

第二十七章　合 伙 合 同

第九百六十七条　【合伙合同定义】合伙合同是两个以上合伙人为了共同的事业目的，订立的共享利益、共担风险的协议。

条文注释

合伙合同,是指两个以上合伙人为了共同的事业目的,订立的共享利益、共担风险的协议。合伙合同以共同出资为基础,以共同事业为目的,以共享利益、共担风险为本质。

合伙合同具有以下特征:(1)合伙合同的主体为两个以上的合伙人。合伙人的数量要求两个以上,只有一个则无法成立合伙。(2)为了共同目的或者共同利益。(3)共享利益、共担风险。(4)合伙具有较强的人合性和一定的组织性。合伙合同的成立是基于合伙人之间的互相信任,合伙人之间可以互为代理人,且全体合伙人对合伙债务承担连带责任。(5)合伙合同为不要式合同(可以是口头形式,也可以是书面形式或者其他形式)。(6)合伙合同是继续性合同。不论合伙合同的共同事业目的是持续性的还是临时性的,都不影响合伙合同为继续性合同。

第九百六十八条　【合伙人履行出资义务】合伙人应当按照约定的出资方式、数额和缴付期限,履行出资义务。

条文注释

出资义务是合伙人的根本义务,也是合伙得以成立的前提。合伙人的出资可以是货币形式,也可以是非货币形式。对于非货币资产出资的要按商定的或者法定评估机构进行评估的价值来计算并约定数额。缴付期限,即合伙人对用于出资的资产进行缴付的期限。对于合伙的出资,并不要求必须一次性完全缴付。合伙人可以采取实际缴付或者认缴的方式进行缴付。

关联法规

《合伙企业法》第17条第1款

第九百六十九条　【合伙财产】合伙人的出资、因合伙事务依法取得的收益和其他财产,属于合伙财产。

合伙合同终止前,合伙人不得请求分割合伙财产。

条文注释

1. 合伙财产的范围

合伙财产包括两个部分：一是合伙人对合伙的出资，也就是合伙的原始财产；二是所有因合伙事务依法取得的收益和其他财产，例如合伙经营的收入、债权、因他人违约或者侵权向合伙作出的赔偿或者补偿等。此处的“财产”仅指积极财产。

2. 合伙财产的归属

成立合伙企业后，合伙人的出资等财产都归合伙企业所有，需要登记的财产，应当登记在合伙企业名下。

3. 合伙财产在合伙终止前不得分割

合伙财产是合伙得以成立、存续和发展的重要条件，因此必须保证合伙财产的稳定性。合伙人在合伙合同终止前分割合伙财产，往往会影响到合伙的正常经营，甚至可能导致共同目的的落空。故合伙合同终止前，合伙人不得请求分割合伙财产。

关联法规

《合伙企业法》第20、21条

第九百七十条 【合伙事务的决定和执行】合伙人就合伙事务作出决定的，除合伙合同另有约定外，应当经全体合伙人一致同意。

合伙事务由全体合伙人共同执行。按照合伙合同的约定或者全体合伙人的决定，可以委托一个或者数个合伙人执行合伙事务；其他合伙人不再执行合伙事务，但是有权监督执行情况。

合伙人分别执行合伙事务的，执行事务合伙人可以对其他合伙人执行的事务提出异议；提出异议后，其他合伙人应当暂停该项事务的执行。

条文注释

1. 关于合伙事务的决定

由于合伙事务关系到全体合伙人的共同利益，原则上应当由全体合伙人共同决定，尤其是关于合伙事务或者合伙财产的重要事项，例如，改变合伙的事业目的或者经营范围，转让、处分合伙财产中的不动产等,必须由全体合伙人一致同意才能进行,不能由部分合伙人或者执行事务合伙人自行决定,也不能适用少数服从多数的原则。当然,合伙合同可以对此作出特别约定。

2. 关于合伙事务的执行

每一个合伙人对企业的经营管理和其他事务的执行不但有参与权,而且权利平等。无论出资多少,出资方式是否相同,都不影响这一法定权利,不影响各合伙人在执行合伙事务时的平等资格。

需要注意的是,一般的法人和非法人组织也可以成为合伙人,由于法人和非法人组织不是自然人,有自己的组织机构,所以作为合伙人的法人和非法人组织应当由其委派的代表,即特定的自然人执行合伙事务。

但是,如果所有合伙事务都由全体合伙人共同执行,则程序将变得十分烦琐,容易导致经营效率低下,不利于合伙事务的执行、处理。因此,合伙人可以在合伙合同中约定,或者在订立合伙合同后由全体合伙人共同决定,委托一个或者数个合伙人来执行合伙事务。

3. 关于非执行事务合伙人的监督权

非执行合伙事务的合伙人虽然不直接参与合伙日常事务的经营管理,但是仍然享有对合伙重大事务的参与权和决定权,如参加合伙人会议,对重大事务行使表决权等。

本条第2款还赋予了非执行事务合伙人对合伙事务执行人执行合伙事务的监督权。该监督权的内容主要包括:执行事务的合伙人要向非执行事务的合伙人报告业务经营情况;必要时非执行事务合伙人有权查阅企业的有关会计账册,查看合伙财产的实际状况,等等。

4. 关于合伙人对其他合伙人执行事务的异议权

各执行事务合伙人既是事务执行人,也是他人执行事务的监督人。如果执行事务合伙人的行为有损合伙的利益、不当或有错误,其他执行事务的合伙人可以提出异议。一旦提出异议,就应暂停该项事务的执行。这主要是为了防止被提异议人对异议置之不理;如果已经造成损失,还可以防止损失的扩大。

关联法规

《合伙企业法》第26、27、29、30条

第九百七十一条 【执行合伙事务报酬】合伙人不得因执行合伙事务而请求支付报酬,但是合伙合同另有约定的除外。

条文注释

合伙人既是合伙的投资者也是经营者,合伙人执行合伙事务,既是其权利也是其义务。合伙人执行合伙事务也就是在处理自己的事务,因此,原则上合伙人不得以执行合伙事务为由请求支付报酬。

但是,合伙合同可以约定在委托部分合伙人执行合伙事务的情况下,对执行事务合伙人的报酬或者奖励办法,这种报酬或者奖励通常应与其劳务提供量、业绩和难易程度挂钩。

关联法规

《合伙企业法》第67条

第九百七十二条 【合伙的利润分配与亏损分担】合伙的利润分配和亏损分担,按照合伙合同的约定办理;合伙合同没有约定或者约定不明确的,由合伙人协商决定;协商不成的,由合伙人按照实缴出资比例分配、分担;无法确定出资比例的,由合伙人平均分配、分担。

条文注释

本条规定了合伙的利润分配和亏损分担的方法:(1)合伙的利润分配、亏损分担,应当按照合伙合同的约定办理。(2)合伙合同对此没有约定或者约定不明确时,还是应当尊重合伙人的意思,尽量由合伙人协商作出决定,充分体现意思自治原则。(3)如果合伙人经过协商仍未能作出决定的,则应当按照各合伙人的实缴出资比例进行分配、分担。需要注意的是,这里的出资比例应当是实缴出资的比例,合伙人承诺出资或者应当出资而未实际缴付的,以实际缴付的出资为准。(4)合伙人之间的出资比例也无法确定的,只能由各合伙人平均分配和分担。需要指出的是,前两种程序是合伙人之间

协议、协商解决,后两种程序是由法律直接规定的一般原则。

关联法规

《合伙企业法》第33条第1款

第九百七十三条　【合伙人的连带责任及追偿权】合伙人对合伙债务承担连带责任。清偿合伙债务超过自己应当承担份额的合伙人,有权向其他合伙人追偿。

条文注释

合伙人对合伙债务承担连带责任,是指全体合伙人以自己的所有财产向债权人承担连带责任,债权人可以请求任何一个或者数个合伙人清偿所有合伙债务。这是对合伙人的外部关系作出的规定。当合伙人实际偿付的合伙债务超过其应承担的份额时,就该超过部分,应当允许其向其他合伙人进行追偿。

关联法规

《合伙企业法》第38~40条

第九百七十四条　【合伙人转让其财产份额】除合伙合同另有约定外,合伙人向合伙人以外的人转让其全部或者部分财产份额的,须经其他合伙人一致同意。

条文注释

合伙财产属于全体合伙人共同共有,对合伙财产的处分应当按照合伙合同约定,或者经过全体合伙人同意。合伙人有权将其持有的合伙财产份额转让。该转让包括向合伙内部的其他合伙人转让和向合伙人以外的人转让。如果没有特别约定,合伙人将其全部或者部分合伙财产份额转让给合伙人以外的人,必须经过其他合伙人一致同意。

关联法规

《合伙企业法》第22、25条

第九百七十五条 【合伙人权利代位】合伙人的债权人不得代位行使合伙人依照本章规定和合伙合同享有的权利，但是合伙人享有的利益分配请求权除外。

条文注释

合伙人在合伙以外以自己名义，为自己的目的所从事的经营或交易等民事活动产生的有关债务，属于其个人债务，与合伙无关，应由合伙人自行偿还。

合伙人的债权人要求合伙人偿还债务，只能通过与合伙人签订合同或通过诉讼的方式，获得对合伙人在合伙中利益分配的请求权或者分割其在合伙财产中的份额以实现债权，而对合伙人的其他具有人身属性的权利，如合伙事务执行权、重大事务表决权、对合伙的监督权等均没有请求权。

关联法规

《合伙企业法》第41、42条

第九百七十六条 【合伙期限】合伙人对合伙期限没有约定或者约定不明确，依据本法第五百一十条的规定仍不能确定的，视为不定期合伙。

合伙期限届满，合伙人继续执行合伙事务，其他合伙人没有提出异议的，原合伙合同继续有效，但是合伙期限为不定期。

合伙人可以随时解除不定期合伙合同，但是应当在合理期限之前通知其他合伙人。

条文注释

合伙期限，即合伙合同的存续期限。实践中，基于各种原因，合伙合同可能对合伙期限并没有作出约定或者约定不明确。对于这种情况，合伙人可以补充协议；不能达成补充协议的，则按照合同相关条款或者交易习惯确定。按照合同相关条款或者交易习惯仍无法确定的，视为不定期合伙。

一般来说，合伙期限届满，合伙合同即告终止。但是，如果合伙人在合伙期限届满后，仍继续执行合伙事务，且其他合伙人也没有提出异议的，可以推定全体合伙人均具有使合伙继续存续的意思，因此法律规定这种情况下视为原合伙合同继续有效。但是由于约定的合伙期限已经届满，合伙人都没有约定新的合伙期限或者延长的期限，此时合伙合同的期限变为不定期。

合伙合同是继续性合同，对于不定期的合伙合同，合伙人均有任意解除权，其解除仅向将来发生效力。但是，合伙人解除合同，应当尽量不损害合伙及其他合伙人的利益，给予其他合伙人必要的准备时间，以便对合伙事务及时作出安排和调整。

如果合伙合同明确约定了合伙期限，在合伙期限届满前，除非有合伙合同约定的事由，或者行使法定解除权的重大事由等正当理由，合伙人不得解除合伙合同或者退伙。

关联法规

《合伙企业法》第46条

第九百七十七条　【合伙合同终止】合伙人死亡、丧失民事行为能力或者终止的，合伙合同终止；但是，合伙合同另有约定或者根据合伙事务的性质不宜终止的除外。

条文注释

当作为自然人的合伙人死亡、丧失民事行为能力，或者作为合伙人的法人、非法人终止的，合伙合同也应当终止。需要说明的是，合伙合同对此有所约定的，应当按照约定。当然，如果其他合伙人仍有意继续合伙事业，也可以订立新的合伙合同。

当合伙人死亡、丧失民事行为能力或者出现被宣告破产、解散等法定终止原因时，为了最大程度地保护全体合伙人的利益，合伙人的继承人、遗产管理人、法定代理人或者清算人应当及时通知其他合伙人，如果合伙事务的执行不宜停止，或者停止将给合伙人造成不可弥补之损失的，在通知后或者一时无法通知其他合伙人的情况下，还应当继续执行原合伙人未完成的有关事务。

关联法规

《合伙企业法》第80条

第九百七十八条 【合伙剩余财产分配顺序】合伙合同终止后，合伙财产在支付因终止而产生的费用以及清偿合伙债务后有剩余的，依据本法第九百七十二条的规定进行分配。

条文注释

对于剩余财产，应按照本法第972条规定的利益分配规则进行分配，即首先按照合伙合同的约定办理；合伙合同没有约定或者约定不明确的，由合伙人协商决定；协商不成的，由合伙人按照实缴出资比例分配；无法确定出资比例的，由合伙人平均分配。

需要注意的是，合伙人将自己的财产交由全体合伙人共同使用，并非作为实物出资的，在支付因终止而产生的费用和清偿合伙债务之前，合伙人有权取回。因为该财产并不属于合伙财产，合伙人可以基于所有权要求返还。

第三分编 准 合 同

第二十八章 无 因 管 理

第九百七十九条 【无因管理构成要件及管理人主要权利】管理人没有法定的或者约定的义务，为避免他人利益受损失而管理他人事务的，可以请求受益人偿还因管理事务而支出的必要费用；管理人因管理事务受到损失的，可以请求受益人给予适当补偿。

管理事务不符合受益人真实意思的，管理人不享有前款规定的权利；但是，受益人的真实意思违反法律或者违背公序良俗的除外。

条文注释

根据本条的规定，无因管理应当满足以下要件：(1)管理人对所管理的事务没有法定或者约定的义务。这是认定是否构成无因管理的前提条件。(2)管理人管理他人的事务。这里的他人事务是指有关人们生活利益并能成为债务的一切事项,既可以是涉及他人经济利益的事项,也可以是涉及他人非经济利益的事项;既可以是管理财产的事项,也可以是提供服务的事项。(3)管理人具有管理他人事务的意思,即管理人有为他人谋取利益的意思或者有使管理行为所生的利益归于他人的意思。

第九百八十条 【不适当无因管理制度】管理人管理事务不属于前条规定的情形,但是受益人享有管理利益的,受益人应当在其获得的利益范围内向管理人承担前条第一款规定的义务。

条文注释

根据管理人的管理行为是否符合本人的真实意愿,本章所规定的无因管理可以分为适当的无因管理和不适当的无因管理两类。所谓适当的无因管理就是管理人没有法定的或者约定的义务,为避免他人利益受损失而管理他人事务,并且符合受益人真实意思的管理行为。所谓不适当的无因管理就是管理人没有法定的或者约定的义务,为避免他人利益受损失而管理他人事务,但不符合受益人真实意思的管理行为。

对于不适当无因管理的后果,根据本法第979条第2款的规定,除受益人的真实意愿违反法律或者违背公序良俗外,不适当无因管理的管理人原则上不享有请求受益人偿还必要费用和补偿损失的权利。实践中,不适当无因管理的管理行为虽不符合本人的真实意思,但是本人事实上却享有了管理人在管理过程中所获得的管理利益。从公平的角度讲,且考虑到这种管理的管理人仍有为本人利益进行管理的意愿,本人在享受管理利益的同时也有义务偿还管理人在管理事务中所支付的必要费用;管理人因管理事务受到损失的,也可以请求本人给予适当补偿。但是,受益人向管理人偿还的费用和补偿的损失不超过其在管理中获得的利益,对超出所得利益范围的费用和损失,其不承担偿还和补偿责任。

第九百八十一条 【管理人适当管理义务】管理人管理他人事务，应当采取有利于受益人的方法。中断管理对受益人不利的，无正当理由不得中断。

条文注释

管理人在管理他人事务时，应当履行一定的义务，其中最主要的是按照善良管理人的注意义务管理他人事务，这主要体现在以下方面：一是管理人依本人明示的或者可推知的意思进行管理。二是管理人应当以利于本人的方法进行管理。三是管理人还应当履行继续管理义务。管理人在开始管理后，如其中途停止管理行为较不管理对本人更为不利的，管理人不得中断对事务的管理，应当继续管理事务。管理人违反该义务导致受益人的利益受到损害的，管理人应当承担损害赔偿责任。

第九百八十二条 【管理人通知义务】管理人管理他人事务，能够通知受益人的，应当及时通知受益人。管理的事务不需要紧急处理的，应当等待受益人的指示。

条文注释

管理人在管理事务时对受益人有通知的义务。管理人发出通知后应当中止管理行为，等待受益人的指示。本人指示同意管理人管理其事务的，管理人可以继续管理；管理人没有指示或者虽有指示但拒绝其管理的，管理人不得再继续管理。但是如果管理人管理的事务属于紧急事务，例如管理人管理的事务是处置受益人所有的即将变质的海鲜食品，若不继续管理可能对受益人的利益造成现实的重大损害，因此，管理人可在收到受益人指示前继续管理事务。

第九百八十三条 【管理人报告和交付义务】管理结束后，管理人应当向受益人报告管理事务的情况。管理人管理事务取得的财产，应当及时转交给受益人。

条文注释

根据本条的规定，管理人报告管理事务情况的时间原则上是在管理事务结束后，但在管理人中断管理事务或者本人提出请求时，也应当将中断前管理事务的情况报告给本人。管理人向本人报告管理事务时，可以采用书面形式，也可以采用口头形式或者其他方式。报告的内容原则上应当包括管理的过程、结果等，且报告的内容应当真实，不得欺瞒本人，否则管理人应当承担责任。此外，管理人在履行报告义务时，还应当将其持有的与管理事务相关的所有资料交付给本人，以确保本人全面了解管理的过程和结果。对于管理人因履行报告义务而产生的必要费用，属于管理人有权请求本人偿还的必要费用的组成部分，本人应当偿还。管理人履行报告义务的前提是管理人可以确定受益人的情况，管理不知道受益人具体是谁或者不知道受益人的联系方式的，管理人可以暂不履行该义务，而将因管理他人事务而获得的收益予以提存。但是一旦知道了具体受益人及其联系方式，管理人仍应向受益人报告管理情况。

第九百八十四条 【受益人追认的法律效果】管理人管理事务经受益人事后追认的，从管理事务开始时起，适用委托合同的有关规定，但是管理人另有意思表示的除外。

条文注释

在管理人进行管理的过程中，本人可以通过追认方式对管理人管理自己的事务予以追认。这种追认原则上应当以明示方式进行，在一定情况下也可以用默示方式进行，但本人请求管理人返还因管理所获得利益行为本身不构成追认。

管理人管理事务开始后，一旦本人追认，管理人与本人之间的权利义务法律关系就由无因管理制度调整为由委托合同制度来调整。本人的追认具有溯及既往的效力，即一旦本人事后对管理人的管理事务进行追认，从管理人开始管理事务时起，双方当事人就应当按照委托合同的规定从事。

第二十九章　不当得利

第九百八十五条　【不当得利定义】得利人没有法律根据取得不当利益的，受损失的人可以请求得利人返还取得的利益，但是有下列情形之一的除外：

（一）为履行道德义务进行的给付；

（二）债务到期之前的清偿；

（三）明知无给付义务而进行的债务清偿。

条文注释

不当得利，是指没有法律根据，取得不当利益，造成他人损失的情形。因不当得利产生的债称为不当得利之债。本条规定，因得利人没有法律根据，取得不当利益，受损失的人有权请求其返还不当利益。

不当得利一般分为两种类型：

（1）给付型不当得利。给付型不当得利是指基于给付而产生的不当得利。构成给付型不当得利，有以下几个要件：一是基于给付而取得利益。二是他方当事人有损失。三是具有因果关系。四是没有法律根据。

（2）非给付型不当得利。非给付型不当得利是因给付以外的事由而发生的类型。其事由包括：一是基于受益人的行为而生的不当得利。二是基于受害人的行为而生的不当得利。三是基于第三人的行为而生的不当得利。四是基于法律规定而生的不当得利。五是基于自然事件而生的不当得利。

本条是关于不得请求返还的不当得利的规定，主要针对的是给付型不当得利。第1项排除事由是不当给付是为履行道德上义务而为之。这一项规定在于调和法律与道德的关系，使法律规定符合一般道德观念。第2项排除事由是债务到期之前的清偿。第3项排除事由是明知无给付义务而进行的债务清偿。

第九百八十六条　【善意得利人返还义务免除】得利人不知道且不应当知道取得的利益没有法律根据，取得的利益已经不存在的，不承担返还该利益的义务。

条文注释

受领人为善意时，仅负返还现存利益的义务，如果该利益已不存在，则不必返还原物或偿还价值额。这里的“善意”，是指受领人非因过失不知，即不知且不应知；没有法律根据，即无法律上的原因。

特别需要说明的是，这里的“取得的利益”有无的判断，不同于不当得利中的个别判断标准，应抽象概括地就受领人整个财产加以判断，以取得利益的过程而产生的现有财产总额与若无此事实应有财产的总额比较，而决定有无利益的存在。这种按照经济考察方法认定的利益概念，学说上称为差额说，不当得利过程中出现的利益（积极项目）与不利益（消极项目）均应纳入计算，以其结算的余额，作为应返还的利益。

第九百八十七条　【恶意得利人返还责任】得利人知道或者应当知道取得的利益没有法律根据的，受损失的人可以请求得利人返还其取得的利益并依法赔偿损失。

条文注释

此处所说的恶意，是指受领人明知没有法律根据（无法律上的原因），包括受领时明知和其后明知，以及因过失而不知晓的情形。由于认定是否知道或者应当知道有没有法律根据（欠缺法律原因的认识）较为困难，受领人依其对事实的认识和法律上的判断知晓或者应当知晓其欠缺保有所获利益的正当根据（依据常识判断即可）时，就足够了，不以确实了解或者应当了解整个法律关系为必要。受领人为法人机关时，该机关的明知或者应知即为法人的明知或者应知。代理人的明知或者应知，应归被代理人负责。受领人为限制行为能力人的，应依其法定代理人的明知或者应知加以认定。

1. 自始恶意的受领人的返还责任

(1)加重的返还责任。恶意受领人应将受领时取得的利益,附加利息,一并返还。(2)受领人的支出费用请求权。恶意受领人不得主张所取得的利益不存在,故因取得利益所支出的费用,如运费、税费等,不得主张扣除。

2. 嗣后恶意的受领人的返还责任

受领人如果是嗣后知道或者应当知道欠缺法律上的根据,那么在知道或者应当知道欠缺法律上的根据之前,依据本法第986条的规定,仅就现存利益负返还义务,若所取得的利益不存在,亦可主张不负返还责任;在知道或者应当知道欠缺法律上的根据之后,才开始承担本条的加重责任。

第九百八十八条　【第三人返还义务】得利人已经将取得的利益无偿转让给第三人的,受损失的人可以请求第三人在相应范围内承担返还义务。

条文注释

第三人所受利益,来自得利人,并未导致受损人受损害,不成立本法第985条所规定的不当得利。但是对当事人的利益需加以衡量,一方面,受领人免负返还义务;另一方面,第三人无偿取得利益,不合情理且显失公平。为了达到保护债权人的利益的目的,该条规定得利人将所取得的利益无偿转让给第三人时,第三人于受领人免负返还义务的限度内,承担返还义务。

关于"无偿转让给第三人",应该注意:(1)须为无偿转让,如赠与或遗赠。只要是有偿转让,不论是否支付合理对价,都不能够要求第三人承担返还义务。在半卖半送的廉价买卖(混合赠与)中,赠与部分仍可要求第三人承担返还义务。(2)须为原受领人所应返还的赠与物,包括所受利益以及基于该利益更有所得者。

附录一　相关法规[①]

一、总类

最高人民法院关于适用《中华人民共和国民法典》合同编通则若干问题的解释(2023.12.4)

关于当前形势下审理民商事合同纠纷案件若干问题的指导意见(2009.7.7)

全国法院民商事审判工作会议纪要(2019.11.8)

二、买卖合同

最高人民法院关于审理买卖合同纠纷案件适用法律问题的解释(2020.12.23 修正)

最高人民法院关于审理商品房买卖合同纠纷案件适用法律若干问题的解释(2020.12.23 修正)

三、借款合同

最高人民法院关于审理存单纠纷案件的若干规定(2020.12.23 修正)

最高人民法院关于审理民间借贷案件适用法律若干问题的规定(2020.12.23 修正)

最高人民法院关于执行程序中计算迟延履行期间的债务利息适用法律若干问题的解释(2014.7.7)

最高人民法院关于超过诉讼时效期间借款人在催款通知单上签字或者盖章的法律效力问题的批复(1999.2.11)

最高人民法院关于正确确认企业借款合同纠纷案件中有关保证合同效力问题的通知(1998.9.14)

---

① 因篇幅所限,该部分只列出目录,具体内容请扫描二维码,在线查阅。

附录二 《合同法》与《民法典》合同编对照表[①]

① 《民法典》合同编较《合同法》有较大变化。为方便读者高效率学习《民法典》,我们精心编写了本对照表。因本书篇幅所限,请扫描二维码,在线查阅。

附录三　最高人民法院发布《关于适用〈中华人民共和国民法典〉合同编通则若干问题的解释》相关典型案例[①]

案例一：某物业管理有限公司与某研究所房屋租赁合同纠纷案

【裁判要点】

招投标程序中，中标通知书送达后，一方当事人不履行订立书面合同的义务，相对方请求确认合同自中标通知书到达中标人时成立的，人民法院应予支持。

【简要案情】

2021年7月8日，某研究所委托招标公司就案涉宿舍项目公开发出投标邀请。2021年7月28日，某物业管理有限公司向招标公司发出《投标文件》，表示对招标文件无任何异议，愿意提供招标文件要求的服务。2021年8月1日，招标公司向物业管理公司送达中标通知书，确定物业管理公司为中标人。2021年8月11日，研究所向物业管理公司致函，要求解除与物业管理公司之间的中标关系，后续合同不再签订。物业管理公司主张中标通知书送达后双方租赁合同法律关系成立，研究所应承担因违约给其造成的损失。研究所辩称双方并未签订正式书面租赁合同，仅成立预约合同关系。

【判决理由】

法院生效裁判认为，从合同法律关系成立角度，招投标程序中的招标行为应为要约邀请，投标行为应为要约，经评标后招标人向特定投标人发送中标通知书的行为应为承诺，中标通知书送达投标人后承诺生效，合同成立。

① 《最高人民法院发布民法典合同编通则司法解释相关典型案例》，载最高人民法院网2023年12月5日，https://www.court.gov.cn/zixun/xiangqing/419392.html。

预约合同是指约定将来订立本约合同的合同,其主要目的在于将来成立本约合同。《中华人民共和国招标投标法》第四十六条第一款规定:"招标人和中标人应当自中标通知书发出之日起三十日内,按照招标文件和中标人的投标文件订立书面合同。招标人和中标人不得再行订立背离合同实质性内容的其他协议。"从该条可以看出,中标通知书发出后签订的书面合同必须按照招投标文件订立。本案中招投标文件对租赁合同内容已有明确记载,故应认为中标通知书到达投标人时双方当事人已就租赁合同内容达成合意。该合意与主要目的为签订本约合同的预约合意存在区别,应认为租赁合同在中标通知书送达时成立。中标通知书送达后签订的书面合同,按照上述法律规定其实质性内容应与招投标文件一致,因此应为租赁合同成立后法律要求的书面确认形式,而非新的合同。由于中标通知书送达后租赁合同法律关系已成立,故研究所不履行合同义务,应承担违约责任。

【司法解释相关条文】

《最高人民法院关于适用〈中华人民共和国民法典〉合同编通则若干问题的解释》第四条　采取招标方式订立合同,当事人请求确认合同自中标通知书到达中标人时成立的,人民法院应予支持。合同成立后,当事人拒绝签订书面合同的,人民法院应当依据招标文件、投标文件和中标通知书等确定合同内容。

采取现场拍卖、网络拍卖等公开竞价方式订立合同,当事人请求确认合同自拍卖师落槌、电子交易系统确认成交时成立的,人民法院应予支持。合同成立后,当事人拒绝签订成交确认书的,人民法院应当依据拍卖公告、竞买人的报价等确定合同内容。

产权交易所等机构主持拍卖、挂牌交易,其公布的拍卖公告、交易规则等文件公开确定了合同成立需要具备的条件,当事人请求确认合同自该条件具备时成立的,人民法院应予支持。

案例二:某通讯公司与某实业公司房屋买卖合同纠纷案

【裁判要点】

判断当事人之间订立的合同是本约还是预约的根本标准应当是当事人是否有意在将来另行订立一个新的合同,以最终明确双方之间的权利义务关系。即使当事人对标的、数量以及价款等内容进行了约定，但如果约定将来一定期间仍须另行订立合同，就应认定该约定是预约而非本约。当事人在签订预约合同后，已经实施交付标的物或者支付价款等履行行为，应当认定当事人以行为的方式订立了本约合同。

【简要案情】

2006年9月20日，某实业公司与某通讯公司签订《购房协议书》，对买卖诉争房屋的位置、面积及总价款等事宜作出约定，该协议书第三条约定在本协议原则下磋商确定购房合同及付款方式，第五条约定本协议在双方就诉争房屋签订房屋买卖合同时自动失效。通讯公司向实业公司的股东某纤维公司共转款1000万元，纤维公司为此出具定金收据两张，金额均为500万元。次年1月4日，实业公司向通讯公司交付了诉争房屋，此后该房屋一直由通讯公司使用。2009年9月28日，通讯公司发出《商函》给实业公司，该函的内容为因受金融危机影响，且房地产销售价格整体下调，请求实业公司将诉争房屋的价格下调至6000万元左右。当天，实业公司发函给通讯公司，要求其在30日内派员协商正式的房屋买卖合同。通讯公司于次日回函表示同意商谈购房事宜，商谈时间为同年10月9日。2009年10月10日，实业公司发函致通讯公司，要求通讯公司对其拟定的《房屋买卖合同》作出回复。当月12日，通讯公司回函对其已收到上述合同文本作出确认。2009年11月12日，实业公司发函给通讯公司，函件内容为双方因对买卖合同的诸多重大问题存在严重分歧，未能签订《房屋买卖合同》，故双方并未成立买卖关系，通讯公司应支付场地使用费。通讯公司于当月17日回函，称双方已实际履行了房屋买卖义务，其系合法占有诉争房屋，故无需支付场地占用费。2010年3月3日，实业公司发函给通讯公司，解除其与通讯公司签订于2006年9月20日的《购房协议书》，且要求通讯公司腾出诉争房屋并支付场地使用费、退还定金。通讯公司以其与实业公司就诉争房屋的买卖问题签订了《购房协议书》，且其已支付1000万元定金，实业公司亦已将诉争房屋交付给其使用，双方之间的《购房协议书》合法有效，且以已实际履行为由，认为其与实业公司于2006年9月20日签订的《购房协议书》已成立并合法有效，请求判令实业公司向其履行办理房屋产权过户登记的义务。

【判决理由】

法院生效裁判认为，判断当事人之间订立的合同系本约还是预约的根本标准应当是当事人的意思表示，即当事人是否有意在将来订立一个新的合同，以最终明确在双方之间形成某种法律关系的具体内容。如果当事人存在明确的将来订立本约的意思，那么，即使预约的内容与本约已经十分接近，且通过合同解释，从预约中可以推导出本约的全部内容，也应当尊重当事人的意思表示，排除这种客观解释的可能性。不过，仅就案涉《购房协议书》而言，虽然其性质应为预约，但结合双方当事人在订立《购房协议书》之后的履行事实，实业公司与通讯公司之间已经成立了房屋买卖法律关系。对于当事人之间存在预约还是本约关系，不能仅凭一份孤立的协议就简单地加以认定，而是应当综合审查相关协议的内容以及当事人嗣后为达成交易进行的磋商甚至具体的履行行为等事实，从中探寻当事人的真实意思，并据此对当事人之间法律关系的性质作出准确的界定。本案中，双方当事人在签订《购房协议书》时，作为买受人的通讯公司已经实际交付了定金并约定在一定条件下自动转为购房款，作为出卖人的实业公司也接受了通讯公司的交付。在签订《购房协议书》的三个多月后，实业公司将合同项下的房屋交付给了通讯公司，通讯公司接受了该交付。而根据《购房协议书》的预约性质，实业公司交付房屋的行为不应视为对该合同的履行，在当事人之间不存在租赁等其他有偿使用房屋的法律关系的情形下，实业公司的该行为应认定为系基于与通讯公司之间的房屋买卖关系而为的交付。据此，可以认定当事人之间达成了买卖房屋的合意，成立了房屋买卖法律关系。

【司法解释相关条文】

《最高人民法院关于适用〈中华人民共和国民法典〉合同编通则若干问题的解释》第六条　当事人以认购书、订购书、预订书等形式约定在将来一定期限内订立合同，或者为担保在将来一定期限内订立合同交付了定金，能够确定将来所要订立合同的主体、标的等内容的，人民法院应当认定预约合同成立。

当事人通过签订意向书或者备忘录等方式，仅表达交易的意向，未约定在将来一定期限内订立合同，或者虽然有约定但是难以确定将来所要订立合同的主体、标的等内容，一方主张预约合同成立的，人民法院不予支持。

当事人订立的认购书、订购书、预订书等已就合同标的、数量、价款或者报酬等主要内容达成合意，符合本解释第三条第一款规定的合同成立条件，未明确约定在将来一定期限内另行订立合同，或者虽然有约定但是当事人一方已实施履行行为且对方接受的，人民法院应当认定本约合同成立。

案例三：某甲银行和某乙银行合同纠纷案

【裁判要点】

案涉交易符合以票据贴现为手段的多链条融资交易的基本特征。案涉《回购协议》是双方虚假意思表示，目的是借用银行承兑汇票买入返售的形式为某甲银行向实际用资人提供资金通道，真实合意是资金通道合同。在资金通道合同项下，各方当事人的权利义务是，过桥行提供资金通道服务，由出资银行提供所需划转的资金并支付相应的服务费，过桥行无交付票据的义务，但应根据其过错对出资银行的损失承担相应的赔偿责任。

【简要案情】

票据中介王某与某甲银行票据部员工姚某等联系以开展票据回购交易的方式进行融资，2015 年 3 月至 12 月间，双方共完成 60 笔交易。交易的模式是：姚某与王某达成票据融资的合意后，姚某与王某分别联系为两者之间的交易提供资金划转服务的银行即过桥行，包括某乙银行、某丙银行、某丁银行等。所有的交易资金最终通过过桥行流入由王某控制的企业账户中；在票据的交付上，王某从持票企业收购票据后，通过其控制的村镇银行完成票据贴现，并直接向某甲银行交付。资金通道或过桥的特点是过桥行不需要见票、验票、垫资，没有资金风险，仅收取利差。票据回购到期后，由于王某与姚某等人串通以虚假票据入库，致使某甲银行的资金遭受损失，王某与姚某等人亦因票据诈骗、挪用资金等行为被判处承担刑事责任。之后，某甲银行以其与某乙银行签订的《银行承兑汇票回购合同》（以下简称《回购合同》）为据，以其与某乙银行开展票据回购交易而某乙银行未能如期交付票据为由提起诉讼，要求某乙银行承担回购合同约定的违约责任。

【判决理由】

生效判决认为：《回购合同》系双方虚假合意，该虚假合意隐藏的真实合意是由某乙银行为某甲银行提供资金通道服务，故双方之间的法律关系为资金通道合同法律关系。具体理由为：第一，某甲银行明知以票据回购形式提供融资发生在其与王某之间，亦明知是在无票据作为担保的情况下向王某融出资金，而某乙银行等过桥行仅凭某甲银行提供的票据清单开展交易，为其提供通道服务。因此，本案是以票据贴现为手段，以票据清单交易为形式的多链条融资模式，某甲银行是实际出资行，王某是实际用资人，某乙银行是过桥行。第二，某甲银行与某乙银行之间不交票、不背书，仅凭清单交易的事实可以证明，《回购合同》并非双方当事人的真实合意。第三，案涉交易存在不符合正常票据回购交易顺序的倒打款，进一步说明《回购合同》并非双方的真实意思表示。《回购合同》表面约定的票据回购系双方的虚假意思而无效；隐藏的资金通道合同违反了金融机构审慎经营原则，且扰乱了票据市场交易秩序、引发金融风险，因此双方当事人基于真实意思表示形成的资金通道合同属于违背公序良俗、损害社会公共利益的合同，依据《中华人民共和国民法总则》第一百五十三条第二款及《中华人民共和国合同法》第五十二条第四项的规定，应为无效。在《回购合同》无效的情形下，某甲银行请求某乙银行履行合同约定的义务并承担违约责任，缺乏法律依据，但某乙银行应根据其过错对某甲银行的损失承担相应的赔偿责任。

【司法解释相关条文】

《最高人民法院关于适用〈中华人民共和国民法典〉合同编通则若干问题的解释》第十五条　人民法院认定当事人之间的权利义务关系，不应当拘泥于合同使用的名称，而应当根据合同约定的内容。当事人主张的权利义务关系与根据合同内容认定的权利义务关系不一致的，人民法院应当结合缔约背景、交易目的、交易结构、履行行为以及当事人是否存在虚构交易标的等事实认定当事人之间的实际民事法律关系。

案例四：某旅游管理公司与某村村民委员会等合同纠纷案

【裁判要点】

当事人签订具有合作性质的长期性合同，因政策变化对当事人履行合同产生影响，但该变化不属于订立合同时无法预见的重大变化，按照变化后的政策要求予以调整亦不影响合同继续履行，且继续履行不会对当事人一方明显不公平，该当事人不能依据《中华人民共和国民法典》第五百三十三条请求变更或者解除合同。该当事人请求终止合同权利义务关系，守约方不同意终止合同，但双方当事人丧失合作可能性导致合同目的不能实现的，属于《中华人民共和国民法典》第五百八十条第一款第二项规定的“债务的标的不适于强制履行”，应根据违约方的请求判令终止合同权利义务关系并判决违约方承担相应的违约责任。

【简要案情】

2019年初，某村村委会、村股份经济合作社（甲方）与某旅游管理有限公司（乙方）就某村村域范围内旅游资源开发建设签订经营协议，约定经营期限50年。2019年底，某村所在市辖区水务局将经营范围内河沟两侧划定为城市蓝线，对蓝线范围内的建设活动进行管理。2019年11月左右，某旅游管理有限公司得知河沟两侧被划定为城市蓝线。2020年5月11日，某旅游管理有限公司书面通知要求解除相关协议。经调查，经营协议确定的范围绝大部分不在蓝线范围内，且对河道治理验收合格就能对在蓝线范围内的部分地域进行开发建设。

【判决理由】

生效判决认为，双方约定就经营区域进行民宿与旅游开发建设，因流经某村村域的河道属于签订经营协议时既有的山区河道，不属于无法预见的重大变化，城市蓝线主要是根据江、河、湖、库、渠和湿地等城市地标水体来进行地域界限划定，主要目的是为了水体保护和控制，某旅游管理有限公司可在履行相应行政手续审批或符合政策文件的具体要求时继续进行开发活动，故城市蓝线划定不构成情势变更。某村村委会、村股份经济合作社并不存在违约行为，某旅游管理有限公司明确表示不再对经营范围进行民宿及旅游资源开发，属于违约一方。某旅游管理有限公司以某村村委会及村股份经济合作社根本违约为由要求解除合同，明确表示不再对经营范围进行民宿及旅游资源开发，某村村委会及村股份经济合作社不同意解除合同或终止合同权利义务，双方已构成合同僵局。考虑到双方合同持续履行长达50年，须以双方自愿且相互信赖为前提，如不允许双方权利义务终止，既不利于充分发挥土地等资源的价值利用，又不利于双方利益的平衡保护，案涉经营协议已丧失继续履行的现实可行性，合同权利义务关系应当终止。

【司法解释相关条文】

《最高人民法院关于适用〈中华人民共和国民法典〉合同编通则若干问题的解释》第三十二条　合同成立后，因政策调整或者市场供求关系异常变动等原因导致价格发生当事人在订立合同时无法预见的、不属于商业风险的涨跌，继续履行合同对于当事人一方明显不公平的，人民法院应当认定合同的基础条件发生了民法典第五百三十三条第一款规定的“重大变化”。但是，合同涉及市场属性活跃、长期以来价格波动较大的大宗商品以及股票、期货等风险投资型金融产品的除外。

合同的基础条件发生了民法典第五百三十三条第一款规定的重大变化，当事人请求变更合同的，人民法院不得解除合同；当事人一方请求变更合同，对方请求解除合同的，或者当事人一方请求解除合同，对方请求变更合同的，人民法院应当结合案件的实际情况，根据公平原则判决变更或者解除合同。

人民法院依据民法典第五百三十三条的规定判决变更或者解除合同的，应当综合考虑合同基础条件发生重大变化的时间、当事人重新协商的情况以及因合同变更或者解除给当事人造成的损失等因素，在判项中明确合同变更或者解除的时间。

当事人事先约定排除民法典第五百三十三条适用的，人民法院应当认定该约定无效。

案例五：某控股株式会社与某利公司等债权人代位权纠纷案

【裁判要点】

在代位权诉讼中，相对人以其与债务人之间的债权债务关系约定了仲裁条款为由，主张案件不属于人民法院受理案件范围的，人民法院不予支持。

【简要案情】

2015 年至 2016 年，某控股株式会社与某利国际公司等先后签订《可转换公司债发行及认购合同》及补充协议，至 2019 年 3 月，某利国际公司欠付某控股株式会社款项 6400 余万元。2015 年 5 月，某利公司与其母公司某利国际公司签订《贷款协议》，由某利国际公司向某利公司出借 2.75 亿元用于公司经营。同年 6 月，某利国际公司向某利公司发放了贷款。案涉《可转换公司债发行及认购合同》及补充协议、《贷款协议》均约定了仲裁条款。某控股株式会社认为某利国际公司怠于行使对某利公司的债权，影响了某控股株式会社到期债权的实现，遂提起代位权诉讼。一审法院认为，虽然某控股株式会社与某利公司之间并无直接的仲裁协议，但某控股株式会社向某利公司行使代位权时，应受某利公司与某利国际公司之间仲裁条款的约束。相关协议约定的仲裁条款排除了人民法院的管辖，故裁定驳回某控股株式会社的起诉。某控股株式会社不服提起上诉。二审法院依据《最高人民法院关于适用〈中华人民共和国合同法〉若干问题的解释(一)》第十四条的规定,裁定撤销一审裁定,移送被告住所地人民法院审理。

【判决理由】

生效裁判认为,虽然案涉合同中均约定了仲裁条款,但仲裁条款只约束签订合同的各方当事人,对合同之外的当事人不具有约束力。本案并非债权转让引起的诉讼,某控股株式会社既非《贷款协议》的当事人,亦非该协议权利义务的受让人,一审法院认为某控股株式会社行使代位权时应受某利公司与某利国际公司之间仲裁条款的约束缺乏依据。

【司法解释相关条文】

《最高人民法院关于适用〈中华人民共和国民法典〉合同编通则若干问题的解释》第三十六条　债权人提起代位权诉讼后,债务人或者相对人以双方之间的债权债务关系订有仲裁协议为由对法院主管提出异议的,人民法院不予支持。但是,债务人或者相对人在首次开庭前就债务人与相对人之间的债权债务关系申请仲裁的,人民法院可以依法中止代位权诉讼。

案例六:周某与丁某、薛某债权人撤销权纠纷案

【裁判要点】

在债权人撤销权诉讼中,债权人请求撤销债务人与相对人的行为并主张相对人向债务人返还财产的,人民法院依法予以支持。

【简要案情】

周某因丁某未能履行双方订立的加油卡买卖合同,于2020年8月提起诉讼,请求解除买卖合同并由丁某返还相关款项。生效判决对周某的诉讼请求予以支持,但未能执行到位。执行中,周某发现丁某于2020年6月至7月间向其母亲薛某转账87万余元,遂提起债权人撤销权诉讼,请求撤销丁某无偿转让财产的行为并同时主张薛某向丁某返还相关款项。

【判决理由】

生效裁判认为,丁某在其基于加油卡买卖合同关系形成的债务未能履行的情况下,将名下银行卡中的款项无偿转账给其母亲薛某的行为客观上影响了债权人周某债权的实现。债权人周某在法定期限内提起撤销权诉讼,符合

法律规定。丁某的行为被撤销后，薛某即丧失占有案涉款项的合法依据，应当负有返还义务，遂判决撤销丁某的行为、薛某向丁某返还相关款项。

【司法解释相关条文】

《最高人民法院关于适用〈中华人民共和国民法典〉合同编通则若干问题的解释》第四十六条第一款　债权人在撤销权诉讼中同时请求债务人的相对人向债务人承担返还财产、折价补偿、履行到期债务等法律后果的，人民法院依法予以支持。

案例七：孙某与某房地产公司合资、合作开发房地产合同纠纷案

【裁判要点】

合同一方当事人以通知形式行使合同解除权的，须以享有法定或者约定解除权为前提。不享有解除权的一方向另一方发出解除通知，另一方即便未在合理期限内提出异议，也不发生合同解除的效力。

【简要案情】

2014 年 5 月，某房地产开发有限公司（以下简称房地产公司）与孙某签订《合作开发协议》。协议约定：房地产公司负有证照手续办理、项目招商、推广销售的义务，孙某承担全部建设资金的投入；房地产公司拟定的《项目销售整体推广方案》，应当与孙某协商并取得孙某书面认可；孙某投入 500 万元（保证金）资金后，如果销售额不足以支付工程款，孙某再投入 500 万元，如不到位按违约处理；孙某享有全权管理施工项目及承包商、施工场地权利，房地产公司支付施工方款项必须由孙某签字认可方能转款。

同年 10 月，房地产公司向孙某发出协调函，双方就第二笔 500 万元投资款是否达到支付条件产生分歧。2015 年 1 月 20 日，房地产公司向孙某发出《关于履行的通知》，告知孙某 5 日内履行合作义务，向该公司支付 500 万元投资款，否则将解除《合作开发协议》。孙某在房地产公司发出协调函后，对其中提及的需要支付的工程款并未提出异议，亦未要求该公司提供依据，并于 2015 年 1 月 23 日向该公司发送回复函，要求该公司近日内尽快推出相关楼栋销售计划并取得其签字认可，尽快择期开盘销售，并尽快按合同约定设立项目资金管理共同账户。房地产公司于 2015 年 3 月 13 日向孙某发出《解除合同告知函》，通知解除《合作开发协议》。孙某收到该函后，未对其形式和

内容提出异议。2015 年 7 月 17 日，孙某函告房地产公司，请该公司严格执行双方合作协议约定，同时告知“销售已近半月，望及时通报销售进展实况”。后孙某诉至法院，要求房地产公司支付合作开发房地产收益分红总价值 3000 万元；房地产公司提出反诉，要求孙某给付违约金 300 万元。一审、二审法院认为，孙某收到解除通知后，未对通知的形式和内容提出异议，亦未在法律规定期限内请求人民法院或者仲裁机构确认解除合同的效力，故认定双方的合同已经解除。孙某不服二审判决，向最高人民法院申请再审。

【判决理由】

生效裁判认为，房地产公司于 2015 年 3 月 13 日向孙某发送《解除合同告知函》，通知解除双方签订的《合作开发协议》，但该《解除合同告知函》产生解除合同的法律效果须以该公司享有法定或者约定解除权为前提。从案涉《合作开发协议》的约定看，孙某第二次投入 500 万元资金附有前置条件，即房地产公司应当对案涉项目进行销售，只有在销售额不足以支付工程款时，才能要求孙某投入第二笔 500 万元。结合《合作开发协议》的约定，能否认定房地产公司作为守约方，享有法定解除权，应当审查该公司是否依约履行了己方合同义务。包括案涉项目何时开始销售，销售额是否足以支付工程款；房地产公司在房屋销售前后，是否按照合同约定，将《项目销售整体推广方案》报孙某审批；工程款的支付是否经由孙某签字等一系列事实。一审、二审法院未对上述涉及房地产公司是否享有法定解除权的事实进行审理，即以孙某“未在法律规定期限内请求人民法院或者仲裁机构确认解除合同的效力”为由，认定《合作开发协议》已经解除，属于认定事实不清，适用法律错误。

【司法解释相关条文】

《最高人民法院关于适用〈中华人民共和国民法典〉合同编通则若干问题的解释》第五十三条　当事人一方以通知方式解除合同，并以对方未在约定的异议期限或者其他合理期限内提出异议为由主张合同已经解除的，人民法院应当对其是否享有法律规定或者合同约定的解除权进行审查。经审查，享有解除权的，合同自通知到达对方时解除；不享有解除权的，不发生合同解除的效力。

案例八：某实业发展公司与某棉纺织品公司委托合同纠纷案

【裁判要点】

据以行使抵销权的债权不足以抵销其全部债务，应当按照实现债权的有关费用、利息、主债务的顺序进行抵销。

【简要案情】

2012 年 6 月 7 日，某实业发展公司与某棉纺织品公司签订《委托协议》，约定某实业发展公司委托某棉纺织品公司通过某银行向案外人某商贸公司发放贷款 5000 万元。该笔委托贷款后展期至 2015 年 6 月 9 日。某商贸公司在贷款期间所支付的利息，均已通过某棉纺织品公司支付给某实业发展公司。2015 年 6 月 2 日，某商贸公司将 5000 万元本金归还某棉纺织品公司，但某棉纺织品公司未将该笔款项返还给某实业发展公司，形成本案诉讼。另，截至 2015 年 12 月 31 日，某实业发展公司欠某棉纺织品公司 8296517.52 元。某棉纺织品公司于 2017 年 7 月 20 日向某实业发展公司送达《债务抵销通知书》，提出以其对某实业发展公司享有的 8296517.52 元债权抵销案涉 5000 万元本金债务。某实业发展公司以某棉纺织品公司未及时归还所欠款项为由诉至法院，要求某棉纺织品公司归还本息。在本案一审期间，某棉纺织品公司又以抗辩的形式就该笔债权向一审法院提出抵销，并提起反诉，后主动撤回反诉。

【判决理由】

生效裁判认为，某棉纺织品公司据以行使抵销权的债权不足以抵销其对某实业发展公司负有的全部债务，参照《最高人民法院关于适用〈中华人民共和国合同法〉若干问题的解释（二）》第二十一条的规定，应当按照实现债权的有关费用、利息、主债务的顺序进行抵销，即某棉纺织品公司对某实业发展公司享有的 8296517.52 元债权，先用于抵销其对某实业发展公司负有的 5000 万元债务中的利息，然后再用于抵销本金。某棉纺织品公司有关 8296517.52 元先用于抵销 5000 万元本金的再审申请缺乏事实和法律依据，故不予支持。

【司法解释相关条文】

《最高人民法院关于适用〈中华人民共和国民法典〉合同编通则若干问题的解释》第五十六条第二款　行使抵销权的一方享有的债权不足以抵销其负

担的包括主债务、利息、实现债权的有关费用在内的全部债务，当事人因抵销的顺序发生争议的，人民法院可以参照民法典第五百六十一条的规定处理。

案例九：某石材公司与某采石公司买卖合同纠纷案

【裁判要点】

非违约方主张按照违约行为发生后合理期间内合同履行地的市场价格与合同价格的差额确定合同履行后可以获得的利益的，人民法院依法予以支持。

【简要案情】

某石材公司与某采石公司签订《大理石方料买卖合同》，约定自某采石公司在某石材公司具备生产能力后前两年每月保证供应石料 1200 立方米至 1500 立方米。合同约定的大理石方料收方价格根据体积大小，主要有两类售价：每立方米 350 元和每立方米 300 元。自 2011 年 7 月至 2011 年 9 月，某采石公司向某石材公司供应了部分石料，但此后某采石公司未向某石材公司供货，某石材公司遂起诉主张某采石公司承担未按照合同供货的违约损失。某采石公司提供的评估报告显示荒料单价为每立方米 715.64 元。

【判决理由】

生效裁判认为，某采石公司提供的评估报告显示的石材荒料单价每立方米 715.64 元，是某石材公司在某采石公司违约后如采取替代交易的方法再购得每立方米同等质量的石料所需要支出的费用。以该价格扣除合同约定的供货价每立方米 350 元，即某石材公司受到的单位损失。

【司法解释相关条文】

《最高人民法院关于适用〈中华人民共和国民法典〉合同编通则若干问题的解释》第六十条第三款　非违约方依法行使合同解除权但是未实施替代交易，主张按照违约行为发生后合理期间内合同履行地的市场价格与合同价格的差额确定合同履行后可以获得的利益的，人民法院应予支持。

案例十：柴某与某管理公司房屋租赁合同纠纷案

【裁判要点】

当事人一方违约后，对方没有采取适当措施致使损失扩大的，不得就扩大的损失请求赔偿。承租人已经通过多种途径向出租人作出了解除合同的意思表示，而出租人一直拒绝接收房屋，造成涉案房屋的长期空置，不得向承租人主张全部空置期内的租金。

【简要案情】

2018年7月21日，柴某与某管理公司签订《资产管理服务合同》，约定：柴某委托某管理公司管理运营涉案房屋，用于居住；管理期限自2018年7月24日起至2021年10月16日止。合同签订后，柴某依约向某管理公司交付了房屋。某管理公司向柴某支付了服务质量保证金，以及至2020年10月16日的租金。后某管理公司与柴某协商合同解除事宜，但未能达成一致，某管理公司向柴某邮寄解约通知函及该公司单方签章的结算协议，通知柴某该公司决定于2020年11月3日解除《资产管理服务合同》。柴某对某管理公司的单方解除行为不予认可。2020年12月29日，某管理公司向柴某签约时留存并认可的手机号码发送解约完成通知及房屋密码锁的密码。2021年10月8日，法院判决终止双方之间的合同权利义务关系。柴某起诉请求某管理公司支付2020年10月17日至2021年10月16日房屋租金114577.2元及逾期利息、违约金19096.2元、未履行租期年度对应的空置期部分折算金额7956.75元等。

【判决理由】

生效裁判认为，当事人一方违约后，对方应当采取适当措施防止损失的扩大；没有采取适当措施致使损失扩大的，不得就扩大的损失请求赔偿。合同终止前，某管理公司应当依约向柴某支付租金。但鉴于某管理公司已经通过多种途径向柴某表达解除合同的意思表示，并向其发送房屋密码锁密码，而柴某一直拒绝接收房屋，造成涉案房屋的长期空置。因此，柴某应当对其扩大损失的行为承担相应责任。法院结合双方当事人陈述、合同实际履行情况、在案证据等因素，酌情支持柴某主张的房屋租金至某管理公司向其发送电子密码后一个月，即2021年1月30日，应付租金为33418.35元。

【司法解释相关条文】

《最高人民法院关于适用〈中华人民共和国民法典〉合同编通则若干问题的解释》第六十一条第二款　非违约方主张按照合同解除后剩余履行期限相应的价款、租金等扣除履约成本确定合同履行后可以获得的利益的，人民法院不予支持。但是，剩余履行期限少于寻找替代交易的合理期限的除外。

第六十三条第三款　在确定违约损失赔偿额时，违约方主张扣除非违约方未采取适当措施导致的扩大损失、非违约方也有过错造成的相应损失、非违约方因违约获得的额外利益或者减少的必要支出的，人民法院依法予以支持。